KB043085

누구와 함께
살 것인가

또 하나의 문화 제17호

누구와 함께 살 것인가

새로 쓰는 가족 이야기

도서출판
또 하나의 문화

국립중앙도서관 출판시도서목록(CIP)

누구와 함께 살 것인가 : 새로 쓰는 가족 이야기 / 또 하나의 문화
동인들 편. — 서울 : 또 하나의 문화, 2003
  p. ; cm. — (또 하나의 문화 ; 제17호)

ISBN 89-85635-58-1 03330 : ₩15000

332.2-KDC4
306.85-DDC21   CIP2003001384

책을 펴내며

1 딱 부러지게 똑똑한 이십대 동인에게 이번 동인지 주제를 '가족'으로 잡으려고 한다니까 똑 부러지게 응수했습니다.

"진부한 가족 이야기는 왜 하려 하지요? 아직 안 나온 이야기가 있나요? 나올 이야기는 다 나왔어요. 너무나 엽기적으로, 실제 상황에서, 그리고 대중 매체를 통해서."

첫 기획안이 나간 것이 2002년 1월 5일. 그러나 편집 방향은 잡히지 않은 상태였습니다. 결국 겉도는 이야기나 할 것 같은 불안으로 편집진의 활동도 지지부진했습니다. 그렇게 일 년이 가고 2003년 1월 8일, 편집진은 행동을 하기로 했습니다.

"겨울 바다에 가서 놀자."

"20년 전에 말의 씨앗을 뿌린 책임은 져야 한다."

"우리 동인지를 초기부터 읽어온 이들, 그리고 이제 거의 다 커 버린 '또문 캠프' 출신 아이들에게 '애프터서비스'를 해야 하지 않느냐?"

이런 말로 일단 초창기 멤버들을 끌었습니다. 그렇게 해서 이제 오십대, 육십대에 접어드는 여섯 명의 초기 동인들과 이십대의 동인들을 태운 두 대의 차가 서해안 고속도로를 달렸습니다. 겨울 바다를 거닐면서, 진력이 나면 '바람난 조개 구이' 집에서 술잔을 기울이면서 동인들은 참으로 오랜만에 '빡센' 브레인스토밍의 시간을 가졌지요.

오십대들의 좌담을 읽은 삼십대 동인은 이런 논평을 달았지요.

내가 글을 읽고 든 느낌은 '오십대가 이 정도로만 생각해 주면 고맙지'였습니다.
늙은 만큼 현명해지는 대신 늙은 만큼 보수적이 되기 십상인데 참 열심히도 나이 값을 하려고 하는구나. 참, 고맙다.
그리고 이십대나 삼십대와는 달리 오십대에게 가족은 더 이상 쌈터가 아니라는 생각도 들었습니다. 한바탕 전쟁을 성공적(?)으로 치른 뒤의 여유랄까.

그런데 오십대 페미니스트들의 가족 이야기는 저 같은 사람에게는 전혀 새롭지 않은 이야기고 '내 가족 만만세' 주의자들에게는 씨알도 안 멕힐 소리란 말입니다.

과연 이 글을 누가 읽을까? 필자들과 비슷한 또래인 오십대 여성? 그것도 가족의 균열을 이미 절감하고 있는? 그것을 똑바로 직시하고 있는? 그런 오십대 여성들이 얼마나 될까?

우리는 삶의 지혜가 세대 간에 전수되지 못할 정도로 숨 가쁘게 변화한 시대를 다시 한번 여기서 확인합니다. 과연 서로 도움이 되는 책을 낼 수 있을까?

그 후 육 개월의 시간이 지난 후, 일단 이십대와 오십대의 생각을 엮은 책이 『누구와 함께 살 것인가?』라는 제목으로 선을 보입니다. 이십대는 자신이 태어난 가족을 떠나 '누구와 살까?' 라는 물음을 던지면서 부모가 아니라 '자기' 가 중심이 되는 삶의 첫 번째 프로젝트를 기획하는 중이고 오십대는 나름대로 자기가 기획한 가족과 육아 프로젝트가 끝나고 있음을 보면서 또 다른 삶의 단계를 구상하는 중입니다.

2 또 하나의 문화 동인들이 여성주의 운동을 시작한 지난 20여 년, 사회는 숨 가쁘게 달라지고 있었습니다. 남자 없으면 못산다고 믿었던 세대를 거쳐 남자가 없어도 독신으로 잘사는 세대를 거쳐 이제는 남자 없어도 애까지 낳고 잘사는 세대로 접어들고 있습니다. 아니, 애를 낳지 않는 시대로 접어들었습니다.

살인적인 변화의 속도에 따른 세대 간 단절, 피임과 인공 수정에 따른 성애와 출산의 분리, 안방 깊숙이 들어온 텔레비전과 애완 동물, 핸드폰과 인터넷으로 항상 외부와 접속된 상태에 있는 개개 가족 성원들, 어머니 대신 식사를 챙겨 주는 다양한 서비스, 여전히 십대 자녀를 밤늦도록 잡아 두는 중고등학교, 갖가지 짝짓기를 도와주는 인터넷 사이트, 백 살까지 수명 연장을 가능케 만든 의료 기술, 이 모든 것은 가족적 삶에 커다란 균열을 내고 있습니다.

'정상 가족은 없다'는 슬로건에서 '가족은 없다'까지, '가족주의는 야만이다' 는 선언부터 '민족주의는 반역이다'에 이르기까지 온갖 종말의 선언이 가족을 둘러싸고 차고 넘치는데 그것은 단지 선언이 아니라 우리 삶에 자리한 엄연한 현실이자 때로 그 현실을 보지 못하게 하는 혼란스런 기호들입니다. 문제의 심각성은, 급격하게 해체가 일어나고 있는데 '재구성'을 위한 언어를 찾기가 어렵다는 것입니다.

일단 혼돈을 풀어 내는 방법으로 우리는 '헤쳐 모여'의 방법을 쓰기로 했습니다. 서로 자기 경험을 말하는 것 자체로 해방감을 느끼는 사람들, 서로의 이야기를 마냥 재미있어 하는 사람들끼리 소집단을 구성해서 일단 끼리끼리 깊이 있는 토론을 하고 지혜를 나누기로 했습니다. 역사적 경험을 토대로 나누어 보면 십대 후반에서 이십대 초반이 다르고, 이십대 후반에서 삼십대 초반이 다르고, 사십 전후의 이른바 386세대가 다르고 그리고 오십대가 각기 매우 다른 역사적 체험을 했습니다. 동인지는 소집단들이 즐겁게 토론을 하는 것을 바탕으로 첫발을 떼기로 했습니다.

역사적 체험 못지않게 우리가 주목한 차이는 사회 생물학적 나이에 따른 생애 주기(life cycle)입니다. 토론을 하면서 우리는 가족적 삶은 크게 세 사이클로 굴러가고, 각각의 사이클에 따라 삶을 바라보는 전망이나 구성해 가는 방식에 현저한 차이가 있음을 알았습니다.

가족 사이클의 첫 번째 무대는 자신이 태어난 가족(family of procreation)이 됩니다. 원하든 원하지 않든 각자의 모습은 그곳에서 형성됩니다. 참, 자신이 태어난 가족이 자신과 궁합이 맞지 않은 경우에는 빨리 커서 빨리 빠져나가는 수밖에 없습니다. 다행히 부모와 궁합이 맞으면 젖먹이가 자연스럽게 젖을 떼듯 빠져나오면 되지만, 모두 어떤 식으로든 윗세대와 나름대로 '결산'을 하는 과정을 거칩니다.

다음의 무대는 태어난 가족을 벗어나 자기가 주도적으로 만들어 가는 단계 (family of recreation). 전통적으로 이 시기에 사람들은 중매로든 연애로든 결혼을 하고 출산을 하지요. 그러나 현대 사회에서는 그런 이들만이 아니라 독신으로 살거나 결혼을 하고도 출산을 하지 않는 사람들이 나타납니다. '생물학적 시계'로 보면 출산과 육아 활동이 중심이 되는 시기이지만 요즘 시대에는 그것과 무관하게 자기 중심으로 사는 것에 몰두하는 이들이 많아지는 추세입니다. 이 책에서 좌담을 하고 글을 낸 이십대들은 부모한테서 떨어져 주도적으로 자기의 개인적 삶의 공간을 형성해 가는 다양한 이야기들을 풀어내고 있습니다.

세 번째 무대는 '포스트크리에이션'(post-creation) 시기라고 불러 봤습니다. 생물학적으로는 '완경기'에 들어서고 예전 같으면 조부모가 되는 시기인 셈인데, 현대 사회에서는 그 나이에도 손주를 보지 않는 사람들이 많아지고 있습니다. 수명이 길어 지면서 백 살까지 살 가능성이 높다면 이들은 지금까지 살아온 햇수만큼 더 살아야 할 지 모를 일입니다. 자기가 키웠던 아이들이 독립해 나가는 것을 보면서 나름의 '결산'을 해야 하고 또 한번의 선택, 또 한번의 워크아웃이 시작되는 시점입니다. 다시 혼자로 돌아가서 새로운 보살핌의 관계를 맺는 시점이라고 할 수 있겠습니다.

각각의 사이클에 따라 사람들은 상당히 다른 시나리오를 쓰게 됩니다. 또 실험을 막 마친 시점에 있는 이들이 있는가 하면 아직 진행 중인 경우도 있습니다. 급격한 변화 속에서는 서로의 시나리오가 전혀 이해되지 않기도 하지요. 우리는 이 책에서 그 차이를 드러내는 일에 주력하였고, 그런 차이를 넘어서서 생산적인 만남을 위해 필요한 페미니스트적 전제와 장치들을 생각해 보려 했습니다.

3 일단 세 번째 사이클에 들어간 오십대 동인들의 좌담에 이십대가 참관/참조/참견을 하면서 편집 회의가 활기를 띠기 시작했습니다. 이 두 세대는 공유하는 지점이 있습니다. 이십대가, 태어난 집을 떠나 자기 집을 짓고자 하는 '사춘기'적 시점에 있다면 오십대는 자녀들을 막 떠나보내고 '사추기'를 맞이하고 있다고

할까요? 이 두 세대는 한 사이클을 막 마감하였고, 또 서로의 부모/자식의 나이에 해당하여서 나름의 이해의 폭이 넓거나 서로 이해하고자 하는 의지가 있습니다. 그래서 함께 편집 회의를 하면서도 많이 웃고 배웠습니다.

논설 격인 「다시 비전을 세우며」에서 세 글이 나갑니다. 오십대 페미니스트와 이십대 페미니스트가 가족에 대해 정리한 글을 통해 두 세대 간에 존재하는 명확한 생각의 차이와 함께 페미니스트들이 진화해 가는 모습을 볼 수 있을 것입니다. 이질적인 입장을 가진 삼십대 남자 서동진은 이 두 세대 여자들 사이를 넘나드는 글로 가족에 대한 해체 작업을 좀 더 구체적으로 해 보입니다.

또 하나의 문화 동인지의 백미라 일컬어지던 「적응과 성장」도 오십대와 이십대로 나누어 실었습니다. 「세 번째 프로젝트」에는 20년간 일종의 '여성주의 공동체'를 형성해온 창립 동인들의 글이 실려 있습니다. 이들은 압축적 사회 변화를 가장 첨예하게, 크게 꺾이지 않고 살아낸 경우라고 생각합니다. 일 세대 페미니스트이기도 한 이들은 할머니 나이로 접어들면서, 또 후배 페미니스트들이 질풍노도 속에서 지내고 있음을 보면서 성찰의 시간을 갖고자 노력하였지만 뜻만큼 이야기가 잘 풀려 나오지는 않은 듯합니다. 최선을 다하였으니, 자신의 수준을 정직하게 보는 것도 의미 있는 일이라 생각합니다. 2003년 「또 하나의 문화」의 가장 즐거웠던 잔치인 조형 동인의 회갑연 사진이 함께 편집되었습니다.

이십대들의 「집을 떠나는 사람들」에 실린 글들은 막 '자기만의 방'을 꿈꾸는 또는 갖기 시작한 '개인화된' 시대를 사는 새내기 페미니스트들의 이야기입니다. 살아가는 이야기의 내용만이 아니라 작은 노래를 내뱉듯 부분만을 부각해서 쓰는 표현법에서도 그들의 남다른 사유가 드러나 있습니다. 이어서 십대 소녀들의 수다도 짧으나마 그들의 현재를 잘 알려 주고 있습니다.

이번 책에는 아쉽게도 삼, 사십대의 이야기가 별로 없습니다. 실은 다들 쓰겠다고 해 놓고 중도 포기해 버렸습니다. 삼십대가 쓴 글로는, 이십대를 회고하며 쓴 삼십대 여자의 「싱글즈, 동거, 그리고 십 년 후」, 그리고 삼십대 남자의 이혼을 다룬 「대나무 소파는 아직 서늘하다」라는 자전적 글뿐입니다. 그러나 영화평과 서평, 현장 연구를 통해 나름대로 다른 세대의 삶도 엿볼 수 있을 것입니다. 「악마의 사전 이어 쓰기」도 함께 만들어 가면 즐거운 작업이 될 것 같습니다.

언제나 그랬듯 동인지에 글을 쓴다는 것은 자신과 대면하고 치유하는 과정입니다. 이번에는 즐겁게 글을 썼다는 동인들보다 고통스러웠다는 분들이 많았는데, 본의 아니게 '고문'을 당한 이들께는 지면을 빌어 사과해야 하겠지요? 중간에 원고 쓰기를 포기한 이들에게도 역시 감사의 말을 전합니다.

대개 포기 사유는 글과 관련되는 많은 사람들이 걸리거나, 아직 생각이 채 정리되지 않았다는 것이었습니다. "나름대로 '자유'를 확보해 가면서 지내고 있지만, 글로 쓸 만큼 자유롭지는 못한 처지"라고 하네요. 이것이 우리 가족의 현주소라 생각합니다. 치유를 하면서 쓴 만큼 읽는 이들에게도 치유와 지혜를 선사하는 글이 되었으면 합니다.

4 우리는 삼, 사십대의 가족 이야기가 함께 나오지 못해 못내 아쉽고 '찜찜'합니다. 사실 그들이야말로 가족에 대해 흥미진진한 이야기 거리를 가득 가진 사람들입니다. 이른바 '386 세대'로 세계사적으로 주목을 받은 1980년대 변혁의 주역들이었던 이들은 '이상적인 사회'를 이루어야 한다는 당위에 동의합니다. 그래서 자기 삶을 새롭게 만들어 가는 데 강렬한 욕망을 가지고 있고 나름대로 삶의 시나리오를 새롭게 써 간 세대입니다. 특히 여자들의 경우, 어머니처럼 살지 않겠다고 천명한 후, 자기가 이룰 가족에 대해 정밀한 시나리오를 써 내려간 첫 세대입니다. 그 세대는 독신의 삶을 하나의 '정상적 삶'의 형태로 자리매김하고 결혼을 한 경우에도

다양한 실험과 이혼과 재혼과 출산 파업을 통해 상당한 '일상의 혁명'을 이루어낸 세대입니다.

지금 한국 사회 중심부에서 새로운 사회를 만들어 보려고 다시 용트림을 하는 386세대의 남자와 여자가 가족 이야기를 쓰기 시작한다면 명실 공히 한국의 가족사와 사회사가 새로 쓰이는 셈일 겁니다. 그리고 이는 한국의 식민지적, 파행적 근대사와 결별하는 작업이기도 할 것입니다. 그런 면에서 우리는 아직 태어나지 않은 두 번째 책에 더 큰 기대를 걸고 있습니다. 아마도 지금은 한창 '혁명 중'이라 글을 쓰기가 힘든 모양입니다.

「또 하나의 문화」는 애초부터 아방가르드로서 목소리를 내기 위해 생긴 모임이고 앞으로도 얼마간 더 이 역할을 충실히 해야 한다는 것이 우리의 생각입니다. 그러나 그 일을 얼마나 오래 할지는 모르겠습니다. 각자 자기 시대를 충실하게 살아가는 것 자체가 쉽지 않은 시대입니다. 그러나 우리는 계속 조금 다르게 보고 조금 다르게 살아갈 것입니다.

이 책이 조용한 일상의 혁명을 예고하는 책이면 합니다. 동인 활동 초기부터 가족을 사회 변화를 위한 아지트로 생각해온 동인들은 이곳 저곳에서 '여성주의 부족'들이 만들어지고 있음을 봅니다.

조만간 함께 부족 연합 축제를 한번 벌이도록 하겠습니다. 🅲

(또 하나의 문화 제17호)

누구와 함께 살 것인가

책임 편집 ─ (김정)희원, 박혜란, 양선영, 조한혜정, 조형
참견과 지원 ─ 김희옥, 서하나, 안이희옥, 양이현정, 유이승희, 장정예, 한선정
본문 그림 ─ 장정예 84쪽 레몬 245, 246, 249, 252, 334~7쪽
표지 그림 ─ 레몬
북디자인 ─ 전혜순

семья 다시
비젼을
세우며

家庭

أسس

세상이 바뀌었다.
나는 그것을 물 속에서 느끼고
대지에서도 느낄 수 있고
공기 속에서 냄새로 느낀다.
그 모든 것은 이제 사라졌다.
그 모든 걸 기억하는 사람도 사라졌다.

— 「반지의 제왕」序

　　예언자들의 시대로 접어들었다. 포스트모던적 분열과 위험
사회는 아주 다른 지점으로 이동하고 있고, 이제는 글로벌로 생각다
못해, 우주적으로 생각해야 할 시점이다. 변하지 않는 듯한 일상과
가족을 이야기하는 것은 아주 어려운 일이 되어 버렸다. 가족이 사
라진 지금은 더 이상 '죽이고 싶은 아버지도 없다'고 한 영화 평론
가는 말했다. 이제 사람들은 가족에 대해 생각하는 것조차 피곤해
한다. 사회는 우리에게 더 이상 그런 심각한 것은 생각하지 말라고
명한다. 가족은 없다는 선언을 해야 할 때인가? 그러나 동네 뒷산을
산책하다 보면 행복한 신혼 부부를 만날 수 있고, 엄마 손을 잡고 행
복에 겨워 어쩔 줄 모르는 초등학생 아이들을 볼 수 있다. 가족이 왜
없는가? 있으면서 없는 가족, 그 가족을 버티는
전제들은 무엇이며,

지구 상에 살아남기 위하여

조형
박혜란
조한혜정
또문 창립 동인들

우리가 바라는 삶을 위해 새로 써야 할 명제들은 무엇일까?

더 이상 '정상 가족'은 없다

우리가 정상적이라고 생각하는 가정일수록 정상이 아니기 십상이다. 서로 보살피고, 친밀하게 느끼며, 상대를 위해 언제나 기꺼이 시간을 내는, 언제 보아도 사랑이 넘치는, 맥락을 설명하지 않고 이야기를 해도 되는, 서로 거짓말하지 않으며 약속이 지켜지는 가족 관계, 안전하고 편안한 시공간을 이루고 사는 가족은 그리 많지 않다. 가끔 '정말 여기에 가족이 있구나' 하는 느낌을 주는 것은 뜻밖에도 혈연으로 맺어지지 않은 양부모나 재혼 모녀, 장애인 자녀를 둔 가족이나 자녀가 없는 부부, 또는 동성애 커플의 모습이다.[1] 중상층 가족은 너무 폐쇄적이고 부부 중심이어서 아이들이 외로움에 떨면서 자기 짝을 찾기에 바쁘고, 빈민층 가족은 가진 것이 너무 없고 상층 이동이 막힌 상황에서 서로를 파먹고 있다. '텔레비전은 나의 목자시니 내게 부족함이 없으리로다'는 시대의 격언처럼, 가장 많은 시간을 함께 하는 가족의 친밀한 구성원은 바로 TV다.

육아방에서 시작하여 과외 수업과 어학 연수, 그리고 대학원 교육까지, 그간 가족이 맡아 온 자녀 교육 기능은 공교육과 사교육 시장이 가져간 지 오래다. 애인을 찾아 주고 각종 포르노로 성적 욕망을 충족시켜 주는 사이트들은 전통적으로 가족이 맡아 온 성욕 충족의 기능을 공공연하게 밖으로 빼돌렸다. 이 침체된 시대를 역동적이고 일사불란하게 움직이고 있는 발 빠른 상인들은 가족을 쓰러뜨리면서 동시에 가족을 지탱하는 역할을 동시에 하고 있다. 지금까지 우리가 가족의 핵심부라고 믿고 있던 것들이 실은 가족 해체를 부추기는 주범임이 드러나고 있

[1] 최근에 나온 많은 영화들, 예를 들어 「아이스 스톰」 같은 영화는 가정을 각자의 욕망 속에서 상처받는 사람들이 살아가는 공간으로 그리고 있다. 또 「아이 앰 샘」이라는 영화에서 우리는 잘 나가는 변호사의 해체된 가족과 7세 수준의 지능을 가진 아버지의 부성의 대비를 통해 더 이상 정상성을 기대할 수 없는 현실을 확인하게 된다.

다. 능력 있는 부모는 동기를 잃은 아이들을 길러 냈고, 모든 걸 아는 '훌륭한 어머니'는 아이들로부터 자신감을 앗아 갔다. 자기 관리를 못하는 부모들이 늘어나면서 아이들은 자라기도 전에 어른이 되어야 하고, 무조건적 사랑을 퍼부어 주던 어머니, 또는 할머니의 품이란 더는 기대할 수 없는 것이 되어 버렸다. 영화 「집으로」를 보면서 십대들이 그렇게 우는 이유는 어디에 있을까?

가족이 어른 두 명의 애정을 중심으로 한 배타적 공간으로 압축되는 과정은 근대적 개인화 과정이었고, 애정에 굶주린 사람들을 낳는 과정이었다. 똑똑한 여자들은 커리어와 애정 게임에 몰두하면서 아이를 낳지 않으며, 아이를 기를 준비가 되지 않은 이들은 아이를 낳고 있다. 더 이상 '정상 가족'은 없다.

가족은 꿈/이야기가 대물림되는 공간이다

그럼에도 불구하고 재산 상속을 둘러싼 가족 제도는 건재하다. 물려줄 재산이 있는 상류층 대가족은 화목하고, 적어도 겉으로는 그러하다. 그런 면에서 엥겔스의 명제는 여전히 유효하다. 엥겔스가 틀린 부분이 있다면 그것은 국가가 없어져도 자본은 글로벌 수준에서 가족 제도를 통해 대대로 물려지리라는 것이다.[2] 대대로 재산을 물려줄 자본가가 되려는 꿈을 안고 지금도 무수한 젊은 벤처 기업가들이 밤낮 없이 뛰고 있다. 자본주의는 이들의 노력을 바탕으로 재생산을 하고 있고 혼신을 다하는 자본의 첨병들은 그 어느 시대 어느 노동자보다도 강도 높은 노동을 하고 있다.

2003년 노무현 정권이 들어서자 진보 언론에서는 때맞추어 '가족과 계급 재생산'에 대한 논의를 일으켰다.[3] 부의 세습과 가난의 대물림에 대한 것이었다.

[2] 자손이 조상의 지적 재산권을 상속, 행사할 수 있는 기간이 50년에서 70년으로 연장되었다고 한다. 미키 마우스를 그린 사람의 자손과 그와 결혼한 이들은 법만 한번 바꾸면 돈 걱정은 없이 산다. 그리고 디즈니랜드처럼 돈이 엄청 많은 조직은 법을 쉽게 바꿀 수 있다.

[3] "부와 가난 대물림 되는 '신분,'" "공-사립 초등학교 졸업 30년 뒤 '하늘과 땅' 차이," "공부로 상류층 진입 '바늘 구멍,'" "'선택된 소수' 그들만의 결혼," "서울 청담동, 부는 내놓고 즐기는 거야," 「한겨레신문」, 2002년 12월 31일. "부와 신분의 세습 사회 이미 진입," 「한겨레신문」, 2003년 1월 7일.

한국 사회에서 온갖 고생을 하면서 돈을 번 세대는 그 돈을 '남'에게 주면 자기 인생이 망가진다고 생각하는 경향이 있다. 오로지 자식들에게 물려주어야 어떤 식으로든 보상을 받는다고 생각한다. 그래서 소유권을 대물림하려는 욕망의 제도로서의 가족은 건재하다.

그러나 재산 대물림보다 더 중요하게, 가족은 습관과 태도를 대물림하는 공간이다. 가족을 통해 자신의 꿈과 '일상의 역사들'이 대물림되는 것이다. 무지막지한 근대화 프로젝트 속에서 한 세기가 넘도록 한국의 주민들은 거대한 국가와 언론 기구와 학교와 시장에 압도된 삶을 살아왔다. 그리고 시장이 만들어 내는 언어들에 현혹되어 언어를 상실하고 자신의 역사와 자신을 잃고 있다. 스스로를 주체하지 못한 근대화의 소용돌이 속에서 언어 공동체로서의 가족은 사라져 버렸다. 간혹 양반 가문 이야기가 있었고, 월남한 또는 월북한 아버지들에 대한 소설들이 나왔지만, 그 외의 이야기는 모두 똑같은 줄거리, '가문의 영광' 이야기뿐이었다. 핏줄 중에 '강하고 힘센 인물'을 만들어 한을 풀어 보자는 집착이 오랫동안 식민지적 피난민의 땅을 지배했다.

이제 아이들에게 대물림할 이야기를 생각할 때가 되었다. '영광스런 가문'의 드라마나 곤경을 딛고 성공한 드라마가 아니라, 파행적 근대화를 살아간 이농 세대의 자녀로서 가족사를 다시 쓰기 시작해야 할 것이다. 근대사 속에서 상처받고 비틀린 욕망 속에서 만들어진 가족사를 다시 쓸 수 있다면 그것은 바로 해체된 삶을 추스르는 작업이면서, 혼미한 시대에 등불을 갖는 경험이 될 것이다. 어머니를 '아줌마'로 볼 수 있게 되면서 삶이 분명히 보이기 시작했다는 친구가 있다. '개인화'된 아들과 딸들은 이제 엄마와 아버지를 역사 속에 제대로 자리매김하면서, 미쳐 날뛰던 시대, 상대적 박탈감과 원망으로 가득 찬 한 시대를 해체하고 홀가분하게 자기 삶을 새롭게 구상하기 시작한다. 새로운 역사 쓰기는 가장 친밀한 관계의 이야기에서 시작한다.

핏줄주의를 넘어서기

'탈봉건'을 지나 '탈근대'를 이야기하는 시점의 한국에서, 그런데 핏줄은 여전히 얼마나 무거운가? 현재 한국 가족 문제 해결을 위해 가장 시급한 과제는 '혈연에 대한 집착'을 버리는 일일 것이다. 가족은 '혈연으로 똘똘 뭉친 사랑의 공간'이 아니다. 그 그림은 근대 이후 가족이 부부 중심의 핵가족으로 변하면서 만들어진 이미지이며, 임금 노동자들의 이동을 용이하게 하기 위한 이데올로기이며 피난민적 삶에서 움켜쥐어야 할 보루였다. 그러나 그 시효가 지나고 있다.

현 가족 제도에서 부부는 "검은 머리 파뿌리 되도록, 영원히 함께 살겠다"는 서약을 해 놓고 마구 헤어지고 있다. 통계청이 발표한 「2002년 혼인·이혼 통계 결과」에 따르면 지난해 혼인 건수는 30만6,600건, 이혼 건수는 14만5,300건이다. 하루에 평균 840쌍이 결혼한 반면 398쌍은 갈라서고 있는 셈이다. 더욱 놀라운 내용은 우리 나라 이혼율이 경제협력개발기구(OECD) 국가 중 미국에 이어 2위를 기록했다는 사실이다. 이혼율이 30년 사이에 7배로 늘었고, 이혼 사유의 1위는 배우자 외도다.[4] 이혼 부부 10쌍 중 7쌍이 20세 미만의 미성년 자녀를 두고 있어서 이혼과 재혼, 그리고 다양한 동거 형태의 삶의 공간이 늘어나는 가운데, 더 이상 핏줄이 가족 생활의 핵심일 수는 없게 되었다.[5] 자본가가 아닌 한, 대대로 이어지는 대가족적 삶을 영위할 경제적, 정신적 여유를 가질 수 없는 상황에서, '핏줄이 아닌 사람'을 '새파란 남'이라며 차별하는 사람은 친구나 지원자들 없이 불안

[4] 이혼 사유가 되는 배우자 외도에서 남녀 차이는 점점 줄어들고 있다. 2001년 현재 남자 21.0%, 여자 16.6%. "늘어나는 '위기 부부' 탈출구는 어디에," 「한겨레신문」, 2002년 7월 22일.

[5] "결혼 줄고 이혼 급증," 「조선일보」, 2002년 3월 22일.

에 떨며 조만간 도태될 것이다. 또한 청소년기 자녀에 대한 감시가 장기화되면서 불행과 부작용을 낳고 있다. '부모, 자식은 전생에 원수'라는 청소년 사이에 떠도는 말은 바로 부담스런 관계가 낳는 부작용을 표현한 말일 것이다.

　호주제가 곧 폐지될 것이라고 한다. 반가운 소식이다. 그러나 우리가 여기서 말하는 '핏줄 중심'의 가족은 전통적인 부계 혈통 가족만을 뜻하는 것이 아니다. 아이를 한둘만 낳는 시대에 핏줄에 대한 어머니들의 집착은 남녀를 불문한다. 딸도 잘 키우면 아들 못지않게 힘을 갖게 된다는 것을 아는 요즘 어머니들은, 장가가고 나면 아내밖에 모르는 아들보다 딸들에게 더 공을 들인다고 한다.[6] 가족은 출세할 아이를 기르려는 어머니 CEO들의 투자 회사처럼 변하고 있다. 가난한 시대에 살아남은 강하고 영리한 어머니들은 일찍부터 영리한 딸을 자기 생각에 맞게 길들이면서 신분 과시용 존재를 제조해 냈다. 미래가 불투명해질수록 어머니의 '협박'이 더 잘 먹히고 어머니가 설계한 대로 삶을 살기로 한 영리한 딸들이 늘고 있다고 한다.

　혼란한 이 시대에 '민족주의는 반역'이듯이 '가족주의는 야만'이고, 이 둘의 핵을 이루는 '핏줄주의'는 저주를 낳고 있다. 자녀를 잘 기른다는 것은 잘 떠나보낸다는 것을 의미한다. 아이들이 스스로 자신 속의 에너지들을 끌어내고 가능성을 찾는 과정을 거쳐 자신을 세운 뒤 다시 친구로 만날 수 있는 관계를 맺지 않으면, 부모 자녀 관계는 전생이 아니라 현생에서도 원수처럼 부담이 된다. 건강한 가족 관계는 핏줄에 대한 집착을 버릴 때 가능해진다. 한국 사회는 가족 해체에 관한 한 갑자기 '선진국' 수준에 도달했다. 이미 많은 아이들이 이혼한 부모를 가졌고, 재혼한 부모를 가졌다. 혈연이 아닌 사람들이 가족 안에 이미 들어와 있다. 이들의 가정을 비정상 가족이라고 규정해서 아이들로 하여금 어릴 때부터 스스로를 피해

[6] 오히려 요즘에는 시어머니의 위세가 아니라 '위세 등등한 모녀'의 철저하게 계산된 결탁 관계가 더 무섭다는 말이 오간다. 최근에 부유층 가족에서 '자궁 가족적' 핏줄주의는 상당히 강해지고 있는 것 같고, 이런 성향은 이 사회를 묘한 이기주의와 보수주의, 상업주의의 온상으로 탈바꿈시키는 작용을 하고 있다.

자로 낙인찍는 일은 없어야 할 것이다.

'탈가족' 또는 '탈혈연주의'라는 말 자체에 대해 위협을 느끼는 이들이 적지 않을 것이다. 정 그렇다면 한쪽으로 치우친 저울추를 가운데로 돌려놓기 위한 전략이라고 생각해도 좋다. 가족이라는 이름으로 부르건 다른 이름으로 부르건, 그것은 항상 인간의 삶의 기초 단위였고, 인류의 역사는 오랫동안 혈연을 중심으로 가족이라는 관계를 구성해 왔다.[7] 인류가 멸망하지 않는 한 가장 친밀한 사회 단위는 혈연을 매개로 한 것이 될 테니, 너무 불안감을 느끼지 않아도 될 것이다. 핏줄을 더 사랑하기 위해서 남을 사랑해야 한다는 말로 해석하면 된다.

부부는 파뿌리가 되도록 함께 살지 않아도 된다

앞으로 많은 사람들은 백 년을 살 것이라고 한다. 아이를 낳아 기르는 기간이 가족적 삶의 핵심이었다면 이제 그 기간은 가족적 삶의 일부분에 지나지 않게 되었다. 현재 노인 1인 가구가 전체의 8.7%이며 2020년이면 전체 가구의 20%를 넘어설 것이라고 한다. 자녀 없이 부부만 사는 가구는 2000년 현재 전체의 12.3%인데, 2020년에는 18.9%가 될 것이라고 한다. 반면 '부부+자녀' 가구의 비중은 48.2%에서 41.5%로 줄어들 것이라고 한다.[8] 그때 가면 환갑 잔치를 백이십 세에 하게 될지도 모른다. 그러므로 자녀를 낳는 가족을 준비하는 것 못지않게 신중하게 자녀들이 떠난 후의 가족을 준비해야 한다.

자녀 출산과 관련된 핵가족을 구성하는 것이 실질적으로 13년에서 20년 정도의 프로젝트라면, 어린아이가 없는 생애 주기의 단계를 어떻게 살아낼 것인가를 중심으로 다시 가족에 대해 사고해야 할 때가 되었다.[9] 사회 전체적으로 다양한

[7] 급진적 실험을 했던 키부츠에서 자기들만의 부부 중심 핵가족을 이루기 위해 탈퇴하는 이들이 적지 않았고, 이런 저런 급진적 이야기가 오가는 지금에도 가족은 여전히 핏줄이 중심이 되는 제도다. 가임기에 있는 여자와 남자는 연애에 빠지고 자기들만의 아이를 낳고 자기 손으로 아이를 기르고 싶어 할 것이고 우리는 그런 상황이 지속되기를 바란다. 마거릿 애트우드의 미래 사회에 대한 소설 『시녀 이야기』(김선형 옮김, 황금가지, 2002)에 보면 환경오염으로 인해 대부분의 여자들이 불임이 된다. 여자가 사랑하는 남자의 아이를 낳고 남자는 사랑하는 여자의 아이를 기르는 것이 아주 어려워지는 시대가 조만간 올지 모른다.

[8] "'나홀로' 2020년 다섯 집에 한 집 꼴," 『한겨레신문』, 2002년 7월 26일.

[9] "결혼 줄고 이혼 급증," 『조선일보』, 2002년 3월 22일. 이 기사에 따르면 20년 이상 살던 40, 50대 장년 부부가 마음이 맞지 않아 갈라서는 비율이 전체 이혼 중 11.3%를 차지할 정도로 증가하고 있다.

가족이 출현하고 있지만, 동시에 한 사람의 생애를 통해 아주 다양한 형태의 가족 관계 시리즈가 만들어지는 시대가 오고 있다. 혈연인 아이가 성장해서 잘 헤어지는 관계, 혈연이 떠난 뒤 남는 혈연 아닌 부부 관계, 부부가 헤어지고 남은 아이나 부모가 없이 혼자 남은 아이의 양육을 맡을 경우의 관계, 그리고 앞으로 더욱 늘어날 혼자 살게 될 사람들을 놓고 새로운 가족과 동거 제도를 생각해볼 때가 되었다는 것이다.

일본의 한 대학 연구팀이 육십 세 이상 노인들을 4년 반 동안 추적 조사한 바에 따르면, 남자는 아내가 없는 경우가 아내가 있는 경우보다 사망률이 80%나 높았다고 한다.[10] 여성의 경우는 반대로 남편이 있는 경우가 남편이 없는 경우보다 사망률이 55%나 높아 남편이 없는 쪽이 더 장수하는 것으로 나타났다. 이 결과에 따르면 남성의 경우에는, 흡연을 한다, 최근 1년 동안 병원에 입원한 적이 있다, 당뇨병 치료를 받는다 등이 사망률을 높인 요인으로 작용했지만, 여성의 경우에는 오로지 한 가지, 남편이 있다는 사실만이 통계적으로 의미 있는 사망률 상승의 원인으로 조사됐다고 한다. 이것은 일본의 농촌 지역을 조사한 결과지만 많은 한국의 여자들은 자신들에게도 일리가 있다고 말한다.

오십대가 되면 남편들이 이사 갈 때 자기를 버리고 갈까봐 전전긍긍한다는 우스갯소리가 나돌고 있지만, '황혼 이혼'을 신청하는 이유를 들어 보면 엄청난 분노와 억울함을 가진 여자들이 많음을 보게 된다. 반대로 아내의 바가지로 "괴로움보다는 외로운 게 낫다"고 말하며 괴로움을 호소하는 남자들도 적지 않다. 실제로 가정 법원에서는 대기업 이사 출신 오십대 남자의 이혼 청구 소송에 대해 "한 가정의 남편이 아니라 돈을 버는 사람으로만 인식하고 남편에게 참기 어려운 모욕적인 언행을 해 두 사람의 혼인 관계는 사실상 파탄 났다"는 판결을 내린 경우도

[10] "남자는 아내 있어야 오래 살고, 여자는 남편 없어야 오래 산다," 「조선일보」, 2002년 11월 8일.

있다. 오십대 부부 중에는 이혼은 하지 않지만 엄청난 갈등 관계 속에서 지내는 경우가 적지 않고 이런 부부를 보면서 결혼할 엄두가 나지 않는다는 딸들도 적지 않다. 그런 갈등 관계를 유지하면서도 많은 부부는 자식이 결혼할 때까지, 특히 딸을 시집보낼 때까지는 참고 살아야 한다고 말한다.

복수와 원한으로 가득 찬 부부들이 속출하는 지금은 서로 조금 떨어져 있을 때다. 특히 부부 관계를 평생의 계약이라는 틀에서 좀 해방시킬 필요가 있다. 이제 가임기에 결혼해서 '파뿌리가 되도록' 해로할 생각을 하지 않아도 좋다고 말할 때가 되었다. 그러나 아이를 낳고 기르는 동안은 육아의 파트너로서 책임감 있게 살아야 할 것이며, 아이들이 독립한 뒤에는 그 후의 30년 내지 50년을 다시 함께 살아볼 것인지 말 것인지를 서로 분명히 짚어 보고 가야 할 것이다. 자녀의 결혼식이 걸리면, 키운 부모가 결혼식에 참석하기로 하면 되고, 이혼해서도 같이 낳은 아이의 부모로서 관계를 유지할 수 있을 것이다.

자녀들을 떠나보낸 뒤 다시 자신의 가치관과 취향과 감성에 따라 새로운 형태의 삶을 살아갈 수 있다는 가능성은 사실상 부부 관계의 질을 한결 높여 주는 조건이 될 것이다. 이십 년 후에 헤어질지 말지를 생각해 본다는 것을 전제로 결혼을 하면 이십대의 결혼도 사실 한결 행복한 일이 될 수 있을 것이다. 첫 결혼 후 20, 30년 뒤에도 여전히 계속 함께 살기를 원한다면 두 번째 결혼식을 멋지게 해 보는 방법도 있다. 사실 그 결혼은 첫 번째 결혼식보다 더욱 행복한 결혼식일 것이고, 더욱 축하할 경사일 것이다. 그런 때가 조만간 올 것이며, 후대들은 그때 신기해 하며 지금 상황에 대해 이렇게 말할 것이다. "부부가 아이를 다 키우고 나서도 죽을 때까지 같이 살아야 했던 적이 있었대." 물론 이런 새로운 제도화는 부부로 하여금 좀 다른 태도를 가지고 살아가게 할 것이다. 예를 들어 부부 공동 재산 제도나 독립 채산제 등 재산 소유의 방식이라든가 같은 집의 공간을 살아가는 사람들 사이의 새로운 예절 등 공존에 대해 좀 더 섬세한 고려를 하게 될 것이다.

이제 가족의 구성원으로 살아가는 남녀 모두에게 이런 재조정과 재훈련이 필요한 시점이다. 코드(궁합)가 맞는 사람끼리 살기, 코드가 맞지 않게 되면 헤어지기, 깊은 상처 주기 전에 떠나기, 함께 일상 공간을 공유하기 위해 가치관만이 아니라 취향과 습관과 감수성을 맞추어 가기, 현재 공간을 공유하는 사람을 오래 사랑하고 보살피기, 자기에게 맞는 형태의 삶을 상상하고 만들어 내기.

'가족'은 다양한 형태의 '식구'이거나 '주거 공동체'다

우리가 혈연을 떼어내고 가족을 사고하는 것이 너무 어렵다면 잠정적으로 일단 가족이라는 단어를 덜 쓰는 방법을 써볼 수 있다. '가족은 무엇인가?' 보다 '식구란 무엇인가?' 또는 '누구와 함께 살 것인가?' 가 더 생산적인 질문이 될 수 있다는 말이다. 가족이 제대로 된 가족이 되지 못하게 하는 것이 혈연주의고 소유욕이며, 외부 세계에 대한 피해 의식이라면 일단 우리는 그 많은 부정적인 것과 함께 가는 '가족' 이라는 단어 대신에 '식구' 또는 '주거 공동체' (domestic partnership, domestic community)라는 용어로 생각해 볼 것을 제안한다.

함께 식사를 준비하고, 식탁에 앉아 이야기를 나누는 것, 가족을 통해 연결된 많은 사람들이 한자리에 모여 축제를 즐기는 것, 아플 때 보살피는 손길, 그것들이 우리가 가족이라 불러온 삶에서 아주 중요한 부분일 것이다. 어릴 때 감기에 걸려 학교에 가지 않고 집에 머무르는 감미로움을 기억한다. 학교에 가지 않아서 감미로운 것도 있었지만 걱정스러운 식구들의 얼굴과 나만을 위해 준비한 흰죽의

맛이 실은 감미로웠던 것이다. 「마빈스 룸」에 나오는 늙은 아버지를 돌보며 노는 딸의 모습이 감미로웠고 가족은 바로 시름시름 앓는 감미로움의 기억이 재생산되는 곳일 것이다. 좋은 가족이란 오랫동안 바로 그런 느낌으로 이루어진 곳이었고, 또 그런 곳이어야 할 터이다.

근대는, 치열하게 일하다가 비행기 사고나 자동차 사고로 일순간에 사라지는 삶/죽음이 가장 어울리는, 그런 '시간성'이 지배해온 시대다. 그래서 가족 관계는 실종되고 가정은 없어져 버렸다. 극빈자 노인을 국가가 감당하고 나섰고 늙음과 병듦과 죽음은 보험 회사가 관장하겠다고 한다. 그 속에 들어오지 않는 자들은 일찌감치 마약에 찌들거나 알코올 중독자가 되거나 노숙자가 되어 어디론가 사라지라고 한다. 줄담배를 피우면서 텔레비전 앞에 붙어 사는 극빈자 노인들, 집 나온 '청소녀'들, 거대한 고도 관리 체제가 제공하는 온갖 스펙터클을 보면서 외로움을 잊고 사는 인구는 날로 늘어간다. 갈수록 사람들은 아파하고 정신적, 육체적으로 보살핌이 필요해지는데, '보살핌'의 행위를 할 시간적 정신적, 육체적 여유를 가진 사람은 줄어들고 있다.

주거 공동체, 동거 파트너란 바로 아플 때 죽을 끓여 주는 사람이고, 마음이 아플 때 위로를 주는 사람이며 응석을 받아주는 사람이다. 식구/동거 파트너들은 천천히 이야기하면서 식사를 할 수 있는 시간을 확보해야 하고, 의무적이고 도구적인 관계에서 자유로울 수 있는 여유를 찾아야 한다. 가족을 다시 우리 속으로 끌어들이려고 한다면, 서로의 아픔과 삶/죽음을 나누기 시작해야 한다. 요즘은 노년층과 중년층만 아픈 것이 아니라 십대와 대학생들도 늘 아프다고 한다. 모두가 아프면 어떻게 가족이 될 수 있을까? 그래서 자신의 건강을 관리하는 일은 동거 공동체의 의무 사항에 속해야 할 것이다.

각자의 욕구를 충족시키는 동거의 형태는 매우 다양하고, 한 사람이 일생 동안 여러 주거 공동체 성원으로 살아가게 될 수도 있다. 그래서 어디서건 집을 지을 수 있는 능력, 어디서건 보살핌의 시공간을 만들어갈 수 있는 능력이 중요해진다. 다양한 형태의 삶의 방식과 그를 가능케 하는 주거 공동체들이 축복 속에서 만들어져야 한다. 다양한 형태의 식구/동거 집단이 사회의 기본 단위가 될 수 있도록 국가의 법이 개선되어야 하고 새로운 인프라가 만들어지고 다양한 사회적 지원이 이루어져야 한다. 동거 가족과 동성애 가족도 법적으로 가족으로 인정되어야 할 것이고, 법과 제도가 개선되어야 할 것이다. 동거인도 수술을 할 때 가족으로서 보증인이 될 수 있어야 하며, 각종 보험 제도나 세금 제도도 바꿔야 한다.

해체된 사회는 '측은지심'을 중심으로
다시 만들어져야 한다

가족은 보살핌의 체계이고 어리고 약한 존재가 재롱을 떨고 응석을 부리는 공간이다. 그리고 그런 '비합리적'인 보살핌을 통해 '측은지심'이 길러진다. 그러나 그런 공간은 갈수록 축소되고 있다. 사랑하는 남녀가 성 관계를 맺고 둘만의 아기를 낳기를 약속하고 영원히 행복하게 살아가는 일은 갈수록 어려워지고 있다. 가족이 사라지는 이런 위기 상황에서 21세기의 우화들은 모두 부모를 구하기 위해 눈물겨운 싸움을 싸우는 자녀들을 소재로 하고 있다.

최근 많은 이들을 감동시킨 애니메이션 「센과 치히로의 행방불명」에서 미야자키 하야오 감독은 딸의 측은지심/효가 부모와 세상을 구원하는 힘이라고 말하고 있다.[11] 전쟁은 여전히 곳곳에서 터지고, 이곳에서 아이들은 부모보다 더 늙어

[11] 미야자키 감독은 "원시 시대부터 남자와 여자의 관계, 전쟁과 갈등은 변한 게 없다. 앞으로도 그럴 것이고, 또 어느 나라 사람이건 마찬가지다. 그러나 여자가 사나운 편이 더 평화스럽다"고 말한다 (2002년 전주 영화제 뉴스 레터 인터뷰 기사).

버렸다. 영화 「뷰티풀 그린」을 보면서, 「안토니아스 라인」을 보면서, 우리는 모성적 사회를 꿈꾸어 왔지만, 세상은 여전히 폭력과 위협으로 가득하다. 시대가 향해 가는 흐름을 아는 사람이라면 누가 주저 없이 아이를 낳을 수 있고, 또 아이의 탄생을 축하할 수 있을까? "젊은이들은 사라지고 늙은이들만 살아남아 서성이는 시대가 온다"는 식의 21세기 영화들이 내놓는 메시지들은 우리를 더욱 불안하게 만든다. 생명을 기르고 양육하는, 곧 살림의 에너지를 끌어낼 획기적인 방안을 생각해 내지 않으면 세상에 감도는 파괴와 해체의 에너지를 주체하기 어려울 것이다.

여성 운동이 거대한 물결로 20세기를 마감한 후, 우리는 여자도 남자 못지 않게 능력이 있으며, 남자 못지않게 사납다는 것도 알게 되었다. 그러나 동시에 여전히 남자들이 물적 자원을 대부분 독점하고 있으며, 여자들은 보살핌의 자원을 대부분 가진 것에 자족하려 한다는 것도 알게 되었다. '측은지심'이란 인간 내면 깊숙한 곳에 저장되어 있는 '보살핌의 에너지'이고 생명을 살려내려는 기운이다. 우리는 여성들을 남성화하는 시대가 그 보살핌의 공간마저 심하게 축소해 가는 현실을 보고 있다. 페미니스트인 우리들은 인간이 극도로 도구화되는 현재의 문명 속에서 '측은지심'을 바탕으로 하는 생태적 공간을 확대해 가고자 한다. 이것은 곧 '체험으로서의 모성'을 살려내는 프로젝트다. 우리는 그런 모성적 사회를 만들기 위해 앞으로 얼마간 아이 낳기를 유보해야 할지도 모른다. 이미 세상에 나온 아이들과 생명체들을 함께 기르기 위해, 아기를 낳을 생각을 하기 전에 아이가 태어나도 좋을 만한 곳으로 세상을 회복시켜 놓기 위해서 말이다.

우리가 원하는 사회는 다양한 인연을 가꾸고 '측은지심'을 풍성하게 하는 지역 사회가 살아 있는 체제다. 이때의 인연의 폭은 아주 넓다. 그들은 딱히 친척이 아닐 수 있고, 우리 나라 사람이 아닐 수도 있다. 가치관이 다른 존재일 수도 있고 인종이 다를 수도 있다. 그들은 사람이 아닐 수도 있다. 인류의 구원의 길을 그리는 21세기의 우화에 등장하는 존재들, 예를 들어 「이티」나 「반지의 제왕」에 나오는 갖가지 모습의 난쟁이와 요정과 '괴물'과 요괴, 그리고 짐승과 나무를 포함한 많은 생물이나 무생물은 우리들이 함께 살아갈 존재가 인간만은 아님을 말해 준다. 이제는 지구를 넘어선 세상을 포용하는 우주적 시선이 필요하고, 살아가면서 우리 삶 어딘가에 뛰어들어 온 이들을 포용할 수 있는 시공간이 필요하다.

피임법의 발달로 남녀간의 성 관계가 아기를 낳기 위해 결합하는 부부에 국한되는 행동이 아니게 된 지 이미 오래다. 게다가 인공 수정이 가능해지고 인간 복제도 곧 가능해진다는 이야기가 오가는 가운데, 인간 생명의 대량 생산이 가능해질 날이 머지않은 것 같다. 사람들은 돈만 있으면 얼마든지 혼자 즐겁게 살 수 있다고 말한다. 온갖 하이테크 기자재와 조리 기구, 실내 장식업자와 서비스 업자들은, 사람들에게 '고립된 섬'으로 자족하며 살라고 부추긴다. 갈등과 고통을 자초할 필요 없이 돈만 있으면 얼마든지 혼자 즐겁게, 아름다운 아열대의 섬에서 살듯 살아갈 수 있다고 말한다.[12] '도구로서의 가족'은 사라지고 혼자만을 생각하는 개체가 남은 다음 단계에서, 우리는 어떤 사회를 꿈꿀 수 있을까?

우리가 추구하는 사회는 돈이 지배하는 자본주의 사회도 아니고, 국가에 '보살핌'을 떠넘기는 국가 사회주의도 아니다. 국가와 자본이 '위로부터의 정치'를 통해 가족을 만들어 왔다면 이제 '아래로부터의 정치'를 통해 국가와 자본을 바꾸어 가야 한다. 기업이나 국가 기구가 아니라 개개인의 욕망에 바탕을 둔 주거 공동체가 중심이 되는 시민적, 자발적 보살핌의 체제가 우리 삶의 중심이 되어야 한다. 거대한 조직과 수직적 권력의 원리로 움직이는 조직은 서서히 마비되어 간다. 절대 권력/폭력을 가진 '조직 지배적 제국'에서 생기 있게 산다는 것이 불가능

[12] 크리스 웨이츠 형제 감독이 만든 영화 「어바웃 어 보이」도입부에 이런 독백이 나온다. "인간은 섬이 아니라고? 말도 안 되는 소리. 내 생각에 모든 사람은 섬이다. 게다가 지금은 바로 섬이 되어야 한다. 100년 전 그때는 TV도 CD도 DVD도 없었고 비디오도 커피 메이커도, 이 모든 '쿨'한 것도 없었다. 그러나 지금은 제대로 물품과 정보를 조달할 수 있다면 천국에 사는 것과 같다. 아름다운 아열대의 섬에 온 것처럼 살 수 있다."

하다는 사실을 사람들은 절감하기 시작했다. 그래서 이제는 바로 '생동감 있게 산다는 것' 자체가 삶의 목적이라는 것을 사람들은 깨닫고 있다.

　　지금까지 가족 공간이 거대한 권력을 향한 욕망을 실현하기 위해 여자들이 동원된 배타적이고 독점적인 공간이었다면, 앞으로 우리가 만들 다양한 '살림'의 공간은 아이들과 여자들이 자신의 꿈을 따라 만들어 보는 열린 공간일 것이다. 그곳에서 여자들은 피로 물든 '근대 기획'을 넘어서기 위해 새로운 감각과 몸을 만들고, 다양한 집을 짓고, 사회의 판을 짤 아지트들을 마련할 것이다. 그 아지트는 작은 비디오 가게나 어린이 도서관, 인터넷 카페나 작은 학교를 중심으로 한 것일 수 있다. 그냥 많은 사람들이 저녁에 모여 식사를 하는 식탁 공동체일 수도 있고 교회일 수도 있다. 그 아지트들을 중심으로 우리는 각자가 원하는 방식으로 서로의 삶에 개입하면서 아이들을 기르고, 경제 자원을 나누고, 구의원 · 국회의원 · 대통령 등 '심부름꾼'도 뽑을 것이다. 그 아지트들로 엮이는 사회는 약간의 소유와 배타가 인정되지만 공유와 공개의 원리가 살아 있는, 모계적인 대물림이 부계적인 대물림보다는 조금 더 강하게 작용하는, 남자들이 힘에 겹도록 목에 그렇게 힘을 주지 않아도 되는, 우리가 익히 알던 사회와는 많이 다른 그림의 사회일 것이다.🆑

우리가 하려는 이야기는 더도 아니고 덜도 아니고 바로 이것이다.

'누구'와 함께 살 것인가?

동인지 기획서를 쓸 때만 해도 이 문장의 '누구'는 선택의 의미였다. 세상도 많이 달라졌고, (어느 시대에나 유포되는 소문이지만) '신인류,' '신세대'가 등장했으며, 이들은 점점 더 미세한 차이들을 동원해 서로 구별짓고 있으니, 이제 정말 획일화된 '가족'의 틀을 깨고 새로운 방식을 모색해야지 안 그러면 미래는 더욱 암울해지고 삶을 지탱해 주는 관계들은 파탄날 거라는 이야기를 했다. 듣고 보니 그도 그런 것 같아 많은 이십대들이 좌담을 하기로, 글을 쓰기로 했다. 그때까지만 해도 "'누구'와 함께 살 것인가?"에서 '누구'는 선택의 의미였다.

그러나 기획 회의, 좌담, 글쓰기 작업을 통해 나름대로 한 발 깊게 생각을 진행시키고 난 지금, 그 '누구'는 불가능을 앞에 둔 '깜짝 놀람'으로 바뀌어 있다. 결혼을 통해 만들어지는 가족이라는 절대 답안을 깨고, 함께 살아갈 새로운 규칙을 만들고, 그에 걸맞는 누군가를 찾아내는 것이, 우리의 과제라면 과제. 그러나 우리의 모색 작업은 가장 중요한 문제

함께 살 수 있을까

양선영 열아홉에 페미니즘과 조우하고, 스물둘에 첫 소설에 마침표를 찍었다. 스물다섯에 「하자 센터」 창립 멤버가 되어 3년간 '판돌' 생활을 했는데, 이때 청소년, 문화, 교육, 세계화, 정보 사회라는 키워드를 얻었다. 지금은 사회학을 공부하고 있고 정보 사회 연구에 관심이 많다. 가족을 주제로 책 만드는 것에 적극적으로 반대하다 보니 편집팀의 일원으로 활동하게 되었다.

'사람이 있는가?'에서 막히고 말았다. 가족의 틀을 깨는 것도 좋고, 새로운 규칙을 만드는 것도 좋다. 그런데 그 작업을 함께 할 사람은? 그간 이런 저런 사람들을 겪으며 개인적으로 탐색이라 할 수 있는 작업들을 해 보았지만 대부분 공통된 결론은 함께 살 수 있을 것 같은 사람을 찾을 수가 없다는 것이었다.

사랑으로 끌고 가기에 사랑은 너무 빨리 식었고, 생활에서 만날 때 함께 있는 풍요로움보다 서로 맞지 않는 거슬림이 무궁무진 샘솟았다. 이 사람은 아닌가 보다, 그럼 저 사람은? 아아 저 사람도 아닌가 보다, 그럼 또 누구? 여러 번의 시행착오는 자신감을 금세 소진시켰다. 그간 이 자신감 결여를 '나만 억세게 운이 나쁜가 봐'로 결론지어 가슴속 깊이 넣어두었는데, 가족에 관한 책을 쓴다고 여러 사람들과 모여 보니 그게 아니었다. 열이면 열, 같은 문제를 호소했다. 그렇다면 그 '누가' 도대체 어디 있다는 말인가? 함께 살 그 '누가' 있기는 한 것일까? 그 '누구'에 대한 소망이 불가능한 것이라면 이 책은 어떻게 씌어야 하나?

그리하여 선언문 형식으로 쓰기로 한 세대별 논설, 그중 이십대 편을 여는 외침은 이렇게 시작한다. "누구와 함께 살 것인가? '누구'는 어디에? 그 '누가' 있기는 한 건가?"

'누구'들이 사라지고 있다 1 : 애인형 '누구'

함께 살 누군가를 상상할 때 이십대에게 선택 가능한 경우의 수는 크게 세 가지인 것 같다. 애인, 친구, 기존의 가족. "도대체 함께 살 그 누구는 어디에 있느냐?"는 외침이 나오게 된 맥락을 이 세 가지 경우의 수를 중심으로 하나씩 따져 보자. 우선 애인형 '누구'들은 왜 사라지고 있는 것일까?

　　이십대에게 결혼은 귀에 잘 들어오지 않는 먼 나라 이야기가 되어 버린 지 오래지만 연애라면 다르다. 중학교, 아니 초등학교 시절부터 시작되는 밀고 당기는 연애 게임은 중학교, 고등학교에 걸쳐 팍팍한 인생에 수분을 공급하는 은밀한 에너지원으로 모양새를 다듬어 가다가 아이 취급을 면하는 고등학교 졸업에 성공하고 취직하거나 대학에라도 들어가게 되면, 대내외적으로 합법적인 사업이 된다. 일도 좋고 공부도 좋지만 인생을 뜨겁게 달구어줄 사랑에 대한 갈망은 그가 찾아질 때까지는 찾기 위해, 찾고 나면 더욱 뜨겁게 하기 위해 많은 에너지를 투자하는 종목이 된다. 사랑은 이미 초등학교 시절부터 육성된 욕망이며, 욕망을 충족시킬 각종 테크닉은 대중 매체를 비롯한 여러 경로를 통해 연마되어 있다. 바야흐로 만반의 준비가 갖추어져 있는 셈이다.

　　그러나 사랑이 만연하는 것에 반비례하여 책임의 강도는 약해졌다. 사랑이라는 이름으로 사랑은 언제든 시작될 수 있지만 삶을 함께 꾸리는 데 필요한 다른 요소들, 책임을 진다거나 약속을 지킨다거나 하는 고리타분한 가치들은 사랑과 함께 유행하는 데 실패했기 때문에 연애는 쉬워도 지속성을 갖기는 힘들다. 약속을 어긴다는 건 얼마나 간단한 일인가? 그냥 어겨 버리면 되는 것이다. 사랑의 특권상 '사랑 때문에'라고 말하면 '웬갖' 종류의 배신 행위가 모두 용서되고 각종 고통은 배신당한 쪽의 정서적 문제로 치부된다. 오래 아파하고 있으면 결국 아파하는 쪽만 바보가 된다. 하소연일랑 짧게 끝내고 툭툭 털고 벌떡 일어나 다른 가능성을 타진해 봐야 한다(이것 역시 매우 중요한 종류의 훈련이 된다). 첫사랑이라 그렇겠지, 아직 정말 내 사람을 못 만나서 그렇겠지, 마음을 달래며 몇 차례 동일한 과정을 반복하지만 '이 사람이다!' 싶은 사람은 '당최' 만날 수가 없다. 다들 불평하는 것처럼 '준비된 선수'는 턱없이 부족하고, 특히 '함께 살기' 종목에서는 더 그렇다. 이제 어느덧 새로운 사람을 만나면 머리부터 저절로 돌아가게 된다. 언제 배신을 때릴 것인가? 어쨌든 배신 때리는 쪽이 배신당하는 쪽보다는 감정적으로 이익이기 때문이다. 연애가 이럴진대, 장기간 함께 산다는 것은 얼마나 큰 판돈이 걸린 게임인가? 연애보다도 더 베팅을 잘해야 하며 만약의 경우 상대가 판을 걷어치우기 전에 선수를 쳐야 한다. '함께 살 누군가'를 찾는 것이 아니라 '언젠가 배신할 누군가'를 찾는 선택이 우리 앞에 놓여 있다.

'누구'들이 사라지고 있다 2 : 친구형 '누구'

친구와 함께 살기 역시 만만한 작업이 아니다. 친구와의 거리는 가족이나 애인과 갖게 되는 정서적 거리보다 훨씬 멀고 예의 바른 것이다. 가족은 가족이라는 이름으로 못 볼 꼴 보이고도 언제 그랬더냐 안면을 바꾸지만, 애인은 사랑이라는 이름으로 웬만한 감정적 난리들을 덮어 주게 되지만, 친구와의 거리는 좀 더 '쿨한' 것이다. 막무가내로 굴거나 우겨서는 안 된다. 이러한 거리 덕분에 생활 공동체는 감정의 배출로 엉망진창이 되지 않을 수도 있지만, 혼자서도 잘살 수 있게 훈련되어 있는 사람이 아니라면 낯설고 정서적 충족도 얻지 못하게 될 수 있다. 그런데 이십대에 이런 훈련이 잘 되어 있는 사람을 만나기는 쉽지 않다. 그래서 함께 살게 되면 장점보다는 주로 단점 찾아내기 과정을 거치게 된다.

이십대에는 정서적으로도 복잡다단한 상태에 있게 된다. 본인의 신경질을 참아 내는 것만으로도 버거운데, 똑같은 이십대가 신경질과 예민함으로 가득 차서 주변을 서성대고 있다. 서로 위로하다 보면 해결책이 나오기보다는 우울함이 증폭된다. 또한 이십대는 불안정한 미래를 놓고 인생을 설계해 가는 시기이기도 하다.

대부분 같은 그림을 그리지 않기 때문에 각자의 인생 설계는 시너지 효과를 내게 하기보다는 생활 패턴을 삐그덕거리게 만든다. 자기 일에 몰두하다 보면 서로를 보살피는 데 할애할 시간적·정서적 여유는 감소하게 된다. 연애도 중요한 변수가 된다. 이성애적 사랑과 연애가 여타의 관계 맺기 방식 중에서 가장 중요한 방식으로 취급되는 사회에서, 친구와 함께 사는 것은 사랑하는 사람과 '진짜' 가족을 꾸리기 전의 임시 방편으로 생각되기 십상이다. 친구끼리의 동거에서 한쪽이 연애를 시작하면 다른 한쪽도 영향을 받을 수밖에 없다. 함께 사는 공간과 시간에 연인이라는 제3의 인물을 당연하다는 듯 끌고 들어오게 되면, 친구라는 마음 좋은 배역을 맡은 쪽에서는 울며 겨자 먹기로 시간을 할애해 연애 보고를 들어주어야 한다. 연애 관계를 우선적으로 배려하는 관계의 서열은 꼭 함께 살지 않더라도 가까운 친구, 선후배 관계에서 수시로 적용되고 폐해도 크다.

어떤 문제에서 시작했건 무언가 잘못 돌아가고 있다는 생각이 들었을 때, 친구 관계에서는 문제를 해결하고 관계를 봉합하게 하는 동인이 매우 약하다. 혈연이나 사랑처럼 거창한 대의명분이 없기 때문이다. 경험이 있는 많은 사람들이 이렇게 이야기한다. "예전에 잠시, 친구랑 함께 살았던 적이 있죠." 그렇다. 잠시 겪어 가게 된다. 내 존재를 받아 주고 장기적인 삶을 함께 하기에 친구라는 이름은 너무 약하다.

'누구'들이 사라지고 있다 3 : 가족형 '누구'

함께 살 누군가로서 가족이 사라지고 있다는 것은 다소 복잡한 양상을 띤다. 가족 내 유대가 약화되고 핵가족 모델로 이동하게 되면서 장남이 부모님을 모시고 산다든지 하는 식의 세대 간 결합, 특히 정상 가족 형태를 보존하는 결합은 약화되고 있는 추세다. 자녀를 둔 부모도 그렇고 부모를 둔 자녀도 그렇고, 자녀의 결혼 후 함께 살지 않겠다는 사람이 90% 이상이라니 대단한 수치다. 반면 가족 외의 대안을 만들지 못해 함께 사는 경우나 선택적으로 구성된 비정상 가족 형태는 늘고 있다. 독립을 못/안 하는 자식이 부모에게 얹혀 산다든지, 시집간 딸이 혼자 힘으로 버거워 남편, 아이를 모두 끌고 와 친정 엄마에게 붙어 산다든지, 문제 많은 가장을 축출하고 어머니와 미혼의 딸들이 함께 산다든지 하는 경우들이다. 가족의 성역은 무너진 지 오래고, 마지못해 참아 주거나 더 이상 못해 먹겠다며 특정 부분을 과감하게 절단하는 일이 비일비재하다.

　　여전히 '함께 살기'의 대부분을 차지하고 있는 가족 형태를 '사라지고 있는' 항목에 포함시키는 것은, 함께 살고자 하는 욕구나 의지에 대한 이야기를 하기 위해서다. 함께 살고 싶은 '아버지,' 함께 살고 싶은 '남편,' 함께 살고 싶은 '아내' 같은 인물들이 점차 사라지고 있다. 제도와 관습이 느리게 변하는 와중에도 그 안에서 살아가는 구체적인 사람들은 끊임없이 변화하며 무수한 변종을 만들어 내며 변하지 않는 구조를 소화해 낸다. 이 시스템의 막강한 힘은 유구한 전통에 있다기보다 다른 대안이 부재한 환경에 들어 있다. 힘들게 여행을 떠났던 사람들은 다른 길을 가려다 결국 손해만 왕창 보고 대부분 피곤에 지쳐 '가족의 품'으로 돌아오기 때문이다.

　　이십대들의 선택지 속의 가족은 바로 이러한 모습이다. 다르게 살고 싶지만 여의치 않은 현실은 막강한 부모에게로, 결혼이라는 상상적 탈출 쪽으로 등을 떠민다. 진심으로 함께 살고 싶은 '가족'은 사라지고 있는데, 이나마도 없으면 어쩌나 하는 불안이 '가족'이라는 빈 개념을 꽉 채워 살아 있는 척하게 한다.

'누구'들을 기른 것 1 : 길러준 가족, 최고의 반면교사

함께 살 수 있는 누군가들이 사라지고 있다는 것보다 심각한 문제가 하나 더 있다. 다름 아닌 이 누군가들 속에 실은 나 역시 포함되어 있다는 사실이다. 함께 살 누군가를 찾을 수 없다지만 나 또한 누군가와 함께 살 생각을 하면 선뜻 내키지 않는다. 문제를 다른 각도에서 보아야 하는 것이 아닐까? 우리는 이제 함께 살 수 없는 식으로 진화한 새로운 종족이 아닐까? 우리를 기른 것은 무엇일까?

함께 살기 학습이 시작되는 곳은 가족이다. 운 좋게(?) '정상 가족'에서 출생했든 '비정상 가족'에서 출생했든 가족 밖으로 버려졌든 모든 아이들은 '함께 살기=가족'이라는 개념을 통해 또는 그 외곽을 빙빙 돌며 '함께 살기'에 대해 학습하게 된다. 엄마, 아버지, 형제자매, 엄마의 엄마 · 아버지 · 형제자매, 아버지의 엄마 · 아버지 · 형제자매… 또는 이 역할들의 부재를 통해 함께 살기는 이루어지며 함께 살기에 대한 개념 형성과 훈련이 진행된다.

그러나 온 사회를 점령하고 있는 가족이라는 이 형태는 '쪽수' 면에서는 여전히 공고하지만 내용 면에서는 긴 시간에 걸쳐 몰락해 왔다. 이제껏 우리를 길러준 가족은 함께 살기에 대해 초창기 훈련을 맡은 교사임에는 분명한데, 그 교사는 주로 나쁜 본보기의 역할을 했다.

부부 관계의 허상을 학습한다. 대부분의 부모들이 보여 주는 부부 관계는 애정에 기초하기보다는 생계라는 실리에 기초하고 있다. 과거 어느 시점에 사랑을 하기는 했는지 의심스럽기조차 한 이 두 남녀는 무성적 존재인 양 돈을 벌어들이고 살림을 꾸리는 등 생계를 책임진다. 둘 사이에 불평등하고 불합리한 부분도 셀 수 없이 많고 지긋지긋하게 싸워 대기도 한다. 이 과정에서 자식들은 부모를 통해 사랑하는 관계의 결혼형 결말이 어떤 것인지 학습하게 되고, 양쪽 모두 나름의 이유로 속 끓이며 고생하는 것을 목격하게 되며, 그 차이가 합리적으로 좁혀지지 않은 채 그저 끌어안고 살아가게 되는 것 역시 싫지만 인정하게 된다.

부모 역할에 대한 공포를 학습한다. 이러한 부모들은 결혼 생활이 불만족스러워도 '자식 하나' 바라보고 산단다. 너도 언젠가 네 자식을 낳으면 부모 맘을 알게 될 거라고 이야기하는데, 이건 '너도 맛 좀 봐'는 것인지 공포스럽기 짝이 없다. 뼈 빠지게 일해 밑 빠진 독에 물 붓듯 자식에게 퍼부으며 인생을 허비하고 싶은 생각도 없지만, 그걸 한다고 그 아이가 고마워할 거라는 생각도 들지 않는다. 자신의 부모에게 고마운 생각이 들지 않는 것처럼 말이다. 혹시 부모님이 아이까지 다 길러 준다고 하면 모를까, 자신의 힘으로 부모 역할을 할 엄두는 나지 않는다. 덕분에 최근 들어 늙으신 부모들이 늦둥이를 얻는 것은 필수 코스가 되었다. 자식 배 아파서 낳았지만 육아의 책임은 고스란히 넘어오는 말 그대로 늦둥이다. 첫째는 필수, 둘째는 선택이다.

늙음에 대한 혐오를 학습한다. 대부분의 가족에서 노인은 귀찮고 손이 많이 가는 대상이라고 암암리에 배우게 된다. 실상 자식에게 손이 가는 것에 비하면 그리 공이 드는 것도 아닌데 쓸데없다는 느낌, 피곤하다는 느낌이 완연하다. 노인들과 함께 사는 경우가 아니라도 이야기는 크게 다르지 않다. 생활비를 보내거나 특별한 날에 찾아가거나 하는 과정들도 모두 '일'이다. 가족 내에는 나이 서열이 분명하게 존재한다. 할머니·할아버지보다는 엄마·아빠가, 엄마·아빠보다는 그 자녀들이 더 우대 받는다. 어릴수록 젊을수록 좋다. 늙는다는 건 혐오스럽고 서러운 일이라고 가족 내 나이 서열을 통해 배우게 된다.

무임승차의 기술을 학습한다. 부모의 과도한 관심과 기대는 부담스럽기도 하지만 반항도 한두 번, 대략 적응해서 살게 된다. 결국 고생하는 것은 부모 쪽이며 그들은 애초에 그렇게 생긴 사람들이거니 하게 된다. 독립할 수 있는 능력이 생기면 그때, 자신은 절대 부모처럼 살지 않으면 된다. 그러나 혹시 별로 능력 발휘를 못하게 되는 경우에라도, 그간 시키는 대로 해왔으니 부모가 어느 정도 '애프터서비스'를 해 줄 거라 기대한다.

각종 이기주의를 학습한다. 가족 내부의 관계에서는 주로 한 사람에게 희생을 강요하는 식으로, 가족 외부와의 관계에서는 가족이 누리는 특권을 통해 이기주의를 학습한다. 선 안쪽에 있는 사람은 그리 아쉬울 것이 없다.

관계의 피상성을 학습한다. 애정은 사라지고 문제만 가득한 관계를 분명 목격하고 있는데도 '소중한 가족' 또는 '가족 사랑' 같은 식의 입장 표명이 지속됨으로써, 관계에서 발생한 문제를 해결하기보다 덮어 두는 태도를 기르게 된다. 내용이 따라오지 않아도 형식적 틀은 유지된다는 것을 배우며, 문제 해결의 감각을 상실한다.

이 외에도 가족에게 배울 수 있는 교과 과정은 매우 다양한 선택 코스를 가지고 있다. 이들은 열이면 열, 잘못된 답안을 가르쳐 주는 반면교사들의 수업이다. 출생과 함께 시작해 20여 년, '가족'이라는 모델을 통해 받게 되는 '함께 살기 수업'은 '그렇게 살면 안 되는' 많은 예시들을 남겨 주지만 다르게 살 수 있는 방법들은 원천 봉쇄한다.

'누구'들을 기른 것 2 : 연습 기회의 부재

연습 기회의 부재 역시 이십대의 중요한 특징 중 하나다. 결혼 전까지 미성년으로 간주하는 전통 덕분에 함께 살아보고 싶은 사람이 생겨도 신주 단지처럼 꽁꽁 감금된다. 애인과 함께 살기는 물론이거니와 여자인 경우 친구와 함께 살기도 자칫 나쁜 길로 빠질 위험이 있기 때문에 권장 사항이 아니다. 웬만큼 천재가 아니고서는 단 한번의 연습도 없이 '함께 잘! 살기'에 성공할 리 만무하다. 그래서 만나는 족족 사람들은 서로간에 연습이 덜 된, 또는 안 된 상태이고 고전 끝에 실패하기 십상이다. 그나마 이 기회 역시 흔치 않다.

물론 연애를 통해서나 동아리 활동을 통해서나 함께 살기 연습을 부분적으로 할 수도 있다. 그러나 말 그대로 부분적이다. 관계 맺기 총론에 대한 연습은 어느 정도 되지만, 구체적으로 생활에서 맞닥뜨렸을 때 발생할 문제들에 대해서는 그다지 면역력을 길러 주지 못한다. 그러나 이 연습이나마 많이 한 사람들은 조금 나은 편이다. 이들을 실제로 함께 살게 내버려 둔다면 학습 효과가 매우 크겠지만 이십대의 독립은 흔한 일이 아니다. 특히 애인이나 친구와는.

연습 기회의 부재는 사람들을 결국 '배운 도적질'인 가족으로 환원시키는 데 일조한다. 그런데 재미있는 것은 요즘은 가족에 관해서도 연습이 제대로 안 된다는 점이다. 예전에는 딸이 엄마 역할을, 아들이 아빠 역할을 잘 배워서 스스로 가족을 꾸리게 되면 좋은 점이든 나쁜 점이든 그대로 답습하며 살았는데, 어느 시점부터 일단 부모가 된 자는 평생 부모 역할을 하고 자식인 자는 내내 자식 노릇을 하며 새로운 역할로 이행하지 않게 되었다. 이것은 어른이 되려고 하지 않는 아이들, 갈수록 높아지는 결혼 연령, 무병장수 시대로 진입, 자식이라는 프로젝트에 대한 막대한 투자 등이 한데 어우러져 만든 현상이다. 그 결과, 함께 사는 연습이라고는 가족 내에서만, 그것도 자식이라는 역할만 해 본 게 전부인 대책 없는 '누구'들이 증가하고 있다. 미우나 고우나 이들을 받아주는 것은 여전히 가족, 더 정확하게는 부모뿐이다.

'누구'들을 기른 것 3 : 페미니즘과 각종 대안들

페미니즘의 수고 덕분에 우리는 가족 이데올로기에 대해 이전보다 훨씬 더 섬세해진 비판의 언어를 갖게 되었고 다르게 사는 방법에 대한 다양한 상상도 할 수 있게 되었다. 가족 제도 안에 있어도 가족의 어떤 부분이 비판받아야 하는지 잘 알게 되었고 어떤 부분이 나에게 유리할 수 있는지를 재며 게임을 할 수도 있게 되었다. 또한 결혼이 아닌 동거, 독신, 그리고 영화 「안토니아스 라인」 류의 새로운 확대 공동체 등 상상의 폭도 넓어졌다. 가능한 비판과 가능한 대안이 모두 제시된 시대에 살고 있다고 해도 과언이 아닌 것 같다. 이 역시 이십대의 '누구'들을 특징짓는 요건 중에 하나다. 극소수만 페미니즘을 접할 수 있던 시대를 지나, 부지런히 대안을 찾는 이들에 의해 페미니즘이 확산되는 시기를 거쳐, 이제 대중화된 페미니즘을 교양의 일종으로 섭렵하는 세대로 넘어가게 되었다.

그러나, 답안지를 손바닥 안에 놓고 보게 된 세대에게도, 인생은 간단치가 않다. 비판은 현실적인 문제들, 예컨대 제도와 같은 물리적인 부분의 변화를 쉽게 끌어내지는 못하기 때문에, 결국 새로운 방식을 실험하려는 개개인에게 비용을 모두 떠넘기게 된다. 가장 저렴한 비용만을 지불하고 물질적 · 정서적으로 자신을 재생산하고자 하는 대다수에 의해 가족 가치관은 쇠퇴하면서도 가족 제도는 더욱 공고해지고 있다. 지금 이십대들은 이러한 과정을 전부 지켜본 세대다. 육아의 비용을 줄이기 위해, 동거의 경제적 혜택을 누리기 위해 결혼과 가족이라는 이름을 쓰지 못할 이유가 무엇인가? 가족을 뒷받침하는 제도는 백년, 천년 바뀌지 않는 철

밥그릇인데?

　　비용 문제를 차치하더라도 문제는 간단치 않다. 이 글에서 누누이 말하고 있듯, 함께 도모해 볼 사람도 별로 없다. 의지만이라도 충만한 사람들도 그리 많지 않지만 이러저러한 대안적 모델을 실험해 볼 수 있도록 준비된 사람들은 더욱 없다. 결국 상처를 주고받으며 연습하고 새로운 방식을 훈련하는 것이 방법이라면 방법인데, 그렇게까지 열심히 살아야 하는지 정말 의문이다. 세련의 극치를 달리게 된 머리는 저 앞에 가고 있고, 전근대적으로 굳어진 몸은 저 뒤에 낙오되어 빌빌하고 있는데 말이다. 열심히 살아낸 오십대 페미니스트들의 결론을 또 한 장의 답안지로 받아들면서 얼마나 열심히 살면, 얼마나 운이 좋으면 이렇게 풀릴 수도 있나 생각한다. 이건 정말 노력만 한다고 되는 일이 아니다. 시대적·개인적 운이 따라 줘야 한다. 우리 세대는 그리 운이 좋을 것 같지도 않은데, 그래도 노력해 보아야 하는 것일까?

'누구'들을 찾아서 1 :
누가 꼭 함께 살아야 한다고 이야기하는가?

　　이제 이 선언문을 마무리해야겠다. 누구랑 함께 살 거냐는 걱정스러운 질문은 이제 사절이다. 우리는 서로 함께 살기에 적합하게 길러진 재목들이 아니다. 누군가와 행복하게 살고 싶다는 소망이 없는 것은 아니지만 그 길이 정녕 어렵고 힘들다면 안 가겠다. 아니, 못 간다는 냉혹한 현실을 겸허하게 받아들이겠다. 미래에는 또 어떻게 바뀌어 있을지 모르겠지만 우선 현실을 인정하고 주제 파악하는 것이 첫 단추가 아닐지? 게다가 이 일 말고도 할 일이 첩첩으로 쌓여 있고, 각자 갈 길도 아직 멀다. 그 일부터 잘하고 싶지, 함께 살 사람이 보이지도 않는데 함께 살기를 고민하며 시간을 보내고 싶지 않다.

함께 살 소양도 못 갖춘 채 딱히 함께 살 만한 사람이 보이지도 않는데, 남과 함께 살겠다고 매달려 봤자 서로에게 '민폐'다. 서로 불편하게 삐걱거리고 에너지를 소모하느니 차라리 독신 가정을 이루며 따로따로 모여 사는 식의 온건한 해결책을 찾아보는 게 나을 것 같다. 예를 들어 함께 일하는 사람들과 작업 공동체를 잘 꾸릴 수만 있다면 퇴근 후 돌아온 집에서 혼자 지내는 것이 그리 나쁠 것 같지도 않다. 자기만의 방이 자기만의 집으로 확대되는 형태다. 그런 의미에서라면 삶의 어느 부분을 함께 사는 것인가 하는 기준도 대폭 바뀔 필요가 있다. 지금껏 길러진 자질이 사적인 공간에서 함께 살기보다는 함께 살지 못함을 더 선호하게 한다면 따로 살면서 함께 살지 못함에 대해 성찰해 보는 편이 정신 건강에 유익할 것 같다. 사회는 갈수록 개인주의를 조장하고 기존 공동체들은 함께 살아가는 것에 대해 재생산하지 못하는 상황이라면 급히 해결책을 찾으려 말고 문제 상황이 충분히 드러나도록 좀 더 내버려 두는 편이 나을 것 같다.

그때까지는 각자 알아서 하는 방식으로 가는 게 어떨까? 절대 혼자 살기 싫은 사람들은 열심히 누군가를 찾아내고 개조해서 데리고 살아도 좋겠고, 그만큼 에너지가 넘치지는 않지만 혼자 사는 것도 썩 내키지 않는 사람들이라면 부모님이 살아 계시는 동안 부모님에게 잘 붙어 살다가 부모님마저 돌아가시고 나면 그때 홀로 되어 다시 해결책을 모색해 보면 어떨까? 적극적으로 독신을 선택해도 좋고, 아이를 하나 낳아 파트너 삼아도 좋다. 서로가 함께 살기에 그리 적합하게 길러지지 않았다는 사실을 인정하고 각자 덜 불행해지는 방향으로 나름대로 돌파구를 찾아야 할 때인 것 같다. 그러다 보면 다시 몇 번 세대가 바뀌면서 함께 살기에 적합한 형태로 새로운 진화를 해 낼지도 모르는 일이다. 물론 각자 돌파구를 모색하는 과정에서도 가족에게만 혜택을 주는 제도를 개선하기 위해서 연대 투쟁을 열심히 할 필요가 있다. 어떤 선택을 하든 손해가 나지 않는 상황에서 선택이라는 걸 제대로 할 수 있는 미래를 위해서 말이다.

'누구'들을 찾아서 2 : 경험자 우대

언제가 되었든 함께 살 누군가를 찾게 된다면 절대 원칙 중 하나는 '경험자 우대' 정책이다. 함께 살기에 대해 많은 고민을 했다든지, 혼자 사는 동안 삶을 풍요롭게 잘 꾸린 이력이 있다든지, 동거를 통해 함께 살기 연습을 많이 했다든지, 하물며 연애라도 많이 해서 인간사에 대해 한 깨달음 했다든지 하는 식으로 스스로 훈련한 경험자를 절대 우대해야 한다. 관계에 대해 순진 무구한 것은 절대 자랑이 아니다. 여러 관계를 경험하면서 내가 어떤 사람인지 파악한 사람, 자신의 생활 스타일이 어떤지, 함께 사는 파트너는 어떤 사람일 때 성공 확률이 높은지, 어떤 상황은 절대 못 참는지 잘 알고 있는 상대여야 함께 살기가 즐거운 작업이 될 수 있다. 무엇보다도 중요한 것은 경험을 많이 할수록 위기 관리 능력이 커진다는 점이다. 미래는 갈수록 예측하기 어려워질 텐데, 예측할 겨를 없이 닥친 위기 상황을 지혜롭게 헤쳐 나갈 수 있는 방법은 풍부한 삶의 경험뿐이다. 경험은 절대 에누리가 없다. 그러니 바쁘게 인생 행로를 달려가더라도 언제가는 누군가를 만나 잘살아 보겠다는 꿈을 가진 사람들이라면, 이쪽 분야의 커리어 관리도 소홀히 하지 말아야겠지.

'누구'를 찾아서 3 : 사랑은 이제 그만

결혼이 가장 대표적이겠지만 함께 살 누군가를 연애 상대 중에서 찾는 것은 이제 유행이 지나간 것 같다고 조심스레 진단해 본다. 지금까지야 이성애적 사랑을 바탕으로 가족이 성립하고 자녀를 통해 사회 재생산의 기능을 수행하느라 함께 살기와 사랑이 짝지어 다닐 수밖에 없었지만, 앞으로는 많이 달라질 것이다. 이미 기존 모델을 따르다 실패한 사례들이 이혼율 급증으로 드러나고 있다. 연애 과잉의 사회라 사랑을 소비하는 기간도 훨씬 단축되었고 다 소비했다 싶으면 책임 같은 데 묶여 있으려 하지도 않는다. 새 사랑이 찾아오면 언제든 떠날 준비가 된 사람들. 그래서 연애 상대는 장기간 함께 살 파트너로 적합하지 않다. 번번이 찾아오는 감정의 격랑을 온 생활로 치르며 살겠다는 열정 남녀가 아니라면 말이다.

사랑이 더 이상 장기적인 소일거리가 아니라면 이제 좀 다른 것을 찾아 볼 필요가 있다. 이미 활발히 활동 중인 독신자들의 취미 공동체도 있을 수 있고, 같은 업종에 종사하며 작업을 함께 해 가는 파트너들이 자연스럽게 모여 살 수도 있다. 우리 중 누군가가 용감하게 아이를 낳는다면, 아이 한두 명을 어른 네댓이 모여 품앗이로 기를 수도 있을 것이다. 아예 기숙 학교를 공동체 형태로 만들어 다양한 세대가 배움을 나누면서 살 수도 있고, 같은 지향을 가진, 소위 '운동권'들이 모여 동네 단위부터 바꾸는 식의 실험을 하며 살 수도 있다. '고전적인 형태'의 가족이 대안이 될 수 없다는 것도, 함께 사는 데에는 연습이 필요하다는 것도, 함께 살기에 대한 다양한 상상도 이제 다 경험해 보았다. 우리 세대의 '누구'들을 기른 조건에서부터 돌파구를 찾는다면 다른 형태의 함께 살기를 현실화하는 것이 점차 가능해지지 않을까?

함께 살 수 있을 것 같은 파트너 후보들과 요즘 내가 그리고 있는 그림은 비앤비(Bed & Breakfast)를 차리는 것이다. 비앤비는 둘이나 셋, 주로 은퇴할 시점의 사람들이 낙향하여 집을 짓는데 자신들이 직접 살면서 방을 몇 개 더 만들어 손님을 받는 것이다. 일종의 민박 형태라고 할 수 있는데 기존 민박처럼 단순히 손님을 묵게 하는 것이 아니고, 내 집에 정말 손님이 오는 것처럼 환대하고 친밀한 관계를 형성한다. 단기나 장기로 거주하는 단골들이 잊지 않고 찾아오고 또 새로운 사람들이 들고나면서 자연스럽게 생활 공동체의 구성이 변하는 것. 우리 중 비앤비를 처음 구상했고 아마도 우리 비앤비의 사장이 될 친구는 십 년 내에 비앤비를 차릴 수 있는 경제적 기반을 마련하기 위해 바쁘게 살고 있다. 그 친구의 비앤비에 한자리 마련해 생활 공동체를 만들고 싶은 나 같은 사람들도 십 년 후를 생각하며 품앗이 할 수 있는 기반을 마련해야 한다. 그 기반은 경제적인 것이 될 수도 있고, 함께 살기에 대한 훈련일 수도 있다. 십 년간 이런저런 노력과 연습을 많이 한다면 우리 비앤비의 성공 확률은 그만큼 높아질 것이다. 그렇다. 무엇을 하든 사랑으로 점철된 일부일처제식 함께 살기보다는 훨씬 더 정치적으로 올바르고 흥미진진하지 않을까? 우리가 귀찮음을 극복하고 연습에 연습을 거듭할 수만 있다면 말이다. **cc**

서동진 1967년 강원도 강릉에서 마흔셋의 어머니의 '수치'로 태어난 막내 아들. 고향에서 고등학교까지 마치고 서울로 진학, 대학 시절 내내 학생 운동에 몰입하고 이십대를 몽땅 마르크스 레닌주의자로서 한 점의 동요도 없이 살았다. 그러다 모두들 산개하던 1980년대 말 자본주의적 권력 비판의 또 다른 경로를 생각하기 시작했다. 그리고 문화 이론을 공부하며 또 게이로서 커밍아웃하고 좌충우돌로 가득 찬 눈먼 1990년대를 보냈고, 그 사이에 서른 살을 넘겼다. 퀴어 영화제와 전주 국제 영화제에서 일하고 게이 운동에 투신하고 대안적 청소년 센터를 만들며 또 가끔은 출판사와 기업을 전전하며 지냈던 1990년대가 끝나고 지금은 연세대학교 사회학과 박사 과정에서 논문을 준비하고 있다. 지구화와 탈근대성 그리고 문화/권력을 생각하며 새로운 문화 이론의 얼개를 만들어야 한다는 의욕에 불타고 있지만, 초조한 심정을 가누지 못한 채 비칠거리고 있다.

히스테리의 집

— 게이 가족 이야기

1

일전에 어느 삼십대 남자의 자살에 관한 기사를 읽었다. 조기 유학을 시키러 아내와 아이를 캐나다로 보내 놓고 혼자 살던 그는 '방황' 끝에 '불륜' 관계를 맺었고 아내는 그를 간통죄로 고소했다. 그리고 그는 "여보 사랑해요 잘살아요 미안해요"란 유서를 남기고 목숨을 끊었다. 그는 '기러기 아빠'였고, 더 이상 함께 살지 않으면서 가족으로 사는 21세기 초 한국 가족의 초상이었다. 같은 삼십대의 게이 남성인 나 역시 또 다른 가족의 초상 속에 얼룩처럼 묻어 있다. 내겐 8년간 함께 산 남자가 있고, 그가 두세 해 군 복무하던 동안을 빼곤 떨어져 지낸 날이 드물다. 그리고 두 해 전 나는 변두리에 허름한 빌라 한 채를 샀고 옥신각신하며 아직도 그와 함께 살고 있다. 나는 대학에서 시간 강사로 품을 팔아 생계를 잇고 있고, 그는 아직 대학을 다닌다. 두어 해를 넘기기 어려운 이성애자 커플에 견주면 우린 드물게 '성공한' 게이 커플이고, 농담처럼 난 우리의 관계를 가리켜 '원앙 게이'라 부르기도 한다.

'기러기 아빠'의 가족과, 8년을 함께 산 '게이 남성'의 가족은 대학 가족 사회학 수업에서 써먹을 수 있을 소재로 안성맞춤이다. 이상적인 가족의 형태란 없다는 것, 가족의 다양한 모습이 있다는 것, 가족을 구성하고 정의하는 요소들은 시대에 따라 변한다는 것을 이야기할 때 기러기 아빠와 게이 커플만큼 적당한 이야깃감은 없을 것이다.

이제 가족에는 전형이란 없고 종류의 차이만이 있을 뿐이기 때문이다. 따라서 가족 사회학이 할 일은 한결같은 그리고 일관된 자기 정체성을 지닌 가족의 이미지를 그리는 것이 아니라 가족이라는 '불가능한 환상'에 더 이상 매달리지 않도록 비판적 성찰을 만들어 내는 것인지도 모른다. 모두에게 한결같은 하나의 이상적인 가족이라는 망상에서 벗어나는 것, 가족이라는 말을 에워싸고 흘러나오는 이데올로기와 거리를 유지하는 것, 가족이라는 부름에 홀린 채 벌어지는 폭력과 차별에 눈을 뜨는 것, 이런 것들이 지금 가족 사회학의 할 일이 아닐까.

그렇다면 가족 사회학을 어떻게 가르치고 배울 것인가 하는 문제는 변화된 가족의 현실을 얼마나 정확히 재현하는가의 문제가 아니다. 대부분의 (적어도 비판적인) 가족 사회학 교과서는 가족의 역사적 계보를 추적한다. 그리고 우리가 가족이라고 알고 있는 것이 얼마나 역사적으로 우연한 것인지 드러내는 것을 일차적 목표로 삼는다. 이를테면 전통적 친족 체계, 그 다음에 근대적 산업 자본주의 부르주아적 핵가족, 그리고 그 다음엔 탈근대적인 자본주의 사회의 다원적, 대안적 가족 등. 그러나 가족의 역사적 연대기가 가족의 역사적 변화를 설명하는 객관적 지식이라 믿는 것은 순진한 일이다. 뒤집어 생각하면 가족의 계보학이란 가족이라는 사회적 실체란 없음을 증명하는 한 가지 형식이기 때문이다. 서로 다른 친족 관계와 친밀성, 경제적 분배와 권력의 조직을 가족이라는 이름 아래에 하나로 묶을 때,

그것은 더 이상 '가족의 담론'이 아니다. 우리는 서로 다른 사회적 관계와 감정적 애착, 경제적 의존 관계, 권력의 유형을 모두 가족이란 말로 균질화한다. '가족'은 이미 주어진 대상으로서의 가족을 반영하는 담론이 아니라 다양한 차이를 가족이라는 균일한 대상의 표현으로 묶어 내는 담론적 실천이다. 따라서 가족의 담론이 있는 것이 아니라 '가족화하는 담론(들)'이 있을 뿐이다.

따라서 가족은 근대 사회의 대표적인 이야기의 장르다. 다른 주체, 다른 화법, 다른 행동으로 말해질 수 있었던 관계의 이야기를 가족은 모두 흡수하고 장악한다. 그리고 그것을 모두 가족의 다른 역사적 형태, 가족의 변이된 형태로 해석하고 종합한다. 하나의 이상적인 가족만이 있는 것이 아니라 여러 가지 가족이 있을 수 있다는 주장은 가족이 다원화된 현실을 '반영'하는 것이 아닐 것이다. 그것은 기존에 가족이라 여겨지지 않았던 친밀 관계들(대표적으로 미혼모 가족, 편부모 가족, 레즈비언/게이 가족 등)이 자신을 가족의 명부에 등록하려 시도하면서 빚어지는 현상일 뿐이다. 반대의 현상도 있을 수 있다. 겉보기엔 가족으로서 갖추어야 할 충분한 요건을 두루 갖추고 있는데도 그 안에 있는 주체에게 그것이 가족으로 느껴지지 않을 때, 역시 가족 이야기는 또 다른 방식으로 풀려 나오기 시작한다. 멀쩡한 가족 같은데 가족이란 기분이 느껴지지 않을 때 우리는 다른 종류의 가족 이야기를 촉구하는 것이다. 그리고 누군가는 이것이 가족의 해체와 위기라는 것이라 하면서 시름 가득한 표정을 지을 것이고 다른 누군가는 이것을 새로운 가족 정체성의 징후라 일컫고 거기에서 새로운 삶의 방식을 찾아야 한다고 역설할 것이다.

게이인 내게도 이는 다를 바 없는 문제다. 동성의 한 남자와의 장기적인 동거를 무엇이라 부르고 둘 사이에 벌어지는 크고 작은 일들을 어떻게 체험하고 각색하며 서술하고 해석할 것인가 하는 문제는 게이인 내게 정체성의 이야기 가운데 중요한 부분이다. 물론 나는 이성애자 부부가 자신들의 관계를 재현할 때 쓰는 이야기를 빌려 쓴다. 그럼으로써 그렇지 않았더라면 자칫 무의미하고 부조리할 수도 있을 그 '관계'를 구원한다. 우리는 서로에게 한점의 성욕의 대상으로 제공되는 것 이상의 의미 있는 관계가 될 수 있다. 우리의 애정은 성욕을 충족시키기 위한 도구적인 관심 이상의 사랑으로 채색된다. 그러나 내가 꾸어 쓴 이야기가 그 본래의 주인인 이성애와 맺고 있는 소유 관계를 의식하지 않을 수 없다. 그럴 때 나는 그것을 아마 조금은 수선하거나 개작하면서 그 이야기를 내게 끼워 맞출 것이고, 아니면 그 이야기가 이성애의 규범적 틀을 벗어날 수 없음을 깨닫고 그 이야기를 거부할 것이다. 그러나 동성 커플이 이성애적 가족과 결혼 관계에서 얼마나 벗어나 있으며 얼마나 다른 것일 수 있는지 가늠하기란 불가능하다.

　　같은 게이들 사이에서도 친밀 관계를 결혼이나 가족과 동일시해야 하는지를 둘러싸고 의견이 분분하다. 결혼을 권리로 생각하는 보수주의적 게이들에게 결혼의 합법화는 무슨 수를 써서라도 얻어 내야 할 게이 시민권 운동의 목표다. 대안적인 섹슈얼리티의 위반적인 가치를 높이 사는 게이들에게 이는 얼토당토않은 주장이다. 게이들의 라이프스타일을 에이즈, 무책임한 쾌락주의와 연결시키는 보수주의적 선동에 부화뇌동하며, 존경받고 긍지 있는 게이가 되기 위한 유력한 대안이 결혼이라고 생각하는 것은, 결국 게이 정치학의 문제를 프라이버시의 문제로 팔아 치우는 것이다. 게이들의 친밀 관계가 가족 문제가 아니라 사회적 의제라고 생각한다는 점에서 나는 보수주의적 게이들의 입장에 반대한다. 나는 그들이 자신의 친밀한 관계를 배우자 혹은 부부 관계로 상상하는 것을 만류할 생각은 없다. 성인들 사이의 성애적 관심에 따른 지속적인 친밀 관계를 상상할 때, 우리가 물려받은 담론적 유산은 언제나 '부부의 이야기'였기 때문이다. 그러나 그 때문에 간헐적인 섹스에 탐닉하고, 사우나와 찜질방을 전전하는 게이들을 적대시하고, 그들을 내부의 '나쁜 호모들'로 구분하려는 태도는 용납할 수 없다. 그래서 나는 '번개'를 위한 정보를 교환하고 자신들의 은밀한 욕망을 교류하는 게이 웹사이트가 폐쇄될 때, 건강한 교제와 건전한 사랑의 이름으로 정부 기관의 행위를 지지하는 그들의 주장에 반대할 수밖에 없다.

커밍아웃의 문제를 프라이버시의 문제로 돌리며 자기 결정권이라는 자율적인 주체의 이상에 매달릴 때, 동성애자를 둘러싼 차별이 지극히 '타율적인 규정'이란 점은 망각되고 말 것이다. 그러므로 게이 정치학을 고작해야 아우팅 반대 캠페인으로 축소시키고 말 때, 나는 실망하지 않을 수 없다. 그러나 이 모든 것은 게이 주체들이 자신의 친밀 관계를 생각할 때 결혼과 가족의 이야기에 물들어 버릴 수밖에 없음을 보여 주는 현상일 따름이다. 자신의 친밀 관계를 결혼 관계로 생각하건 말건, 결혼과 가족의 이야기는 언제나 그 친밀 관계를 인식하고 평가하는 이야기의 지평이 되어 등장하며 그것은 결코 쉬이 사라지지 않기 때문이다.

2

내가 이 글에서 이야기하고자 하는 것도 바로 이야기로서의 가족이다. 그러나 결혼과 가족의 이야기는 하나의 이야기가 아니라 그 안에 또 다른 작은 이야기들의 묶음으로 이뤄진 이야기의 사슬이다. 게이들은 이미 가족 이야기를 쓰는 유력한 주체가 되어 있다. 그들의 결혼과 가족 관계는 국제적인 뉴스로, 대통령 선거의 정책적인 쟁점으로, 게이 시민권 운동의 중심적인 의제로 그리고 달콤하고 열정적인 사랑에 빠져든 사적인 게이의 연애담이 되어 세상을 부유한다. 캐나다의 온타리오 주에서 동성 간 결혼을 합법화하기로 했다는 소식은 전 지구적인 뉴스가 되어 내게 도착한다. 텍사스 주의 동성애 처벌법이 위헌이라는 판결이 나왔지만 부시 미국 대통령은 그와 무관하게 동성 간의 결혼은 절대 인정하지 않겠다는 입장을 발표하자 그 역시 곧 국제 통신사를 통해 내 목전에 이른다.

결혼과 가족의 이야기는 전 지구적 이야기이고, 그 이야기의 주인공은 게이와 레즈비언이다. 그들은 전 지구적인 네트워크 자본주의를 통해 유럽 연합의 유럽 시민권 논쟁의 무대에서 멀리 동남아시아의 종교적 논쟁이 벌어지는 허름한 공회당에 이르기까지 세계 곳곳에 출몰한다. 전 지구적 이야기로서의 가족 이야기는 지역의 전통과 가치에 대한 이야기로, 다문화주의적 사회의 인권과 시민권에 대한 이야기로 거듭 씌인다. 게이와 레즈비언의 친밀 관계는 국가와 사회의 이야기와 가족의 이야기 사이를 잇는 징검다리가 되어 부지런히 소란스런 이야기를 순환시킨다.

한편 그 반대 편 끝에는 자신의 친밀 관계를 재료로 삼아 결혼과 가족의 이야기를 발명하려는 게이, 레즈비언들이 있다. 과중한 세금의 부담을 피하기 위해, 유산의 상속과 분배를 위해, 자녀의 입양을 위해, 연인의 죽음에 입회할 자격을 얻기 위해, 연인의 병시중을 들기 위한 유급 휴가를 받기 위해, 그들은 자신의 관계가 결혼에 버금가는 관계이길 원한다. 그것은 권리와 결혼을 묶으면서 미혼자들과 편부모들, 동거자들을 억압하고 배척했던 결혼의 이야기를 재연하는 것이다.

그러나 또한 결혼과 가족의 이야기는 성의 전기(gender biography)다. 그것은 결혼과 가족이 집요하게 끌고 다니는 자기(self)의 이야기이다. 결혼과 가족의 이야기는 둘 혹은 그 이상이 참여하는 이야기지만 또한 '자기의 정체성'을 직조하는 '나'의 이야기이기도 하다. 친밀한 관계 안에 들어설 때 우리는 어쩔 수 없이 '사랑밖에 모르는' 공허한 나를 벗어나 '사랑하는 주체'의 상징적 정체성을 수용해야 한다. 그 정체성이란 남편/아내, 아버지/어머니, 가장/주부의 짝 속에 놓여 있다. 그 맞짝 관계를 초월하려는 충동이 근대 사회 내부에서 쉼 없이 흘러 다녔음을 부정해선 안 될 것이다.

친밀한 관계를 동지로서, 영혼의 벗으로서, 친구로서 살았던 수많은 '영웅적 커플'들이 있었지만, 말 그대로 그들은 영웅들이다(예를 들어 사르트르와 보부아르). 그렇지만 그런 식의 이야기는 매우 도식적이고 단조롭기 짝이 없다. 그 이야기는 결혼과 가족이 억압적이고 인습적인 규범이자 제도라고 간단히 처리해 버려서, 결혼과 가족이 자신의 정체성을 규정하는 지속적 영향력을 해석하지 못한다. 중요한 점은 결혼과 가족을 인정하느냐 마느냐 하는 문제가 아니라 결혼과 가족에 의해 매개되고야 마는 남자/여자의 이야기를 어떻게 다시 쓸 수 있을 것인가의 문제다.

게이인 내게도 이는 피해갈 수 없는 '과제'다. 게이 커플을 둘러싼 끊임없는 상상은 과연 누가 남성 역이며 여성 역일까 하는 것이다. 물론 그것은 이성애자 구경꾼의 환상만은 아니다. 그것은 게이 주체 내부에서 출현하는 환상이기도 하다. 매력적인 성적인 대상으로 재현되기 위해 게이 역시 자신을 성별화해야 한다는 강압에서 벗어나기는 불가능하다. 성별 구분이 매개되지 않은 게이는 매력적인 대상이 되기 어렵다. 그들은 동성의 남성을 원하지만 그들이 원하는 남성은 언제나 성별화된 주체다. 남자로서 남자를 좋아하는 것이기 때문에 여성적인 남자는 사절한다는 게이, '일반' 같은 남자를 선호한다는 '이반'('일반'은 이성애자를 가리키는 한국 동성애자 사회 내부의 표현, '이반'은 동성애자를 가리킨다), '땠자'를 찾는 '맞자' 혹은 그 역(땠자/맞자는 각각 탑top/바텀bottom에 대응하는 말로 성 행위에서 능동적인 역할과 수동적인 역할을 가리키는 것으로 받아들여진다) 등은 게이 커플 관계 안의 피할 수 없는 성별적인 이야기이다.

시비로 다툼을 벌이다 손찌검을 당하자 매 맞는 아내들을 위한 모임에 나가겠다고 악다구니를 쓰는 나와, 자신의 아름다운 순결을 빼앗고 그 다음엔 무관심하기 짝이 없다며 "사내들은 다 그렇다고, 우리 여자들의 맘을 알 리가 없다"고 칭얼대는 나의 애인 사이에는 어떤 성의 전기가 씌이고 있을까. 물론 우리 역시 우리의 친밀 관계를 쓸 때 성의 전기를 경유하고 있을 것이다.

그러나 우리가 마음대로 성별 정체성을 선택하고 가장하는 자유를 누린다고, 그래서 성별의 규범을 초월한 자율적인 관계 속에 산다고 생각하면 그것은 오산이다. 우리는 친밀한 관계를 채우고 있는 사건과 체험을 이야기할 때마다 꼼짝없이 그 이야기가 성별 구분의 이야기를 경유한다는 것을 의식한다. 그리고 그 이야기의 문맥 안에서 스스로 여성과 거리낌 없이 동일시할 때, 그것은 약간의 페미니즘적인 정의와 자신의 불리함, 약자로서의 위치를 강조하려는 치사한 잔꾀를 동원하여 언어 게임을 즐기는 것일 따름이다. 그리고 정작 그 안에 스며들어 있는 것은 불안감이며, 둘의 친밀 관계가 끊임없이 성별의 이야기로 해독된다는 데 대한 히스테리다.

동성 간의 친밀한 관계를 물들이는 사랑의 이야기는 낭만적 사랑의 환상이다. 열정에 사로잡힌 짧은 연애 시기가 끝난 후 곧 의무와 규칙으로 짜인 삶의 질서로 정착하는 이성애자 커플과 달리, 게이들에게 사랑은 곧 관계의 목적이자 이유로 여겨지기 쉽다. 이런 낭만적 사랑의 자기 재귀성 — 사랑을 위한 사랑 또는 사랑 그 자체를 위한 사랑 — 은 게이와 레즈비언에게 새로운 과제를 부여한다. 낭만적 사랑은 언제나 성별화된 이야기이고 게이들은 사랑에 들어설 때 '사랑하는 주체'의 성별과 긴장 관계를 맺지 않을 수 없다. 그들은 자신을 성별화하는 이야기의 회로에 저항하고 한편 종속된다. 관계를 주도하고 생계를 부양하고 책임지는 나이 많은 남자는 남편이고 가사를 돌보며 연인의 결정에 따르는 것을 편히 여기는 나이 어린 그 남자는 아내인 것일까. 아니 게이 커플에게 남편과 아내, 가장과 주부는 그저 그들이 수행하는 사회적 행위를 일컫는 호칭에 불과하며 성별과 아무런 상관없는 표지일 뿐일까. 그렇지는 않을 것이다. 남편과 아내라는 정체성과 동일시할 때 그 정체성은 그것이 전달해 주는 독특한 심리적 만족과 쾌락에서 떼어놓기 어렵기 때문이다. 그리고 바로 그 때문에 게이와 레즈비언들은 자신을 성별화하는 이야기의 규칙에서 반쯤은 해방된 채 또 반쯤은 종속된 채 자신들의 친밀관계에 대한 이야기를 거듭해서 또 끊임없이 써야 하는 것이다.

3

일본의 젊은 게이 감독 하시구치 료스케의 신작 「허쉬!」는 정답 같은 영화다. 「허쉬!」는 탈근대 사회의 대안적인 가족을 상상하는 사람들에게 마치 해답과도 같은 관계를 보여 준다. 혹시 그 영화를 보지 못했을 이들을 위해 영화의 줄거리를 요약하면 이렇다. 애완 동물 가게의 점원인 나오야는 게이다. 그는 반복되는 따분한 일상 그리고 반복되는 애정 없는 섹스에 지쳐 있다. 그러던 어느 날 게이 바에서 기업체 연구원으로 일하는 샐러리맨 가츠히로를 만난다. 가츠히로 역시 가족과 직장 동료들에게 자신의 성 정체성을 극구 숨긴 채 권태로운 일상을 살아가고 있던 차였다. 그러나 우연한 만남으로 시작된 둘의 사랑은 한 여자의 침범으로 혼란에 빠진다. 우연히 가츠히로를 만난 아사코란 여자가 결혼과 사랑 없이 단지 그의 아이를 가지고 싶다는 폭탄선언을 한 것이다. 가츠히로는 나오야의 반대와 스스로의 망설임 끝에 아이를 갖겠다고 결단을 내리고, 셋은 마침내 인공 수정을 통해 아이를 가지겠다는 계획을 실행에 옮긴다.

그러는 사이 과부이며 극성스럽고 수다스런 나오야의 엄마와, 가장의 의무를 다하기 위해 편치 않은 가정을 묵묵히 지키고 있는 가츠히로의 형과 형수가 이들의 관계 속으로 들어온다. 가츠히로에게는 한 점뿐인 혈육인 형은 아우의 게이 정체성을 인정한다. 반면 자신의 불행한 결혼 생활을 비관하고 시집살이의 고역을 증오하면서도 전통적인 가족 관계에 연연하는 형수는 시동생의 게이 정체성을 인정하지 못하고, 더욱이 가족을 만들겠다는 소망은 절대 용인하지 못한다. 형의 돌연한 죽음, 형수의 새 생활의 시작, 듬직한 사위를 얻은 나오야 엄마의 만족을 거치면서 셋은 이제 새로운 가족을 꾸리고 새로운 인생을 시작한다.

게이 커플, 자기 결정에 따른 임신과 엄마 역할을 선택하는 이성애자 여성이 만들어 내는 친밀 관계는 진부하리만치 명쾌하게 대안적인 가족의 모습을 보여 준다. 그들은 이성애적 혼인 관계에 따르지 않은 결혼 관계를 보여 주며, 혈연 관계에 의존하지 않는 부모-자식 관계를 보여 주며, 일터와 가정에 자신의 삶을 고립시키지 않은 파트너 사이의 관계를 보여 준다. 그들은 전통과 의무와 규범의 족쇄에서 자유롭고, 스스로 자신의 삶을 선택하고 결정하는 자유로운 주체의 모습을 제시한다.

그러나 게이 커플과 이성애자 여성 사이의 삼각 관계가 대개 그렇듯이 이 영화 역시 게이 커플이 직면하는 히스테리를 요령 좋게 피해 간다. 그 히스테리란 성의 전기를 말하고 쓰는 주체가 가지게 되는 심리적 불안을 말한다. 그녀가 끼어들면서 게이 커플은 자신들의 친밀 관계 안에 존재하는 성별 구분의 요구에서 벗어날 기회를 얻는다. 아이를 낳고 그들과 함께 대안적 가족을 만들어 내는 이성애자 여성이 여기에서 그 히스테리를 해소하는 역할을 맡아 주기 때문이다. 그 때문

영화 「허쉬!」 (하시구치 로스케 감독, 2001). 탈근대 사회의 대안적인 가족을 상상하는 사람들에게 해답과도 같은 관계를 보여 준다.

에 가츠히로와 나오야는 둘의 친밀 관계를 성별화할 때 맞닥뜨리는 불안에서 벗어날 수 있다. 투정을 일삼고 애교가 많으며 인형을 좋아하는 나오야는 가츠히로의 아내일까. 그러나 이 영화에서 우리는 그런 쓸데없는 불안한 물음에서 놓여날 기회를 찾아낸다. 아사코란 '진짜 여성'이 있기 때문이다. 그럼으로써 게이 커플이 각자 자신의 성의 전기를 작성할 때 직면하는 불안으로부터 도피한다. 그녀의 존재로 인하여 게이 커플은 자신의 친밀 관계를 성별화할 때 유발되는 불안한 히스테리에서 벗어난다.

게이와 레즈비언의 가족과 결혼에 대해 왜 많은 사람들이 공포와 적대감을 드러낼까. 재산 분배와 상속의 제도인 가족, 성적 만족을 제공하는 역할에 제한되지 않고 사회적 교육과 훈육의 기능을 하는 가족, 아이와 노인을 부양하고 보호하는 책임과 윤리의 세계로서의 가족 등등의 이상은 아직도 건재하다. 그렇지만 이성애자 부부와 이성애자 가족만이 이를 보장할 수 있다는 증거는 어디에도 없다. 이는 게이, 레즈비언 커플들도 얼마든지 훌륭하게 해낼 수 있는 일이다. 오히려 지금 우리가 집착하고 있는 것은 바로 그런 가족의 사회적 기능과 효과가 아니라 다른 데 있다. 우리가 지금 애면글면 집착하고 있는 가족이란 정서적인 유대와 성애적인 만족을 충족하고 자기의 이야기를 쓰는 배경 또는 근원으로서의 가족이다.

가족은 수없이 다양한 형태들이 모여 하나의 모습을 만들어 내는 조각보 같은 것이 된 지 오래다. 그럼에도 불구하고 그 수없이 다른 형태의 친밀 관계를 결혼과 가족으로 명명하고 동일시할 때, 그 안에 스며들어 있는 욕망은 무엇일까. 왜 어느 게이들은 자신의 친밀 관계를 애타게 결혼으로 정의하고 싶어 하고 가족으로 자기네 삶을 이야기하고 싶어 하고, 왜 또 다른 게이들은 그런 이야기에 저항하며 가족의 권리를 거부하고 쾌락의 정치학을 위해 투쟁하자고 주장할까. 왜 어느 게이는, 결혼과 가족 제도를 비판하기는커녕 이 대안적인 친밀 관계를 문제가 많다고 판명 난 결혼과 가족으로 되돌려 보내느냐고 분통을 터뜨리고, 왜 다른 게이들은 게이들의 친밀 관계가 결혼과 가족으로 정의되면 결혼과 가족에 대한 이성애 규범적인 정체성을 뒤흔들게 될 터인데 왜 그런 결벽증적인 태도를 보이냐고 푸념하는 것일까.

게이 커플과 이성애자 부부 사이의 차이를 과장하지 말아야 한다. 게이 커플의 결혼이 합법화되고, 그들에게 유럽이나 미국처럼 가정 동반자 관계(domestic partnership)를 보장하고, 등록 동반자 관계(registered partnership)를 인정한다는 것은 단지 평등의 문제가 아니기 때문이다. 이성애자만이 누리는 특권인 것으로 결혼을 신화화하는 것은 어리석은 짓이다. 결혼과 가족이라는 '특권'을 모든 성 정체성의 주체가 나눠 가져야 할 공통의 권리라 생각하는 것은 그릇된 생각이다. 그렇지만 결혼과 가족에서 완전히 해방된 관계를 상상하자는 주장 역시 낭만적이기는 마찬가지다. 수많은 게이 레즈비언 커플들이 자신의 친밀 관계를 통해 자신의 생애에 관한 이야기를 쓸 때 그들은 가족과 결혼의 담론으로 회귀하게 마련이다. 그가 자신의 연애와 사랑을 하지 않는 시기의 삶을 상상하고 예측할 때, 자신의 생애에 관한 전기(傳記)적인 이야기를 상상할 때에도 역시 결혼과 가족은 피할 수 없이 되돌아온다. 결혼과 가족의 이야기는 성별 구분의 이야기이기 때문이다. 내가 나의 삶을 회상하고 예측하는 자신의 전기를 쓰려 할 때 내가 이르게 되는 막다른 골목은 언제나 성별 구분의 이야기다. 결혼과 가족의 이야기는 성의 전기다. 그 때문에 결혼과 가족은 이성애자든, 동성애자든, 남성이든, 여성이든, 그 관계를 이루는 주체의 차이를 넘어 적용될 수 있는 외부의 제도가 아니다.

결혼과 가족의 이야기는 성의 전기를 지속시키고 재생산하는 담론의 정치다. 게이 결혼과 가족의 이야기 역시 그 담론의 정치에 참여한다. 결혼과 가족에 참여하는 주체의 성별을 지우고 그것이 성의 전기를 작성하는 핵심적인 플롯임을 괄호 안에 넣은 채 게이 결혼과 가족을 이야기할 때, 게이인 나는 끊임없이 자각할 수 없는 히스테리에 휩싸일 것이다. 남성끼리 혹은 여성끼리의 친밀 관계를 가족과 결혼으로 '받아 적기'가 언제나 불안하게 흔들리는 것은 그 때문일 것이다. 게이가 '성'의 정체성으로 남아 있는 한, 그 정체성이 남성이란 성별적 주체가 남성이란 성별적 주체를 사랑하는 관계로 규정되는 한, 나는 이성애 규범적 이야기의 공간인 결혼과 가족과 행복한 화해를 할 수 없다. 게이인 나 역시 가족과 결혼의 이야기 안에서 자신의 성의 전기를 작성해야 한다. 결혼과 가족이란 것이 그 안에서 벌어지는 끊임없는 사건과 체험을 서사화하는 이야기의 장치이기에 그리고 무엇보다 그것이 그 안에 놓인 주체의 성의 전기를 제공하고 규정하는 담론적 지평이기에, 게이인 나는 결혼과 가족의 이야기 안에서 편안하게 머무를 수 없다. 따라서 결혼과 가족을 권리의 정치학으로 자리매김하고 결혼의 권리를 주장하는 입장에 나는 동조하지 못한다. 그러나 나는 결혼과 가족으로부터 해방된 이상적인 친밀성의 공간 역시 신뢰하지 않는다.

　　게이의 결혼과 가족 이야기에 있어 진정으로 중요한 것은 '가족 이후의 가족 이야기'를 쓸 수 있느냐다. 결혼과 가족이 성의 전기를 쓰는, 자신의 일관된 자기 정체성을 중심화하는 공간으로 남아 있는 한, 게이들은 결혼과 가족과 언제나 대립할 것이다. 성의 전기를 가족과 결혼에서 해방시킬 때, 게이와 레즈비언은 물론 자신의 친밀 관계를 새롭게 이야기할 수 있을 것이다. 결혼과 가족의 권리를 나눠 갖는 것이 아니라 결혼과 가족의 이성애 규범성을 변형시킬 때 나는 게이로서의 나의 정체성과 화해할 수 있는 결혼, 가족을 찾을 수 있을 것이다. 탈가족화된 가족, 탈결혼화된 결혼이 아닌 한 나의 친밀 관계는 언제나 히스테리가 들끓는 불편한 집이 되고 말 것이다. ㉒

семейство

gezin

세 번째

프로젝트

가족

obitelj

홀로 서기,
홀로 살기

조형

1943년 서울에서 태어나서 중
산층 가정에서 1녀 1남 중 장
녀로 성장했다. 미국 유학 중
결혼하고 4년 후 아들을 낳았
다. 결혼 12년째 되던 해에 별
거를 시작했고, 아들이 결혼하
여 현재 손녀가 있다. 이화여대
사회학과 교수.

늙는다는 것은 선택의 여지가 없는 일이다. 하지
만 노후에 누구와 어떻게 살 것인지는 다분히 선택의 문
제다. 그리고 남이 선택해 줄 수 없는, 내가 만들어야 하
는, 나의 몫이다. 더 시간이 흐른 뒤에 '어쩔 수 없으니
이렇게 살 수밖에 없지 않으냐'고 말하고 싶지 않다는 소
박한 동기 때문에 오십이 되면서부터, 생을 마감할 때까
지 홀로 서기, 홀로 살기를 잘하기 위한 고민을 시작했다.
고민이라고 해야 늘 머리 싸매고 한 것은 아니었지만, 따
라 배울 만한 모델이 주변에 있는지 찾아보기도 하고, 서
울에서 탈출하여 공기 좋은 곳에 오두막집 하나 짓고 살
요량으로 시골에 손바닥만한 땅을 사기도 했다. 가족에
게는 알리지 않고 혼자 조용히 일들을 저질렀다. 20년 가
까이 모시고 산 부모님께 의논을 드리지 않은 것은 마치
돌아가실 때를 기다리는 것으로 오해하고 서운해 하실 것
같아서였다. 그러다가, 작년 가을 임종을 앞둔 어머니가,
당신마저 떠나면 나 혼자 어떻게 살 거냐고 깊은 걱정에
빠지셨다. 이러저러하게 준비하고 있으니 마음 편히 떠
나시라고 길게 늘어놓을 겨를이 없어 그냥 걱정을 안고
가시게 했다. 지금도 미안하다.

내가 5년, 10년 후에 '잘살고 있다'고 말할 수 있을지는 의문이다. 홀로 사는 것도 주변 가족이나 친구들, 더 넓게는 사회 속에서 일어나는 일이므로, 그들 눈에 측은해 보이거나 부담이 되지 않도록 객관적으로 잘사는 것도 중요하다. 늙은이의 경우 추레해 보이기 쉽기 때문에 이전보다 더 신경을 써야 할 것 같다.

노년 독거 생활의 모범, 내 할머니

나보다 40년 가까이 먼저 세상에 오신 할머니는 우리 세대가 이제 시작해 보려는 계획된 노년 독거 생활을 훌륭하게 실천하신 분이다. 가족과 함께 사는 것이 유일하게 '정상적'인 삶의 유형으로 각인되어 있고, 독거 노인이나 독신 남녀는 비정상적이거나 불행할 것이라는 편견이 아직도 지배적인 우리 사회에서 남들 눈에는 할머니도 그렇게 보였을지 모른다. 하지만 할머니는 그 세대에서는 이례적으로 노년의 독거 생활을 성공적으로 관리하셨다.

"내가 어쩌다 별안간 쓰러져서 이렇게 누워 있는지 모르겠다. 어서 일어나서 내 발로 걸어 화장실에도 가야겠구, 집으로 어서 가야지. 너희들 부담 줘서 (내 마음이) 불편해." 연희동에 있는 작은 외과 병원에 입원하신 뒤 하루에도 몇 번이나 되풀이하시는 98세 할머니의 유일한 소망이다. 그렇게 무기력하게 누워 버린 것이 할머니에게는 참기 어려운 일이란 걸 우리는 잘 안다. "병원에서 나오는 식사만이라도 남기지 말고 다 드시면 곧 좋아지실 거예요." 외부에서 가져오는 음식은 절대로 입에 대려고 하지 않으시는 할머니에게 드릴 수 있는 유일한 위로의 말이다. 가 뵐 때마다 눈에 띄게 수척해지시는 할머니는 "이제 일어나기만 하면 너희 집에 가 있어야겠다"고, 입원하시기 전까지 '홀로 살기'를 고집해 오던 분이 당신 사전(辭典)에는 없던 말씀을 하기도 하신다. 당신의 생을 마감할 날이 머지 않았다는 신호인 것처럼.

할머니는 갓 스물 넘어 할아버지에게 재취로 들어오셨다. 그 전까지는 서울에서 고등 보통학교 사범과를 졸업하고 화성에서 보통학교 교사로 일하셨다. 그 시절에는 『상록수』의 주인공처럼 농촌 아이들 교육에 헌신하거나 사회 사업을 하는 것이 소원이었다. 그런데 교장 선생님의 중매로 만난 홀아비, 즉 우리 할아버지가 고작 30분 정도 문안하겠노라고 진천에서 화성까지 찾아오시곤 하는 정성에 감동해서, 그리고 "사회사업 하는 셈치고 홀아비와 어린애들을 거두어 주면 오죽 좋겠느냐?"는 중매의 끈질긴 감언이설(?)에 그만 넘어가서, 시집이란 걸 가게 됐다. 할아버지는, 무릎에 커다란 헝겊을 대고 꿰맨 한복 차림으로도 아무렇지 않게 공식 석상에 나가시는 군수 어른, '불호령쟁이,' '고집통이,' '쉽게 넘보지 못할 조선인' 이었고, 아이들에게는 '말수 적고 엄하시지만 속정 깊고 자상한 분' 이었으며, 열다섯 살 아래 새댁에게는 '얼굴에 구수한 곰보 자국 듬성듬성 박인, 둘도 없는 사랑' 이셨다.

그렇게 시작한 온양에서의 신접 살림 1년 반만에 할머니는 딸을 낳았다. 서울에서 공부하는 두 아들과 큰딸, 소학교 다니는 셋째 아들, 산고(産苦) 끝에 어머니를 잃은 세 살짜리 막내아들, 새댁이 갓 낳은 딸까지, 아이가 모두 여섯이 됐다. 할아버지 월급은 거의 전부 아이들 학비와 생활비로 서울로 보내고, 나머지 식구들은 겨우겨우 연명할 정도로 살림이 어려웠지만 할머니에게는 축복 받은 시절이었다. 그것도 잠시, 이듬해 겨울 할아버지가 암으로 갑자기 세상을 떠나셨다. 군수 어른 7일장을 성대하게 치르고 큰 아이들을 서울로 보낸 다음 날, 한 아이 등에 업고 두 아이 손을 잡고 관사 문을 나서면서 기도를 드린다. "이것도 하느님의 뜻이라면, 견뎌 낼 힘도 주옵소서."

수원으로 올라와 예전 동료의 주선으로 다시 교사 생활을 시작한다. 해방

되기까지 위의 네 아이들은 혼인시켰고, 막내딸은 전쟁 중 피난지 부산에서 목사님의 아들과 결혼을 시켰다. 미술 대학을 다니다 의용군으로 나가 아직까지 생사를 모르는 막내아들을 제외하면 할아버지가 남기신 숙제를 모두 마친 셈이다.

전쟁이 끝나고 서울로 돌아온 이듬해, 대학 기숙사 사감으로 일을 다시 시작하게 되셨다. 20년이 지나 은퇴를 하신 뒤에는 따님 가족과 함께 사셨는데, 그 따님이 먼저 세상을 떠난다. 손주들도 장성해서 결혼해 나가고 딸마저 없는 집에는 달랑 사위와 당신, 두 분만 남게 됐다. 늦은 나이에 목사가 된 사위는 개척 교회나 오지 전도 등으로 외지에 머무는 때가 더 많았으니, 지난 십 년 이상을 거의 혼자 생활하신 셈이다.

홀로 살기의 조건

할머니는 당신에 관한 모든 일을 홀로 처리하는 데 탁월한 능력을 발휘하셨고 언제 뵈어도 당당하고 의연한 독거 노인이셨다. 나이가 많건 적건, 독거 생활을 지속할 수 있는 첫째 조건은 경제적 자립이다. 할머니에게는 따로 재산은 없지만 규칙적인 수입이 있다. 국민 연금 제도가 없던 때 은퇴를 하셨지만, 마지막 직장에서 매달 생활비가 지급된다. 풍족하게 살 수 있는 수준은 아니었지만 이 정기적인 수입은 할머니의 생활에 안정성을 보장해 주었다.

그러나 경제적 자립은 독거의 필요 조건이지 충분 조건은 결코 아니다. 경제적으로 생활이 보장되더라도 정서적으로 의존적인 사람은 혼자 살기 어렵다. 홀로 식사를 하거나 병원에 가거나 여행하는 일 등을 불편해 하거나 두려워하는 사람은 독거에 맞지 않는다. 할머니는 식사나 외출은 물론, 당신 몸에 대해서도 철저하게 독립적으로 관리하셨다. 동네 안과, 치과, 내과 의원을 골고루 단골로 만들어 놓고, 어디가 불편하다고 느끼시면 곧장 찾아가는 것이다.

돌아가신 뒤에는 당신 시신을 대학 병원에 기증한다고 약속까지 해 놓으셨다.

그렇게 혼자 모든 것을 처리하면서 살아온 할머니에게서 지치거나 외로운 구석은 찾아보기 어려웠다. 혼자 계실 때는 눈물 흘릴 때가 있었을지 모르지만, 나는 할머니의 눈물을 한번도 본 적이 없다. 유일한 피붙이 따님이 먼저 세상을 떠났을 때도 눈물을 보이지 않으셨다. 오히려 장례를 주관하실 만큼 꿋꿋한 모습으로 우리를 의아하게 만드셨던 분이다. 할머니에게는 어려서부터 키워진 강한 자의식과 독립심이 특별한 자산인 듯하다.

일찍이 시작된 가족과의 이별, 십대 때의 서울 유학과 졸업 후 시작한 교편 생활, 그리고 할아버지 타계 뒤 떠맡은 대가족의 가장(家長) 역할 등은 할머니의 독립적 자아를 형성하기에 충분하고도 넘치는 경험이었을 것이다. 할머니에게는 친정이 없다. 동생들이 있었다는 이야기는 들었지만 나는 아무도 뵌 기억이 없다. 이천에서 태어나 일찍 어머니를 여의고 새어머니 밑에서 자랐으며, 아버지의 특별한 배려로 학교를 다닐 수 있었다는 것이 할머니의 어렸을 적에 대해 내가 알고 있는 것의 전부다. 당시로서는 여식을 서울로 유학시켜 고등학교와 사범과를 마치게 한 것은 이례적인 일이어서 궁금하지만, 할머니는 어린 시절 집안 이야기를 하고 싶어 하지 않으신다. 어떻든, 일찍이 어머니와 사별하고, 가족과 고향을 떠나 타지에서 학교를 다닌 경험은 할머니에게 분리를 통한 자아와 독립성 형성에 중대한 영향을 미쳤을 것이 분명하다.

졸업 후 외지에서 교사 생활을 시작한 것, 할아버지를 만나 결혼을 하기로 한 것도 모두 당신이 내린 결정이었다. 할아버지와 함께 한 기간은 몇 해밖에 안 되고 결국에는 여섯 아이에 대한 부담만 짊어지고 이별을 맞는다. 소나기같이 짧았던 그 몇 해를 지금까지 가장 소중한 추억으로 간직하고 계신 것도 할머니의 일생에서 예외적인 시절이었기 때문인지도 모른다.

　독거는 혼자 생활할 능력뿐 아니라 그것을 어느 정도 즐길
수 있고, 동시에 타인과의 관계와 사회 생활을 잘 관리하는 능력이
있는 사람에게 적합하다. 다른 사람에게 지나치게 집착하거나 의존
적이어도 곤란하지만, 자기 도취증이나 타인 기피증 환자처럼 혼자
성벽을 쌓고 사는 것도 결코 바람직한 독거 생활이 아니다. 다시 말
해서, 자기 자신과 그리고 타인과 적절한 거리를 두고 관계 설정을
할 수 있는 사람이 혼자서 잘살 수가 있다. 할머니는 가까운 타인과
의 관계를 유지하는 데에 특별히 신경을 쓰고 투자를 많이 해오셨
다. 명절이면 떡이나 약식, 강정 등을 잔뜩 준비해서 친척들, 그리고
예전 제자들이나 친지에게 바리바리 보내 주어야 직성이 풀리신다.
아파트 경비 아저씨나 옆집과 윗층 이웃들에게도 물론 빠뜨리지 않
고 나누신다. 집안 아이들 생일에는 카드와 선물을 잊지 않고 꼬박
꼬박 챙기신다. 그러다 보니 생활비 중에 '문화 교제비'가 차지하는
비중이 제일 커지고 그 때문에 허리 휘는 달도 적지 않다. 하지만
"친지와 이웃을 이 정도도 기억하지 않는다면 내가 살아 있다고 할
수가 있겠느냐"는 할머니의 고집을 말릴 수 있는 사람은 아무도 없
다. 일생 동안 남 보살피는 일을 해 오신 분의 습관일지도 모르지만,
그렇게 해서 백 세가 다 되도록 여느 할머니들과는 달리 다양한 층
과 교제를 유지하신다.

가족이라는 테두리와 홀로 살기

　이런 할머니가 어느 날 갑자기 쓰러지셨고, 이제는 꼼짝없이
간병인에게 의존하지 않으면 안 되게 된 것이다. 할머니의 곤혹스러
움은 짐작하고도 남는다. 하지만 크게 저항하거나 좌절하지 않으면
서 이 상태를 순순히 받아들이는 할머니에게서 또 다른 모습을 본
다. 할머니는 하느님이 당신의 가장 든든한 '빽'이라고 말씀하시곤

했다. 그렇다고 해서 할머니가 무작정 하느님에게 의존하는 분은 아니고, 기복 신앙인은 더더욱 아니다. 오히려 하느님은 당신이 최선을 다할 때에만 도움을 주신다고 믿는다. 고통을 주고 그것을 이겨낼 힘을 주시는 것도 하느님이고, 또 당신을 이 세상에서 데려가실 시간을 정하는 것도 하느님이다. 할머니에게 하느님은 세상사에 대한 가장 공정하고 완벽한 최후의 심판자이며, 영원한 할머니 편, 후원자라고 철석같이 믿으신다.

    할머니의 병환 이야기로 다시 돌아가면, '병명: 심각한 빈혈. 주원인: 소홀한 식생활로 인한 영양 불균형.' 우리에게 식습관에 대해 가르치실 만큼 영양과 식품에 대한 지식이 풍부하고, 균형 잡힌 식사와 건강한 삶에 대해 각별하게 신경을 쓰시던 할머니가 왜 이런 지경까지 오셨을까. (그렇게 되실 때까지 손자 손녀들을 비롯한 친척들은 뭘 했느냐고 하면, 우리 할머니 화내실 거다. 당신 건강이 당신의 일이지 왜 손주나 친척의 일이냐고. 당신 때문에 엉뚱한 사람 잡는 건 참을 수 없다고.)

    할머니를 병상에 눕게 한 직접적인 원인은 식사를 소홀히 한 것이라고 하지만, 나는 작년 가을 이후 겪으신 두 가지의 충격적 경험에 혐의를 둔다. 하나는, 우리 어머니가 당신과의 '약속을 저버리고' 지난 가을 먼저 세상을 떠난 일이다. 어머니는 할머니가 손수 고른 유일한 며느리이자 지난 60여 년 가족사에 대한 기억을 가장 많이 공유하는 사람이기도 했다. 어머니는 돌아가시기 전까지 수십 년간 시어머니께 매달 얼마간 용돈을 챙겨 드리고 밑반찬을 해 나르고 일주일에 두세 번은 전화로 문안을 드리는 '모범' 며느리였다. 그렇다고 해서 고부 관계가 마냥 좋았다고만 말할 수는 없다. 어머니에게 할머니는 가끔은 이해하기 어려운 '신식' 시어머니였고, 며느리의 '오장을 지르는' 말씀을 던져서 속앓이 하게 만들곤

하시는 '어쩔 수 없는 시어머니'이기도 했다. 할머니의 심기를 불편하게 한 점은 바로 어머니의 불교였다. 한 40년 전, 다른 건 다 할머니 말씀을 따르더라도 교회는 '생리에 맞지 않아 죽어도 못 따라가겠다'는 어머니의 선언으로 고부간 '종교 분쟁'이 막을 내린 적이 있다. 며느리의 종교를 마음대로 할 수는 없는 일이라는 것을 이성적으로는 인정하면서도 "그래, 넌 네 맘대로 살아서 좋겠구나"식의 꼬인 말투로 어머니를 불편하게 만들었다. 그래도 할머니에게는 세 며느리들 중에 가장 서로 이해가 깊고, 따님에게 말 못할 이야기를 나눌 수 있는 사람이 어머니였던 것이다.

다른 하나는 금년 초부터 시작된 사위의 '반란'이다. 중국에서 선교 활동을 하던 사위가 집에 돌아온 다음 날부터 "백 살을 바라보는 장모가 차려 주는 밥상을 앉아서 받아 먹을 수는 없는 일"이라며, 할머니의 정성을 일체 거부하고 따로 식사를 해결하기 시작한 것이다. 이 사위는 둘도 없는 당신 따님의 남편으로, 따님 생전에는 미운 짓도 많이 했지만 따님이 세상을 떠난 뒤에는 할머니가 돌봐 줘야 할 가엾은 사람이 되었다. 하염없이 슬퍼하며 부인과 갔던 곳, 살던 곳들을 찾아다니다가 결국 부인 묘소 근처에 방 하나를 마련해 가 있곤 하는 사위가 안쓰럽기도 하고 더 없이 사랑스럽기도 해서 더욱 성심껏 챙겨 주게 되었다. 바로 이것이 사위의 마음을 무겁게 하는 것이 될 줄이야.

끝까지 당신 가까이 남아 있을 것이라고 믿었던 며느리와 사위 두 사람의 '배반'은 할머니의 삶의 의미에 커다란 상처를 입혔을 것이다. 할머니의 상상 속에 쌓아 두었던 가족의 성(城)에서 마지막 남은 주춧돌이 뽑히는 듯한 심정이었을 것이다. "가족과 조국은 현실보다 상상 속에서 더 매력적"이라던가. 현실의 가족이 행복의 상징이기보다는 이별의 상징이었던 할머니를 지탱해 준 것은 바로 이 든든한 상상 속의 가족이었을지도 모르겠다. 그렇다면 가족이라는 점선 테두리가 할머니의 홀로 살기에 그토록 중요한 것이었다는 말인가.

이제 이런 이야기가 남의 것이 아니라 나의 것으로 다가오고 있다.

개인의 삶이 만족스러워야 가족이 편안하다

　　가족에 대한 내 생각에는, 한편에는 철저하게 가족적이고 가족주의적인 어머니에게서 물려받은 것 또는 어머니를 보고 터득한 것이 있고, 다른 한편에는 결혼 후 나의 가족 생활 경험을 통해 만들어진 가족관이 있다. 전자는 비록 내 의지와 상관 없이 태어나서 맺어진 관계들이지만 내가 받은 사랑과 은혜만큼 가족에 대한 의무와 책임이 있음을 배웠다. 이것은 어머니의 무조건적인 가족 제일주의와는 거리가 있다. 전형적인 중산층 전업 주부였던 어머니의 가족 사랑과 실천이 지금의 나를 만든 주된 동력이었다는 것을 인정하지만, 성장하면서 '가족 이전에 개인' 이라는 생각을 굳히게 된 다음부터는 내가 어머니의 바로 그 점을 가장 혐오하게 되었다. 하지만 나는 한번도 이런 '불경스러운' 속내를 드러내지도 못했고, 그렇다고 어머니의 기대만큼 자상하고 가정적인 딸이 되지도 못한 채 어머니를 저 세상으로 보냈다. 지나고 보니, 남편과 아이들이 각자의 일에 더하여 단지 '조금만' 가족에게 신경을 더 써 주기를 은근히 기대했던 어머니가, 가족들 간의 배타적이고 의존적이며 끈적끈적한 관계를 고집하지 않았던 것은 얼마나 다행스러운 일인지.

　　결혼을 하기 전부터 지금까지도 '가족 이전에 개인' 이라는 생각에는 변함이 없다. 개체를 '희생' 하면서 가족에 대한 진정한 사랑과 봉사를 행할 수는 없다고 생각한다. 그것은 사랑과 봉사가 아니라 억압과 강제일 뿐이다. 결혼 후 첫 부부 싸움의 주제도 바로 이것이었다. 개인보다 가족이 우선해야 하고 가족을 위해 개인을 희생할 각오가 없으면 안 된다는 전통적인 남편과, 개인의 삶이 만족스러워야 가족이 편안해질 수 있고 개인을 불행하고 불만족스럽게 하는 가족은 더 이상 가족이 아니라고 주장하는 나의 평행선 대립이었다. 이 언쟁은, 급기야 친구들과 모인 자리에서 '이혼이란 있을 수 없다,' '그렇지 않다' 는 논쟁으로 확대되어 친구들을 당혹하게 만든 적이 있다. 물론 그 당시에는 이혼을 구체적으로 생각해 본 적이 없었다. 그러나 그 자리에 있던 친구들은 24년의 별거 생활을 아직 법적으로 처리하지 못한 이상한 부부에 대해 그럴 수도 있겠다고 말할 것이다.

개인에게 가족과의 동거란 영원한 것도 아니고 운명적인 것도 아니다. 가족이라는 울타리 안에서도 삶의 원형은 홀로 살기이며, 홀로 서기를 못하는 개인이 타인과 더불어 할 수 있는 데에는 한계가 있다. 개인을 불행하게 하는 관계는 가능한 한 최소화하는 것이 상책이다. 이런 생각들로 마흔을 넘기면서부터는 혼자 살기에 대비하는 것이 가장 현명한 노후 준비라고 생각했다. 부모님이 돌아가신 뒤, 내게 남은 가장 가까운 혈족은 아들이다. 하지만 아들네와 이 다음에 같이 살겠다는 생각은 한번도 한 적이 없다.

부부, 부모-자녀 사이에 최소한의 기본적 의무 이상의 가족 관계가 유효한 것은 애정의 부피 만큼만이라고 생각한다. 사람들 간의 애정에 영원 불변의 법칙이 있는 것은 아니다. 이제 성인이 된 아이와 나는, 서로의 애정이 지속되는 동안 모자 관계를 만끽하자, 그리고 서로 부담이 되지는 말자고 이야기한 적이 있다. 오늘날 많은 사회적 관계가 돈이나 권력으로 엮이는 것이 사실이지만, 친구와 가족은 돈이나 권력이 아니라 동등한 개체들이 상호 신뢰와 애정과 존중으로 맺어지는, 전혀 다른 영역에 속해야 한다. 부모-자녀의 관계도 마찬가지다. 그렇지 않은 가족 관계나 친구 관계는 왜곡되고 불건강한 관계이며 서로를 소외시켜 언제라도 깨지기 십상이다. 가족의 경우 이미 내적으로는 깨져 버렸거나 그럴 위험에 처한 때에도 혈연이라는 끈으로 엮여 외형은 유지된다. 이런 가족들이 사회 질서의 근간을 이루는 사회가 불안정과 모순에서 벗어날 수가 있을까.

둘이서 독거를 함께

앞으로 나는 삶의 원형인 독거로 돌아간다. 아니, 이미 시작했다. 물론 변형은 가능하다. 첫 번째 변형은 친구와 함께 사는 것이다. 만 60세가 되는 내년부터 십 년 정도는 친구와 함께 살 계획이다. 이 약속을 한 것은 7, 8년 전 그 친구가 이혼을 하게 될 무렵이다. 그 친구는 학교 때 단짝 친구는 아니었지만 유학 시절에 다시 만난 뒤, 이야기가 통하는 몇 안 되는 중학 동창 중 하나가 되었다. 친구 부부는 생각이 바르고 열심히 사는, 아이는 없지만 남들이 부러워하는 '잉꼬 부부'였다. 그러던 어느 날 갑자기 불가피한 사정으로 이혼을 하게 되었다. 그 후 친구는 충격을 잘 이겨 냈고, 다시 유학을 떠나 전시회를 여는 수준의 창작 활동에 빠져들었다. 문학, 예술, 철학, 사회학 등에 대해서도 폭넓게 독서를 한다.

아무리 친해도 정작 함께 살아보면 정서적 지지나 안정보다는 오히려 어려운 점들이 더 많을 위험이 있다며 지금도 나를 말리는 사람들이 있다. 물론 평소에 친하게 지내는 것과 동거는 다를 수 있다. 자그마한 마찰이나 갈등이 없을 수는 없을 것이다. 하지만 어느 정도 독립적인 시간과 공간을 유지하면서 — 아마도 우리의 동거 형태는 둘이서 '독거를 함께' 하는 식이 될 것이다 — 함께 토론하고, 여행하고, 서로 지지해 줄 상대를 한 지붕 안에 갖게 되는 것은, 누구에게나 오는 행운은 아닐 것이다.

사는 것은 그렇고, 은퇴 이후에 뭘 할 거냐고 묻는 사람들이 있다. 예전에는 유치원, 탁아소 등 아이들을 보살피는 일을 본격적으로 하고 싶다는 생각을 한 적도 있고, 세상을 위해 할 일이 남아 있다면 해야 한다는 생각을 하기도 했다. 하지만 지금은 아니다. 내 시간을 어떤 일에 묶어 두고 싶지 않다. 이제까지 시간에 쫓겨서 미루어 두었던 것들을 위해, 그리고 온전히 나를 위해 은퇴 이후의 시간을 저축해 두고 싶다. 만약 어떤 일을 하게 되더라도 내가 즐거운 만큼만으로 제한하려 한다. 매 순간 '현재의 나'에 충실하게 살고 싶다.

내게도 할머니만큼의 독립심은 있고, 소비 유형을 좀 바꿔야 하기는 하겠지만 최소한의 생활을 유지할 수 있을 연금이 있다. 하지만 미래에 대한 불안이 전혀 없는 것은 아니다. 신체적·정신적으로 지쳐 버리거나, 치매나 암 같은 병에 걸리지 말라는 법도 없다. 십 년 안에 나나 친구에게 불행한 일이 생기면 누가 됐든 환자 간병을 맡는다. 그리고 남은 사람은 원래의 독거로 돌아간다. '친구와 잘 지내며 십 년이 흐르면 그 후는?' '혼자 남게 되면 정말 혼자 잘살 수 있을까?' 구체적인 걱정은 뒤로 미룬다. 미래를 걱정하면서 지레 겁먹을 이유는 없으니까.

[후기] 2002년 11월 20일 할머님이 돌아가셨다. 이 원고를 제출한 뒤 넉 달을 더 버티시다가 가셨다.

앞서 밝힌 대로 할머니는 시신 기증을 약속하셨다. 유족들이 시신을 직접 모시지 않는 장례에 대해 주변에 경험자가 없었고, 이렇다 할 사례도 아는 게 없었다. 결국 모든 절차를 우리 손자녀들이 새로 만들어야 했다. 우선, 고인의 뜻을 존중하는 일, 그리하여 그의 영혼을 편안케 해 드리자는 원칙에 모두 합의했다.

영안실은 할머니가 보시더라도 마음에 들어 할 만큼 조촐하고 밝게 꾸몄다. 너무 공간이 커도 안 되고 꽃이 너무 많아도 언짢아하실 것 같아서, 생전의 모습을 가장 닮은, 꽃밭을 배경으로 얇은 조끼를 걸친 흰 모시 적삼 차림에 자비로운 미소를 머금은 영정을 중앙에 모시고 약간의 국화 장식을 곁들였다. 나는 지금까지 어떤 빈소에서도 그렇게 아름다운 영정 모습을 본 적이 없다. 나는 가까이 다가 가서 이야기하거나 **뺨**을 대고 싶은 충동이 일 때면 그렇게 했다.

조문을 온 친지들도 할머니의 상징이 담긴 모습이라고 좋아했다. 그들은 하나같이 고인께 큰 사랑을 받기만 하고 갚을 기회가 없었다며 눈시울을 붉혔다. 거기에서 할머니의 이웃 사랑, 홀로 사셨어도 외롭지 않았던 이유를 알 수 있었다.

해부학 교실의 이야기로는 입관과 발인의 절차를 거행해도 된다고 했지만 생략했다. 어차피 관은 곧 헤쳐야 될 것이고 발인 절차를 한다고 해도 나갈 곳이 없는 바에야 의례적으로 혹은 남은 사람들 위안 삼아 이런 절차를 거칠 이유가 없어서 생략하기로 한 것이다. 하지만, 임종을 못한 손자녀들이 마지막으로 한번 뵙고 싶다는 희망에 따라 입관 대신에 가신 모습을 뵙고 기도하는 것으로 작별 인사를 할 수가 있었다. 그러고 나서 할머니가 다니시던 교회의 목사님이 정성껏 준비하신 순서에 따라 생전의 그를 사랑하던 사람들이 고별 예배를 드리는 것으로 장례를 마쳤다.

대학 병원 입관실 냉동고 안에 할머니 시신을 두고 장례식장 문을 나서는 발길이 천근 같았다. 나는 뒤돌아서서 "끝까지 자기 관리를 철저히 하신 할머니, 징그럽습니다. 하지만 존경합니다"라는 말을 속으로 뱉었다. ⓒⓒ

외롭지 않게 홀로 사셨던 내 할머니

제3의 프로젝트

― 남편과 사이좋게 살기

박혜란

20년 동안 여성학, 여성 운동, 교육 운동 언저리에서 잡다한 참견을 해온, '여성학자'라는 직함을 단 여자. 아이들 셋 키운 이야기와 나 늙어 가는 이야기를 책으로 써서 베스트셀러 작가라는 호칭과 더불어 쏠쏠한 소득을 올렸다. 전국을 무대로 강연 투어를 다니며 다양한 여성들과 만나서 수다 떨기를 즐긴다.

참 재미있다. 사람들 생각하는 게 왜 그렇게 비슷할까. 거기서 거기다.

벌써 7년쯤 됐나. 지금은 군대도 마치고 대학도 졸업하고 그 어렵다는 취직까지 한 막내가 대학에 들어간 지 얼마 안 되던 때였으니까. 아들 셋이 세칭 일류 대학에 공짜로(?) 들어갔다는 사실만으로도 난 매스컴을 탔고 이어 책까지 냈다.

꼭 집어서 자랑할 육아 노하우라는 게 있을 리 없는 엉터리 엄마였지만 감히 육아서를 써 내는 만용을 부릴 수 있었던 건 두 가지 속셈 때문이었다. 하나는 그때까지 6년 동안 해 온 교육 운동에 도움이 될 수 있을지도 모른다는 순진한 기대였고, 또 하나는 바로 이 시점에서 책을 내면 무조건 잘 팔릴 거라는 엉큼한 계산이었다. 기대는 무참히 깨졌으나(그 이후의 광적인 사교육 열풍을 보라!) 계산은 딱 들어맞았다. 책이 엄청나게 팔렸다. 여성학자라는 수상쩍은 직함으로 온갖 군데를 쑤석거리며 살다가, 그 즈음 가수 엄마라는 새로운 직업까지 얻은 난 졸지에 베스트셀러 작가라는 화려한 이름까지 덧붙었다. 단번에.

일 때문이건 길거리에서건 일단 '아줌마' 군으로 분류될 수 있는 수많은 여성들이 내게 아는 척을 했다. 그들은 스스럼없이 내게 다가와 인사를 하고 책에 대한 이야기를 꺼냈다. 그런데! 거의 서른 개의 꼭지로 구성된 그 책에서 그들이 가장 인상적인 내용이라면서 극구 찬사를 보낸 부분은 딱 한 꼭지로 집중되었다. 그건 내가 안 그런 척하면서 은근히 그들에게 한 수 가르치려고 든 그렇고 그런 내용들이 아니라 그냥 심심해서 끼워 넣은 내용이었다. 그저 내가 대책 없이 어질러 놓고 사는 청소 무능력자라는 사실을 만천하에 공개하면서 한쪽으론 변명을 한 부분이었다. 어떤 전문가가 그러는데 집안이 어질러져 있어야 아이들의 상상력이 활짝 꽃핀대나 어쩐대나 하는. 웃기지? 웃기잖아.

전업 주부, 취업 주부를 막론하고 그 부분을 읽으면서 통쾌한 해방감을 느꼈다고 고백했다. 그 전에는 아무리 피곤해도 남편이 들어오기 전에 집안을 깔끔하게 정리해야 한다는 강박 관념에 시달렸는데, 그 책을 읽고 난 후엔 스스로도 해방됐을 뿐만 아니라 잔소리하는 남편에게도 당당하게 핑계를 댈 수 있게 되었다는 것이다. 당신 결벽증 때문에 우리 애들 공부 못해도 좋아?

'우리 부부랑 똑같구나'

책을 낸 지 한참 지난 지금도 많은 여성들이 다른 내용은 까맣게 잊었어도 그 내용만은 금방 기억해 낸다. 바로 얼마 전에 출간된 권인숙 씨의 책에서 그 부분을 언급한 대목을 보고는 나 혼자서 한참을 웃기도 했다. 나는 결국 사람은 읽고 싶은 것만 읽는다는 사실, 기억하고 싶은 것만 기억한다는 사실, 그리고 사람이란 정말 생각하는 게 다 비슷하다는 사실을 새록새록 느끼고 있다.

그 느낌은 요즘도 리바이벌되고 있다. 지지난 늦가을에 쓴 『나이듦에 대하여』를 읽은 사람들도 똑같은 모습을 보여 준다. 때마침 노년이 새로운 코드로 떠오르던 즈음에 책이 나온 덕분에 이 책은 예상 외로(그러나 이 책을 기획한 갓 마흔의 여성 전문가에겐 예상대로) 관심을 끌어 나를 다시 한번 베스트셀러 작가로 만들어 주었다. 재미있는 건 독자층의 연령대가 아주 넓었음에도 불구하고 그들이 가장 인상적인 대목으로 꼽는 부분이 일치했다는 사실이다. 나이 들어 바깥에서 집으로 돌아온 남편과 더불어 살기의 어려움에 대해서 넋두리처럼 늘어놓은 대목이다.

당차게 인터뷰를 진행하던 한 젊은 여기자는 자기 부모의 관계도 똑같다면서 걱정거리를 털어놓았으며, 한 방송국의 중년 남성은 자신은 아직 일자리에서 밀려난 것도 아닌데 집에 가면 온 가족이 소외시킨다고 호소했다. 남자들의 참담한 심정에 대해선 왜 몰라라 하느냐는 식의 반감까지도 언뜻 느낄 수 있었다. 내 또래의 여성들은 자기가 하고 싶은 말을 어쩌면 그렇게 대신 잘 집어냈느냐며 심지어 어렵게 수소문한 끝에 전화로 고맙다는 인사를 해 와 나를 감동시키기도 했다.

또 내 눈에는 그야말로 '환상의 복식조' 같기만 하던 한 선배는 그 대목을 읽다가 '아, 걔도 이렇게 사는구나, 우리 부부랑 똑같구나' 싶어서 자기 남편을 불러 큰 소리로 읽어 주었다고 했다. 자기네도 집 안에서는 으르렁거리지만, 일단 여행을 떠나면 죽이 잘 맞는 게 너무 똑같다는 것이다.

그런가 하면 어떤 모임에서 내조의 여왕 같은 분위기를 풀풀 풍기는 한 여성을 만날 기회가 있었는데 그는 인상과는 달리 다짜고짜 나를 잡고는 '밥을 안 하는데 왜 싸워?'라는 구절이 너무 공감이 갔다면서 깔깔 웃어 댔다.

한번은 성공한 남성 사업가들의 독서회라는 이색적인 모임에서 이 책을 읽고 토론을 한다고 연락을 해 왔다. 못 말리는 호기심이 발동해서 기꺼이 참석했다. 그들은 내가 시킨 것도 아닌데 앞으로 아내에게 찬밥 신세가 되지 않기 위해서 아내들을 더 이해하고 사랑해야 하겠다고 진지하게 다짐했다. 담임 선생님 앞에서 '차카게 살자'고 맹세하는 옛날 초등학교 학생들을 보는 기분이었다. (이 재미에 책 쓴다니까.)

나도 허우적거리는데

젊은이들이 그들의 부모에 대해서 고민하는 모습을 통해서나, 남녀를 불문하고 나이 든 사람들의 불만과 불안을 통해서 나는 내 또래, 이른바 5060세대가 서 있는 자리가 안팎으로 얼마나 취약한지 새삼스레 확인했다. 갑작스럽게 들이닥친 노년 사회, 그리고 젊은이 중심으로 새롭게 변동하는 사회의 문턱에서 어정쩡하게 나이 든 우리 세대는 사회와 가정 양쪽에서 일거에 협공을 당하고 비틀거리는 중이었다.

하지만 사회에 대해 종주먹을 들이대는 건 내 스타일이 아니다. 타고난 개인주의자인 내가 할 수 있는 일은 진창에 빠진 개인은 살기 위해서 스스로 길을 터 가는 게 수라고 계속 떠들어 대는 것밖에 없다. 아주 낮은 목소리로나마. 그리고 그런 짓도 뭐, 거창하게 내 이웃들을 위해서가 아니라 나 자신을 위해서 하는 거라는 점을 분명히 밝혀야겠다. 앞으로 얼마를 더 살지 모르지만 아무튼 사는 날까지 재미있고 행복하게 살고 싶은 마음이 자꾸만 더 강해지고 있었기 때문이다. 그리고 재미있고 행복하게 살려면 무엇보다 함께 사는 사람, 즉 아주 오래된 남편과 사이좋게 사는 법을 터득하는 게 지름길이라는 사실을 나 자신이 절실히 느끼고 있었다.

그러다 언젠가 대기업에서 발간하는 아주 자그마한 잡지에서 원고 청탁을 받았다. 분량도 적었고, 그 화두에 사로잡혀 있던 때라 손쉽게 생각했다. '사이좋게 해로하는 법'이라는 약간은 유혹적인 제목으로 시작했다. 이번에는 문제 제기에만 그치지 말고 삼빡한 해결책까지 제시해 보자는 나름대로의 책임감까지 가다듬었다.

그러나 정작 글을 쓰려고 하니 한 치도 못 나가고 그냥 제자리를 맴돌 뿐이었다. 결국 원고지 열 장에 담은 내용은 내가 봐도 하나마나한 이야기였다. 즉 젊었을 때는 나중에 나이가 많이 들어 두 부부만 남으면 그런대로 오붓한 나날을 보내리라고 꿈꾸지만, 정작 그때가 되면 자식들을 걱정시킬 정도로 사이가 나빠지기 십상이므로 미리 잘 준비해야 한다는, 아, 이 상투성이라니!

그리고 그 준비라는 것이 결국 상대방에 대한 깊은 이해와 각자의 홀로 서기밖에 없다는 말로 얼버무리면서 얼렁뚱땅 끝을 맺었다. 얼렁뚱땅 하고 싶어서 그런 게 아니라 그럴 수밖에 없었다.

짧은 글이고 무슨 큰 책임을 져야 할 지면도 아니었지만 원고를 보낸 후 마음이 영 '찜찜'했다. 앞으로는 이렇게 자기 자신도 허우적거리는 문제를 갖고 글 쓰는 짓은 삼가야겠다는 각오도 되새겼다. 그런데 난처한 일이 벌어졌다. 그런 책을 누가 그렇게 열심히 보겠느냐는 예상은 빗나갔다. 게다가 편집자가 내 허락도 없이 이메일 주소를 올려 버렸다. 책이 나오자마자 모르는 사람들에게서 메일이 쏟아져 들어왔다. 물론 주로 젊은 여성들이 보낸 것이었지만 개중에는 내 또래 여성도 가끔 있었고 드물게는 내 또래 남성도 보였다. 멀리 뉴욕에서 보낸 메일도 있었다.

젊은 여성들은 한결같이 부모의 관계 때문에 신경이 쓰인다고 걱정했다.

"아버지가 은퇴한 후로 어머니와 다툼이 잦아져서 정말 걱정이다. 어머니는 아버지를 아랑곳하지 않고 저녁 늦게까지 외출할 때가 많다. 평생토록 가정을 지키느라고 자신을 희생해온 어머니의 마음을 이해하지 못하는 건 아니지만, 그렇다고 아버지도 자기 생각만

하고 산 것은 아니지 않느냐, 아버지가 일을 하지 않았다면 가정이 여기까지 왔겠는가. 집에만 있는 아버지가 너무 안됐다. 어떻게 두 분의 사이를 좋게 만들 묘안은 없느냐."

간절한 심정을 헤아린다면 금방 답신을 보내야 예의인 줄은 알지만 나는 선뜻 그렇게 할 수 없었다. 그 부모가 살아온 지난 몇 십 년 동안의 삶을 구체적으로 모르는 상태에서 내가 할 수 있는 말이라곤 그저 글에 쓴 것처럼 '상대방에 대한 깊은 이해와 홀로 서기'라는 아주 막연한 것일 수밖에 없기 때문이다. 아니 그보다 더 솔직하게 털어놓자면 이미 오랜 세월을 두고 서서히 서로 멀리 떨어져 간 부모의 사이는 딸이 나선다고 해서 하루아침에 가까워지기 어려운 문제라는 생각에서다.

부부 사이가 나빠도 각자 자식에게 마음으로 의지하면서 노후를 그럭저럭 보낼 수 있었던, 좋은 시절은 이미 지나가 버린 지 한참이다. 이제는 아무리 나이가 들었어도 부모 자신들이 결혼 생활을 점검하고 앞으로의 그림을 그려 나가야 하는 시대로 접어든 것이다. 그 동안 출산율의 감소, 평균 수명의 연장으로 노후에 두 부부만이 살아 나가야 하는 시간이 대폭 길어져 버린 데다, 극도로 개인주의적인 자식들은 자신의 생활을 방해받고 싶어 하지 않는 만큼 부모의 생활에 끼어들기도 꺼리기 때문이다.

남은 가족은 남편뿐이니

혹시 만에 하나 효심이 지극한 자식이 있어서 '이제 살 날도 얼마 남지 않은'(?) 것 같은(장수 시대에도 이 생각은 참 더디게 바뀌는 것 같다) 부모가 아웅다웅하는 게 안쓰러워서 이리 뛰고 저리 뛰어 봤자 아무 소용이 없다. 그보다는 오히려 당신들 일은 스스로 해결하라는 식으로 냉담한 편이 훨씬 나은 선택이다. 그나마 유일한 기둥이라고 믿고 의지하려던 자식에 대한 서운함이 오히려 부모의 단합을 부추길지도 모르니까. 만약 부부의 갈등이 오래전부터 아주 심각한 상태라면 자식들의 냉정한 태도는 그 동안 미뤄 온 이혼을 재촉하는 촉매제 역할을 할 수도 있다. 아무리 부부 관계가 삐걱거려도 자식들이 결혼하기 전까지는 절대로 이혼할 수 없다는 게 우리 세대의 암묵적인 합의 사항이었다. 그러나 요즘엔 불문율 비슷했던 이런 관행이 깨지고 있다. 자식들이 이른바 결혼 적령기라는 시기에 들었음에도 과감하게 이혼을 단행하는 엄마들이 곳곳에서 나타나고 있다. 용감해진 건 신세대 여성들만이 아니다!

아, 참, 오해를 피하기 위해 여기서 꼭 밝히고 넘어가야겠다. 요즘 내가 이렇게 '나이 든 후 남편과 어떻게 지낼 것인가'에 대해서 줄곧 매달리는 것은 내 결혼 생활이 심각한 위기에 빠졌기 때문이 아니다. 위기에 빠졌다면 '나이 든 후'를 생각하고 자시고 할 여유도 없을 것이다. 그냥 내 나이가 어느덧 인생의 제3단계에 접어들고 있기 때문이다. 몸도 늙어 가고 아이들도 다 떠나가는 마당에, 내 옆에 남은 단 하나의 가족인 남편과 앞으로 꾸려갈 새로운 단계가 그냥 그럭저럭 끌어가는 시간이 아니라, 또 다른 의미에서 재미있고 생산적인 시간이 되었으면 좋겠다는 야무진 꿈 때문이다.

그런데 책이나 잡지에 그런 글들을 쓰면서도 마음 한구석에서는, 그 나이에 남편이 옆에 있는 것만 해도 호사다, 먹고 사는 문제에 대해선 아무 근심도 없는 것 같은 모양으로 고작 나이 들어 사이좋게 지내는 법이네 생산적인 시간입네 뭐네 하는 꼴 정말 웃긴다는 비아냥거림을 들으면 어떡하나 은근히 꺼림칙했는데, 많은 사람들이 나하고 똑같은 생각을 하는 모습을 보니 은근히 자신이 붙었다.

'고개 숙인' 남편, 복수하는 아내

하지만 나의 자신감에 딴지를 거는 메일도 왔다. 내가 너무 여자들 편만 들어 가뜩이나 코너로 몰린 남자들을 더 기죽게 만든다는 한 오십대 남성의 정중하면서도 강력한 항의였다. 그는 물었다. 네가 여자를 아느냐?

지루하지만 여기에 내가 썼던 글을 짤막하게 옮겨 놓아야겠다.

"젊은 사람들은 어머니보다 아버지를 훨씬 더 못마땅해 한다. 어머닌 나이가 들수록 여유를 보이는 데 반해 아버진 자꾸 쫀쫀해지고 쭈굴스러워진다고. 일에서 물러났기 때문에 남자들이 추레하게 보이는 게 아니라, 일을 빼 놓고 보니 남자들이 잘하는 게 너무 없다는 사실이 적나라하게 드러난다. 자기 시간을 관리하는 법, 집안에서 편안하게 지내는 법, 자기 몸 하나 간수하는 법, 그 모든 것에 서툴 뿐만 아니라 배우려 들지도 않는다. 따라서 매사에 아내가 없으면 꼼짝 못하고 그러다 보니 아내를 더 꼼짝 못하게 하려 든다. 도대체 홀로 서기를 못하고 아내에게 개기려 든다… 결국 남자의 세계와 여자의 세계를 마치 서로 다른 행성처럼 갈라놓았던 문화가 문제다. 그나마 여자들은 기를 쓰고 노력한 결과 남자의 세계를 어느 정도 넘나들게 되었지만 남자들은 뒷짐만 지고 있다가 뒤통수를 맞은 셈이다."

그는 여자들이 남자의 세계를 넘나들게 되었다는 말을 반박했다. 오히려 여자들이 남자의 세계를 몰라도 너무 모르는 상태이며 남자에 대해 이해하려 들지 않는 것이 문제라고 지적했다. 한 마디로 여자들이 너무 이기적인 존재라는 것이었다.

여자들보다 남자들의 좌절감이 훨씬 더 큰데, 여자들이 그걸 감싸 주지 않으면 남자들은 앞으로 남은 긴긴 날을 어떻게 살아갈 수 있겠냐고 그는 비난했다.

곰국의 전설

역시 모든 잘못의 원인은 여자에게 있었구나. 과연 그럴까?

아니다. 여자들의 잘못이라면 젊었을 때 남자에게 너무 착하게 굴었다는 것밖에 없을 것 같다. 그게 여자들이 받아온 교육 때문이건, 아니면 호르몬 때문이건 여자들은 지나치게 남자들을 떠받들고 산다. 그러다가 아이들을 다 키우고 나면 비로소 자신의 과거를 돌아보고 미래를 내다볼 여유를 갖게 되며, 옆에 남은 남자를 남편이나 아이들 아버지가 아닌, 한 사람의 인간으로 보게 된다.

그러나 남자는 여자를 여전히 아내로만 보려 든다. 자기가 젊었을 때처럼, 아니 그때보다 더 자상하게 자신을 보살피기를 원한다. 사회로부터 소외된 힘없는 자신을 아내가 엄마처럼 감싸 안아 주기만을 바란다. 세상도 여자들에게 그래야 한다고 명령한다. '고개 숙인 남자'에 대한 전사회적인 연민을 보라.

윗세대 여성들은 그렇게 살았다. 젊어서 억눌려 살던 아내들은 나이가 들어 자신만 의지하려 드는 남편들을 일종의 쾌감에서건 아니면 순수한 모성, 또는 측은지심에서건 죽을 때까지 떠받들며 살았다.

그런데 이제 단 둘이 살아갈 노년은 너무 길어지고, 여자들은 더 이상 묶인 삶이 싫다. 젊어서 억눌려 살았던 아내일수록 노년의 남편을 연민이 아니라 증오로 대한다. 너도 한번 당해 봐라! 하는 복수심이 남자의 뒤통수를 강타한다.

뱁새와 유목민의 세 번째 프로젝트

별 문제 없이 살아온 부부라고 해서 예외는 아니다.

어떻게 보면 진짜 부부 관계의 시작은 결혼 초가 아니라 아이를 다 키워낸 노년 초부터라고 봐야 할 것 같다. 결혼 초에야 새로운 생활에 대한 열정과 호기심으로, 그리고 아이를 낳고 키우는 동안에는 모든 관심을 아이에게 쏟아 부어야 했기에 정작 부부가 함께 사는 법에 대해서 특별히 고민할 필요도, 여유도 없었다고 봐야 한다. 2, 30년 동안 그들이 나눈 대화란 패밀리 프로젝트를 둘러 싼 안건들 — 예를 들어 육아, 재테크, 집안 행사 등등 — 외엔 거의 없었다.

그런데 어느 날 갑자기 모든 프로젝트가 다 끝나고 달랑 둘만 남게 되는 시간이 오고 말았다. 아니 제3의 프로젝트가 개시된 것이다. 언젠가 그날이 오겠지 하고 막연히 생각해 보지 않은 건 아니지만 정작 그때가 되니 이 상황이 두 사람 모두에게 버겁다. 무엇보다 상황 자체가 낯설다. 상황에 정면 대응을 하기가 겁나는 사람들이 선택하는 길은 대개 상황에서 도피하는 것이다. 남편이 집에 있으면 아내가 답답증을 느끼고 집 밖으로 돌거나, 아내가 집에 있으면 남편이 부담을 느끼고 집 밖으로 도는 것 모두 한마디로 일시적인 도피에 지나지 않는다.

상황만 낯선 것이 아니라 사람도 낯설다. 아무리 봐도 지금 내 옆에 있는 이 사람은 내가 그 동안 생각해온 사람이 아니다. 대범하다고 믿었던 남편이 실은 뱁새보다 더 마음이 좁은가 하면 살림꾼인 줄만 알았던 아내의 마음속에는 유목민이 자라고 있다.

어느 나이를 지나면 여자들이 성에 대해서보다 자신의 일에 더 관심을 갖게 되는 것도 남자들에겐 받아들이기 어려운 상황이라고 한다.

막 노년의 초입에 들어선 5060세대는 자식들과 일정 거리를 유지하면서 노년의 부부 관계를 새로 만들어 나가야 하는 첫 세대로 기록될 것이다. 나이 들어서 사이좋게 지내는 법 제1조는 '새로 결혼 생활을 시작한다는 마음가짐을 가져라' 다. 무엇보다 서로의 입장과 심정을 이해하려 노력해야 한다. 또 서로를 지배하려는 마음을 버리고, 각자의 생활을 인정하면서 또 둘이 함께 하는 생활도 즐길 수 있는 그런 유연한 마음을 가져야 한다.

아내가 바깥 출입이 잦다고 서운해 할 필요도 없고, 그렇다고 마치 '당신 아니라도 난 충분히 재미있게 살 수 있어' 라는 식으로 남편을 따돌리는 것도 유치한 짓이다. 친구도 중요하고 남편도 중요하다. 무엇보다 소모적인 기 싸움을 하며 날려 버리기엔 우리에게 남은 시간이 너무 아깝지 않은가.

이것 참, 한참을 헤매는 것 같더니, 결국 또 두루뭉수리로 마감하는군. 여러모로 켕기는 게 많은 모양이다.

다음 베스트셀러를 목표로 '사이좋게 해로하는 법' 을 쓰겠다는 생각은 당분간 접어 두는 게 낫겠다. 아니 아이들 말대로 앞으로 십 년 이상 더 살아 본 다음에 쓰는 게 양심적이지.

아니, 그런데!

어쩌면 내가 노년의 부부 관계에 대해서 환상을 갖고 있는 건 아닐까. 젊었을 때 열렬히 연애했으니까 나이 들어서는 은은한 사랑이 샘물처럼 흘러나와야 한다는 강박 관념에 사로잡혀 있는 건 아닐까. 낭만적 사랑은 한번으로 족한데.

부부 사이라는 건, 그냥 그저 그런 게 아닐까. 서로 다른 행성에서 온 외계인끼리 그 긴 세월을 이만하게라도 살아낸 게 기적이 아닐까. 아무튼 한 십 년 살면서 궁리해 보자. ⒞

살림을 배우는 남자와 살면서

요리 학원에 다닐 친구를 찾는 남자

어느 날 남편 동창 모임에서 한 친구가 장난삼아 한 가지 제안을 했다. "우리 요리 학원 다닐까?" 그러자 남편이 "우리 같이 배워 볼까?" 하고 장단을 맞췄다. 그 자리에 있던 친구들과 부인들은 모두 '별일이야' 하는 기색이 역력했다. 특히 제안을 한 친구의 부인은, 집에서 자기가 먹을 물도 안 떠 먹는 사람의 말이니까 믿지 말라고 했다. 그리고 요리를 배우려면 설거지부터 하라고 핀잔을 주었다. 나는 그날 밤 좀 진지하게 요리 학원에서 어떤 요리를 배울 수 있을까 물어봤다. 이제 예순여섯이 넘은 남자들이 학원에 등록하여 요리를 배운다고 하면 학원 선생이 어떤 표정을 지을지 궁금해졌다. 그래서 가까운 백화점 문화 센터에 알아보라고까지 했다. 사실 나는 요즈음 살림에서 손을 놓고 있다. 집에서 밥을 먹을 것인지 냉장고에 무엇이 있는지는 남편이 더 잘 안다. 그러나 이렇게 전적으로 이 사람이 살림을 떠안게 된 것은 얼마 되지 않는다. 직장을 완전히 그만둔 다음, 즉 2001년 9월부터다. 남성이 전업 주부인 집인 셈이다. 주변에서는 내가 그

조옥라

한국전쟁 중 서울에서 태어나 사남매의 둘째, 딸로는 장녀로 컸다.
인류학을 공부했으며 가난한 여성들의 삶에 대해 계속 연구하고 있다.

렇게 하라고 했으리라고 생각하겠지만 나는 누구에게 어떻게 하라고 요구하는 타입이 전혀 아니다. 집안일을 남편에게 맡기려고 해서 그렇게 된 것이 아니라 우리의 결혼 생활이 십 년 동안 흘러가는 동안에 가장 최근에 일어난 적응 과정일 뿐이다. 사실 나는 결혼에 대하여 심각하게 생각해 본 적이 많지 않았고 어떻게 살아야 하는지에 대한 고민이 없이 결혼을 했기 때문에 어떤 계획을 갖고 있지 않았다. 아직도 때때로 내가 결혼을 했다는 사실이 믿어지지 않을 정도니까.

"결혼하셨다지요"

아직도 가끔 "결혼하셨다지요?" 하는 질문을 받는다. 그러면 나는 어쩌다 그렇게 되었다고 얼버무린다. 이러한 답은 한편으로는 무책임한 말이기도 하고, 어느 정도 사실이기도 하다. 나는 어렸을 때부터 책 읽기를 좋아했다. 사실 친구들을 사귀기보다 혼자 놀거나 책을 읽으면서 보낸 기억이 더 많다. 그래서 혼자 살아갈 수 있다고 항상 생각했던 것 같다. 더구나 항상 전문 직업을 갖지 못해서 억울하다고 생각하는 어머니께서는 내가 어렸을 때부터 결혼은 못난 여자들이나 하는 것이라고 이야기하셨기 때문에 나는 그저 그대로 살다 보면 혼자 살 수 있겠지 하고 생각했다. 더구나 강한 감정적 애착을 갖는 관계는 왠지 불편하게 느껴졌기 때문에, 친구도 그저 믿고 언제 만나더라도 변함이 없는 그런 관계를 좋아했다. 감정적인 연대를 강하게 만들지는 못하지만 어딘가 깊이 믿음이 가고 마음이 편한 사람들을 좋아했다. '죽고 못사는' 친구나 사람을 만날 수는 없었지만 아주 오랜만에 연락해도 며칠 만에 만난 것 같이 속 이야기를 할 수 있는 친구는 몇 명 있다. 멀리서 지켜만 보고, 일이 있으면 만날 수 있는 그런 관계에 익숙하다.

내가 공부를 한 것은 대단한 결단이라기보다는 이런 내 성향 때문이라고 볼 수 있다. 유학을 갈 때 주변 사람들은 결혼은 어떻게 할 것이냐고 걱정스럽게 묻곤 했지만 나는 결혼이 내 공부에 영향을 미칠 수 있다고 생각해본 적이 없다. 그렇기 때문에 유학 중에 누가 결혼할 생각이 있냐는 소리만 해도, 외국에 와 아무런 방해 없이 그저 책만 보는 생활을 시작해서 정말 좋은데 무슨 소리냐고 일축해 버리곤 했다.

공부를 끝내고 서울로 돌아와 가르치기 시작하면서 또 다시 결혼이라는 단어가 새삼스럽게 주변에서 나왔다. 그래서 전략적으로, 귀국 후에는 우선 취직이 급하니까, 취직한 다음에는 연구와 가르치는 것이 힘들고 시간이 없어서 결혼할 수 없다고 했다. 모든 것이 편해지는 마흔다섯쯤 되면 생각해 보겠노라고 했다. 그렇게 말하면서도, 설마 그렇게 늦게 결혼하겠는가, 아마 나는 혼자 연구로 바쁘게 지내면서 간혹 여행으로 긴장 풀면서 살아가겠지 생각했다. 그러나 어느 날부터인가 정신없이 사는 생활 속에서 내가 원하는 깊은 믿음과 편안함을 줄 수 있는 사람들을 만들고, 그런 사람들과 함께 늙어 가는 것이 현실적으로 힘들겠다고 생각하게 되었다.

사십대 중반의 나

나는 미국에서 공부할 때를 제외하고 항상 부모님과 함께 살았다. 맏딸을 믿고 사랑하시는 아버지와 자신의 꿈대로 외국 유학까지 마친 다음 대학 교수가 된 딸을 보며 흐뭇해 하시는 어머니는 내가 집을 떠나 혼자 사는 것은 상상도 못하셨다. 결혼을 하지 않으면 당연히 부모와 계속 살 것이라고 예상하셨던 것 같다. 나 또한 말은 혼자 있는 것을 좋아한다고 하지만 일상적인 생활의 자질구레한 일을 처리해야 하는 데 짜증을 내고 있었기 때문에, 부모님의 시중을 받는 생활이 편했다. 그래서 나의 일상적인 일은 어머니가 관리해 주고 나는 그저 연구와 교육만 하는 생활에 재빨리 적응해 갔다.

　　그러한 생활을 십 년쯤 하고 난 다음에, 정말 갑자기, 지금의 남편을 만난지 두 달 만에 결혼을 하게 되었다. 아마 우리 부모가 가장 놀라셨을 텐데, 지금 내가 생각해도 놀라운 결단이었던 것 같다. 나는 어느 날 어머니한테 문득 "나 결혼할까?" 하고 이야기를 던지듯 물어본 다음에, 사실 이런 사람이 결혼하자고 조르는데 괜찮을 것 같다고 말했다. 같은 학교의 선배 여선생님이 자신이 잘 알고 있는 분의 친구인데 좋은 사람들끼리 간혹 만나 이야기하고 지내면 좋을 것 같으니까 한번 소개를 하겠다는 말을 들은 지 거의 일 년이 지난, 십 년 전 봄 학기 말에 그를 만났다. 너무 거절하면 결례인 듯한 생각까지 들어 마지못해 일부러 강의 시간 가까이 시간을 정해 잠깐 본 것이 결국 결혼까지 온 것이다. 만나자마자 한국 사회에서 통계학적 분석이 갖고 있는 한계에 대하여 열을 올린 것밖에 기억이 없는데, 계속 보게 되고 결혼까지 결정하게 된 것이다. 중간에 소개한 선생님도 결혼하게 되었다니까 무척 놀라시던 기억이 난다.

　　이유를 굳이 따져 왜 그런 마음이 생겼는지 나 자신도 가늠하기가 쉽지 않다. 그 즈음 내 주변에서 가까운 사람들이 세상을 떠났고, 살기에 약간 지쳐 있었던 것 같기도 하다. 그러나 무슨 뚜렷한 이유가 있었던 것 같지는 않다. 내가 결혼하기로 정한 다음 함께 인사 간 김 교수 댁(미국 유학 때 함께 공동체 생활을 해서 가족같이 지내 온 집)에서는 그날 저녁 두 분이 함께 울었다고 한다. 내가 살기가 많이 힘들었던 모양이고 자신들이 그런 나를 도와주지 못했다고 하면서. 그 이야기를 들으니까 그동안 많이 힘들었던 것 같기도 했고, 나 자신이 부모님을 모시고 그리고 나중에는 나 혼자 살아가는 데 자신이 없었던 것 같기도 했다. 아니면 힘든 고비가 끝난 다음 무엇인가 새로운 변화를 하고 싶었는지도 모른다.

다른 사람이 만들어 놓은 집에 들어가다

내가 선택하고 결혼한 남자는 나이도 많고, 부인과 사별하여 아이가 셋이나 있었다. 아버지는 내가 결정한 것이니까 무조건 찬성한다고 하셨고, 어머니는 끝까지 심하게 반대하셨다. 어머니의 친한 친구들도 "있는 남편도 버렸으면 하는데 늙은 남자 시중들 일을 새삼스럽게 시작하느냐"고 격렬하게 반대했다. 그러나 어렸을 때부터 내가 하고 싶어 하는 것을 말리지 못하신 부모님이시니까 그렇게 반대를 하셨어도 일은 추진될 수 있었다. 실은 부모님보다 여성학 하는 친구들의 반대가 더 심했다. 이 경우는 부모님과는 다른 이유였는데, 이 남자가 우리의 인생관과 너무 다르고, 충분히 사귀지도 않은 채 잘 모르는 남자와 성급하게 합치려 한다고 생각한 것 같았다.

나는 사실 부모님의 반대나 주변 친구의 만류가 다 타당한 반대라고 생각했지만, 그럼에도 불구하고 내 인생에 변화를 한번 시도해 보고 싶었다. 무엇보다도 이 사람이 나와 성격도 비슷하고 내가 만난 사람 중에서 가장 편한 사람이었기 때문이었다. 사실 인생관은 다른데 성격은 비슷하다는 말이 논리적으로 맞지 않을 수 있지만, 구조는 유사하지만 내용이 다르게 전개되었다고나 할지… 아무튼 수많은 토의를 가능하게 하는 구조가 되어 있었다. 소위 국가를 위하여 봉사해 왔다는 의식도 투철하지만 출세의 의미도 나오는 달랐다. 그런데 왜 나는 이 사람과 함께 살아갈 수 있다고 생각했을까? 기본적으로 내가 이 남자에게서 느낀 것은, 예민하게 내 감성을 읽어 내고 나에 대하여 항상 최우선적인 고려를 해 줄 수 있는 사람이라는 것이었다. 그러면서도 나한테 요구하는 것이 많지 않았다. 구속되지 않으면서도 좋은 친구가 될 것 같다는 생각이 들었다.

내 결혼은 완전히 다른 환경에서 만들어진 가정에 내가 들어가는 구조였다. 마침 오래전부터 이사 가려고 지어 왔던 집이 완성되어 새집으로 들어갔지만, 모든 영역에서 이미 돌아가신 애들 엄마가 중심이 되어 만들어 놓은 가정이었다. 아이들은 모두 외국에서 학교를 다니고 있었으며 만날 기회는 휴가 때뿐이었다. 바쁜 일상생활에서 부딪치면서 만나는 것이 아니라, 심리적으로 여유가 있는 방학 때 아이들을 만나기 시작한 것은 다행이었다. 놀이와 휴식의 분위기에서 새로운 식구와 친해지는 과정은 생각보다 재미있었다. 함경도 북청이 고향인 시집 식구들은 경상북도 예천 출신인 우리 친정과는 달리 친족 관계가 그렇게 복잡하지 않았다. 명절 때 주로 만나지만 서로의 일에 그렇게 간섭하려고 하지 않았고, 친근하지만 부담을 서로 주지 않으려고 조심하는 사이여서 나로서는 편했다.

관계 만들어 가기

내가 신경을 가장 많이 쓴 부문은 내가 들어간 집안 식구들에게 나 나름의 독자적인 영역을 만드는 것이었다. 아이들을 처음 만난 날 난 "나는 너희 새엄마이지 엄마일 수는 없다"고 했다. 선언하듯이 말하고 서로 시간을 두고 친해지자고 제안했다. 아이들한테 자신들의 엄마를 기억하는 것은 중요하다고 생각했고, 나는 그 엄마의 대신이 아니라 아버지의 부인으로서 관계를 맺고 싶었기 때문이다. 나의 이런 직설법을 남편은 불편해 했지만, 아이들은 잘 받아 주었다. 어떻게 보면 직접 낳지도 키우지도 않으면서 딸과 아들을 얻은 셈이다. 다 자란 청년기의 아이들과 친해지는 과정은 활력이 있어 좋았고, 아이들도 나하고 이야기하는 것을 즐거워하는 것 같았다. 아이들은 궁금한 것도 많았고, 청년기의 온갖 고민과 상상 때문에 자신의 삶에 대한 이야기를 나누고 싶어 했다. 집안에 자기 말을 잘 들어주고 상담해 주는 사람이 있는 것이 괜찮았던지 자기 아버지보다 나와 이야기하기를 더 좋아했다. 사실 이렇게 가까워진 것은, 그동안 아버지는 아이들과 대화가 거의 없었고 어머니는 오랫동안 병석에 있어서 대화할 시간이 별로 없었기 때문이기도 하다고 생각된다.

남편은 나와 아이들의 관계에 전혀 관여하지 않았고, 아이들은 나를 통하여 아버지와 의사 소통을 하기도 했다. 내가 조심한 것은 아이들과 한 약속을 철저하게 지키려고 노력하는 것이었다. 그래서 집안 분위기가 좋아졌다는 말도 나오게 되었다. 사실 아이들과 아버지의 관계가 전보다 훨씬 더 좋아졌다고 말하기도 했다.

아이들은 나름대로 다들 어려운 고비들을 겪고 있었다. 큰아들은 미국에서 학부를 마치고 최전방 군대에 복무하면서 절망하고 있었다. 거의 매일 나한테 전화하면서 스트레스를 풀었다. 나도 그 이야기를 듣는 것 자체가 힘겨울 때도 많았다. 자살하지 않으면, 탈영하겠다는 위협을 입에 달고 살던 큰애가 제대를 하니까 내가 마치 군 복무를 마친 것 같은 안도감이 들기도 했다.

작은애는 병석에 누워 있던 엄마 때문에 중학교 때부터 미국 기숙 학교에 다녔기 때문에, 우리 식구 모두 개가 어떻게 될까 걱정하고 있었다. 나도 감수성이 예민한 사춘기에 혹시 미국에 버려져 있다는 느낌을 갖지 않을까, 친구들과 문제를 일으키지 않을까 등등 걱정을 많이 했다. 다행히 내가 미국 학교 사정을 짐작할 수 있었기 때문에, 필요할 때는 직접 교사들과 상담하면서 원격 조정을 할 수 있었다.

이미 결혼한 딸은 여성으로서의 고민을 나한테 털어놓았다. 힘든 결혼 생활을 정리하는 단계에 조언을 하게 되어, 슬픔과 분노를 소화하는 것을 지켜볼 수 있었다. 어떻게 보면 강단에서의 경험이 이러한 과정에 도움이 많이 되었다. 사실 결혼을 하면, 특히 나이가 나보다 훨씬 더 많은 남자와 살면, 심리적으로 상당한 도움을 받을 수 있으리라고 생각했는데, 결과는 더 많은 식구들과 더 빈번한 관계를 맺어 심리적 부담을 더 안게 되는 생활이 되어 버렸다. 우리 친정 식구들도 결혼했다는 이유로, 전에는 면제해 주던 친척 관계 일을 해야 한다고 하여, 결과적으로는 결혼으로 인해 편해지기보다 훨씬 일이 많아지고 삶이 복잡해진 것이다.

집안에서 살림을 하는 것은 생각보다 힘들지 않았다. 주로 학교에 나와 있으니까 직접 하는 일은 없지만, 유학 시절에 익힌 요리를 실험적으로 해 보기도 하면서 일상생활에 적응해 갔다. 물론 요리는 취미일 때가 좋지, 일상 속에서 하는 것이 정말 다르고, 그리고 집안 경제도 관리해야 하는 것이 복잡해지기도 했다. 농담 반 진담 반으로 요리하는 취미가 없어지고 쓸 돈이 없어지는 것이 결혼인가보다 하고 말하고 있다.

새롭게 관계의 의미 부여하기

우리 집 남자는 나를 만나는 것을 계기로 자신의 생활 방식을 바꾸는 것 같았다. 바깥 사회 중심의 생활이 점차로 가정 중심으로 바뀌어갔다. 나를 따라 버스, 지하철을 애용하는 평범한 은퇴자 생활로 서서히 바뀌었다. 작년부터는 65세 이상에게 주는 지하철 공짜 표를 받는 것을 어색해 하지 않게 되었다. 아이들도 이제 모두 대학을 졸업하여, 딸은 서울에서 취직해 있고, 큰아들은 결혼을 하여 독립했고, 작은 아들은 미국에서 취직해 있어 이제 방학에 온 식구가 모여 떠드는 것이 불가능해졌다. 이제 집안 식구 모두가 독립된 가구를 만든 셈이며 다른 방식의 관계들이 필요한 시기가 된 것이다.

각기 따로 살면서 가족 관계를 유지하는 것이 무엇인지를 더 많이 생각하게 되는 단계로 온 것이다. 이제 우리 식구들이 전부 모이는 것이 거의 불가능해져

서 전화와 인터넷으로 서로 안부를 물어야 하게 되었다. 나는 궁리
끝에 가족들이 이야기를 나눌 수 있는 「방배동 조씨」라는 홈페이지
를 만들었다. 그러나 생각보다 잘 운영되고 있지 않다. 그래도 처음
에는 각자 일어난 일을 사이트에 올리곤 했으나 지금은 급하면 전화
를 할 수 있으니까, 그리고 취직을 한 아이들이 너무 바빠서 가족들
에게 메시지를 시시콜콜하게 쳐 올리는 마음의 여유가 없어진 것 같
다. 나와 딸이 가장 많이 사연을 올렸지만, 다른 애들이 잘 안 올려
지금은 한산해진 사이트가 되었다. 그래도 일 있으면 홈페이지에 올
린다는 말은 여전히 하고 있다.

　　작년부터 나는 더 바빠졌고, 재작년 가을에 완전히 은퇴한
우리 집 남자는 시간적 여유가 많아졌다. 내 서재가 남편의 작업실
로 바뀌었으며, 컴퓨터에 매달려 있는 시간도 남편이 더 많아졌다.
열심히 인터넷을 뒤지더니 뉴질랜드에 살고 있는 친구를 거의 40년
만에 찾아내어 편지를 하고, 우리 식구들이 필요한 정보를 검색하여
모두에게 알려 주는 역할을 하기 시작했다. 자신의 일감을 얻은 것
이다. 한편에서 자신이 얻은 정보에 대해 열심히 설명하고 토론하는
것을 즐기게 되었으나, 문제는 내가 그런 토론을 할 시간적·정신적
여유가 부족하여 좀 미안하게 된 것이다. 집에 머무는 시간이 나보
다 많아진 이 사람은 더욱더 살림에 관심을 갖게 되었다. 아들 방을
손님 방으로 바꾸자고 제안도 하고, 남은 음식 담는 그릇을 사야 한
다고 염려하는 사람도 내가 아니라 남편이 되었다. 우리 집 일을 도
와주러 일주일에 세 번 오시는 아주머니도 내가 아니라 이 사람에게
사야 될 품목을 이야기하기 시작했다. 이러한 과정에서 나는 서서히
집안일에 신경을 덜 쓰게 되었다.

　　우리는 대개 일주일에 한 번 장을 보러 가는데, 중간에 사야
할 물건이 있으면 이 사람이 갈 수밖에 없다. 이제 슈퍼마켓에서 일
하는 아주머니들이 이 사람을 알아보고 인사를 하는 단계가 되었다.
단골 가게 아주머니들과 농담도 하면서 장을 보는 단계에까지 이르

렸다. 우리 집에는 내가 보기에 그리 필요하지 않은 요리 기구들이 있다. 그러한 물건들을 살 때 내가 반대하면, 요리도 잘하지 않으면서 필요하니 필요하지 않으니 잔소리만 한다고 핀잔만 듣는다. 완전히 살림의 주도권이 넘어간 것이다.

이 사람이 집안 살림을 하기 시작하면서 내 일은 더 단순해지고 편하게 되었다. 그리고 나는 마치 고3 학생처럼 취급받기 시작했다. 우리 집에서 쓰는 용어로, 고3과 고3 학부형이 사는 집이 된 것이다. 새벽에 일하는 내 습관 때문에 붙은 이름이다. 그리고 신경 쓸 일이 생기면 신경이 날카로워져 물어봐도 대답을 하지 않는다고 해서 붙여진 것이다. 나는 집에 가서 밖에서 일어난 일들을 이 사람에게 거의 매일 보고한다. 이 사람이 원해서 하는 것이기도 하지만, 결혼 전 친정에서 어머니에게 하던 버릇이 있어서 그렇다. 어머니가 주로 호기심에 차 들으셨다면, 우리 집 남자는 비교적 객관적으로 들으면서 평을 하고 때로는 진단까지 한다. 때로 너무 코멘트가 많아 나는 "제발 미리 말하지 말고, 물어보는 것만 설명해 달라"고 한다. 그러면서도 약간은 미안해 한다. 그리고 아직도 바깥에서의 약속을 남편한테 물어보지 않고 일방적으로 하는 버릇이 남아 있고, 약속이 있다는 말을 미리 알리지 않아 남편의 일정을 엉망으로 만드는 일이 있다. 함께 시간을 조정해야 하는 결혼 생활에 아직도 익숙해지지 않았다.

어떻게 노년을 보낼까

우리 부부는 은퇴 후의 생활에 대한 이야기를 많이 한다. 한 사람이 은퇴한 상태이기 때문에 둘 다 정규적인 사회 활동을 하지 않게 될 때 어디서 무슨 일을 하면서 살 것인지 이야기하게 된다. 남편의 친구들이 대부분 은퇴를 한 상태인지라 친구들을 보면서 우리가 어떻게 살 것인가에 대하여 말을 시작하나, 여러 가지로 우리와는 처지가 달라 결국 우리의 노년 계획을 따로 세울 수밖에 없다고 생각하게 되었다. 나는 사회 생활을 시작하면서 「또 하나의 문화」 동인으로 활동했기 때문에, 자연스럽게 나이든 후의 삶을 동인 활동과 어떻게 연결할 것인가 궁리하게 된다. 남편은 결혼 전 1960년대 초 총각 시절에 공부했던 뉴질랜드에 대한 감정적 연대가 특별하다. 당시 못살던 한국에 비하여 거의 파라다이스같이 보였던 나라에 대한 향수인 것 같다. 그는 언젠가는 은퇴하여 조용한 뉴질랜드에서 보내고 싶다는 기대를 안고 있었다. 실제로 지난 몇 년 동안 세 번 정도 뉴질랜드에서 한 달 가량 지내면서 그 가능성을 타진해 보기도 했다.

　　나는 학교 생활과 분리된 생활, 그리고 어떻게 살아야 할지에 대한 토론을 해온 친구들과 분리된 노년을 생각할 수가 없다. 이런 생각은 내가 결혼에 대한 생각이 거의 없을 때 혼자 사는 사람이 가장 힘든 것이 나이 들었을 때라는 이야기를 주변에서 많이 들었기 때문이기도 하다. 마흔이 넘어서까지 결혼을 하지 않으니까 "젊을 때야 뭐 부러울 것이 있겠는가? 그러나 나이 들어서 가까운 가족들도 없을 때 어떻게 살 것인가?"라는 위협적 조언은 사람을 서늘하게 만드는 무엇인가가 있었다. 그럴 때 가까이 지낼 수 있는 친구들과 함께 살 수 있는 방안을 마련해야지 하고 계획하고 있었다. 실제로 그러한 이야기를 나누던 친구들 중 하나는 내가 결혼하니까 "내 노후 대책은 어떻게 되는 거냐?" 하고 말하기도 했다. 그래서 여전히 친구들과 함께 할 수 있는 노년 생활에 대한 애착이 강하다.

　　우리 친구들은 한때 한 울타리 안에 집을 함께 짓는 방안까지 생각하여 몇 번 학교 근처에 적당한 땅을 보러 다니기도 했다. 그러나 그럴 때마다 당시 함께 살고 있는 가족들의 동의, 직장, 경제적 조건 등이 복합적으로 작용하여, 그냥 말로만 끝나곤 했다. 최근에는 은퇴를 포함한 남은 삶에 대한 계획을 구체적으로 할 수 있게 되었다. 특히 좀더 자율적으로 이상적 공동체를 실현할 수 있는 방안을 논의할 수 있게 된 것이다. 그런데 남편은 조용한 외국에서 편하게 보내기를 원하는 것이다. 그래서 나는 정말 얼마나 오랫동안 외국에 가서 살기를 원하는지 물어봤다. 구체적으로 물어보니 그의 생각도 그저 하나의 희망이지 그렇게 확고하지는 않았다. 그러나 나의 공동체 생활에 대한 제안에 대해 그는 지나치게 이상적인 희망이라고 보고 있었다.

최근에 우리는 「또 하나의 문화」친구들과 함께 지은 무주의 공동의 집에 자주 간다. 이 집은 환경 친화적이며 공동체적인 활동을 하기 위하여 기획된 큰 구상의 일부였다. 다양한 창작과 집필 활동을 하는 사람들이 뜻을 모아 시작한 사업이다. 합류하지 않으면 늙어서 놀아 주지 않겠다는 위협(?)을 받고, 공동의 집인 '또문 반달집'의 열두 번째 회원이 되었다. 그러나 막상 들어가 보니 집을 짓는 과정이 만만치 않았지만 지역이 아주 맘에 들어 집 마무리 단계부터 적극 참여하게 되었다. 집과 관련된 일들은 많은 현실적인 일 처리를 요구했다. 서울 일로도 너무 바쁜 회원들이 할 수 없는 일들이 산적해 있었다. 마루를 하고, 문을 달고, 무엇보다도 집의 축대를 만들고, 지붕을 바꾸는 것까지 모두 일하는 사람을 불러 하는 일들이었다. 이 일을 바로 남편이 맡아 주었다. 그 과정에서 우리 남편은 열세 번째 회원이 되었고 또문의 '집사장' 노릇을 하게 되었다. 물론 일하는 스타일이 또문 사람들과 맞지 않는 면도 있지만 모두 남자인 일꾼들과 이야기하는 것은 이 사람이 한수 위였다. 그의 현실적이고 철저한 일 처리 방식이 우리 모두에게 도움을 주기도 했다.

그의 현실적이고 철저한 일 처리가 우리 모두에게 도움을 주기도 했다.

서울 태생으로, 시골에서 살아 본 경험은 뉴질랜드에서의 경험밖에 없는 사람이기 때문에 불평을 수없이 하면서도 무주 생활에 서서히 적응하고 있다. 무주에 가면 또문 식구들과 생활 속에서 어울릴 기회가 많다. 또문 식구들과 비슷한 인생관을 가진 이웃들과 만나는 일도 많다. 서울에서 간혹 모임에서 보는 것과는 완전히 다른 종류의 교류를 하게 된다. 이제까지 그가 친하게 지낸 사람들과는 너무도 다른 사람들이기 때문에 어떻게 지낼까 흥미 있게 지켜보고 있다. 아직까지는 재미있어 하고 있다. 그리고 처음 불평할 때와 달리 무주 반달집을 좋아하게 되었다. 지난 6월 첫째 주 고정희 시인 기일에는 무주에서 하루 잔 다음 날 모두 함께 해남으로 떠나게 되었다. 남편이 운전하는 차에 또문 친구들과 함께 타고 해남 고정희를 만나러 무주 집을 떠날 때 나는 다시 한번 노년 생활에 대한 꿈을 생각하게 되었다. 친구들은 우리 집 남자를 두고 또문 사위 중에 가장 훌륭하다고 말한다.

나는 조심스럽지만 결혼 전에 갖고 있던 꿈을 이 사람과 함께 꿀 수도 있을 것 같다는 희망을 버리지 않고 있다. 그러나 나는 이 사람이 나와 다른 생활을 오랫동안 해 왔다는 점을 간과하지 않는다. 아이들의 생활이나 철학도 나와 같지 않다는 것을 알고 있다. 아이들의 이해를 얻는 것은 그리 힘들지 않으리라고 생각한다. 많은 이야기를 해 왔고, 아이들도 내가 원하는 생활이 자신들이 원하는 생활과 매우 다르다는 것을 인정한다. 그런데 친구들과 공동체 생활을 할 수 있는 방식으로 노년을 계획한다면 받아들여질까? 아직은 잘 모르겠다. 나도 구체적으로 어떻게 우리의 이상을 은퇴 생활에서 실현할 수 있을지 뚜렷한 계획을 갖고 있지 않다. 나는 그러나 이러한 오랜 이상에 대한 이야기를 우리 남편도 포함시켜 전개할 수 있으리라 믿는다. 그때, 최근에 보인 '요리'에 대한 관심이 크게 도움이 되지 않을까? ⑩

가족,
거리 두기

백 번을 참고 백 번을 기다려 주는 부모, 나는 그런 부모가 되고 싶었다. 처음엔 모든 게 두려웠다. 준비 없이 아내가 되는 것, 준비 없이 부모가 되는 것, 그리고 학부모가 되는 것… 두 아이를 키우고 가족을 만들어 가며 이십여 년, 같이 살아도 따로 사는 것 같은 십대 후반 아이들.

나는 이제 아이들을 떠나 보내는 정점에 서 있다.

자식 농사 18년, 시한부 작업

김정명신

1956년 서울 출생, 1990년 큰아이가 초등학교 입학할 때부터 교육 운동에 참여, 「학부모 연대」를 거쳐 「교육 연대」와 「함께하는 교육 시민 모임」(옛 서초 강남 교육 시민 모임)에서 활동 중. 두 십대 ― 올해 고1을 마치고 자퇴한 둘째 아이와 '모범생' 큰아이 ― 키우는 결혼 21년차의 교육 운동가. 평등하고 자유로운 가족 문화 만들기에 관심 있다. 얼마 전 「나도 아이와 통하고 싶다」(2003)를 펴냄.

가족은 때로는 내게 안정적인 그림을 선사했지만 무거운 책임과 버거운 노동량을 부과하였다. 올해로 결혼 21년 차, 솔직히 말해서 그동안 나는 나 살기도 바빴지만, 내가 선택한 '가족'을 겪으며 진심으로 힘겨웠다. 머릿속에 입력된 '가족' 하면 먼저 생각나는 평화로운 정경은 거실 벽에 걸린 가족 사진 속의 한 순간에 불과했고, 깊은 한숨과 절망에 몸서리를 친 적도 많다. 자식이고 남편이고 다 떨치고 그 길로 '집'을 나서고 싶다는 생각을 한 적도 한두 번이 아니다.

두 아이를 키우던 전업 주부 시절, 나는 저녁 여덟 시가 되면 하루 일을 마무리하고 거실에서 안방으로 '퇴근'을 하였다. 두 아이 모두 일찍 자고 일찍 일어나는 습관을 들인지라 초저녁에 저녁밥을 먹이고 잠잘 채비를 끝낸 뒤 조용해지기 시작하는 밤 여덟 시, 아이들에게 "나는 엄마 일을 마치고 이제 퇴근한다. 너희들도 이제는 자라. 내일 아침에 만나자"라며 거실에서 안방으로 혼자 들어가 버리는 것이 당시 나의 퇴근 모습이었다.

"엄마, 조금만 더 놀아 주면 안 돼요?"

아이들은 그때 퍽 섭섭해 했지만 그런 대로 받아들였다. 물론 그 '퇴근'은 얼마 지나지 않아 원점으로 돌아갔다. 그러나 나는 그 뒤로도 다른 여러 가지 방법으로 가족과 유무형의 거리 두기를 했다. 나는 아이를 키우는 것이 18년 동안의 시한부 작업이라고 생각했다. 육아에 대한 끝 모를 인내와 노동을 생각하면 머리가 복잡하고 게을러지거나 불성실해지다가도, 18년 시한부를 떠올리면 한결 부담이 덜어지고 마음이 가벼웠다. 아이 양육에 대한 1년 목표를 어설프게나마 세우고 목표에 도달했는지 대충 가늠해 보았다. 키는 얼마나 자랐는지? 몸무게는? 인간성은 어떤지? 지하도에서 길을 잃었을 때 바깥에 나와 사방을 둘러보고 다시 지하도 안으로 들어서듯이 부모로서 잘하고 있나 살펴보기 위해 나 스스로 잠시 자식 농사의 목표와 방향을 챙겨 보았다.

전인 교육에 대한 오해

이사할 때의 일이다. 크고 작은 가재 도구를 옮기다 피아노를 옮길 차례, 보기만 해도 육중한 피아노를 운반 도구를 활용하여 가뿐히 이삿짐 차에 실은 뒤 짧은 휴식, 그때 삼십대 후반의 아저씨가 휴대폰으로 누구에겐가 전화를 건다.

"피아노 연습이랑 학원 숙제 했어? 피아노 연습을 잊지 말고 꼭 해라… 그래 알았어, 나중에 사줄게…"

오래전 나도 첫아이에게 그 아저씨처럼 꼭 그렇게 말하던 때가 있었다. 나는 첫아이가 만 네 살 되었을 때부터 피아노 강습을 시켰다. 지금 생각해 보면 꼭 필요한 것도 아닌 것을 왜 그리 일찍 시작했는지 후회도 된다. 하지만 요즘 엄마들이 영어 조기 교육에 관심이 있듯이 그때는 대부분 그 나이에 피아노를 시작했다. 처음에는 아이가 피아노 연습에 흥미를 갖고 열심히 연습했다. 그러나 얼마 지나지 않아 매일 30분 이상 해야 하는 피아노 연습을 게을리 하기 시작했다. 더구나 6개월쯤 뒤부터는 피아노에 싫증을 내기 시작했다.

나는 그때 당장 피아노 강습을 그만두게 하는 대신 무모한 전쟁을 택했다.

"피아노 연습해라, 손목을 반듯하게 올려서 쳐라…" 피아노 선생님은 내게 아이 손목에 고무 지우개를 올려놓고 떨어지지 않게, 손은 계란을 쥔 모양을 하고 치도록 늘 감시하라고 충고했지만 나는 차마 그렇게까지는 하지 못했다. 더구나 피아노 선생님이 매번 "이 고비를 넘겨야 한다"기에 무조건 고비를 넘겨야 하는 줄 알았다. 1, 2년 후 체르니 교본 100번을 넘어 체르니 30번 첫 부분을 배우기 시작할 무렵 아이는 더욱 싫증을 내기 시작했다.

어느 날, 피아노 선생님이 엄마인 나를 보자고 하였다. "이제 보니 아이가 모든 악보를 외워서 쳤다. 아이가 피아노 악보를 전혀 읽지 못하니 바이엘 하권부터 다시 시작하자"는 것이다.

'세상에! 그렇게 똑똑한 우리 아이가 그럴 리가 있나?' 나는 몹시 당황했다.

그 무렵 더도 말고 나와 똑같은 일을 겪은 친구가 있었다. 두 여자의 충격은 이루 말할 수가 없었다. 그래도 중단하지 못하고 두 여자는 서로 위로하며, 아이들에게 다시 피아노를 바이엘 하권부터 가르치기 시작했다. 조금 늦게 피아노를 시작한 둘째 아이는 피아노 콩쿨을 나가기도 했지만 결과는 별로 다르지 않았다. 나의 가족 만들기는 이렇게 전인 교육에 대한 오해로 시작되었다.

내가 찾은 준거 집단들

지금 내가 제2의 친정으로 여기는 여성 모임 「또 하나의 문화」(이하 또문)를 만난 것은 바로 그 즈음인 1987년이다. 당시 삶에 불만이 많던 나는 지푸라기라도 잡는 심정으로 단숨에 또문 가입을 위한 자기 소개서를 써내려 갔다.

우리 세대의 여자들이 보통 그러하듯, 나 역시 스물일곱에 결혼하기까지 결혼이란 것에 대해 그리 심각하게 생각해 보지 않았다. 때가 되면 누군가와 결혼을 해서 살겠거니 하고 생각했을 뿐, 정작 결혼이 내게 무슨 의미가 있고 결혼으로 내 삶이 어떻게 달라질 것인가에 대해서는 진지하게 생각해본 적이 없었다. 다만 친구처럼 편안한 사람을 만나 얼른 부모에게서 독립하여 잘살았으면 좋겠다는 정도의, 아주 소박한 기원을 품었던 게 전부였다.

그러나 결혼 전과 비교했을 때 결혼 후의 생활은 확실히 뭔가 달랐다. 서로 뜻과 마음이 맞아 부부로 인연을 맺은 것이지만, 막상 생활 속에서 습관과 문화의 차이를 좁혀 가며 서로 맞추어 가는 일은 쉽지 않았다. 당시만 해도 여자에게 결혼은 사생활의 어느 한 부분을 포기함을 의미했고, 나 역시 그런 시대적 흐름에 따라 많은 사적인 관계들을 접고 남편과의 관계를 전면에 내세우며 결혼 생활을 시작했는데, 남편은 아니었다. 그는 결혼 전과 다름없이 숱한 사회적, 사적 관계들을 이어갔고, 따라서 내가 포기한 관계의 공백을 채워 줄 여유가 없었다. 나는 처음에 이것이 사랑하고, 안 하고의 문제라고 생각했다. 차츰 결혼 생활이 억지로 손에 익을 무렵, 사람은 누구나 각자 살아내야 할 몫이 있다는 것을 느끼기 시작했다. 그러나 머리로 인정하는 것과 생활에서 감내하는 것은 차원이 다른 문제였다. 전업 주부가 결혼으로 인해 포기한 관계들을 복원하기란 너무나 어려웠고, 그로 인해 생기는 남편에 대한 미련을 떨쳐 내기란 더더욱 힘들었다. 사회 활동을 하지 않는 데다가 이미 집안에서만 맴도는 일상에 길든 탓도 있었다.

사실 또문은 나처럼 전업 주부인 사람이 쉽게 찾을 수 있는 곳은 아니었다. 주로 여성학을 공부하는 이들, 전문가로 제 길을 찾아 나선 이들이 모여 대안 문화를 만들어 가는 그룹이었기에, 전업 주부가 혼자 드나들기엔 부담스러운 면이 많았다. 그래도 나는 내 문제를 해결해야겠다는 절박함에 또문 나들이를 계속했다. 주부로서, 아니 여자로서 어떻게 사는 것이 잘사는 것인지가 나는 궁금했고, 그 해답을 스스로 발견하고 싶었다. 내게 결혼은 획일적인 문화를 강요하는 닫힌 생활의 시작이었고, 그리하여 나에겐 숨쉴 곳이 필요했던 것이다. 그런 내게 또문은 신선한 산소를 제공해 주는 쉼터와도 같았다.

남편과의 관계, 여성으로서 정체성 문제들이 어느 정도 자리를 잡아 갔는데 준비 없이 시작한 학부모로서의 삶은 내게 새로운 갈등을 안겨 주었다. 아이를 낳으면 부모가 되지만 좋은 부모는 노력하며 얻는 소중한 자리이듯이, 아이가 학교에 들어가면 학부모가 되지만 좋은 학부모는 고민하고 노력하면서 얻어지는 자리다. 더구나 중산층의 전업 주부, 마음을 잘못 먹으면 사회에 누를 끼칠 행동을 알게 모르게 할 수 있으니, 내 삶을 바로 잡을 방향타가 절실히 필요했다. 큰아이를 학교에 입학시킨 첫 학기 경험을 통해 나는 이미 종래의 학부모 노릇, 공부 제일주의에 명령과 획일적 입시 교육을 강요하는 학부모 역할에 이미 회의하고 있었다. 학부모 각자 앞에 펼쳐진 경쟁과 효율을 촉구하는 장이 있었다. 그 장에서 나는 어떤 선택을 할 것인가? 혼자 교육적 소신을 지키는 것도 필요하지만 올바른 교육 정책과 제도를 만들도록 여럿이 목소리를 높이는 것이 필요하다는 생각을 하고 있던 중 우연한 기회에 「인간 교육 실현 학부모 연대」의 신문을 만드는 일에 참여하게 되었다.

마침 그해에 큰아이가 초등학교 새내기로 입학해서 교육에 대한 나의 관심은 높았다. 게다가 당시는 초등학교에서도 시험을 치르고 학부모들의 치맛바람 또한 유난하여, 나름대로 소신을 가지고 건강한 교육관을 실천으로 옮기길 원했던 나에겐 고민이 많았다.

그러나 교육 운동에 참여하면서 제반 조건은 그렇지 않은데 원칙 중심으로 가려고 할 때 나는 다시 한번 갈등했다. 머리는 교육 운동에 참여하고 있지만 마음은 학부모의 입장에서 벗어나기 힘들었다.

나는 이미 아이가 유치원에 입학한 무렵부터 주변 엄마들과 함께 모임을 구성하여 '어떻게 하면 건강하게 학부모 노릇을 할 수 있을까?'를 주제로 부지런히 독서와 토론을 하고 있던 터였다. 하지만 모임을 유지하는 것이 쉬운 일은 아니었다. 평상시엔 모임에서 뜻을 같이 하던 엄마들조차도 막상 아이들 시험이 있거나 스승의 날이 되면 심한 내적 갈등에 시달리기 일쑤였다. 가끔은 나도 그랬다. 그러나 생각해 보니 아이는 이제 겨우 초등학생이었고 갈 길이 까마득했다. 그 당연한 사실에 눈을 뜨자, 서서히 마음이 바뀌기 시작했다. 당장 아이가 받을 상처를 걱정하느라 일을 그르치기보다는, 먼 길을 가는 과정에서 아이 스스로 미래를 설계할 힘을 키우며 더 큰 희망을 발견하도록 도와주는 편이 낫겠다 싶은 생각이 든 것이다.

사춘기 파도 넘기

아이들이 십대에 접어들고 사춘기 파도를 넘으며 아이와 부모 사이, 부모와 학교 사이에 갈등이 꼬리에 꼬리를 물고 이어졌다. 나는 아이들을 보호하고 싶었지만 더 이상 아이들이 원하지도 않았다. 아이와 매일같이 반복되는 이 싸움은 내 집에서만 일어나는 일인가? 아니면 집집마다 비슷한 것인가? 산 너머 산이라더니, 아이는 나보다 항상 몇 발자국 앞서갔다. 내가 허겁지겁 쫓아가 보면 아이는 이미 다른 곳을 향해 떠나고 있었다.

아이들이 십대에 접어들며 자기 관리를 소홀히 하기 시작했다. 모두 다 학교와의 갈등 때문이라며 자신에 대한 관리와 의무를 내쳤다. 그러는 사이 공부는커녕 가족간에 알맞은 관계 맺기조차 힘겨웠다. 때로는 화가 나서, 때로는 쩔쩔매면서도 나는 속으로 수없이 외쳤다.

"그래, 네 인생은 네 인생, 내 인생은 내 인생이닷! 엄마도 세상 살기 힘들고 팍팍한 것은 마찬가지다!"

그러나 이런 말이 가볍게 나오는 그때만 해도 내 고민은 그리 깊지 못했다. 나는 두 아이에게 십대들의 음주와 흡연은 절대 안 된다고 줄곧 강조했다. 그러나 십대 아이들에게 술을 못 마시게 하거나 담배를 못 피우게 하는 것은 쉬운 일이 아니었다. 부모가 담배를 안 피운다고 아이가 담배를 안 피우는 것도 아니다. 십대 흡연과 음주가 부분적으로 일상화된 속에서 '흡연과 음주 절대 금지'라는 부모 뜻을 그대로 관철하는 데 어려움을 겪었다. 나는 부모로서 아이들에게 존경받기를 원했지만 아이들에게 무시당한다고 느낀 적도 있고, 때로는 오로지 '물주'의 대접과 역할을 감내해야 했던 적도 있다. 엄마인 내 생일을 맞아 선물조차 준비 안 한 아이들이 적반하장 격으로 식사만은 고급 레스토랑에서 해야 한다고 우길 때도 있다. 그 순간의 황당함이라니! 아이들은 생일을 맞은 엄마가 원하는 것이 무엇인지 알아 볼 생각은 하지도 않고, 남의 생일을 빙자해 제 욕심을 채우자는 배짱이다. 나는 어느 해 생일날, 서로 기분을 망치지 않고 집에 돌아가는 것을 목표로 삼아야 했다. 내 감정을 조절하며 엄마로서 당당히, 비굴하지 않게….

길들여지지 않는 아이

　　성적을 문제 삼지 않으니 아이와의 관계가 그런 대로 지낼 만했지만 그렇다고 문제가 다 해결된 것은 아니었다. 고군분투하며 시작한 학부모 노릇은 시간이 지나며 자리를 잡아 갔는데, 둘째 아이의 학교 자퇴 요구는 내게는 벅찬 일이었다. 둘째 아이가 학교가 맞지 않아 몸부림을 칠 때 나는 '유난한' 아이를 기르는 부모의 몫이라고 생각했다. 그건 새로 바뀐 대학 입시를 온몸으로 겪는 첫째 아이도, 학교가 맞지 않아 몸부림을 치는 둘째 아이도, 자나깨나 '모성'을 실천해야 한다고 스스로 짐을 지는 나도 마찬가지였다.

　　아이는 절규했다.

　　"난 내가 학교에 있을 때 재능이 없는 줄 알았다. 공부도 하기 싫어하는 줄 알았다. 그런데 그게 아니더라. 나는 학교를 포기했지 배움을 포기한 것이 아니다. 꼭 공부하고 싶다. 잘 배우고 싶다. 그런데 어디서 배우지? 학교가 그것을 할 수 있을까?"

　　아이와 나는 새로운 배움의 길을 찾아 헤맸고, 적지 않은 갈등을 겪었다.

　　둘째 아이는 중학생이 된 이후 줄곧, 소위 '학교 부적응 학생'으로 찍혀 살았다. 나는 강한 자의 자유는 제한하여야 하고 권위는 구성원의 자율성에 근거하는 것이 옳다고 생각했고, 권력에 순응하는 것이 미래의 자율성 신장에 도움이 될 때 정당화되는 것이지 지금처럼 학교가 비민주적 의사 소통의 장일 경우 아이가 그곳에서 순응한다는 것 자체도 문제가 있다고 생각했기 때문에, 아이의 저항을 한편으로 인정하면서도 남들이 다 가는 길에 대한 미련을 강력하게 부정하지 못하고 어정쩡한 태도를 취했다. 어떤 점에서는 부모로서 나의 모호한 태도가 아이의 방황을 오래 끌게 한 원인이기도 했다. 모든 것이 어정쩡한 채로 짧지 않은 시간이 흐르고 남들이 가지 않는 길을 걷는 부모와 자식으로서 어려움도 많았다.

둘째 아이는 점차 학교의 억압과 입시 위주의 교육을 거부하고 사사건건 학교와 마찰했고 교사와 갈등은 점점 더 심해졌다. 그 아이는 추운 겨울, 몸에 꼭 끼는 검은 스타킹 신기를 거부하고 차라리 교복 바지를 입게 해달라고 불평을 터뜨렸다. 아이 말은 타당해 보였지만 학교 교문 앞에서는 복장 불량 학생일 뿐이었다. 아이는 타협도 없었다. 일부 교사들은 자퇴 운운했고 아이 역시 자퇴하겠다며 몸부림을 쳤다. 한편으로 부모인 나로서도 내 아이가 이해되지 않을 때가 많은데 교사들은 오죽하겠는가 하고 교사의 입장이 이해되지 않는 것도 아니었다. 아이가 힘들다는 것은 당사자인 아이는 물론 그를 둘러싼 교사, 부모가 모두 힘이 든다는 것을 뜻했다. 점차 부모인 내가 학교에 불려 가는 일들이 생겼지만, 나는 중학교는 졸업시키겠다는 일념으로 아이의 자퇴를 허락하지 못했다. 주변에 중학교 중퇴한 아이들을 보면 왠지 불안해 보였다. 그러자 아이의 반항은 깊어지고 일상을 무시하면서, 눈은 높아지고 겉멋만 들어갔다. 일상을 충실히 하라는 부모의 당부는 아이에게 가 닿지 못하고 허공에서 사라지고 있었다. 나는 그 애가 이 세상 어디에도 만족하지 못하게 될 것 같은 걱정이 앞섰다. 아이 마음속에 쌓이는 주체할 수 없는 분노를 보는 것도 힘겨운 일이었다

주변 사람들이 진심으로 걱정하는 표정으로 말했다.

"아이가 저러고 다니는데 어떻게 부모가 보고만 있느냐? 멀쩡한 아이를 부모가 제대로 '지도' 하지 않느냐?"

"네? 네에…"

두 아이는 이런 내 노력이 성에 차지 않았겠지만, 나는 부모로서 내가 허용할 수 있는 최대치를 허용하려고 노력했다. 다만 아이는 내가 부모로서 노력했다는 것 하나만은 인정하는 것 같았다. "내 뜻대로 자퇴가 안 된다고 해서 좋은 엄마

를 두고 내가 가출하면 나만 나쁜 년(?)이 된다"고 아이는 말했다.

이러는 사이 나는 무엇보다 자식에게 짐이 되지 않으려고 애썼다. 나의 체험과 경험을 뛰어넘은 미래 세상을 향해 달려가는 아이를 나는 어떻게 바라보고 키울 것인가? 나는 자식에게 짐이 되고 있지나 않은가? 예전에 내 부모가 내게 짐이 되어 그것을 극복하기가 힘겨웠듯이, 나는 아이에게 짐이 되고 싶지 않았다. 아이와 친구처럼 평등하고 흐르는 강물처럼 자연스러운 관계가 되기를 원했다. 내가 부모로서 힘에 겨우면서도 되도록 아이를 이해하려고 노력하고 아이에게 모질게 대하지 못한 것은, 일방적이고 고집스러워 보이는 아이에게 순수하고 여린 심성이, 학교에 대한 미련이, 사람에 대한 사랑과, 부모로서 보호해 주어야 할 부분이 있다는 것을 아이를 통해 감지했기 때문이다. 학교에서 그렇게 모진 일들을 겪고 온몸으로 저항을 했으면서도 아이는 끝까지 학교를 포기하지 않으려고 했다. 결국은 원수지간처럼 변해 버린 담임 교사였지만, 아이가 처음엔 그 교사에게 인정받으려고 노력하기도 했다. 아이는 그것을 내색하지 않았지만 나는 부모로서 그렇게 느꼈다. 아이에게서 사람에 대한 사랑과 배려와 온정의 싹을 읽었고 나는 그 아이를 잘 보살펴주고 싶었다. 아이는 몇 번이고 학교를 쉬었다 다시 나가길 반복했고, 그에 따라 나는 좌절과 체념의 고개를 오르락내리락했다. 하지만 최악의 상황에서도 내가 저버리지 않은 것 하나는 바로 아이에 대한, 소통의 가능성에 대한 믿음이었다. 소통 속에서 아이와 나는 미처 표현하지 못한 언어를 듣기 시작하고, 서로 상처를 읽어 내며 새로운 관계를 만들어 갔다.

「하자」와의 만남

결혼할 때 처음으로 커플링을 끼어본 부모 세대와는 달리 마음에 맞는 친구를 만나면 즉석에서 커플링을 마련하는 아이들, 아이는 결혼할 때까지 몇 개의 커플링을 손에 끼웠다가 빼게 될까? 아이를 키우며 한 사람으로 성장하는 것을 지켜본다는 것은 멀고도 험하다.

우리 나라 출산율이 2002년 현재 1.17명으로 세계적으로 가장 낮다는 것은 백 번 당연한 결과이다. 아이 키우는 것이 이리도 고행인데 누가 아이를 낳아 키우려고 하겠는가? 지혜도 상식도 별 소용없이 혼자 수행해야 하는 외로운 작업에 부모와 십대가 있는 것이다.

십대 양육에 지칠 무렵, 나는 내 십대를 돌이켜 생각해 보면서, 내가 운영 위원으로 있는 「하자 센터」의 십대들과 우연한 기회에 소통을 시작했다. 나이도 성별도 모른 채 집 밖의 십대와 자유로운 의사 소통을 하면서 내 집의 십대를 보게 되었다. 또한 하자 센터 네트워크 스쿨에 아이를 보낸 부모들 몇이서 학부모 웹진 (www.haja.net/with)을 만드는 방법을 배우고 인터넷 게시판을 드나들며, 용기와 격려를 주고받은 것은 서로에게 큰 도움이 되었다. 새로운 친구들과 의사 소통을 시작하며 나는 양육의 어려움을 헤쳐 나갔다. 아이를 키울 때는 정작 건강한 준거 집단과 소통을 하는 것이 반드시 필요하다. 길을 잃고 헤맬 때 등대가 되어 주는 이들, 가치관이 비슷하고 신뢰하는 사람들이 주변에 있어야 하는 것이다. 그리고 부모가 사교육 컨설팅을 포기하고 아이들과 적당히 거리 두기를 할 때 부모 노릇은 한 단계 성숙한다. 양육은 아직까지도 나에게는 큰 짐이고 이미 잔소리가 필요 없어진 아이들에게 혹시나 하는 마음으로 엄마로서 지나친 책임감에서 벗어나지 못하고 있다. 그러나 이기적이고 개인적인 좁은 울타리에 갇혀 인간에 대한 편협한 이해 속에 살아갈 뻔했던 나를 구해준 것도 돌이켜 보면 아이들이었다. 오랜 시간 아이들과의 관계를 통해 나의 아집이 조금씩 깨져 갔고, 나와 다른 성향의 아이를 받아들이며 그때마다 비명을 질렀지만 결국 제대로 된 부모가 되기 위한 첫

걸음을 내딛은 것 같다. 때때로 나는 내게 부모로서의 수양을 재촉하는 그 아이가 고맙다. 그리고 아이에게서 성숙한 한 인간, 세속의 가치를 세상 저편에 그대로 놓아둔 채 영적으로 성숙한 한 인간을 보는 듯한 기분이 들 때도 있다. 깊고 맑은 아이! 부모 세대보다 영적으로 진화한 인간. 아이를 키울 때는 그 하루하루가 고행이었던 것 같은데 지나고 보니 아이가 살아 있는 의식으로 세상을 겪는 것이 고맙다.

아버지의 자리

그동안 엄마인 내가 변해 가듯 아이 아버지는 서서히 아버지의 역할을 배우며 성장해 갔다. 그는 남편의 자리를 만들고 아버지의 자리를 만들고, 그렇게 서서히 '가족'의 일원으로 자리를 잡아 갔다. 그는 여간해서는 회사 업무를 집에 싸 가지고 오지도 않으며, 주말에 여간해서 외부 약속을 잡지도 않는다. 그는 생활비의 대부분을 벌지만 가족 중 가장 한가하며 가족들에게 신뢰를 받는다. 그는 가족의 요구에 시간을 할애하거나 응답하려고 항상 대기 중이라 해도 과언이 아니다.

큰아이가 대학 입학 수학 능력 고사 시험 날, 시험을 치르고 온 아이에게 내가 "한 문제만 더 맞아 오지"라며 말도 안 되는 말을 미련하게 반복하고 있을 때 아이 아버지는 나를 따로 불러 조용히 내 부주의를 지적하였다.

"당신, 아이에게 너무 그러지 마."

아이가 학교 앞 주점에서 인사불성이 되어 부모가 호출을 당한 날, 비가 내리는 신촌 골목을 헤집고 다닌 밤도 그는 기꺼이 따라 나섰다. 큰아이가 일주일에 연거푸 두 번이나 외박을 했던 날, 남편과 나는 새벽에 일어나 작전 회의를 했다. 아이가 집에 들어오면 심하게 야단을 칠까? 아니면 웃으며 넘어갈까? 남편은 전자였고 나는 후자였는데, 남편이 "당신이 다 책임을 지라"며 마지못해 양보해 주었다.

아이 아버지는 아이들 성적에 대해 칭찬한 적도 없지만 성적 때문에 아이에게 불만을 나타낸 적도 없다. 그가 아이들에게 하는 잔소리는 오직 한 종류인데 "빨래를 걷어라, 엄마의 집안일을 도와라"다.

둘째 아이가 '학교'가 맞지 않아 힘들어할 때마다 그래서 아침마다 '혹시 학교에 가지 않겠다고 하면 어쩌나?' 내가 마음속으로 노심초사할 때마다, 그는 아이가 신을 구두를 꺼내놓고 현관에서 빙긋이 웃고 있었다. 매일 아침, 한결같은 모습으로…

그의 끝없는 신뢰 속에서 아이들은 갈 길을 깨우치고 있는가?

요즘 부모와 자식을 잇는 유일한 끈이 경제적인 능력이라고 흔히들 말하지만 그는 오랜 세월 동안 정성껏 부모 노릇의 노하우를 쌓아 나가고 있었다. 그렇게 묵묵히, 그렇게 즐겁게 이 세상에 단 하나뿐인 자신의 '아버지의 자리'를 만들고 있다. 해마다 봄이 되면 그는 아이 학교로 아이 면담을 가고 나는 아이의 진학 상담과 진로 결정을 그에게 맡겼다. 그는 편안하고 자연스럽게 그 일들을 맡아 아이와 소통을 시작했다.

가족, 새롭게 보기

처음에 나는 가정의 평화와 안정이 혼자만의 힘으로 가능하리라 생각했다. 그러나 일방적으로 주기만 하는 역할은 원맨쇼에 불과했다. 주부 혼자 가족을 행복하게 해줄 수는 없다. 가족 개개인의 성장과 성숙이 나 혼자만의 책임이 아니라 서로 함께 일구고 노력해야 한다는 생각을 새롭게 하게 된다. 나와 가족이 서로 역할을 나누고, 가족도 나를 즐겁게 행복하게 해줄 의무가 있다. 가족 모두 생긴 대로 산다는 것이, 자신은 즐거울지 모르지만 때로는 가족 중 다른 사람에게 지나친 인내와 양보를 요구하는 것이기도 하기 때문에 나이를 막론하고 보살피고 배려해야 하는 것이다. 그래서 예로부터 아이들을 인화초라고 불렀다.

첫째 아이는 이젠 자기 옷 자기가 다려 입고 때로는 뜯어진 옷을 꿰매고 항상 책상과 침대를 정돈한다. 그 애는 바쁜 엄마를 위해 우유와 식빵을 사다 놓기도 하고 학교를 거부하느라, 축구를 하느라 온통 정신이 팔려 있는 여동생을 위해 간단한 식사를 준비해 주거나 크고 작은 심부름을 해 주기도 한다. 장을 봐다가 요리 책을 펼쳐 놓고 제가 먹고 싶은 요리를 만든 뒤 제가 차린 밥상으로 나를 부르기도 한다. 나는 그 애가 자주 머무는 컴퓨터 방에 다리미와 다림질판을 준비해 주었다. 이렇게 서로 새로운 역할을 익히고 나누며 때때로 가족은 나에게 힘을 주었다. 1990년부터 「학부모 연대」와 「교육 개혁 시민 운동 연대」 그리고 「함께하는 교육 시민 모임」(옛 서초 강남 교육 시민 모임)에 이르기까지 지난 십여 년 동안, 나는 참으로 여러 가지 어려움을 겪었다. 그중 일과 가족 때문에 오는 시간적 어려움도 컸지만, 나 자신의 부족함과 주위의 몰이해로 오는 뜻밖의 어려움을 겪을 때마다 가족은 나를 격려하고 위로하며 완충 지대가 되어 주었다.

아이들 떠나 보내기

몇 해 전에 대학원에 진학했다. 대학원 진학을 축하하며 격려를 해주는 우정 어린 여자 친구들과는 달리 가족 중에는 진학을 축하해준 사람이 아무도 없었다. 가족들은 가사 노동자의 부재로 인해 앞으로 닥쳐올 불편이 싫었나 보다. 그러나 싫다고 내색할 수 있는 분위기는 아니므로 모르는 척하거나 가끔 "아니, 그냥 그대로 살면 편할 것을 왜 고생을 사서 하고 그러셔?"라며 걱정을 하기도 했다. 공부를 시작한 뒤 교재를 들고 부엌 식탁으로, 아이 방으로, 대학원 도서실로 옮겨 다니자니 나만의 방이 절실하게 필요하다는 생각이 든다. 남들이 '자기만의 방' 이야기를 했을 때 집안의 모든 공간이 주부에게 널렸는데 무슨 자기만의 방이람? 그런 생각을 했었다. 아는 만큼 보인다더니 자기만의 방도 내게 그런 깨달음으로 온다. 나는 집 전체가 내 공간이라고 생각했는데 막상 필요해서 찾아보니 의외로 나만의 공간은 없었다.

그런 가족들의 반응이 섭섭하기보다는 결국 자기는 자기가 책임져야 한다는 생각을 한다. 가족 중 누가 내 삶을 대신 살아 주는 것이 아니고 가족 중 누구를 원망한다 해도 지나간 시간이 되돌아오는 것은 아니기 때문이다. 행복의 여러 조건을 다 갖추고 있어도 겉으로 행복해 보여도 가족의 행복과 나는 별개라는 결론을 내리지 않을 수 없다. 그리고 그 결론에 대해 마음을 단단히 먹고 맞설 수밖에 없다. 그리고 삶은 결국은 혼자라는 것을 인정하지 않을 수 없는 것이다. 각자 자기의 길을 홀로 가는 것이고, 아이 아버지와 한날 한시에 죽으라는 법도 없고, 아이들 역시 오랜 시간에 걸친 동행인일 따름이다.

그와 나 각각 몰두할 수 있는 직업과 일이 새삼 소중하다고 느낀다. 내게 취미가 있듯이 나와는 다른 취향이지만 그에게도 취미가 있다. 과거엔 나와 다른 그의 취미와 취향을 같게 하려고 애쓰거나 무시하기도 했지만, 이젠 그에게 그런 면이 있다는 것이 소중하게 느껴진다. 내가 두 개의 홈페이지를 사이버 상의 내 집으로 생각하듯이, 그도 두 개의 단골 홈페이지가 있다. 따로 또 같이 그렇게 살아간다는 것은 부담스럽지 않고 즐거운 일이다.

이제 얼마 후 아이들이 집을 떠나 그들만의 세계로 들어서면 그와 나, 두 식구가 남는다. 남들은 지금부터 앞으로 30년 세월을 '빈 둥지 증후군'이라며 가족이 꽉 찬 상태에서 부족하고 상실된 시기, 부정적 시각으로 해석하지만 나는 그렇게 생각하지 않는다. 앞으로는 나를 힘겹게 하던 가사 노동의 양도 줄어들고 엄마로서 아이를 책임진다는 일념으로 밤낮 없이 안테나를 곤두세우고 아이들에게 시도 때도 없이 잔소리하는 교양 없는 엄마 노릇에서도 해방이 되는 것이다. 재생산을 통한 사회에 대한 책무도 어지간히 마쳤다. 단지 내 자식 건사하느라 시간적·정신적 여유가 없어, 찾아뵐 때마다 같은 질문을 몇 번씩 되풀이하시는 연로하신 부모님에 대한 자식으로서의 책무만은 부족했다고 생각되어 마음에 걸린다.

이제 자식에 대한 무한 책임에서 유한 책임으로 바뀌는 변화를 거칠 것이다. 아마 이미 진행되고 있는지도 모른다. 함께 살지만 따로 사는 것 같은 십대 후반의 아이들을 떠나 보내기 위해 그 연습의 정점에 나는 서 있다. 아이들에게 '떠난다는 것은 새로운 희망을 향해 가는 것'이다. 나는 그 애들이 잘 떠날 수 있게, 스스로 독립할 수 있게 도와주고 그 후 가족에 대한 부담과 책임을 멀리 떠나 보내고 나는 온전히 내 생긴 대로 살 것이다.

'빈 둥지.'

그 시기가 막상 내게 닥칠 것을 생각하니 나는 한없이 자유롭고 독립적이고 여유로울 것 같다. 실로 20여 년 만에 얻는 자유가 기다려진다. ㉢

모든 것의 생은
또 얼마나 아름다운가

글머리에, 참 쑥스러운 짓에 대하여

한림화

해돋이가 이 세상에서 가장 웅
장하고 아름다운 제주도 성산
포에서 태어나 소년기에 떠났
던 고향을 어른이 되어 회귀하
다. 창작을 본업으로 생계를 꾸
리면서 제주 여성 전통 문화
연구도 게을리하지 않는다. 제
주대학교 평화연구소 특별연구
위원이기도 하다. 창작집으로는
『한라산의 노을』과 『꽃 한송이
숨겨 놓고』, 『아름다운 기억』,
『철학자 루씨, 삼백만 년 동안
의 비밀』, 자료집 『제주 바다
잠수의 사계』와 『제주의 해녀』
(공저), 『남제주 고유 지명 유
래』 등이 있다.

나는 누가 뭐라고 해도 명색이 작가다. 그런데도
내가 글을 알고 글쓰기를 시작한 이래로 이렇게 쓰기 힘
든 글거리는 처음 만난다. 세상에! 누가 알아주기나 할까.
쓰고 고쳐 쓰고, 지우고 또 고쳐 지우기를 벌써 열 번도
더 하였다. 신인류와 구세대가 혼존하는 이 시대 앞에 상
재하기에는 몹시 쑥스러운 나의 행적, 삶의 역사.

마치 도가니에서 닦이고 또 닦이기를 열두 번도
더 해야만 제대로 빛을 발하는 순금처럼 나는 내 삶을, 시
대를 거슬러 그렇게 담금질해 대야 한다는 신념이 그때는
있었다. 그 신념이라니? 누가 그러라고 등 떠민 것도 아
닌데, 가만히 조용히 물 흐르듯 그렇게 살고 있으면 다 해
결되는 걸, 뭐 잘났다고 그토록 힘든 길을 저만치 앞서 걸
었을까 생각하면 헛웃음이 파도치고 쑥스러움에 고개 들
기가 힘겹다.

"그러니까 그때 나는 그렇게 살았다"면서 힘겹고
피눈물 나던 때를 실토해 봤자 요즘 세대들은 한방 코웃
음으로 날려 버릴 지극히 개인적인, 그리고 별로 별나지

도 않은 이야기다.

그렇다는 걸 다 알면서도 나는 나의 이야기가 신화라도 되는 양 기를 쓰고 후대들에게 들려주어야만 한다는 사명감에 스스로 시달려 왔다. 그러나 신인류들인 요즘 세대는 신파조인들 이보다 더 코믹할 수가 없다고 맞장 뜰 것만 같아 쑥스러움은 무게를 더해만 가는데… 나는 이 글에 매달려 옴짝달싹 못하는 상황에까지 이르렀다.

이러한 상황 역시 시대와 시대를 구분 짓는 형식 등 구조의 판이 충돌하여 일어난 삶의 조건을 휘저어 버리는 지각 변동 혹은 지진 혹은 해일쯤으로 해석되었으면 한다. 온전히 나의 희망 사항일지라도.

나, 그리고 삶의 선택권에 대하여

나는 이따금 인터넷 혹은 온라인으로 배달되는 설문지를 받아 물음에 답을 작성한다. 혼인 여부를 묻는 난에는 '아니오'로 표시하고 배우자 있음과 없음을 묻는 난에는 '있다'고 대답한다. '자녀' 난에도 정직하게 '한 명'(이 있다) 하고 써 넣는다. 그리고 요즘 들어서는 '기타' 난에 어김없이, 우리의 현행 가족법이 '제대로 개정되는 날에는 혼인 신고를 하겠다'는 덧붙임도 잊지 않는다.

자기 삶의 방식에 대한 선택권은 누구에게나 있다. 그 선택은 권리 못지않은 무게를 지닌 의무와 임무를 내포한다. 우리는 과연 선택했을까? 선택할 의지는 있었을까? 혹시 선택 당한 것은 아닐까? 사람은 자신이 선택하지 않았어도 선택 사항인 것처럼 받아들여지는 것이 있다는 것을 알게 된다. 한 예가 성별이다. 성별은 선택할 수 없는 것인데도 성을 빌미로 차별하는 것을 모순이 아닌가. 그래서 양성은 평등하다고 하는 것이다. 그럴 수밖에 없다.

그런데 그런 명제는 하루아침에 아무 노력도 없이 희생도 없이 세워진 것이 아님을 아는 이, 얼마나 될까?

지금 회고하면 매우 답답하고 케케묵어 진부한 일이 1980년대 초기만 하여도 매우 급진적인 일이었다.

시대 앞지르기 그래서 코피 터지기

자명한 사실을 두고도 현실이 그러하지 못할 때, 이를 인식하는 이가 시대를 한 걸음 앞서 살지 않을 수 없는 상황이 벌어지는 게 인류 역사다. 이는 우리 나라에서 선도적으로 양성 평등의 문화를 만들기 위해 노력한 「또 하나의 문화」 동인들이 부닥치는 상황이기도 했다.

그렇더라도 1980년대는 동인들 사이에도 '다름과 같음'에 대한 공감대와 이질감이 같은 비중으로 공존하고 있었다. 그러한 현실 속에서 제한적이고 일부에 국한되긴 하였지만 '계몽적인 삶의 형태'가 필연적으로 나타날 수밖에 없었다고 본다. 혼인하지 않고 아이를 낳아 어머니가 된 여성으로 살기를 택한 나의 삶 역시 시대가 요구한 그러나 시대를 앞선 삶의 한 형태라고 봐야 하지 않을까.

이제 와서 되돌아보면 나의 선택적 삶의 방식을 놓고 '자발적인 미혼모' 어쩌고 하며 논란할 일은 아니었다. 그러나 현실적으로 제삼자가 혹은 그 사회가 줄기차게 논란거리로 삼았고 혼란을 겪는 것 같았다.

새롭게 대두되는 개인의 의지가 반영된 삶의 형태를, 우리 사회는 물론이고 제도권이 흡수할 준비가 전혀 되어 있지 않았기에, 그 혼란은 대류 현상을 일으켰다. 그 와류의 소용돌이에 휘말려 든 나는 본의 아니게도 되게 오랫동안 코피 깨나 쏟았다. 내 삶이 순전히 사회 제도권에 도전하는 혹은 거부하는 형태로 왜곡되어 읽혀 버리는 바람에 이단아 취급을 받을 수밖에 없었던 것이다.

'시대 상황은 앞선 자를 위한 자리를 마련하지 않는다'라고 스스로 위로하기를 여러 해. 겨우 예까지 왔다. 와 보니 한 발짝 정도 앞서 왔다는 걸 확연히 알겠다. 조금 앞서 와 뒤돌아보니 뒤에서 힘겹게 오는 이들을 향하여 손 흔들며 응원할 여유를 가진 내 자신을 발견하게 된다. 아니면 느지감치 출발하여 거칠 것 없이 헌거롭게 달려 나가는 이들을 바라보며 부러워하거나.

생물학적인 성 정체성을 넘어

나는 지금 오십대 초반으로 육체적으로는 '완경기'에 들어섰고, 정신적으로는 나이듦에 적절한 또 다른 삶을 시작하였다.

이즈음 신체의 변화를 겪으면서 오래전에 우리들 중의 누군가가 월경을 하지 않음에서 오는 홀가분한 육체적·정신적 상황을 기분 좋게 이야기하던 생각이 가끔씩 난다.

늘 생리 현상이 있을 때를 대비하여 패드를 준비하면서 신체 캘린더의 정밀성에 조바심을 내고 짜증스러워하던 정서와 스트레스가 어느새 슬그머니 사라져 버렸다. 그에 발맞추어 정말로 거짓말처럼 정신적으로도 여유가 생겼다.

따라서 생활의 리듬, 사고의 틀이 재편되고 심성도 이에 걸맞게 자리를 잡는 걸 느낀다. 십대에 가지게 되는 미지의 세상에 대한 두려움과 호기심을 충족시키기 위하여 이십대에 접어들면서부터 세상을 익혀 나가려고 안간힘을 쓸 수밖에 없었다면, 삼십대에 이르러서는 자신의 위치와 능력을 점검하고 나서 그런 대로 조바심내면서도 치열하게 도전하고 성취하려고 발버둥을 치고, 그 과정에서 건져 올려지는 삶의 정수를 두고 사십대에는 가시적인 성과를 얻음과 동시에 자신의 위치를 확인하고자 사회의 좌표가 가리키는 그래프 곡선에 신경이 쓰였고, 오십대에 치올라 와서는 비로소 삶의 무게로 환산되는 생애의 질량과 부피를 가늠하고는 필요한 만큼의 정수만을 비축한 채 그 외의 것은 미련 없이 버리는 점검 단계에 와 있음을 실감한다. 이제는 더 시작할 것도 이룰 것도 없는, 오직 그동안 심어 가꾸어온 삶의 정원을 잘 정리하고 잘 손질하여 꽃이 피는 대로 열매가 맺는 대로 기꺼워할 시간에 들어선 한 여성을 본다. 그러니까 일생을 살아가는 동안 통과하게 되는 생애주기에 걸맞도록 모든 코드는 변수를 가진다는 걸 아는 것도 중요하다는 걸 새삼스레 자신에게 주지시키면서…

그런 게 존재했었는지 모르지만 있었다 치고, 내 내부에서 생물학적인 경계로서의 성 차이가 다 사라져 버린 것 같아 감정은 흔쾌하다.

나는 이런 내 신체상의 변화에서 얻어진 정신적·육체적인 거듭나기를 지금 한창 즐기고 있다. 생물학적인 성 정체성이 가지는 한계적인 기간을 넘기면 정신적인 성의 공통성이 되살아나 육체를 조건 없이 조절해 준다는 걸 깨달은 것이다.

부모와 아이의 삶, 혼자 살아가기 그리고 함께도 살기

각자 알아서 살아가기 나와 아이와 아이 아버지는 한집에서 함께 산다. 그러나 실제 생활은 셋이 각자가 알아서 챙긴다. 집 하나에 세 사람이 각각 살림을 차린 것같이 사는 게 우리가 살아가는 모습이다. 세 사람 다 하루를 사는 시간대가 다르고, 필요한 물건이나 쓰임새가 따로 있고 식성도 그에 따른 선호도도 다양하기 때문이다.

우리는 공통되는 것만 같이 한다. 예컨대 취미 생활을 들 수 있겠는데, 바다를 보러 가는 것, 한라산 중턱으로 산책을 가는 것, 영화 보러 극장에 가는 것, 서점에 책을 보러 가는 것, 어쩌다 드물게 외국으로 여행 가는 것 등은 셋 중에서 둘만 의견이 맞으면 함께한다.

식사도 함께 하는 경우가 드물다. 아이와 아이 아버지는 육식을 다른 것에 비해 조금 더 좋아하고 식성도 비슷하여 일주일에 한두 번 정도는 함께 식사를 한다. 그렇지만 나는 외식을 할 때를 제외하고는 거의 같이 식탁에 앉지 않는다. 나와 아이가 좋아하는 수제비를 만들어 먹을 때도 있지만 매우 드문 일이다.

나의 생활 주기와 식성, 그리고 취미와 일을 하는 습관이 아이 아버지나 아이와 다르다고 하여 그들에게 나와 맞추어 살라고 한다든지 그들이 나에게 자기들과 맞추라고 강요할 수는 없다. 각자가 가장 잘살 수 있도록 그리고 서로 불편하지 않도록 배려하고 돌보면 된다는 게 같이 사는 우리 세 사람의 가족관이다.

가끔은 세 사람의 삶의 방식 차이에서 오는 갈등이 야기되기도 한다. 또 아이의 교육 문제와 가정 경제 운용을 두고 심각하게 의견이 대립되는 경우도 있다. 어떠한 경우든 옳고 그름을 가르듯 명백한 이분법적인 해결 방법이 제시될 수 없는 것이기에 각자가 자신의 의견을 내놓는 차원에서 마무리를 짓는다. 어떤 문제는 의견을 제시하는 차원에서 벌써 해법이 나오는가 하면 시간이 저절로 해답을 내기도 하고 어떤 문제는 미제 사건처럼 해결의 기미가 보이지 않는다. 그래도 세 사람이 함께 살아가는 데에는 크게 달라지는 것이 없기에, 그저 각자가 알아서 살아가야지 하고 삶을 흐르는 시간에 얹어 놓는다. 단지 신념이 있다면 세 사람이 다, 함께 사는 사람들을 신뢰하고 의지하는 가운데 독립성을 추구하면서 그만큼 진솔하게 자신의 삶의 주인이 되고자 노력해야 한다는 것이다. 자신의 생은 그 자신 외에는 아무도 살아 줄 수 없는 것이기 때문이다.

한 여자와 한 남자 한동안 왜 그 남자와 함께 사느냐는 질문을 받곤 하였다. 질문을 하는 이들은 대부분 그와 나에 대한 호기심을 앞세웠다. 양성 평등을 위한 사회 개혁을 요구하는 나의 주장만을 놓고 볼 때에 도저히 내가 한 남자와 사는 것을 용납할 수 없다는 투로 더러 빗대어 말하곤 하였다. 어떻든 그때마다 "아이 아버지와 나는 서로 말이 통하는 편이다"라고 진부하기 짝 없는 대답을 즐겨 하였다.

나의 사고, 나의 생활 습관, 나의 인생관에 그는 동의하지 않는다. 그러면서도 그는 나를 있는 그대로 받아들였다. 나 또한 그를 보는 바가 그와 별반 다를 게 없지만 그가 동의하지 않는 내 인생관을 그에게 관철시키려고 노력해 왔다. 이를테면 나는 남성 중심주의 사회 구성은 재편되어야 한다는 주장을 그를 만난 초기부터 일관되게 폈다. 그도 이에 다른 의견이 없었다. 다만 그에 대한 시각 차는 컸다. 나는 성 차별이 남성 중심주의에서 비롯하므로 이를 의식과 제도 두 가지 면에서 공히 파기하고 대안을 찾아야 한다는 것이었다. 반면 그는 우리 나라의 사회 구조상 남성이 떠안는 과중한 부담을 해소할 방안으로 성 차별을 거론해야 한다고 주장했다. 이런 시각 차는 지금도 수정된 바 없이 지속되고 있다.

나는 우리가 서로 잘 안다고 생각했다. 그 착각에서 오는 오류의 범위가 통상 산출 가능한 통계의 한계를 훨씬 초과한 탓이었을까? 얼마 동안은 그를 잘 모른다는 인식의 범위를 두고 한참 헤매야만 하였다. 지금도 잘 알지 못하는 건 마찬가지다. 그가 한 남성으로서 추구하는 삶, 그 삶의 자유에 대한 경계를 어디쯤 두고 있는지 전혀 가늠이 가지 않는다. 그도 마찬가지일 터이다. 나의 삶에 대한 상황 인식, 거기서 비롯되는 갈등의 정도, 역할 수행 능력의 한계성 절감 등을 그는 눈치조차 못 챌지도 모른다.

이렇게 다시 한번 접어 생각해 보면 상대방에 대하여 잘 알아야 한다는 것은 주제 넘은 생각 같기도 하다. 그는 내가 아니고 나는 그가 아니다. 그러므로 상대방에 대해서 서로가 알아야 할 범위는 매우 협소할지도 모른다. 함께 살면서 그 삶을 영위하기 위한 최소한의 앎만으로도 생을 꾸릴 수 있다면 그것으로 충분한 것이리라.

그렇다면 나도 그를 잘 모르고 그도 나를 잘 모른다는 것은 당연하다고 여겨진다. 이는 어느 일방의 잘, 잘못이 아니라, 그 외의 어떤 판단에 근거한 가치가 설명의 척도가 될 수 없는 절대값인 것 같다. 상대방을 잘 알았으면 좋겠다는 '희망 사항'이 전도되어 잘 안다고 착각을 일으키는 일은 매우 흔한 오류가 아닐런지…

그저 한 여자와 한 남자가 만나 시간과 공간을 함께 공유할 뿐 둘이 하나가 되는 것은 아니기 때문이다.

함께 사는 데서 오는 배려 정신과 육체가 홀로 있어도 한 인간으로 존재하는 데 전혀 하자가 없는 두 사람이 만나 함께 살아온 역사에 대해서는 여기서 생략하자.

그와 내가 한 아이를 두고, 혼자서 혹은 함께 살아가는 가족 공동체에 대한 정서나 감수성이나 민주적인 생활 철학이 우리 두 사람은 죽이 맞아떨어진다고나 할까, 일상에서 확인되는 잔잔한 배려는 결속력을 가져온다는 평범한 진리를 깨닫기도 한다.

각자가 나름대로 살아도 서로에 대한 배려와 보살핌은 어떤 삶에서건 함께 사는 삶에서는 전제되는 비중 있는 조건 중의 하나이다.

나는 나뿐만 아니라 내 주위의 사람들에 대하여서도 함께 사는 이들의 손길이 닿기를 바란다. 이는 거둘 자리가 산적해 있어서 나 혼자의 능력만으로는 모두 보살필 수 없기 때문이기도 하다.

병이 깊어 사지가 마비된 나의 어머니를 우리 집에 모시고 산 적이 있다. 어머니를 보살피는 일은 전적으로 내 몫이었는데도 문득 보니 아이 아버지도 아이도 다 어머니의 수족이 되어 있었다. 그들의 보살핌이 없었다면 나 혼자 힘으로는 당최 어머니를 단 하룬들 모시지 못하였을 것이다.

지금 어머니는 남동생과 함께 산다. 아이 아버지는 나를 대신하여 어머니를 뵈러 다닌다. 전혀 움직이지 못하는 어머니를 뵐 때마다 나는 몹시도 괴롭다. 건강했을 때 나를 위하여 헌신한 어머니의 노고에 대하여 다소나마 갚을 기회라는 것을 모르지 않으면서도 나의 부실한 몸과 항상 넘쳐나는 일이 훼방꾼처럼 마음과 행동 사이에 깊게 골을 만든다. 그래서 대안을 모색하다 어머니 방문하기는 그의 몫이 되어 버렸다. 그는 혼자서 그의 어머니도 거의 주말마다 정기적으로 찾아뵙는다.

나는 어렸을 때부터 지병이 있어 늘 조금 아프다가 무리하면 몸져눕기도 한다. 아이 아버지와 아들은 내 병에 관한 한 의사가 다 되었다. 이즈음도 그 둘은 번갈아 가며 시간을 내어 산책을 함께 하고 부항을 떠 주는 등 내가 건강한 일상을 살 수 있게 옆에서 북돋운다.

이제 중학교 3학년인 아들도 나를 배려해 주는 데는 저의 아버지 못지않다. 아이가 중학교 입학을 며칠 앞둔 날이었다. 엄마가 몸이 안 좋거나 혹은 밤새워 작업을 하면 그냥 잠을 자라면서 이제부터는 아침밥을 스스로 챙겨 먹고 학교에 가겠다는 것이었다. 아이는 제가 말한 대로 잘 실천하고 있다. 덕분에 나는 밤을 지새워도 별로 걱정 없이 해가 중천에 떠오를 때까지 잔다.

어, 어? 뭐 다 그렇게 산다고, 그게 뭐 글거리나 되느냐고 하는 것만 같아 이쯤에서 토를 달아야 하겠다. 아버지, 어머니, 아이들, 이에 더하여 할머니, 할아버지, 고모, 사촌 등등 소위 '가족' 구성원 단위로 생활 공간과 시간이 묶여 돌아가던 예전에는 나 정도로 살아도 정말로 파격적이었음을 미뤄 짐작해 주기 바란다.

아이, 자식 그리고 부모 사람들은 때때로 아이가 있어서 심심하지 않을 것이라고 말들 한다. 아이는 그 자체로 독립된 인간이기 때문에 부모의 심심풀이는 애초부터 아니다. 나 또한 아이가 있으니 외롭지 않다거나 심심하지 않다고 느낀 적도 생각한 적도 없다.

아이는 함께 그것도 독립할 때까지 한시적으로 사는 공동체의 일원일 뿐이다. 그러므로 나와 아이 아버지는 아이를 동등하게 대한다. 그의 상황을 알아주고 그의 말에 귀를 기울이고 적당하게 견제하고 적정성을 두어 조언하는 등의 따뜻한 보살핌은 아이에게 꼭 필요하다. 그 이상의 간섭이나 강제적인 결정권 등을 행사하지 않도록 조심하려고 노력한다.

사춘기 한가운데에 들어선 아이는 더욱더 독립하기 위하여 나름대로 노력하는 게 두드러지게 보인다. 자신의 모든 것에 주도권을 가지려 한다. 그런 의도 때문인지 발언권을 행사할 때 매우 단정적인 언어를 구사한다. 자신의 미래에 대하여 구상해 보면서 스스로 불완전하다는 점을 느끼고는 그런 의문에 대하여 조언을 구하기도 한다. 앞으로 전개될 자신의 생, 스스로 밑그림을 그리고 설계하고 건축하여 안주하기까지 그 긴 여정에서 아이는 혼자 살아야 할 시간이 많을 것이다.

신인류의 삶에도 능력은 필수적이다. 적자생존의 법칙이 아닌 남에 대한 배려, 돌봐 줌, 나눔, 정다움, 책임지기, 의무 수행하기 등등 자신이 속한 사회에서 연계되는 모든 이들과의 연대를 이룰 능력을 배양하는 건 하루아침에 갖추어지지 않는다. 기성 세대의 코드를 잘 읽어내고 거기에서 배우고 이를 자신의 삶에 응용하는 지혜도 필요할 것이다. 우리와 함께 살아 본 경험이 아이의 삶에 좋은 이정표가 되어 줄까? 그러기를 희망하면서…

아이는 일반 중학교에 다니기 때문에 방학 기간을 빼고는 학교 시간표에 따라 일상을 산다. 이른 아침 6시25분에 일어나 혼자서 아침을 차려 먹고 등교 준비를 한다. 7시40분경 집을 나설 무렵에 아이 아버지나 내가 깨어 있으면 잘 다녀오라고 배웅을 할 정도다. 집에서 학교까지는 걸어서 20여 분 걸린다.

오후 네다섯 시면 어김없이 집에 돌아온 아이가 학교 공동체 생활에서 얻는 즐거움과 스트레스를 저울질하며 상쇄할 방안을 모색한다. 만화 한 권, 혹은 소설책 한 권을 빌려 보려고 매일 집 근처 만화 가게엘 다니는 것으로 자신의 생활권의 경계를 확인한다.

아이의 이런 단조로운 일상에서 함께 사는 사람들의 역할은 매우 중요하다. 아이 아버지는 아이의 일상을 이해하려고 무던히 노력하는 편이다. 아이가 관심을 기울이는 사이버 게임에 대하여 정보를 수집하는가 하면 같이 게임방에도 가본다. 아이는 자연히 아버지도 알고 있는 게임방을 단골로 잡아 몇 년째 토요일이면 가끔씩 다닌다.

매주 토요일 오후는 아이가 일방적으로 정하고 우리가 추인한 '자유의 날'이다. 그날은 아이가 자정까지 자기가 하고픈 것을 하면서 지낸다. 나쁜 짓만 하지 않으면 우리들도 아이의 온전한 자유를 보장한다. 아이는 그날을 이용하여 아버지를 영화 구경에 초대하기도 하고 아버지가 아이와 아이 친구들을 초대하여 나들이도 한다.

일 년에 한두 번은 어른으로서 아이를 호되게 꾸짖어야 할 때도 있고 회초리로 종아리를 때려야 할 만한 사안도 발생한다. 그때도 토요일은 가급적이면 피한다. 그리고 왜 꾸짖는지, 왜 종아리를 때리는지를 꼭 먼저 말한다. 너보다 앞서 세상을 살아온 어른으로서 너를 잘 선도할 의무가 있기 때문이다! 아이는, 동의하지 않아요, 혹은 왜요? 하고 대들기도 한다. 아이 아버지가 이성적으로 아이의 바른 생활을 돕는다면 나는 좀 감정적인 편이다.

학교에서는 아이의 이름 때문에 심심찮게 사건이 생긴다. 신학기가 되면 더욱 그러하다. 아이는 자신의 이름이 아버지와 어머니의 성을 함께 쓰는 ☼ ☽ ★임을 고수한다. 그 사실을 모르는 선생님이나 친구가 ☼ ☽★이라고 부르면 아이는 대답을 하지 않는 모양이다.

한번은 이런 일도 있었다. 중학교에 진학한 신학기, 선생님이 들어와 아이들 출석을 불렀다. "☽★이!" 아이는 대답하지 않았다. 다시 불렀다. "☽★이!" 아이는 역시 대답하지 않았다. 드디어 선생님이 아이 옆으로 다가왔다.

"네가 ☀ ☽★이 맞지, 그렇지?"

"아닙니다. 저는 ☀☽ ★입니다"

"그래, ☀ ☽★이."

"아닙니다. 저는 ☀☽ ★입니다"

"그래, ☀ ☽★과 ☀☽ ★이 뭐가 다른데? 너 선생님과 말장난하니?"

"다릅니다."

"이 자식이 정말! 한국에 그런 성씨가 어딨어? 이 자식아!"

선생님은 아이를 때렸다. 안경이 나가 떨어지고 아이 얼굴이 빵떡처럼 부풀어 오를 때까지 때렸다.

아이는 맞으면서도 대답하였다. "있습니다. 선생님은 부모 성 함께 쓰기도 모르시죠, 호주제 폐지도 모르시죠."

나는 그 사건이 터지고 학교에 호출 당하였다. 아이가 중학교에 입학하고 이틀째 되는 날이었다. 부모 성 함께 쓰기나 호주제 폐지 주장에 대해 많은 사람들이 새카맣게 모르고 있었던 때다. 그때, 한 십오륙 년 전에는 이러한 삶이 한낱 개인적인 계몽 행위에 불과하였다.

평범한 일상을 저해할 만치 제도가 불편하면, 바꾸는 것은 당연하다. 그러나 다 때가 있는 것을. 가만히 놔두어도 때가 무르익으면 다 알아서 데모도 하고 집회도 하고 정치적 쟁점으로도 삼고 그래서 그 사안만으로도 헤게모니를 틀어쥐고, 척척 해결이 되는 것을.

역사의 앞에 나서서 수레바퀴에 깔리는 우매한 짓을 자행한 것은 아닐까. 아무리 생각해 봐도 시대를 앞서 사느라 처절하게 몸

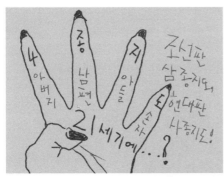

© 호주제 폐지를 위한 시민의 모임
http://antihoju.jinbo.net

부림친 나는 광대나 다름없다는 생각을 떨쳐버릴 수가 없다. 내가 하는 그 광대 같은 짓거리 때문에 아이가 불이익을 당하는 것은 아닐까, 반문하기를 수도 없이 하였다.

호주제를 폐지해야 한다면서 현행 혼인 제도를 거부하고 '자발적인 미혼 모'가 되기를 고집한 때문에 아이는 사생아 아닌 사생아가 되어 있다. 그뿐 아니라 부모 성 함께 쓰기를 실천함으로써 아이는 한국에 예전에는 없던 성씨를 지니게 되었다. 아이는 나의 자식 된 상황 아래서 빚어진 일련의 사건들을 어떻게 인지하 고 있는지 자못 궁금하고 그 결과에 대하여 두렵기도 하다.

마침표를 찍기 전에

나는 내 생에 대하여 주관할 만하였을 적부터 적어도 나의 삶은 여성의 '역사 속에서 위치를 더듬어' 가면서 살고 싶었다. 이미 사회가 다 그림을 그려 놓은 대로 나도 시간과 공간이 이루는 거대한 물결에 떠밀려 흐르면서 거기 어느 한 시점에 한 톨 먼지 같은 정물처럼 박히고 싶지는 않았다. 의지를 가지고 나에게 가장 적합한 방식을 찾아 남에게도 사회에도 다소 기여해 가면서 그러나 평범한 자유인으로 살고 싶었다. 인식의 정도 차이는 있을지언정 누구나 다 나와 같지 않을까? 예전에도 지금도 또 미래에도.

인류가 지금과 같은 육신을 벗어 던지고 전혀 새로운 그 무엇으로 재창조된다고 하여도 오늘을 산 우리의 흔적은 어딘가에 기록되어 있을 터이다. 삶의 폭과 깊이가 차원을 달리하더라도 게놈에 차곡차곡 쌓여 있을 생각을 하면 한순간인들 허투루 살아 버릴 수는 없기에 자신의 생에 성실하지 않을 수 없다.

그런 의미에서 우리 사회가 안지 않으면 안 되는 사안에 끌려 치열하게 내 생애 한 주기를 보낸 이야기에도 한 획을 긋는 것으로 매듭을 짓고 싶다. ⓒ

다시 식탁 공동체를 꿈꾸며

조한혜정

생물학적 나이 오십대. 핏줄 가족으로는 부모, 오빠, 언니와 여동생이 지구라는 곳에 살고 있고, 이십대 나이의 두 자녀가 있다. 결혼한 지는 29년째, 여전히 부부가 함께 살고 있고, 친정 부모와는 한 건물 1층과 4층에 부분적 주거 공동체로 살고 있다.

들어가며

나는 객관적으로나 주관적으로 상당히 행복한 가족에 대한 기억을 가지고 있는 사람이다. '가족 해체' 적 이야기가 불가피한 시점에서 어쩌면 나는 입을 다물고 있는 것이 나을 경우일지 모른다. 가족에 대해 이야기를 생각하면 가장 먼저 떠오르는 것이 오정희의 『유년의 뜰』 같은 글이 아닌가? 어딘지 맞지 않는 옷(가족)을 입은 자의식 강한 예민한 아이의 시선에서 풀려 나오는 이야기. 아니면 억압적인 가부장적 가정에서 태어나 많은 시행착오를 거친 끝에 깨달음을 얻는 지혜로운 이의 이야기들이 있을 것이다. 자기가 원하는 대로 잘살아온 혜택 받은 계층 출신이면서, 별로 예민하지도 겸손하지도 않은 한 성취 지향적 여자가 쓴 가족 이야기는 읽기에 따라 상당히 '재수 없는' 글일 수 있다. 그래서 편집 회의에서는 이 글의 초안을 읽고 빼자는 이야기가 오갔다.

그럼에도 불구하고 내가 이 글을 마무리하게 된 것은, 두 가지 이유에서다. 하나는 한국의 압축적 근대화 과정에서 꽤 치열하게 살았던 지금의 오십대가 풀어낼 수 있을 다양한 이야기 중에 하나가 내 이야기일 수 있다는 생각에서다. '전통'과 '근대'와 '고도 근대'라는 전환의 시대를 열두어 세대 — 근대화가 가장 먼저 일어난 영국의 근대화 시간 — 가 아니라 네댓 세대 안에 소화해 내야 했던 한국의 압축적 근대사는 고스란히 나의 가족적 삶의 역사이기도 하다. 그리고 우리 집안 경우는 그 변화의 급류에 휘말려서 허덕인 경우라기보다는 나름대로 물살을 탔던 경우로, 가족 구성원들이 끊임없이 가족사 쓰기를 해온 편이다. 이미 몇 권을 책을 낸 외삼촌과 시인이 되려는 오빠, 그리고 최근, '못 말리는 여장부' 중 하나인 막내 이모도 『새벽 이슬처럼』이라는 책을 냈다. 지금은 개개인이 자신의 가족사를 씀으로써 한국사에 대해 근원적 성찰과 일정한 '단절'을 이루어 내야 할 때라고 생각한다.

두 번째로 내가 이 글을 마무리한 이유는 제안하고 싶은 것이 있어서다. 지금 한국 사회 구성원들은 '선진국' 주민들처럼 끝없는 진보를 상정했던 '근대 기획의 실패'를 역력하게 목도하고 있다. 다시 한번 시대 전환의 급류에 휘말리면서 한국의 근대사가 얼마나 사회 구성원들에 의해 기획되고 주도된 역사였는지에 대한 깊은 회의가 일고 있다. 지금은 그간의 많은 실험과 욕망들을 추스를 때이고, 삶의 태도를 바꾸어야 할 때라는 현명한 자들의 웅성거림을 여기저기서 듣고 있다. 한국 사회가 "출산율 감소 세계 제1위, 고령화 세계 제1위"*라는 사실은 무엇을 시사하는가?

선진국도 후진국도 아닌 한국의 특수한 상황에서 고령화와 출산율 감소가 유례 없는 속도로 진행되고 있고, 가난한 자와 부자의 양극화는 더욱 심화되고 있다. 다수가 평등하고 행복해지는 사회가 오리라고 믿고 계획을 세워 왔던 페미니스트들에게는 참으로 당혹스런 시대다. 그래도 삶은 지탱되어야 하고, 역사의 과정에서 심어진 뜻의 역사는 이어져야 한다고 믿기에 내 세대의 의무감으로 이 글을 마무리한다.

---

* 한국의 가임 여성 1명당 평균 자녀 수는 1970년 4.53명에서 2002년 1.17명으로 줄었다. 초혼 연령은 높아져 이십대 여성의 미혼율은 1990년 50.8%에서 2000년 63.2%로 높아졌다. 생산 가능 인구(15-64세)는 2000년에 71.7%로 절정을 이룬 후 2030년 64.6%로 떨어질 전망이다. 65세 이상 고령 인구는 2019년 14%를 넘어 '고령 사회'로 진입하고 2026년에 20%가 넘는 '초고령 사회'가 될 것이라는 것이 통계청의 전망이다. 『한국일보』, 2003년 7월 11일자 A8.

애초의 가족 이미지

　　가족은 선택적 기억이다. 사진에 의해 더욱 선명하게 기억되는 이미지. 그 이미지는 삶의 가장 깊은 곳에 자리하여, 삶의 고비고비에 튀어나와 물줄기를 잡아 간다. 내게도 몇 개의 굵직한 기억들이 있다.

　　일제 때 관청이었다는 건물을 고아원으로 개조한, 아주 커다란 놀이터가 있는 곳이 내 기억에 있는 최초의 집이다. 뒤뜰이라고 하기에는 너무 큰 운동장. 그곳에서 나는 아이들과 해가 지는 줄 모르고 놀았다. 한 가족을 이루고 사는 백여 명의 아이들과 어른들이 사는 동네에는 크고 작은 재미난 일, 충돌과 화해가 끝없이 이어졌고 나는 그 갖가지 드라마들을 보면서, 때로는 주연으로, 때로는 조연으로, 때로는 관객의 자리를 채우면서 자랐다. 부모가 '없어야 하는' 고아원에서 나는 부모가 있는 아이였으므로 그 티를 내지 않으려고 부지런히 '골통'을 굴려야 했다.

　　1941년 태평양 전쟁이 시작될 즈음, 부산 부두에 고아들이 쏟아져 나왔다. 페스탈로치 비스름한, 목사 수업을 막 끝낸 한 외골수 중년 남자는 먹다 버린 도시락을 주우려던 거지 아이의 손이 일본 순사의 구둣발에 무참하게 짓이겨지는 장면을 보고서 그 아이들과 함께 살기로 마음을 먹었다. 아내가 막내딸을 낳느라 산고를 치르던 날, 내 외할아버지인 그분은 피부병에 걸린 갓난아기를 집으로 데려왔고 이날, 「애린 동산」이라는 '사랑의 공동체'가 태어났다는 '전설'이 전해 온다.

비혈연 공동체 「애린 동산」 가족들

그러나 내게 초기 '사랑의 공동체'에 대한 기억은 없다. 태어나기 전이었으므로… 다만 전해오는 이야기로, 규칙적인 공동체 생활을 견디지 못해 도망을 친 아이가 마루 밑에 숨어 있다가 자기를 위해 기도하는 소리를 듣고 울며 나타난 이야기, 외할머니가 친정아버지에게 고아와 함께 살 땅을 달라고 했는데 주지 않으니까 방바닥을 막 뒹굴어서 결국 땅을 받아 냈다는 이야기, 전쟁 말기 끼니가 없어 할머니가 수놓은 손수건을 가지고 전국에 있는 교회나 친지를 찾아다니시며 후원금을 받아 오셨다는 이야기, 또 신사 참배를 하지 않아 일본 순사가 잡으러 왔다가 아이들을 맡으라고 하니까 모른 척해 주기로 했다는 이야기 등을 전해 들었을 뿐이다.

그리고 이어진 해방과 육이오 전쟁. 꿈같은 '사랑의 공동체'를 꾸려가던 할아버지는 갑자기 쏟아져 나오는 많은 고아들을 보살펴야 했고 급기야는 나라에서 제공해 준 부산 시내 한복판에 있는 공공 건물을 개조하여 거대한 고아원을 운영하지 않을 수 없게 되었다. 바로 그 많은 식구와 큰 다락이 있는 방들과 운동장이 내가 기억하는 최초의 집이다. 늘어나기만 하는 아이들을 따뜻하게 입히고 서로 도우며 자라게 해 달라는 할아버지와 할머니의 기도 속에, 크고 작은 고아원 일을 처리하는 엄마의 모습을 멀찌감치 보면서 나는 그 백여 명 가족의 한 사람으로 자랐다.

내가 기억하는 고아원은 실은 자유로운 어린이들의 천국이었다. 새벽 기도만 가면 그 다음부터는 친구들과 함께 마음껏 놀 수 있는 자유의 마당이었다. 여름이면 모두가 바닷가에 가서 여름 휴가를 보냈으며, 크리스마스엔 어김없이 대단한 공연과 축제가 벌어졌다. 청소년들의 보이 스카우트 활동은 당시 부산 지역에서 가장 눈부신 모습이었으며, 또 보이 스카우트 대원들은 목공소에서 일을 배우면서 멋진 가구들을 만들어 냈다. 아이들은 수시로 모여 재능껏 연극이나 뮤지컬 연습을 했고, 합창 연습을 했다. 한곳에 모여 살기 때문에 우리는 대단히 수준 높은 작품을 만들어 낼 수 있었으며, 그런 공연이 가능했던 우리 '고아원팀'은 전쟁의 상흔이 짙은 1950년대 후반, 노래와 춤을 선물하는 이동 극단으로 이름을 날렸다. 감옥을 방문하고 군인들을 위로하는 공연에 따라다니며 나는 이동 극단 엑스트라가 누리는 삶의 즐거움을 만끽했다. 우리는 고아원 아이들이었지만 외부 사람들이 부러워하는 즐거운 광대이자 연예인들이었다.

그때 내게 가족은, 함께 기도하는 사람들, 함께 밥을 먹는 사람들, 함께 웃고 즐거워하는 사람들, 외롭고 힘든 사람들을 위로하러 가는 사람들, 함께 '하나님의 나라'라는 행복한 세상을 이 땅에 이루려 노력하는 사람들이 모인 곳이었다. 우리 식구 중에는 "오동추야 달이 밝아"로 시작하는 노래를 잘 부르는 아주 작은 꼬마도 있었고, 밤이면 열이 펄펄 나면서 "불이야, 불이야"를 외치는 아이도 있었고, 심한 몽유병을 앓는 아이도 있었다. 식구들이 간혹 영영 집을 떠나기도 했지만 새 식구가 더 많이 들어왔고 며칠 지나지 않아 우리는 곧 친구가 되곤 했다.

내 기억에 가장 선명한 장면 한두 개를 들라면, 조용히 일어나 새벽 기도를 드리던 외조부님의 모습이다. 시계추처럼 정확하면서 모성적인 외할아버지의 모습은 내 기억에 최초로 새겨진 남자의 모습이었고, 씩씩하기 그지없는 외할머니는 내게 다가온 첫 여자의 모습이었다. 또 하나의 장면은 일요일 예배 장면. 일요일이면 이층 큰 강당에 한가득 모여서 우리는 예배를 보았다. 매미 소리가 들리는 지루하거나 노곤한 예배가 끝나면 우리는 우르르 아래층 큰 식당으로 내려가 시끌벅적하니 식사를 했다. 국수 한 그릇, 또는 재수가 좋은 날은 고기 국밥을 먹었고, 몇 조각의 과자나 과일까지 곁들인 식사를 했다. 식사 후엔 곧바로 몰려나가 고무줄 뛰기나 땅 따먹기 놀이를 하면서 해지는 줄 모르고 놀았다. 일요일은 숙제도 하지 않아도 되는 날이었다. 많은 사람들이 한데 어우러져 시끌벅적하게 먹고 노는 삶이 내겐 아직도 가장 정상적인 삶의 풍경이다.

아버지의 등장

어느 날 아버지라는 분이 오신다고 했다. 전쟁 직전 호주로 유학을 갔다가 — 아마 내가 태어나자마자 가셨던 것 같다 — 전쟁이 끝나서 돌아오시는 것이었다. 엄마와 아버지 방이 이층에 따로 생겼는데 노느라 바쁜 나는 그 두 분의 거동에 별로 신경을 쓰지 않았다. 나중에 들어보니 아버지가 돌아오면서 오빠는 '경쟁자'가 생긴 것을 알게 되었고 그 둘 사이에 프로이트가 말한 심리전이 심하게 일었던 모양인데, 적어도 내 삶의 공간에서는 엘렉트라 콤플렉스 따위는 일어날 수 없는 상황이었다.

한 가지, 그 방에 대한 기억은 우연히 그 방에 들어갔다가 남녀가 옷을 벗고 애무하는 사진이 있어서 보게 되었던 것. 지금 생각하면 아버지가 어머니에게 성 교육을 시키려 미국서 사 오신 사진이었던 것 같다. 그날인가, 나는 친구들과 잠시 그 사진에 찍힌 모습을 흉내 냈던 기억이 있다. 아마도 피아노가 있는 예배실 안이었던 것 같다. 다섯 살 정도였을 것이다.

아버지는 인재가 사라진 시대에 겨우 살아남은 식자층으로 —아버지의 친구들은 다 학도병으로 끌려가서 죽었거나 살아남아 왔어도 사회주의자였기에 북으로 갔거나 안 좋은 일을 당했다. 기독교 집안이었던 연유로 살아남았다고 아버지는 종종 말했다 — 이십 대 중반에 대학 교수가 된 그 시대의 엘리트였고, 어머니는 일제 때 실천적 지식인이었던 심훈과 최용신처럼 농촌 계몽 운동을 하면서 살고 싶어 한 독신주의자였는데 일제 말 독신 여성을 정신대로 차출한다는 이야기가 나돌자 전격적으로 결혼을 하게 되었다. 아버지는 엄마의 신학교 동창의 동생으로 나이가 두 살 아래이며, 두 분의 결혼은 연애결혼이면서 두 신실한 기독교 집안의 결합의 의미를 지녔던 것 같다. 1944년 봄에 두 분은 결혼을 했고 나는 두 분이 그 당시 부산 지역에서 결혼 들러리로 가장 인기가 많은 커플이었다는 이야기를 들었었다. 내가 보기에도 부모님은 잘 어울리는 한 쌍이고 팔순이 넘기 전까지 우리에게 의가 상하는 모습을 별로 보인 적이 없었다.

　　　나는 아버지나 엄마와 장난치며 놀았던 기억은 별로 없다. 어린이날에 아버지와 세 아이가 '뉴욕 빵집' 앞에 서 있는 사진이 있긴 한데, 그 사진을 보면서 엄마가 가라고 보냈을까, 아니면 아버지가 자발적으로 우리를 데리고 갔을까 궁금해 한 적은 있다. 그 즈음 아버지는 또 한번 유학을 다녀왔고, 돌아온 직후 우리는 이사를 나갔다. 시골에서 혼자 사시던 친할머니가 합류하였고 나는 여전히 하교 길에는 고아원에 들러서 놀았다. 항상 남을 위해 무엇인가 착한 일을 해야 한다고 생각하시는 '천사표' 어머니는 특히 맏딸로서 외할아버지의 고아원 일에 늘 신경을 썼다. 외할아버지는 고아들이 자라서 '정상적'인 가정을 이루어야 하는데 그러려면 거대한 고아원 건물이 아니라 작은 건물에 가족처럼 모여 살아야 한다고 '가족 소사제'를 실시할 구상을 하고 계셨다. 매달 마지막 주말에 고아원 친구들이 우리 집에 와서 저녁 식사를 한 것도 그런 취지에서였는지는 잘 모르겠지만 우리 집

에는 반별로 아이들이 정기적으로 찾아 왔다. 우리는 제사를 안 지내는 집이었지만 내게 그날은 아주 푸짐한 상이 나오는 제삿날 비슷한 잔칫날이었다.

부(父) 부재 가족. 1956년 오빠의 졸업식 날, 유학 간 아버지를
위해 찍은 가족 사진.

잔디가 깔린 정원이 있는 이주민의 집

중학교에 갔을 때 아버지가 국제 기구로 직장을 옮기게 되면서 우리 핵가족은 서울로 이사를 했다. 우리 집은 새로 조성된 주택 단지에 있었는데 내 기억으로는 꽤 큰 마당과 서양식 주택 구조를 가진 집이었다(실은 20평 내외의 국민 주택이었다고 한다). 서양식 주택 구조란 개량 부엌과 식탁이 중심인 주거 형태를 말한다. 이웃에는 능력 있는 '가장'과 가족 계획을 하기 시작한 '교육 받은 주부'들이 살고 있었다. 이웃들은 앞다투어 잔디를 심었고 창문에 커튼을 달았으며 텔레비전을 들여왔다. 토스트기도 들어와서 아침에는 식빵 먹는 문화가 시작되었고, 마요네즈 드레싱으로 버무린 오이와 양배추 샐러드를 먹기 시작했다. 주말에는 가족 외식을 위해 스파게티를 먹으려 몇 안 되는 호텔에도 가곤 했다. 생각해 보면 우리 집은 소설가 박완서가 적나라하게 그린 서울의 중산층 가정 형성기의 선두를 달리는 집이었던 것 같다.

회의를 위해 자주 외국에 가시던 아버지는 자주 그곳에서 새로운 '문물'을 가져왔다. 원래 미식가 성향이 있는데다, 프랑스식 식사 습관을 부러워하는 아버지 덕분에 우리는 긴긴 저녁 식사 시간을 가졌다. 각자 그날 일어난 일을 이야기하면서 이른바 '대화'를 즐겼고, 식사 후에 모차르트를 들으며 음악 이야기를 나누었으며 대학에 간 오빠가 통기타를 치기 시작하자 나도 곁다리로 통기타를 배웠다. 등산을 함께 다녔으며 북한산 인수봉에 바위를 타러 자주 다녔다. 형제가 많다는 것은 얼마나 좋은 일인가! 지금 생각하면 그 즈음이 아버지가 자신의 삶에서 가장 '가정적인' 모습을 보인 때였던 것 같다. 고향을 떠나오면서 어울려 다니던 '패거리'도 없어졌고, 일하는 곳이 국제 문화 기구이다 보니 '이상적인 가장'이 될 조건이었던 것이다. 이렇게 서구적 근대 핵가족은 우리 속에 서서히 자리를 잡아 갔다.

아버지가 주도하는 '식탁 공동체'는 그렇게 길게 가지는 않았다. 직장을 옮긴 뒤 아버지의 귀가 시간이 늦어졌기 때문이다. 직업상의 이유도 있었을 것이고, 또 중년 남성의 방황기도 작동했었을까? '아버지 부재'의 한국적 핵가족이 되어 갔지만 엄마는 그런 것에 대해 바가지를 긁은 적은 없다. 단, 늦게 와서 밥 차려 달라고 하지 말라는 명령을 아버지에게 했던 것을 기억한다. 같은 시간에 다 같이 모여서 식사를 하지 않으면 밥을 먹고 오라는 것이었다. 합리주의자이면서 독신주의자였던 어머니는 아버지와의 관계에서도 늘 당당하고 합리적이었다. 여담이지만 일흔 살이 넘은 즈음에 어머니는 아버지에게 섭섭함을 드러내기 시작했다. 젊은 시절, 통금 사이렌이 울릴 때까지 동료 교수들과 다방에서 놀았던 일, 첫 애인을 잊지 못해 한 일, 놀러 다니느라 "그 많은 책을 읽고도 책 한 권 못 쓴 것" 등을 두고 뒷바라지를 했던 보조자로서의 허망함을 드러내기 시작한 것이다. 아버지는 엄마의 분노에 대해 억울해 하였지만 어쨌든 엄마의 기대에 못 미쳤다는 이유로 그 분노를 고스란히 받아들일 수밖에 없었고 나는 그런 엄마를 보면서 사람은 억울함을 표현하지 않고 살면 안 된다는 진리를 다시 한번 확인했다.

물론 내가 행복하게 기억하는 그 장미꽃 가득한 집이 모든 가족 구성원에게 그렇게 행복하게 다가간 것은 아니었던 것 같다. 같은 학교를 다닌 언니와 내가 식탁에서 이야기를 독점한다고 불평을 하면서 오빠는 서서히 가족 식탁에서 멀어지고 있었다. 그리고 보니 그 즈음, 우리 집의 남자 둘은 식탁 위의 친밀함에서 서서히 퇴장하고 있었다. 남자들의 퇴장과 상관없이 그 양옥집에서는 날마다 따뜻한 식탁이 차려졌다. 엄마와 세 딸들은 그날 일어난 일을 미주알고주알 나누고 학교에서 일어난 말도 안 되는 일들에 대해 성토하며, 또 중고생 관람 불가 영화를 보러 갈 계획을 짜는 등 식탁 앞의 회의는 길어졌다. 단란한 핵가족의 '핵'은 엄마와 딸들이었던 것이다.

부모의 집을 떠나 홀로 서기

고등학교 때부터 나는 적막하고 호젓한 밤 시간이 마음에 들어 꼴딱 밤을 새우면서 잡다한 책을 읽곤 했다. 그 다음 날이면 어김없이 친할머니는 말했다. "정아는 어제도 밤새워 공부하더라. 참 대단한 아이다." 그 밤 시간에 '대단한 아이'가 되려고 한 것인지 어떤 것인지는 모르겠지만 적어도 나는 집을 떠나고 있었다. 헤세의 『데미안』을 읽으면서 비상할 준비를 하고 있었다. 대학을 졸업하자마자 나는 미국으로 유학을 갔다. 정혼을 하지 않으면 절대 유학을 보내 주지 않겠다는 부모의 반대로 스트레스를 받고 있던 친구들이 있었지만 현대적인 면에서 두 번째 가라고 하면 서러워할 아버지와 독신주의자였던 어머니를 둔 내게 유학은 한가득 축복과 지원을 받는 길이었다.

나는 어릴 때부터 역사를 이해하는 사람이 되고 싶어 했다. 그리고 늘 하고 싶은 일이 분명해서 그것에 몰두하는 편이었다. 혼자 자유롭게 살겠다는 생각, 세상을 위해 좋은 일을 하고 싶다는 생각으로 살았고, 또 미국을 선망하는 분위기에서 자라 미국 유학은 나에게 자연스러운 선택이었다. 비행기를 스무 몇 시간 타고 가는 타국 만리에 떨어져서도 향수병 같은 것은 없었다. 평화로운 캠퍼스 타운에서 책과 학문적 토론과 새로운 친구들과 함께 하루 스물네 시간을 전부 내 마음대로 쓰면서 지내는 삶은 충만한 것이었다. 그러다가 한 남자를 만났다. 나처럼 산 타기를 좋아하고 합리적이며, 나와는 달리 부지런하고 남 도와주는 것을 즐기는 남자. 자기가 요리할 부엌이 필요한 남자. 일본에서 태어나서 한국말이 서툰 그 남자와 나는 결혼을 했다. 결혼이라는 항목은 원래 내 생애 계획에는 그다지 중요한 것이 아니었는데, 어쩌다보니 이른바 결혼 적령기라 할 스물다섯 살에 결혼을 하게 된 것이다.

　　나보다 빨리 학위를 끝낸 그는 내 공부가 끝날 때를 기다려 주었다. 그는 내가 공부에 몰두할 수 있도록 분위기를 잡아 주었고 또 호기심이 많은 내게 스키와 스쿠버 다이빙을 가르쳐 주었으며 뭘 물으면 언제나 조언을 주는 백과사전 같은 역할을 해 주었다. 그는 나만이 아니라 주변 사람들에게도 '해결사' 노릇을 하는 사람이다. 우린 열심히 여행을 다녔으며 또 친구들을 위해 꽤 열심히 식탁을 차렸다. 친구들을 초대하여 요리를 하면서 손발이 척척 맞는 느낌을 우리는 무척 즐겼던 것 같다.

　　살아가면서 나는 남편이 내 엄마와 아주 흡사한 유형의 사람이라는 것을 알게 되었다. 엄마의 완벽한, 그러나 결코 부담스럽지 않은 지원을 받으며 자란 나는 무의식적이었겠지만 엄마와 비슷한 사람을 선택해서 두 번째 엄마와 가정을 꾸린 것이다. 나는 가끔 내가 참 영리한 사람이라는 생각을 한다. 그와 엄마와 차이가 있다면 엄마는 내 뒤치다꺼리를 다 해 주었지만 그는 내가 마신 커피 잔은 스스로 치우고 공동의 방은 좀 더 깨끗이 쓰자며 나를 훈련시켰다. 보통 남자들이 결혼해서 듣는다는 잔소리를 나는 그 사람에게 들으면서 조금씩 스스로 뒤치다꺼리를 하는 사람이 되어 갔다. 어쨌든 나는 열정적으로 사랑에 빠져서 결혼을 했다고 생각했지만, 실은 내가 살아온 방식의 연장선에서 충분한 계산을 하면서 반려자를 선택했던 것 같다.

육아 프로젝트 20년

　　우리는 첫아이를 낳는 시기와 내 학위가 끝나는 시점을 맞추어서 출산 계획을 짰고, 그 계획은 별 차질 없이 진행되었다. 학위를 받고 석 달 된 딸과 함께 우리는 귀국했다. 처음에는 여의도 고층 아파트에서 살았는데 나는 그 폐쇄적인 아파트 분위기를 참을 수가 없었다. 여러 곳을 찾아다닌 끝에 예쁜 연립 주택을 찾아냈는데, 열두 집이 넓은 안 마당을 공유하는 형태의 집이었다. 둘째 아이가 태어나면서 우리는 그곳으로 이사했고 아이들은 그곳에서 그만그만한 또래 아이들과 마당에서 — 내가 어릴 때 놀던 마당에 비하면 턱없이 작은 마당이지만 — 해 저무는 줄 모르고 놀았다.

일에 몰두하는 편인 남편과 나는 '육아 프로젝트'에도 깊이 몰두했다. 아이들과 노는 것, 목욕시키는 것, 먹이고 재우는 것, 아이들의 성장을 지켜보면서 우리는 단둘의 데이트를 미루었고, 밤에 회의 가는 것도 당번을 정해서 했다. 혹시나 부모가 일시에 죽는 일이 아이들에게 일어나서는 안 되므로 두 사람이 한 비행기에 타는 여행도 삼갔다. 여덟 살이 되도록 자전거 보조 바퀴를 떼지 않겠다는 겁 많은 아이를 준비시키는 작전, 개를 무서워하는 아이에게 개를 겁내지 않게 하려고 함께 주문을 만들고 외우기, 따돌림 당하는 아이를 그런 것에 신경 쓰지 않게 하는 작전. 아이들은 많은 문제들을 가져왔고 퇴근 후 우리의 일상은 그것을 풀기 위해 지혜를 짜내는 합작의 시간이었다. 지금 생각해 보면 정말 너무 열심히, 그리고 즐겁게 아이 둘을 길렀던 것 같다. 둘 다 늘 시간에 쫓겼으나 육아가 즐거울 수 있었던 것은 주변에 육아를 돕는 지원 부대가 많았기 때문이었을 것이다. 친정 부모, 여동생 가족, 집에 상주한 가정부, 「또 하나의 문화」동인들과 친구들. 이것은 너무나 자명한 사실이지만, 육아는 여럿이 키울 때는 즐거움이고 혼자 키울 때는 어른, 아이 모두에게 괴로움이다.

가끔 '과보호' 받은 아이들의 모습을 보게 되면 그때 스스로 바퀴를 떼도록 그냥 뒀거나, 좀 더 심하게 따돌림을 당해도 내버려 뒀어야 했나 생각이 든다. 그런데 의지가 강하고 기획적인 '근대적

부모는 지도 보는 것을 가르쳐 주는 사람?

부모'가 아이들에게 상당히 억압적일 수 있다고 깨달은 것은 아쉽게도 아이들이
상당히 커 버리고 나서다. 큰아이가 중학교 갈 즈음 우리는 큰마음을 먹고 함께 네
팔 트레킹을 갔는데 아이들은 생각보다 힘들어했던 것 같다. 그때 나는 각자의 '성
질'과 '속도'가 매우 다르다는 것, 아무리 우리 둘이 손발이 잘 맞는 탁월한 기획
팀이라 하더라도 아이들은 우리가 원하는 기획대로 살아 주는 것은 아니라는 것을
깨달았다. 등산을 세상에서 가장 훌륭한 스포츠이며 경험이라고 생각하는 우리 부
부이지만 아이들은 등산을 별로 좋아하지 않았다. 생각해 보면 일류대 가는 것을
지상 목표로 삼는 대한민국의 사회 분위기는 아이들이 즐겁게 무엇인가를 추구할
시간이나 여유를 주지 못했다. 나름대로 대한민국 정부의 규제를 피해갈 수 있었
던 편에 속하였지만, 그럼에도 불구하고 아이들로 하여금 신나게 사춘기적 방황과

실험을 하지 못하게 한 대한민국의 교육 제도를 두고 나는 그때 정부를 고소했어야 하지 않았나 하는 생각을 지금도 가끔 한다. 아, 아직도 아이들을 옭아매고 있는 저 학교들!

무용을 하는 큰딸 노자는 고등학교 때 강남 역 클럽에 가서 친구들과 춤추면서 스트레스를 푼다고 하여서 나를 놀라게 했고, 대학에 가서는 자주 인도 여행을 떠나면서 또 한번 나를 놀라게 했다. 생각해 보면 그 아이는 부모를 떠날 때를 스스로 알아 적절히 떠난 여행이었는데 내게는 아주 힘든 시간이었다. 외고에 들어갔던 두 번째 아이 해원이는 연극을 좋아하는데, 연극 연습에 아이들이 나타나지도 않는다면서 불평을 하더니 급기야는 학교에서 다친다고 농구까지 하지 못하게 한다면서 대학 입시만을 강조하는 학교는 다닐 필요가 없다고 했다. 대학 가는 것이 목표라면 혼자 독학을 하는 것이 낫다고 하면서 8개월을 독학하더니 원하는 대학에 입학하였다. 주변에서는 곧 대학도 그만둘 거라고 걱정들을 하였지만 그만두지는 않고 학점 관리까지 잘 하여 졸업하더니 그간 너무 쉬지 않고 달려왔다면서 좀 쉬어 가겠다고 했다. 지금은 한 연구소에서 환경 정책 관련 작업을 하고 있다.

아이들이 떠날 즈음 나는 사춘기 아이들에 대한 연구를 하고 있었다. 아이엠에프 금융 위기와 가장들의 실업 위기를 접하면서, 그리고 더욱 심각해진 십대들의 상황을 보면서 나의 연구는 어느 덧 실천의 장으로 옮아가고 있었는데, 그것은 불안한 십대들이 마음을 붙이고 하고 싶은 작업에 몰두하는 문화 작업장을 만드는 일이었다. '자기 길 찾기'를 적극적으로 하는 아이들이 서로에게 자극을 주는 준거 집단, 장인급 청년들과 함께 작업을 하면서 좋은 에너지를 보내는 시대적인 실험이 이루어지는 곳. 내 두 아이를 떠나보내면서 나는 「하자 센터」라 불리는 곳을 만들기 시작했다. 서울시가 지원하는 그 청소년 센터는 실은 내 어릴 적 고아원에서 살던 기억과 어우러져서 내게는 아주 친숙한 시공간이다. 생각해 보면 바로 어릴 때 기억이 있으므로 쉽게 그런 일을 벌일 수 있었던 것 같다.

육아 프로젝트를 끝내고

아이들이 식탁에 오지 않게 되면서 우리 부부는 밥상 앞에 함께 앉는 일도 줄어들었다. 우리는 둘 다 사회적 숙제를 하느라고 점점 더 바빠졌고 나는 특히 하자 센터 일로 바빠졌다. 집에서 요리를 해서 함께 밥 먹는 것을 좋아하는 남편은 주말에 서울에 오면 그나마 요리를 할 생각이 있었던 모양인데, 나는 아이가 없는 식탁에 관심이 없어져 버렸다. 그런데 한 주일에 한번도 함께 식사를 같이 하지 않는 가족도 가족일까? 부부 관계가 서먹해진다는 느낌이 들면서 나는 스스로에게 묻기 시작했다.

옛날에는 비틀즈를 함께 들으면서 음악적 취향이 같다고 생각했으며 디스코에 가서 신나게 로큰롤을 추기도 했는데 이제 남편은 내가 듣는 음악을 즐기기보다 텔레비전을 더 열심히 본다. 그것도 「야인 시대」 같은 것까지! 우리는 더 이상 공연을 함께 보러 가지도 않고 — 그는 내가 데려간 공연들의 수준이 너무 들쑥날쑥 하다면서 잘 골라서 초대하라는 식으로 불평을 해서 나는 요즘 친구나 학생들과 공연에 간다 — 함께 등산도 하지 않는다. 결혼 초에는 그는 내 페이스에 완벽하게 맞추어 함께 여행이나 등산을 다녔고, 애가 생기면서는 아이들 페이스에 맞추어 나갔다. 이제는 자기 페이스대로 산을 오르고 싶다면서 그는 혼자 다시 외국의 높은 산들을 오르기 시작했다. 함께 가던 「또 하나의 문화」 파티도 이제 자주 열리지 않는다. 우린 한 지붕 밑에서 있으면서도 나는 내 방에서 음악을 틀어놓고 작업을 하고, 그는 텔레비전을 틀어놓고 책을 본다. 그는 아주 매너가 좋은 사람이었지만 요즘은 큰 목소리로 말하고 고집도 더 세어졌다. 그는 아마도 내가 그렇다고 느끼고 있을 것이다. 그는 내게 자기가 가는 외국 학회에 함께 가자고 초대를 하지만 시간이 맞지 않거나 시간이 맞더라도 회의하느라 정신없이 바쁠 것이라면 내가 갈 필요가 있냐면서 나는 사양한다.

　　우리 부부는 너무나 독립적으로 살았고, 두 독립적이고 책임감 강한 개체가 벌인 공동의 프로젝트인 육아 사업이 거의 끝나고 있다. 손주를 보지 않는 한 기본적으로 육아 파트너였던 우리를 다시 묶어 놓을 일은 없지 않을까? 정말이지 그는 내게 어떤 존재인가? 약간의 재산을 공유하는 관계? 일 년에 한두 번 정기 건강 검진을 함께 받으러 가는 친구? 갑자기 그가 낯설게 느껴졌다. 이런 저런 생각을 하던 어느 날 남편에게 약간의 고마움을 담은 목소리로 "너 없었으면 내가 어떻게 되었을까?" 하고 물은 적이 있는데 그는 아주 담담하게 답했다. "나 없이도 너는 지금처럼 잘살았을 거야." 그 말은 내게 아주 슬프게 들렸다. 일반 사회에서, 또는 대중매체에서 부추기듯 우리는 다시 단둘의 애인이 되어 손잡고 산책을 하거나 세계 여행을 다니는 다정한 부부가 되려고 노력해야 할까? 그러기에는 지금 우리는 여전히 해야 할 숙제가 너무 많고, 또 이미 세계 여행을 너무 많이 해 버렸다.

　　얼마 전, 미국인 페미니스트 산드라 벰이 『전형적이지 않은 가족』(An Unconventional Family)이라는 제목의 자서전을 냈다. 그는 이른바 '획기적으로 민주적인 가정'을 이루고 산 육십대의 페미니스트인데, 그 부부는 아이를 다 키운 후에 별거를 한다고 했다. 아이들의 부모로, 그리고 오랜 친구로 여전히 사이좋게 지내지만 별거키로 하고, 산드라는 여자 친구와 동거하고 그 남편 역시 남자 친구와 동거한다고 했다. 극단적인 커플 중심 문화를 발전시킨 미국 사회에서 벰의 선택은 아주 자연스러운 선택인 듯하다. 나의 선택은 어떤 것일까? 나는 남편과 헤어질 생각이 있나? 쉰다섯에 앞으로 남은 삶을 생각하면서 내가 진정 원하는 삶의 방식과 내용은 어떤 것일까?

그런데, 남편은 내 엄마가 한 것처럼 나를 '키운' 사람이다. 그는 내가 싫어하는 것들이 무엇인지 잘 알고 있고, 내가 잊어버린 많은 것들을 기억한다. 내가 해서는 안 될 것을 알고 있으며, 아직도 아이들과 관련해서 의논해야 할 일이 남아 있다. 우리는 성 관계를 하지 않는 나이에 접어들었지만 예전보다 나는 더 자주 그의 옆에 붙어서 잠을 잔다. 우리는 서로의 몸의 향기를 알고 있고, 그는 여전히 내게 '다락에 숨겨둔 현자'이다. 얼마간 함께 여행을 다니며 '워크아웃'의 시간을 가진 우리는 아이들이 오지 않아도 집에서 식사를 함께하기로 했다. 언젠가부터 주말이면 우리는 장을 보고 냉장고를 채우기 시작했다. 우리는 함께 파를 썰고 상추를 씻고 간을 보고 설거지를 함께 하며 서로의 존재감을 확인한다. 다시 식탁에 사람들을 초대할 여유를 갖게 될까?

돌이켜 보면 나는 '단란한 핵가족'에서 자랐고, 또 나 자신 '단란한 핵가족'을 만들어 살았던 적이 있지만 그 핵가족은 항상 외부로 열려 있었다. 친척들과 이런 저런 일로 찾아오는 이웃들이 늘 엄마 주변에 들끓었고, 오빠나 언니나 내 친구들도 하루가 멀다 하고 놀다 갔다. 저녁 식탁은 그래서 종종 비좁았지만 새 친구들이 오면 더욱 화기애애한 시공간이 되었다. 나의 삶을 좌우해온 기억은 그래서 핵가족이 아니라 공동체로 살던 기억들이다. 밤새 아이들과 뛰어 놀던 기억과 예배 시간. 가부좌를 틀고 몸을 흔들면서 생각에 잠겨 있다 새로운 일을 벌이시던 외할아버지의 모습. '육의 자식'과 '영의 자식'을 차별하지 않게 해 달라고 늘 기도했다는 열정적인 외할머니의 모습. 나는 이런 대안적 공동체로 살아 보았기 때문에 더욱 '자급자족적'(핵)가족 체제가 얼마나 건강하지 않은지를 잘 알고 있다. 가족은 외부로 열려 있어야 하고, 어머니들은 어느 때보다 가족 단위를 넘어서는 시선으로 아이들이 행복하게 살아갈 환경을 만들어 가야 한다는 생각이다.

자기 부족을 찾아 떠나는 아이들에게

아이들은 다 자랐으니 스스로 자기 이야기들을 자기 방식대로 풀어 가겠지만 페미니스트적 실험을 하면서 키운 아이들이고 동인지 첫호부터 아이들 이야기가 나간지라 그 언저리에서 몇 가지 정리해야 할 것이 있다. 크게 보면 우리 집 아이들은, 그리고 다수의 요즘 중산층 아이들은, 경제 성장의 주역인 '강한' 부모의 보호와 기획 아래 자랐다. 다시 말해서 본격적인 근대화 프로젝트 4세대의 아이들인데 그들이 '진보주의적 열망'에 가득 찬 고집 센 부모에게 눌려 살았던 경험에 대한 분석이 지금쯤은 나와야 할 것 같다. 더불어 나름대로 대안적 환경에서 자란 페미니스트 2세대들이 가진 잠재력과 한계에 대한 이야기도 조금씩 풀려야 할 것이다.

노자는 대학을 다니면서 새로운 축제와 명상과 음악이 있는 동네들을 찾아다니며 자주 집을 비웠고, 해원이는 2학년 때부터 학교 앞에서 친구들과 자치 공간을 만들어 살았다. 지금 잠시 아이들이 다시 집에 들어와 있어서 새롭게 만나는 시간을 가지고 있지만, 해원의 방은 아직도 정리가 되지 않아 내가 들어갈 때마다 조만간 떠날 태세라는 느낌을 준다. 노자는 요즘 신촌의 한 클럽에서 디제잉을 하기에 나는 하루 일이 끝나면 그 클럽에 가서 놀다가 함께 집으로 온다. 요즘 사람들이 죽을 시간도 없이 바쁘다고 하고, 나 자신도 그렇게 느끼면서 살지만, 날마다 저녁에 클럽에 가는 나를 보면서 절대 시간이 부족한 것이 아님을 알았다. 휴식의 시간이 절대적으로 필요했던 것 아닌가?

아이들을 보면 우리가 살았던 세상과는 아주 다른 세상을 살아가는 것을 알게 된다. '카오스의 아이들'이라 불리는, 패러다임 전환기의 유목민인 이들은 생각만이 아니라 몸까지 우리 세대와는 사뭇 다른 점이 있다. 아이들은 앞뒤 안 돌아보고 달려온 '돌진하는 부모 세대'가 한 일의 인류사적 의미를 나름대로 알고 있어서 그런지, 우리 세대를 보면서 이렇게 말하는 것 같다. "무엇을 위해 헌신해야 한다는 말인가? 지구를 더욱 빨리 망치기 위해?" 아이들은 오래전부터 '근대 기획'과 '근대적 부모의 기획'으로부터 '탈주'를 시도하고 있는 상태인데, 그렇다고 예전처럼 훌쩍 집을 신체적으로 떠날 생각은 없는 듯하다.

사실 그들은 '집을 떠나 새집을 짓고 새로운 시대를 열어 가는' 세대가 아니라 '지속 가능한 생존'을 이야기해야 하는 세대이고, 그런 면에서 '집 떠남'의 양상이 우리 세대와는 좀 다를 것이다. 경제 침체가 지속될 전망 속에서 경제적, 사회적 여력이 없는 가정에서 자란 아이는 피폐함과 고달픔을 한가득 안고 살아가야 하고, 여력이 있는 가족에서 자란 아이는 그런 여력을 축적한 부모의 강함과 추진력에 질려 나약하고 의존적으로 살아가게 될 가능성이 높다. 한 영특한 학생은 이런 자기 세대를 두고 '자존심은 높은데 자아 존중감은 낮다'는 식으로 표현했다. 중산층 아이들이 집을 떠나야 한다는 것에 대해 갖는 공포심은 그런 면에서 타당한 공포심일 것이다. '네 욕망을 말하고 실현하라'는 히피들의 시대는 지나가고 있다. '독립적 개체'가 되기를 강요했던 '근대'가 해체되고 있는 지금, 그들은 상호 의존적인 관계 속에서 서로를 위로하고 지지하는 새로운 개체가 되어야 한다.

고등학교를 졸업하자마자 애연가가 된 노자와 친구들을 보면서, 남자 못지않게 술을 마시고 밤을 무서워하지 않는 그들을 보면서 — 나 역시 그 나이에 맥주를 많이 마셨고 밤낮을 거꾸로 살았지만 — 내 때와는 아주 다른 맥락에서 그들만의 자율 공간이 필요할 것이라고 생각하고 있다. 패러다임 전환기를 사는 그 세대는 단

순히 젊은 한때의 객기가 아니라 이제 '어른' 없이, 그들끼리, 그들만
의 프로젝트를 하면서 자신의 시대를 만들어 가야 할 것이다. 혼란스
런 시대를 이론이 아니라 경험으로, 시행착오를 거치면서 새롭게 만
들어 가야 할 것이며, 그런 그들에게 생산주의의 신봉자인 우리 세대
는 별로 가르쳐 줄 것이 없을 것 같다. 그래서 어쭙잖게 간섭을 하기
보다 그들에게 전적으로 실험의 시공간을 넘겨주는 것이 나름대로
이 사회 문제를 해결해 갈 가능성을 높이는 길이라는 것이 나의 요즘
생각이다.

　　　이 시대의 부모로서 나는 이제 떠나는 두 아이에게 배울 준
비를 한다. 나는 여전히 노자가 담배를 끊기를 바라지만, 지금 속도
의 세상에서는 쉬어 갈 수밖에 없기 때문에 담배를 피우지 않을 수
는 없다고 말하는 노자의 말을 존중한다. 좀 다른 삶의 시간대로 들
어가야 한다면서 인도로 떠나던 그, 사람을 위한 춤이 아니라 신을
위해 추는 춤을 배우고 싶다던 욕망, 둘 다 내겐 소화하기 어려운 선
언이었지만 이제 나는 둘 다 탁월한 선택이었다고 생각한다. 나는
노자가 수백 년의 나이를 가진 거대한 보리수 아래 자율 공동체를
이루고 사는 「레인보우 피플」의 화롯가로 초대해 준 것에 대해 감사
하며, 일 년 내내 카니발이 펼쳐지는 스페인의 작은 섬으로 데려가
준 것에 감사한다. 그런 젊은이들의 삶의 공간에서 나는 내가 좋아
하는 대머리 아저씨 푸코의 이야기를 현실에서 확인할 수 있었고,
합리적이고 통제적으로 살았던 내 모습이 얼마나 매력 없는 모습인
지를 확인했다. '합리적 이성'의 시대를 성공적으로 살아가기 위해
'잔머리'나 굴려온 나는 그곳의 기준으로 보면 엄청 퇴화한 기형아
였던 것이다.

　　　아주 색다른 빛깔과 속도를 가진 시간대로 서서히 이동해 가
고 있는 노자를 나는 요즘 조금 불안해 하며 그러나 대단한 기대감
을 가지고 지켜보고 있다. 그와 그의 '부족'이 조만간 '엄격한 규율'
에 길들여진 '근대적 인간'들을 자유롭게 할 방법을 찾아내지 않을

까? '도구적 합리성'이 과도하여 모두가 폭력화되어 가는 '근대'와의 결별. 그 결별을 여전히 이성으로 이루어내 보려고 안간힘을 쓰는 우리 세대와는 달리, 감성으로 가볍게 그 시대와 이미 결별하고 있는 '그들'이 있어 한결 안심이다. '인지적 성찰성'과 '심미적 성찰성'을 구분하는 스콧 래시의 논의에 별 흥미를 가지지 못했었는데, 요즘 노자네 부족들이 만들어 내고 있는 느리면서 빠르고, 평화로우면서 단호한 유희적인 시공간을 접하면서 나는 '심미적 성찰성,' 그리고 '일시적 자율 공간' 개념으로 이들의 움직임을 해석해 보려 한다.

한편, 어릴 때부터 지구를 살리겠다고 노래를 불렀던 해원이가 새만금 갯벌 살리기 운동과 북한산 관통 도로의 경제성 분석을 하느라고 밤을 꼬박 새는 것을 보면서, 어릴 적 말이 씨가 된다는 것을 다시 한번 확인한다. 「또 하나의 문화」 모임 때면 실내 흡연자들에게 일일이 벌금을 걷는 것으로 재미를 보던 그 아이는 이제 어른이 되었고, 남자가 되었다. 나는 요즘 그와의 소통 방식에서 자주 곤란을 겪는다. 많은 페미니스트들의 사랑을 받으며 페미니스트 동네에서 자랐지만 그는 여전히 '화성에서 온 남자'인가? 혹 페미니스트들 속에서 자라 '권위'에 대한 개념이 제대로 형성되지 않은 채, 남자 세상에도 여자 세상에도 발을 붙이지 못하는 상황에서 헤매고 있는 것은 아닐까? 남성 정체성 문제가 어느 때보다 난제인 세상이니 모계 부족 사회에서처럼 소년들을 위한 성년식이 필요할 것 같다는 생각도 한다. 한국에서도 '남성 정체성' 형성 과정을 풀어 보려는 책들이 나오기 시작했으니 조만간 동료들을 만나게 될까?

나는 담배를 입에도 대지 않는 해원이가 골초 페미니스트들 사이에 끼어 지내는 모습을 보면 사실 좀 미안한 생각도 든다. 어릴 때 본 여자들이 거의 다 흡연자들이어서 그런 건가? 1세대 페미니스트들이 골초가 된 것은 십분 이해가 가지만 3세대 페미니스트들까지 계속 그렇게 담배를 피워야 하는 이유를 사실 나는 알지 못한다. 중심에 있던 남성적 주체가 급격하게 붕괴하는 지금, 페미니스트들은 이제쯤은 좀 덜 '폭폭해' 해도 되지 않을까. 이제는 좀 신나게 우리들이 '중심들'을 만들어 갈 때가 되지 않았는가? 최근 페미니스트들이 정치판에, 정보화에, 생태 운동에 활발하게 참여하는 조짐은 그런 면에서 반가운 일이 아닐 수 없다. 그간 활발했던 여성주의 사이트들이 많이 사라졌다고 하지만, 해원이가 즐겨 찾는 「언니네」 사이트가 유료화한다고 하고, 나는 그 사이트만은 '영 페미니스트들의 자존심'(Pride of Young Feminists!)을 내걸고 영 페미니스트들의 힘으로 성공시키기를 내심 바라고 있다.

단순히 한 엄마로서가 아니라 여성주의적 부족을 만들어온 한 명의 '가모장'으로서, 해원이를 포함한 페미니스트 2세 아들이나, 여성주의 동네에 이런 저런 식으로 정을 붙이게 된, 때론 「부모성 함께 쓰기」에 동참하는 '신종 남자'가 되려는 남자들에게 하고픈 말이 있다. 먼저 남자가 '폭력적이지 않은 존재'로서 살아가는 것이 매우 어려운 시대에 태어난 것에 대해 위로의 말을 하고 싶다. 그러나 그것은 운명이니 피할 수 없는 일이고, 따라서 같은 페미니스트의 이름으로 살고 싶어 해도 남자 페미니스트들이 여자 페미니스트들보다 한결 어려운 상황을 살아갈 것이라는 점을 받아들이면 한다. 지금은 남자 없이도 잘살 수 있는 여자들이 늘어나고 있고 페미니스트 여자들은 대개가 이 범주에 속한 사람들이다. 그간 남자가 여자에게 행한 갖가지의 횡포에 대한 기억은 더욱 여자들로 하여금 남자라는 존재에 적대감을 갖게 했기에 여자들은 이제 늘 떠날 태세로 살아가고 있다. '유목민' 여자들이 늘어나고 있다는 것이고, 더욱이 여자들은 상대 남자가 실망스러우면 자식이나 여자 친구들에게 정을 붙이면서 충만하게 살아갈 수 있지만 남자들은 안타깝게도 그런 능력도, 조건도 갖추지 못한 상태에 있다. 그러니 만일 여자와 함께 살고 싶다면 남자들은 두 가지 점, 곧 부지런해지는 것, 그리고 여자들의 언어로 소통하는 법을 특별히 익혀야 할 것이다.

지금 시대의 남자는 마치 흑백 인종 간의 갈등이 첨예한 상황에 놓인 백인처럼 자주 난처한 상황에 놓일 것이다. 여성주의자들이 격의 없이 토론을 할 수 있는 남자는 지금으로서는 게이들뿐인 듯하다. 이성애 남자들이 여성주의자들의 질서에 편안하게 들어앉기에는 예상보다 많은 노력과 시간이 필요할 것이다. 아무리 '여성주의자 소굴'에서 자랐다 하더라도 예외는 아닐 것이다. 여성주의자 남자가 된다는 것은 여성주의자 여자가 되는 것과는 다를 것이며, 그런 면에서 나는 여성주의자가 되려는 남자들은 먼저 자기들끼리 협동적인 관계를 맺어 가야 한다고 생각한다. 나는 페미니스트 성향을 가진 남자들이 종종 남자의 질서도, 여자의 질서도 받아들이지 못한 채 스스로를 주변화하는 묘한 성향을 가지고 있음을 보아 왔는데, 자기 문제의 핵심을 피하면서 여성주의자가 될 수는 없을 것이다. 앞으로 여성주의 동네는 더 많은 남성 일꾼들이 필요할 터인데 그때 여성주의자 여자들이 원하는 남자 파트너는 기존의 남성 문화가 싫어서 도피한 사람이 아니라 누구보다 냉철하게 문제의 핵심을 보면서 새로운 사회를 만들어갈 수 있는 사람일 것이다.

내가 집을 떠나는 두 아이에게 개인적으로 '주문'하는 것은 돈을 벌면 십일조를 외할머니에게 드리라는 것이다. 외할머니를 중심으로 한 독특한 시공간에서 나름대로 행복한 어린 시절을 보낸 데 대해 세금을 내야 한다고 생각하기 때문이다. 지금까지 사랑을 많이 받으며 살아왔으니까 앞으로는 봉사하는 삶을 살아 주었으면 한다. '모던'한 우리 세대가 한 것처럼 거창한 프로젝트라기보다 일상 속에서 남들에게 즐거움과 위로를 주는, 일상을 새롭게 만들어 내는 삶이면 좋겠다. 어쨌든 나는 열두어 살 때 해원이 한 표현대로 '말도 안 되는 세상에 겁도 없이'

두 아이를 낳았고 이제 그들은 자신의 부족을 찾아가고 있다. 적어도 자유주의 실험의 역사 속에서 자란 그들이 '신자유주의의 덫'에 걸려들지는 않은 것 같아 일단은 안심이다. 여전히 방황 중인 히피 후예들의 '게토'에 갇히지 않으면서 나름의 시대적 실험을 계속해 준다면 고맙겠다.

나는 예전부터 1960년대 인기 보컬 그룹 피터, 폴 앤 메리가 부르는 「날이 저물 즈음엔」(Day Is Done)이라는 노래를 즐겨 들었다. 아이들과 함께 합창하는 그 노래의 가사는 다음과 같다.

"왜 울고 있니 아이야, 말해서는 안 되는 비밀이라도 있니? 멀리서 치는 천둥 번개 소리에 놀란 거니? 이 세상이 온통 슬픔과 전쟁으로 가득 차 있다는 사실을 벌써 알아차려 버린 것은 아니겠지? 내가 곁에 있어 주면 도움이 될까? 그럼 내가 여기에 있어 주지. 내 손을 잡으면 모든 것이 다 괜찮아질 거야. 날이 저물 즈음엔 다 괜찮아질 거야."

그런데 나는 요즘 더 이상 이 노래를 즐겁게 듣지 못한다. 날이 저물어도 세상이 괜찮아지지 않을 것 같기 때문이다. 나는 솔직히 다음 세대의 삶이 어떤 방향으로 나가고 있는지 감을 잡지 못하고 있다. 더 이상 공상 과학 영화라고만 할 수 없는 「매트릭스」와 「가타카」류의 영화를 보면서 요즘에는 오히려 감을 잡으려 노력하지 않는 것이 낫겠다는 생각도 한다. 요즘은 타르코프스키 감독의 영화를 보는 것도 힘에 부쳐서 미야자키 하야오 감독의 애니메이션 영화를 보면서 위로를 받곤 하지만, 때로 미야자키 감독의 구원에 대한 신념도 허황된 것처럼 느껴질 때가 있다. 다음 세대의 삶을 한껏 축복해 줄 존재가 되기에 우리는 가진 것이 너무 없고, 사회는 너무 빨리 어딘가로 가버리고 있다.

인간으로서 최소한의 자아 존중감을 유지하는 것 자체가 어려운 시대가 오고 있다. 너무 행복한 삶을 살아온 것 같아 내심 미안함을 가지고 살아온 나도 요즘 자주 쓸쓸함과 섭섭함, 피로감과 당혹감 속에서 무기력해진다. 씩씩하기 그지없던 후배 김현미 선생까지 "이대로 갈 수 없을 것 같아요. 태도를 바꾸지 않으면 안 되겠어요"라고 말하는 것을 들으면서, 나는 나의 이런 상태가 단순히 나이 때문만은 아님을 안다. 이제 전혀 다른 삶을 살아갈 인프라를 마련할 때가 된 것 같다.

다시 꿈꾸는 식탁 공동체 : 페미니스트 친구들과 함께

하자 센터에서 십대 소녀들과 많은 시간을 보내던 나는 요즘 다시 「또 하나의 문화」를 찾는다. 「또 하나의 문화」는 내가 철이 든 후, 폐쇄적 핵가족으로부터 탈출을 꿈꾸는, 친밀한 열린 공간 속에서 자유롭게 살고자 하는 나의 아지트였다. 기존 문화와는 거리를 둔 '일시적 자율 공간'에서의 풍요로운(!) 경험은 나로 하여금 많은 공동체를 기획하고 꾸려가게 하였고, 그중에 나름대로 동네가 형성된 것은 「하자 센터」와 무주 구름샘 마을이다. 내가 요즘 동인들에게 바람을 넣고 있는 것은 — 나는 또문에서 항상 바람잡이 역할을 해왔다 — 아기와 노인 모두가 함께하는 '모계적 부족 사회'를 만들자는 것이다.

'불임의 시대'라지만 여전히 아이를 낳는 사람들이 있고, 아이들이 행복하게 자라는 '나라 만들기'가 힘이 부친다고 느낀다면 일단 하나의 '부족'부터라도 만들어 가야 하지 않을까? 아이 낳는 것이 축복인 마을, 아이들이 어려운 위험 사회를 지혜롭게 살아갈 준비를 시키는 곳, 혼자 아이를 낳은 사람도 손쉽게 육아 파트너들을 만나게 되고 독신자나 게이 커플이나 아이를 낳지 않기로 한 사람들도 자연스럽게 다음 세대의 삶에 관여할 수 있는, 마을 구성원들이 마을의 아이를 '우리 아이들'이라고 말하는, 그런 부족 마을을 페미니스트들은 만들기 시작해야 하지 않을까? 내가 그리는 마을은 이곳 저곳에서 크고 작은 공동 식탁이 차려지며, 크고 작은 학예회들이 벌어지는 곳이다. 각자 자신에게 맞는 형태의 '가구'로 살면서, 공유할 거리를 생산해 내는 '광장'과 '시장'이 있는 주거지. 새로운 공유/사유의 개념이 만들어질 가능성을 가진 마을이 바로 내가 그리는 마을이다.

그런데 내 구상을 들은 사람들 중에는 의외로 '공동체'라는 단어 자체에서 겁을 먹는 사람들이 적지 않았다. 모두가 함께 땅을 사고 집을 짓고 사적 공간 없이 지내는 삶을 상상하고 있었기 때문이었다. 내가 말하는 마을의 그림은 그와는 다르다. 그냥 서울 부근에 공기가 괜찮은 곳을 지도상에서 찍은 후 — 가능하면 바다 바람을 막는 산이 없는, 공기가 괜찮은 곳이어야 한다 — 페미니스트들이 알음알음으로 모여들어 자연스럽게 만들어지는 마을이다. 아마도 현재 있는 작은 동 규모가 몇 개 정도 합쳐 하나의 좀 특수한 교육/문화/시장권을 형성하는 정도의 그림이 아닐까 싶다. 지난 20여 년 동안 이래저래 엮인 페미니스트들이 모이면 쉽게 천 명 정도가 될 것인데, 그들이 중심이 되어 분위기가 전혀 다른 인구 1-3만 규모 마을을 형성해 간다는 것이 내가 가진 그림이다. 한마디로 서울 부근의 소도시를 점령하여 '익명의 도시'를 '본명의 로컬'로 만들어가 보자는 것이다. 서로를 만나면 눈인사를 하는 곳, 위험에 처한 아이를 보면 곧 달려가 상황을 알아보고 처리를 하는 곳, 각자가 충분한 사적 공간을 가지면서 '공공의 목초지' 개념을 확실하게 가지고 삶을 만들어 가는 곳, 자발성과 네트워크를 통해 여러 활동이 풍성하게 벌어지는 한편, 서로에게 무리한 부탁이나 상처를 주지 않는 성숙함을 가진 사람들이 사는 마을이 내가 그려 보는 마을이다.

이미 나는 요리를 잘하는 사람을 알고 있고, 아주 훌륭한 치과 의사를 알고 있으며, 여자를 존중하는 산부인과를 차릴 의사를 알고 있고, 마을의 터주 노릇을 해 온 약사와 아이들을 즐겁게 해주

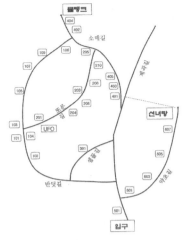

무주 구름샘 마을

는 문방구 아줌마를 알고 있으며 할머니가 되어 가니 이제는 조금씩만 일하겠다는 출판사 편집자도 알고 있다. 훌륭한 영화를 다 수집해 놓은 비디오방 '둘리' 아저씨도 수소문하면 찾아낼 수 있고 주말이면 작은 영상제를 열겠다는 친구도 알고 있다. 태양 에너지 연구를 독학으로 하는 전파사 아저씨도 우리와 함께 이사할 생각이 있을 것이다. 어린이 도서관을 경영해 온 동인도 있고, 여자들이 즐기는 온라인 게임을 만들면서 피시방을 운영해 보겠다는 학생과도 연결이 되어 있다. 보름달이 뜨는 날이면 레이브 파티를 열 파티 기획가도 많이 알고 있고, 통과 의례를 주제하는 일을 해보고 싶다는 안무가도 알고 있다. 마을 뒷산 살리기 운동을 하면서 내공을 길러온 부모도 알고 있고, 집단주의적 공동체 실험에 덴 적이 있어 여전히 겁이 나지만, 이런 정도의 마을이라면 마을 한 귀퉁이에서 조용히 구경을 하면서 살고 싶다는 한 남자 지식인도 알고 있다. 일상을 영화로 만들어 보여 주는 탁월한 재주를 가진 다큐멘터리 작가도 알고 있고, 아주 맛있는 빵을 만드는 부부도 알고 있다. 훌륭한 송년회를 마련할 아트 디렉터도 알고 있고, 마을의 아이들에게 철학을 가르칠 청년도 알고 있고, 화초와 텃밭 가꾸기를 귀신처럼 잘하는 할머니도 알고 있다. 자기 가구를 스스로 만들어 보는 것을 도와줄 목공소 주인도 그런 마을이 생기면 곧바로 옮겨 올 생각이 있다고 하였다.

소문이 나면 벼룩시장 열기를 좋아하는 생태주의자들도 모여들 것이다. 점차 '책 읽어 주는 남자' 같은 새로운 '직업 아닌 직업들'도 생겨날 것이고, 서로가 잘하는 일을 가지고 품앗이를 해 나갈 것이다. 전기 고치는 사람과 수제비를 잘 만드는 사람, 글을 잘 쓰는 사람과 화초를 잘 기르는 사람, 아이를 잘 돌보는 사람과 협상을 잘하는 사람이 서로 매니저가 되어 주고 물물 교환을 하는 곳, '즉각적 화폐 경제'에 틈새를 내는 일이 바로 이 곳에서 일어날 것이다. 지금은 게토에 모여 있는 예술적이고 영적인 사람들도 공동체적 사이클이 돌아가는 이런 곳이 있음을 안다면 곧장 달려올 것이다. 세계 여러 지역에서 페미니스트들도 보따리를 싸서 이주해 오거나 여행을 오려 할 것이다. 높다란 담이 공공과 가정을 가로막지 않는 곳, 하고 싶은 일 하면서 먹고사는 사람이 많은, 조미료 안 넣은 식사를 할 수 있는, 적개심 어린 어른들이 없어 아이들이 안전하게 자라는 곳. 생각만 해도 가슴 두근거리지 않는가?

내가 이런 마을을 구상하는 것은 한편으로는 극히 개인적인 나 자신을 위한 방안일지도 모른다. 지금 우리 집 아래층에 따로 사시는 부모님의 기력이 더 쇠해져서 자식들에게 강하게 집착하거나 섭섭함을 느끼게 될 때를 대비해서라도 그런 마을이 필요하고, 취향이 달라져 버린 우리 두 부부가 서로를 얽어매지 않고 자신이 가진 지혜를 필요한 사람들과 나누면서 즐겁게 살기 위해서도 그런 마을이 필요하다. 자식들에게 지나친 기대를 하지 않기 위해서도 그런 마을이 필요하고 그간 결혼식에도 가지 않고 친척 관리도 전혀 하지 않은 내가 대신 정을 붙였던 친구나 제자들과 가깝게 살기 위해서라도 그런 마을이 필요하다. 기본적으로 사람은 이기적인 존재이고, 나는 착한 사람과 그렇지 않은 사람의 차이는 그 이기성이 얼마나 장기적 생존을 계산하고 있는지에 따른 것이라 생각한다.

이런 마을/소도시의 사회의 모습. 꿈같은 이야기일까? 꿈같기에 더욱 가능한 이야기가 아닐까? 지난 몇 년간 우리는 너무나 급격한 변화의 소용돌이 속에서 살아왔다. 기존의 핏줄 관계에 대한 환상도 깨지고, 일상은 피폐해질 대로 피폐해진 터라, 바로 그 이유로 나는 이 모계적 부족 만들기 프로젝트가 상당히 실현 가능한 프로젝트라 생각한다. '가족'만이 아니라 '개인'의 존재 자체가 흔들리고 있는 지금은 '헤쳐 모여'를 하면서 새 부족 마을을 만들며 살아갈 때다.

지도를 꺼내 우리 부족이 옮겨갈 적당한 지점을 찾아볼까? 산이 가로막지 않아 그나마 공기가 좀 좋은 곳이어야 할 것이고, 출퇴근할 사람들도 적지 않을 것이니 지하철에서 너무 멀어도 안 되겠지.

자, 슬슬 이사할 준비를 하시라! Ⓙ

김정명신 1956년 서울에서 태어났다. 1987년 「또 하나의 문화」 6호 「주부, 그 막힘과 트임」의 편집 동인으로 참여했다. 「또 하나의 문화」에서 몇 명 안 되는, 공식적인 풀타임 직업을 안 가진 동인. 십대 후반인 두 아이를 키우며 함께 자라는 것을 주제로 올해 첫 번째 책 「나도 아이와 통하고 싶다」를 썼다. 「함께하는 교육 시민 모임」에서 교육 운동에 참여하고 있다.

좌담 I

조금 다르게 살아 본

박혜란 20년 동안 여성학, 여성 운동, 교육 운동 언저리에서 잡다한 참견을 해 온, '여성학자' 라는 직함을 단 여자. 아이들 셋 키운 이야기(「믿는 만큼 자라는 아이」)와 늙어 가는 이야기(「나이듦에 대하여」)를 책으로 썼다. 전국을 무대로 강연 투어를 다니며 다양한 여성들과 만나서 수다 떨기를 즐긴다.

이상화 1949년 5월 5일 부산에서 오빠와 언니 다음으로 태어났다. 열두 살에 남동생이 태어나 막내를 벗어났다. 어머니가 가장이었기 때문에, 외할머니가 키워 주셨다. 그래서 어머니는 보통 가정의 아버지 같은 존재였고, 할머니가 어머니 같은 존재였다. 태어날 때부터 허약하여 할머니의 지극 정성이 없었으면 살아남지 못했을 정도로 큰 병을 많이 앓았다. 결혼은 하지 않았으나 독신은 아니다.

정진경 1954년에 서울에서 태어났다. 미국 유학을 마치고 돌아온 합리적, 허용적인 부모 밑에서 남동생들과 어울려 자유롭게 놀며 자랐다. 유학 가서 심리학을 공부하던 중 페미니즘과 만나면서 앞으로 살길을 찾은 것 같았다. 지금도 편견, 차별의 문제를 보면 없는 기운에도 열을 낸다. 한국 남자치고는 꽤 여성적인 데가 있는 애인을 만나, 안 할 듯하던 결혼을 34세에 느지감치 해서 주말 부부로 살고 있다.

오십대 여자들의
가족 이야기

조한혜정 1948년 부산에서 태어났다. 진보적 가정에서 1남 3녀 중 둘째로 태어나 자신이 여자라는 것을 거의 의식하지 않고 자랐다. 미국 유학 시절에 결혼, 두 자녀를 키웠다. 시부모는 일본에 계시고, 친정 부모와는 늘 아주 가까이 살았다. 저서로 「성찰적 근대성과 페미니즘」 등이 있다.

조형 1943년 서울에서 태어나서 중산층 가정에서 1녀 1남 중 장녀로 성장했다. 미국 유학 중 결혼하고 4년 후 아들을 낳았다. 결혼 12년째부터 별거하기 시작했고, 아들이 결혼하여 손녀가 있다.

새로 쓰는 가족 이야기

조한 개별적으로는 종종 만나지만 이렇게 오래된 동인들이 한 자리에 모이다니! 그것도 바닷가에서 1박 2일이라는 풍성한 시간을 앞에 두고 만나니 황홀하고요. 참견할 후배들이 동석하고 있어 더욱 행복하네요. 그럼 슬슬 편안하고 맛있게 수다를 떨어 볼까요? 사회는 내가 아니라 박혜란 선생이 해야 할 것 같은데, 일단은 지금까지 기획안을 내가 짰으니 먼저 말문을 트겠습니다. 그리고 이 토론은 가족에 생각을 집중하도록 하기 위한 사전 작업입니다. 좌담 후에 모두 가족에 대해 글 한 편을 써 내야 하는 숙제가 있다는 것, 잊지 마세요.

먼저 '새로 쓰는 가족 이야기'라는 가제를 달고 시작한 이번 호 동인지 기획 편집을 하면서 느꼈던 것을 말해 보지요. 한마디로 '진짜 분열의 시대구나,' '탈계몽주의 시대구나' 하는 거였어요. 의미 있는 이야기를 공유한다는 게 정말 힘들어요. '당신이 꼭 알아야 하는 이야기다'라는 메시지를 찾기 어렵고, 서로의 전제나 경험, 또는 어법이 달라 오해할 여지가 많아 말을 잘 안 하게 되고… 지난번 우리가 낸 『새로 쓰는 청소년 이야기』 좌담에서 십대들이 어른들에게 이런 말을 했지요. "제발 물어볼 때 이야기해 달라. 미리 이야기하지 말라"고요. 게다가 아무리 좋은 내용이라도 계몽주의 어투로 하면 역효과만 나는 것 같습니다. 그러니 일단 누구에게 말을 '해 주는' 것이 아니라 우리가 생각을 정리한다고 생각하고 가볍고 솔직하게 이야기를 해 봅시다.

「또 하나의 문화」(이하 또문)에서는 근 20년 동안 많은 낯선 이야기들을 우리 사회에 유포한 셈인데, 오늘은 그런 말을 퍼뜨려온 우리들이 그간 살아온 삶, 특히 가족과 관련된 삶을 중심으로 이야기를 나누는 식으로 합시다. '적응과 성장' 식의 이야기도 좋고, 변명도 좋고, 투정도 좋고요. 각자 가족이라는 것을 어떻게 생각하고 살아왔는지를 먼저 정리해 봤으면 해요. 반올림하면 오십대 여섯 명이 모인 자리인데, 각자 그간 가족이라는 이름으로 불리는 '시공간'을 어떻게 구성하고 살아왔는지, 50여 년을 살면서 어떤 순간이 위기였고 전환기였는지 이야기하면서 풀어가 보지요.

혜란 난 아주 평범한 낭만적 사랑에 빠져 물불 못 가리고 연애하고 "여자는 남자와 결혼하여 영원히 행복하게 살았습니다" 이후는 생각하지 않고 결혼했어요. 모두들 둘만 낳아 잘 기르자고 하던 때 삐딱하게 애 셋 낳고 그 애들 키우는 동안 남편이랑은 별 문제 없이 살았죠. 그런데 막내까지 어느 정도 크고 나니까 재미가 없어져서 새로운 것을 찾기 시작했는데 그러다가 여성학을 공부하게 됐고 또 「또문」을 만나게 됐죠. 그동안은 가족이란 것에 대해서 별 생각이 없었죠. 가족은 그냥 살아가다 보면 자연스럽게 따라오는 거니까. 헌데 나이가 오십이 넘고 보니 어느새 내 윗세대들은 다 돌아가시고 아이들도 떠났거나 떠나기 직전이란 말이에요. 내 옆에는 남편만 남았어. 그런데 그 남편을 가만 바라보면서 이 남자와 앞으로 얼마가 됐든 죽을 때까지 살아야 한다고 생각하면 그게 글쎄… 우리 남편은 내가 이상하대요. 자기는 나랑 있으면 너무 좋고 친구 같고 행복하대요. 하지만 난 남편이랑 딱 둘만 있는 게 재미가 없는 거예요. 옛날에는 우리처럼 열렬히 연애했던 사람들은 평생 잘살 거라고 생각했어요. 지금도 겉으로 보면 잉꼬까지는 아니지만 그래도 비둘기 정도는 돼 보이겠죠, 하하하. 하지만 속으로는 이 사람과 관계를 어떻게 잘 끌어 갈까가 요즘 내 화두랍니다. 참, 남편이 몇 달 전에 중국에 갔어요. 나이 육십에 중국어 공부하러. 남편이 떠나자마자 사이가 좋아지대요. 전화걸 때마다 친구처럼 수다 떨고. 하지만 남편이 돌아와도 그렇게 지낼 수 있을지는 솔직히 의문이죠. 그래서 남편과 함께 살되 어떨 땐 남편이 없는 것처럼 살면 편하게 살 수 있지 않을까 생각하고 있어요.

형 짬짬이 남편이고 짬짬이 투명 인간인 그런 존재?

부모 세대, 우리 세대

형 우리 부모 얘기 좀 할게요. 두 분은 삼십대 후반부터 아버지의 직장 때문에 서울과 지방에 따로 계신 시간이 더 많은 편이었는데 사이는 꽤 좋아 보였어요. 자기 관리에 철저한 아버지와 오로지 현모양처가 생의 목표인 어머니 사이에는 인생관이나 종교관에는 엄청난 차이가 있었지요. 서울 태생인 어머니는 서울 떠나기를 싫어했고, 아버지는 방랑 벽이 있다는 말을 들으면서도 서울 집을 떠나 은퇴 후에도 시골 생활을 고집하셨죠. 어머니는 반찬 등을 바리바리 싸들고 한 달에 한두 번씩 시골을 오가야 했어요. 그런데 칠십을 바라보면서부터는 일주일 정도 계실 예정으로 내려가셨다가는 이틀이나 사흘 뒤에 돌아오시더니, 드디어 아버지에게 가려고 짐을 싸 놓으면 그날 아침에 병이 나기에 이르렀어요. 결국은 아버지가 포기하고 집으로 돌아오시고 마지막 1년 동안은 어머니의 간병을 착실하게 받고 돌아가셨어요. 두 분을 지켜보면서, 노년의 부부가 함께 산다는 게 뭘까 많이 생각했지요. 노년에 의지할 곳은 부부밖에 없다고 이야기하고 또 외형적으로는 '성공한 부부'로 보이지만 실제로 속을 들여다보면 노부부로 잘산다는 것이 결코 쉬운 일은 아닌 것 같았으니까요. 자식으로서 개입하는 데에도 한계가 있고요. 둘만의 노후 삶에 대해 경제적으로는 물론 심리적으로 단단한 각오와 준비가 필요한 것 같아요. 새로운 단계의 삶을 위한 기획이 필요한 거죠. 우리 부모 세대는 별다른 준비라는 것 없이 관습적으로, 그냥 물 흐르듯이 다가오는 대로 적응하며 살아왔잖아요? 우리 세대는 좀 달라졌을까요?

조
한 우리 부모는 아주 사이가 좋은 편이에요. 여든이 넘으신 우리 엄마 아버지는 여섯 가구가 사는 복합 건물 1층에 사시고 우리는 4층에 살아요. 친정 부모를 모시고 사는 셈인데, 우리 애 표현으로라면 내가 여전히 엄마에게 '빌붙어' 사는 것이죠. 내가 요즘 가족과 관련해서 가장 많이 고민하는 것 중 하나는 여든다섯이 된 엄마한테 못되게 군다는 거예요. 예를 들어 엄마가 한번 했던 이야기를 다시 하면 당장 "엄마, 그 이야기 아까 했어!"라는 식으로 말하는 거예요. 그리고 나서는 미안해 하지요. 엄마는 자식을 위해 있는 사람이라는 데에 워낙 익숙해져 있고, 또 엄마에 대한 기대가 많아서인지, 내 엄마는 아무리 나이가 들어도 지혜롭고 빈틈없기를 바라는 심리가 있어 그런가 봐요. 또 지금 우리 삶이 너무 바쁘기에 제대로 인간 도리를 못한다는 미안함에서 오는 감정일 수도 있고요. 내가 아무리 바쁘다고 해도 그것이 우리 부모에게는 체감되지 않을 테니까 그런 관계에서 피로감을 느끼죠.

요즘 나는 지금 거의 독립을 하고 있는 두 아이와 노부모 세대 중간에서 살면서 다른 세대들의 공존에 대해 많이 생각하는 편이에요. 아이가 내 말을 잘 못 알아들으면, 내 엄마가 맥락을 모르시면서 엄마 식대로 머리를 쓰실 때 내가 불편하듯, '저 애도 불편한 모양이구나' 하고 생각하게 되죠. 앞으로는 나처럼 모계 삼대가 사는 집이 늘어날 텐데, 삼대가 잘 지내기 위해 필요한 지침서를 만들어야겠다는 생각을 하고 있어요.

올해가 남편 회갑 해인데 제자들이 회갑 기념 논문집 발간 연회를 열어 줍디다. 그 연회 뒤풀이를 나와 딸이 도와주었는데, 문득 제자들도 우리 가족이었다는 생각이 듭디다. 그 자리에서 제자들이 남편이 너무 '일 중심적'이라고 원망을 많이 하던데 문득, 나 자신도 정말 도구적 합리성으로 가득한 인간이라는 걸 안 거예요. 내가 이러면서 남편에게 뭐라고 불평을 하나, 아이들은 이런 도구적 합리주의자의 집에서 어떤 힘든 것이 있었을까, 일 중심적이고 목표 지향적인 우리 부부가 얼마나 많은 사람들을 섭섭하게 했을까, 이런 반성을 했죠.

우리 애들은 둘 다 대학을 막 졸업했고, 열심히 자기 길을 찾는 중이에요. 아들은 대학교 2학년 때부터 집을 나가서 학교 앞에서 자치 공동체로 살았는데, 3년 후 다시 집으로 들어왔지요. 그런데 그간 습관이나 소통의 방식이 달라졌는지, 이상하게 티격태격하게 되더군요. 예전에 미국에서 아이들이 고등학교만 졸업하면 해방하듯이 집을 떠나고 부모도 시원해 하던 것이 이해가 되지 않았는데, 그 애를 보면 이해가 될 듯해요. 각자 만사에 시나리오를 다 갖고 있으니 부딪칠 수밖에요.

내 엄마는 그런 이야기를 하면 애가 스스로 집을 떠날 때까지 잘해 주라고만 하시는데, 하여튼 우리 모자도 서로 예의를 차리려 노력 중이에요. 나는 아들을 보면서 그간 여자들이 아주 당당한 집안에서 잘살아 왔으니까 그런 집안의 사람을 만나 그 집에 붙어서 잘살아 주었으면 하고 생각해요. 자기는 공동체로 산다고 하는데, 어쨌든 남자는 애를 낳을 수 없으니까 함께 애를 낳거나 파트너가 생기면 그에게 도움이 되는 존재여야 할 것이고, 이런 맥락에서 나는 가족적 삶의 자연스러운 구도는 부계가 아니라 모계라고 생각하고 있어요. 모계 중심이면서 남자가 소외되지 않는 삶의 형태를 만들어 가는 게 우리 숙제가 아닐까.

김정 저는 가족이라 하면 매일 나와 한솥밥을 먹는 내 식구를 먼저 떠올리지만 곧 이어 시댁과 친정을 다 포함시킬 때가 많습니다. 그 이유는 제가 포용력이 많아서가 아니라 양쪽 다 일 년에 대여섯 차례밖에 안 만나는데도 항상 서로 편하게 대하고 관심을 가져 주기 때문입니다. 특히 시댁 어른들은 결혼 후 20년 동안 지속적으로 관계를 맺으며 조금씩 가족으로 편입되는 경우입니다. 얼마 전 제가 책을 냈는데 남편의 형님이 초고를 처음부터 끝까지 꼼꼼히 읽어 보신 후 그와 관련된 서적을 도서관에서 빌려 주기까지 하셨습니다. 그분은 물론 그 분야의 전문가는 아닙니다. 그런데도 그런 관심을 보여 주셔서 참 기뻤어요. 또 제가 바깥일에 바빠 집안 대소사에 소홀한데도 항상 저를 격려해 줍니다. 그래서 저도 편하게 저희 집 일에 대해 상의도 드리죠.

부모님에 대해서는, 제가 어렸을 때부터 성인이 될 때까지 그 분들을 이해하느라고 무진 고생을 했지요. 때로는 부모님이 나의 짐으로 여겨질 만큼… 두 분이 사이가 안 좋은 것도 아니고 끝까지 이혼은 안 하셨지만 나는 속으로 '저렇게 살려면 차라리 이혼하시면 좋겠다' 하는 생각을 수도 없이 했어요. 부부가 함께 살기에 가치관이나 성격이 매우 달랐지요. 엄마는 인정 많고 여장부처럼 화통하고 놀기를 좋아하셨고 아버지는 가정적이고 식구만 아는 분이셨으니, 보통 집과는 반대였어요. 어머니는 아버지 돌아가신 후 "내가 평생을 너희 아버지한테서 벗어나려고 했는데 벗어나고 보니 내 나이 육십이 넘었구나" 하고 말씀하시더군요. 그 말씀을 같은 여자로서 이해했지만 솔직히 섭섭한 것도 사실이었습니다.

저는 동네에서 어른들끼리 아는 관계에서 중매로 결혼했고 결혼에 대해서는 생각이나 준비를 그리 많이 하지 못했어요. 개성 없이 한 결혼이지요. 올해 결혼 21년째인데요, 결혼 후 7년 정도는 제가 전업 주부였는데도 가사와 육아를 어떻게 분담할 것인가를 두고 논쟁을 많이 했고 행동이 변할 때까지 끈덕지게 문제를 붙잡고 늘어진 편이에요. 부부 싸움을 하는 방식도 부부 관계에 매우 중요한 것 같아요. 첫 번째 부부 싸움에서 누가 이겼는가가 평생 부부 판도를 결정한다는 말을 들은 적이 있는데 그 말이 어느 정도는 사실이더군요.

조한 그렇게 '생산적인 부부 싸움'을 초기부터 한 데는 페미니즘 영
향이 작용한 것인가요?

김정 열렬히 살다 보니 '내가 사는 것이 페미니스트로 사는 거구나' 나
중에서야 알았지요. '생산적인 부부 싸움'을 한 것은 처음에는 부
부가 어차피 끝까지 함께 가야 한다고 결심했기 때문입니다. 처음엔 서
로 타협하면서 살아야 한다고 생각했는데도 그 사람뿐 아니라 기존의
제도를 내가 마음이 불편해서 받아들일 수가 없었어요. 가족과 나를 둘
러싼 매사에 갈등과 고민이 많았던 거죠. 어차피 오래 살려면 서로 고
치면서 살아야겠다고 생각하게 되었죠.

　남편이 늦게 들어오는 날이면 애들한테도 "너네 아빠는 어디서 맛있
는 음식을 먹고 있을 테니까 우리도 빨리 밥 먹자" 해서 애들도 내 편으
로 만들고 남편 자리는 없애고… 하지만 속으로 그 사람 자리를 없애고
가족의 행복을 저 혼자 책임지는 건 솔직히 자신이 없었어요. 또 입장
을 바꾸어 놓고 생각하니 그 사람이 정말 그러고 싶어서 그러는 게 아
니라는 생각이 들면서 가족 안에 그 사람의 자리를 마련하기 시작했죠.
아이들이 십대에 들어서자 저는 아이들과 제가 갈등하고 부딪치는 지
점을 찾아서 저와는 성향이 다른 남편에게 아이들 양육의 한 부분을 맡
겼어요. 주로 학교 상담, 성적, 진로 같은 문제들을 맡겼는데 남편도 아
버지의 자리를 찾으며 즐겁게 잘해 나가더군요. 최근에는 둘째 아이가
학교와 맞지 않아서 힘들어하던 중 위기를 넘기는 데 남편이 많은 도움
이 되었어요. 남편은 자연스레 딸과 같이 시장 나들이도 하고 외식도
합니다. 그런데 앞으로 이런 식으로 부부가 이십 년을 함께 살겠느냐고
묻는다면, 글쎄요… 남편이나 저나 서로 자신 없기는 마찬가지입니다.

가족은 같이 밥 먹는 사람

조한 '식구'라는 말이 있듯이 가족은 먹는 것과 관계가 깊은 것 같
습니다. 얼마 전 남편이 이런 이야기를 해서 놀란 적이 있어요. 주말에
집에 오면, 나보다 요리를 좋아하고 잘하는 그 친구가 보통 식사 준비
를 하는데, 언젠가부터 밥상을 거의 차릴 즈음에도 내가 전화를 받고는

"응, 그래 지금 나갈게" 하며 아무렇지도 않게 나가 버리더라는 거예요. 아마 「하자 센터」 만드는 일에 미쳐 있을 때였던 것 같아요. 그 이야기 들으면서 내가 정말 못된 사람이었구나 반성했어요. 그래서 요즘은 일주일에 한 번은 꼭 밥을 함께 준비해서 먹으려고 노력하지요.

[김정] 아이들 없이 둘이서 며칠을 보내자 도리어 남편 입에서 "아무래도 여자들이 일을 가져야 할 것 같다, 특히 아이들이 독립한 후에는. 그렇지 않다면 아이들이 군대를 가거나 독립해 떠난 후 쉰 이후의 빈 기간을 여자들이 견디기가 참 어려울 것 같다"는 말이 나오더군요. 저도 속으로는 서로 상대방만 바라보고 살아야 한다면 얼마나 팍팍하고 힘들까 하는 생각이 들어 앞으로는 저 사람의 기호와 취미를 살려 주어야겠구나 하고 결심했지요. 주말에 남편 혼자 운동을 하러 가면 내가 바빠서 못 따라나서면서도 싫은 내색을 했거든요. 또한 남편은 어른이니까 자기가 다 알아서 하겠지 하고 생각했는데 나이가 많든 적든 옆에 관심 가진 사람이 있으면 훨씬 많이 발전하고 더 좋아지는 것 같아요. 저는 그 역할을 예전에는 남편이 해야 한다고 생각했는데 이젠 아이들을 포함해서 가족 중 누구라도 할 수 있다고 생각이 바뀌고 있는 중이에요.

[조한] 김정 선생의 경우 중매결혼을 했고 주부로서 커리어를 쌓아간 경우라 할 수 있겠지요. 우리 세대에서 중매결혼이 일반적이긴 하지만, 동인들 가운데에서는 특이한 경우지요. 그런데 연애결혼을 한 사람들은 사랑이 식으면 헤어져야 한다고 무의식적으로 생각하게 될 텐데 선생님의 경우 결혼을 하나의 프로젝트로 받아들이면서 살뜰하게 챙겨나간 셈이고 그런 면에서 김정명신은 가족 기획자였다고도 볼 수 있겠군요. 사실 여자들은 다 가족 기획자이고, 특히 애가 있는 경우, 애들을 떠나보내는 기획을 해야 하는데, 때론 우리 엄마들이 끝까지 너무나 철저하게 이 점을 자신들의 프로젝트로 가져가는 것은 아닌가요?

[김정] 저는 너무 준비 없이 인생을 맞았기 때문에 쉽게 갈 수 있는 길도 너무 어렵게 갔던 경험이 있어요. 그래서 아이들은 좀 준비시키고 가게 하고 싶은 거죠. 게다가 자기 치다꺼리와 가사 노동은 일종의 습

관이기도 해요. 청소, 다림질, 아침 식사 준비 등이 그런 것입니다. 제가 집을 비울 때 제가 아무리 신신당부를 해도 아무도 밥을 해 먹지 않았지요. 그 정도면 곤란해요. 가족 중 누구든 혼자 살 때가 있을 텐데 그런 식으로 살면 오래가지 못합니다. 남자건 여자건 제 치다꺼리는 해야 자신도 편하고 상대를 편하게 해 줄 수 있으니까요. 그래서 그 훈련도 당연히 필요하다고 생각합니다.

늘 열려 있는 가족 : 내 친정, 남편 친정, 친구들

진경 | 난 자랄 때 자식으로서는 자유롭게 전폭적인 지지를 받으면서 살았는데, 가부장제 가족 안에서 엄마가 사는 것을 보고, 와, 저건 아니다, 난 저건 못한다, 하는 생각을 굳게 했어요. 그래서 전통적인 결혼과 가족 구조 안으로 들어가면 큰일 난다 생각했죠. 그래서 결혼할 생각이 없었고 유학도 갔는데, 잘 지내다가 애인이 생긴 거죠. 근데 이 친구는 매우 마음에 들었고 관계가 꽤 오래가더군요. 한국과 미국으로 몇 달씩 몇 년씩 떨어져 있어도 계속 연결이 되고. 근데 그때 파격적으로 계약 결혼을 하거나 만사를 무시하고 함께 사는 건 불가능해 보였어요. 가족도 걱정되고 직장도 그렇고. 함께 살 수 있는 방법이 결혼뿐이겠구나 생각하고 결혼했죠. 결혼하고 나서 시댁과의 관계 속에서 나를 보니 그때까지 나도 모르던 내 성향이 명확히 드러납디다. 나는 아주 개인주의적이고 조금이라도 내 자유를 침범하는 것을 절대 못 참는 성격이더군요. 어느 시점에선가 나와 합의하지 않고 시어머니가 아들네랑 함께 살려고 들어오셨는데, 살림 다 놓고 조용히 나간 적이 있어요. 그 후에도 여러 번에 걸쳐 나는 강제로 어떻게 되는 사람 아니라는 제스처를 조용하고 명백하게 했죠. 전통적인 역할을 기대해 봤자 소용없다는 것을 명확히 하고 나서는, 시어머니를 이해하고 지원하고 사이좋게 지내려고 노력하면서 지금까지 잘살아 왔죠. 이 관계에 들어가기 전에는 내가 이 정도까지 개인주의적인 사람인 줄 몰랐어요.

조한 | 이른바 '깬 부모'의 전폭적 지지를 받고 자란 딸들은 대개가 자아 실현을 가장 중시하는 개인주의 성향을 갖고 있지요. 그래서 독신

자도 생기고 또 자발적으로 애를 낳지 않는 부부도 생기는데, 정진경 선생의 경우는 아기를 낳으려는 생각 안 해봤어요?

아기가 없는 것은 소극적인 선택인데요. 안 낳겠다는 건 아니었는데 몸도 약하고 결혼도 늦게 해서 아기가 안 생길 때, 어떤 일이 있어도 꼭 낳겠다고 병원에 다니고 이러는 것을 안 한 거죠. 제가 결혼을 한 것은 이 남자 친구가 매우 괜찮으니 같이 살아야겠다는 생각을 했기 때문이고 그래서 가족이 되었죠. 조한 선생님은 아이가 생기면서 부부 관계가 달라졌다고 말씀하셨잖아요? 그런 면에서는 우리는 그런 변화 없이 계속 살고 있는 셈이죠. 밥 먹으면서 서로 할 말이 너무 많아요. 가끔은 "잠깐, 나 이 얘기부터 할게" 하고 서로 먼저 말하려고 난리를 치다가 웃죠. 주말 부부라 워낙 자주 떨어져 지내기도 하지만, 어딜 몇 주나 몇 달 다녀오거나 하는 식의 거주 이전의 자유도 확실해요.

정 선생 같은 경우는 정말 친구이자 동지인 부부이지요? 길어야 3년의 '눈먼' 열애의 기간을 거쳐 — 어떤 이는 1년 반 이상은 지속되지 않는다고도 말하죠 — 무조건 서로에게 이끌리는 결혼 초기 '화학 작용'이 사라진 다음에도 계속 어떻게 잘살 수 있나를 이야기해 주는 것 같아요.

사실 결혼 전에도 너무 오래 친구처럼 지내서, 특별히 '찐한' 신혼 분위기도 별로 없었던 것 같아요. 그냥 일상을 많이 나누면서 마음이 편해지고, 가끔씩은 아주 재미있는 일을 같이 하거나 아주 힘든 일을 같이 넘길 수 있는 든든한 내 편, 지원자, 애인이 있는 게 결혼해서 얻은 장점이죠. 결혼했기 때문에 참 번거롭다고 생각했던 건 시댁에 해야 하는 의무들이었는데 그것도 이제 대개 자리 잡았고. 그런데 내가 정서적으로, 자동적으로 내 가족이라는 범주에 넣는 건 남편과 친정 집이에요. 형제들까지. 시댁은 자동으로는 잘 안 들어와요.

남편에게는 가족이 어떤 느낌인지 물어본 적 있어요?

진경 자기 친정하고 나 정도겠죠, 뭐. 그런데 이 사람은 우리 친정 식구랑 아주 잘 지내요. 부모님께도 잘하고 처남들을 엄청 좋아해요. 별로 의무가 없이 즐거운 일을 주로 같이 하니까. 그러고 보면 그게 좋은 인간 관계가 만들어지는 비결인지도 모르겠어요.

조한 여자는 남자보다 감성적 훈련이 더 잘 되어 있고, 결혼 후에도 친정과 계속 친밀한 관계를 이어 가는데 남자들은 왔다갔다하면서 지내니까 좀 다를 거예요. 결혼 전의 가족 관계가 그 후로 이어진다는 말인데, 딸과 아들이 자기 집안과 맺는 관계가 일반적으로 다른 점이 있어서 아주 자연스럽게 둔다면 오히려 남자가 여자 가족을 자기 가족으로 생각하게 될 가능성이 높지 않을까 하는 생각이에요. 현재 한국은 법과 관습으로 거꾸로 된 상황이지만 조만간 반대의 경우로 상상해 볼 수 있어야 할 겁니다. 앞에서도 말했는데, 기본적으로 가족 관계의 중심은 모계가 될 거예요. 물론 조선 시대는 사회 경제적 조건이 달랐고 그래서 철저한 부계 혈통주의로 나갔지만, 개개인이 먹고살 수 있는 근대적 조건이 만들어지고, 가족의 유지에서 감정적 관계가 중시되면서 자연히 일상 생활이 모계 중심으로 되어 갈 것입니다. 결국 남자는 본가와 처가 양쪽을 다 다니면서 이동성 있게 살고, 여자들이 키워온 관계 맺기 능력을 중심으로 포용력 있는 가족적 삶의 새로운 바탕을 마련해야 할 것이라는 생각을 해 보게 되네요. 지금은 사회가 부계 중심으로 조직되어 여성들이 잘할 수 없는 시댁과의 관계는 강조되고 자연스럽게 잘할 수 있는 친정과의 관계는 잘 유지하기 힘들다 보니 문제가 아주 복잡하게 꼬이는 경우가 생기는 거죠.

진경 나는 가족 외에 다른 관계들을 소중하게 생각하고 많이 챙기는 편이에요. 친구, 후배, 제자들한테 일부러라도 전화해서 만나고 챙기죠. 그 관계들이 나에게 만족과 즐거움을 주니까 그렇기도 하지만, 남편이랑 나랑 달랑 둘이서 과도하게 친해야 한다고 기대하고 의존하는 것은 안 좋다는 생각에 더 신경 쓰는 점도 있죠. 또 내가 관련된 몇 가지 일, 남편이 벌이는 많은 일들과 그로 인해 만들어지는 관계들에도 많은 비중을 두면서 살고 있어요. 둘이 같이 아는 친구나 후배들도 많아요.

친정과 아이가 가족이었다

형 지금 결혼, 아이 이야기가 나오니까 말인데, 내 경우는 다른 의미에서 특이하다고 할 수 있겠어요. 돌아보면 내게 가족은 친정과 아이밖에 없었다는 생각이 들어요. 유학 중에 결혼하고 아이 낳고 혼자 아이 데리고 친정으로 돌아와 친정 부모 돌아가실 때까지 함께 살았으니까요. 남편과는 둘이, 혹은 아이랑 셋이 살았던 기간도 있긴 하지만 그게 얼마 되지 않았고 오래 별거를 했거든요.

조한 그 시대로 보면 획기적인 일이었을 텐데, 왜 남편이랑 헤어졌는지도 좀 이야기해 주시죠.

형 글쎄, 난 어렸을 때부터 결혼, 아니 남자와 사는 것에 대해 양극의 이중적인 생각을 갖고 있었던 것 같아요. 결혼 안 하고 혼자 사는 극소수의 어른들처럼 살고 싶다는 생각과, 만일 결혼을 한다면 고전적인 모범 가정을 이룰 거라는 생각. 그러다가 대학 시절에 남자 친구가 생겼고 다음으로 선배와 사귀면서 결혼 쪽으로 선회한 셈이죠. 약혼을 하고 유학 떠났는데 1년 뒤에 그 남자가 같은 학교로 전학 오게 되자, 기왕 약혼도 했고 한 동네에 살게 되니까 결혼을 한 거죠. 그런데 남자랑 실제로 함께 살아 보니 '코드'가 맞지 않는 면들이 새록새록 보이기 시작하는데, 점점 의견 충돌이 잦아지고 그 사람의 사고 방식과 행동을 이해하기가 어려워져서 나로서는 함께 사는 의미를 발견하기가 어려울 정도로 심각하게 되었어요. 이러다가는 털끝만큼의 우정조차 남지 않을 것 같고 모두 파탄날 것만 같은 두려움에 나 먼저 아이 데리고 서울로 돌아왔어요. 그 후에 그 사람이 귀국해서 다시 합쳐 어떻든 잘살아 보려고 노력했지만 그게 안 되더군요. 그래서 결국, 결혼이라는 가지를 쳐내 버리면, 친정에서 태어나서 유학 갔다가 아이만 낳아 안고 다시 친정으로 돌아온 게 되더군요. 아이는 커서 떠나갔고 부모님도 세상을 떠나신 지금은 새로 나의 가족을 꾸리는 중이고, 앞으로 십 년 정도 함께 살 여자 친구를 구해 놓고 있는 상태입니다.

조한 지금 조형 선생이 산 삶이 바로 지금 이, 삼십대 똑똑한 여자들이 가장 바라는 삶 중에 하나인데, 참 앙큼하게도 일찍이 그런 삶을 살았군요(웃음). 서른을 넘긴 전문직 여성 중에 결혼할 생각은 없지만 아이를 낳을 생각을 하는 이들도 생기고 있지요. 자발적 미혼모도 생기고 있고요. 지금 생각하면 조형 선생이 산 삶은 아주 자연스러운 삶인 듯한데 그 당시에는 그렇지 않았을 테지요.

형 그 시절에 부부가 헤어지는 건 그리 쉽지 않았어요. 나도 쉬운 결정은 아니었어요. 지금도 그렇지만, 아이 걱정이 제일 컸고, 우리 어머니도 강경하게 반대를 했거든요. 또 별거나 이혼의 이유가 당시 법으로도 인정되지 않는 것이었고. 주변에서 아무도 박수 쳐 주지 않는 별거를 시작한 셈이었지요. 하지만 '나를 가장 사랑하는 건 나다. 내 문제를 가장 잘 알고 최후의 결정을 하는 것도 나다' 하는 생각이 투철했고, 더 길게 끌지 말고 헤어지는 것이 낫다는 생각을 단호하게 했기 때문에 주위 시선이나 뭐라고 말하는 건 귀에 담으려 하지도 않았어요. 너무 어려서 잘 모르다가 크면서 고민하는 아이에게만 신경이 무척이나 쓰였지요. 집에서는 주로 어머니가 아이의 엄마 노릇을 하고 나는 대화하는 친구이자 보호자의 역할을 했어요. 그래서 우리 아이는 엄마가 둘인 셈이지요. 어머니도 늦둥이 하나 둔 것처럼 그렇게 잘 키워 주셨고요. 아이는 아빠와 상호 희망에 따라 자유롭게 만나게 하고 그 관계를 부자연스럽지 않도록 배려하느라고 했지만, 아이가 고민이 왜 없었겠어요? 내게도 털어놓은 적도 여러 번 있었지요. 그래도 아이는 고비를 넘기면서 잘 자라 줬고 그게 얼마나 고마운지 모르겠어요. 아이가 며느리 될 여자 친구를 처음 데리고 왔을 때도 이 애를 좋아해 줘서 고맙다는 생각이 제일 먼저 들더군요. 지금은 아이들이 자기 가족을 만들어 가도록 떼어 보내면서 '나는 늘 여기 있을게' 하는 식으로 정리하는 중이에요.

모녀와 친구와 제자로 이루어진 가족

조한 이상화 선생은 좀 다른 의미에서 아주 '정상적' 인 가족적 삶을 살아왔는데 그런 가족이 형성된 과정이 어떠했는지요?

상화 진경 선생은 아이가 아닌 다른 사람들과 친밀성을 가꾸어 나가는 편이지만, 나는 아이들을 무척 좋아해요. 그러나 내가 아이를 낳아 기르고 싶다는 생각을 한 적은 없는 것 같아요. 아이를 너무 대단하게 생각하니까, 나 자신이 아이를 낳아 기른다는 것이 너무 엄청난 일로 느껴져요. 나는 늘 아이를 낳는 일과 기르는 일 자체가 대단한 용기와 결단이 필요하다고 생각하기 때문에, 그런 의미에서 모든 '어머니'들을 존경해요. 아이를 입양해서 키우는 경우도 역시 존경스럽기는 마찬가지예요. 그러나 아이가 자기의 혈육일 필요는 없지 않은가 생각해요.

지금 내 '가족'은 네 명으로 구성되어 있어요. 오십대인 두 여자하고, 삼십대 후반의 여자, 이제 막 스물이 된 여자 이렇게 네 명의 여자들이에요. 우리를 (이런 형태의 삶을) 가족이라는 개념으로 규정하는 것이 적절한가 생각해 봤어요. 통상적인 가족이란 결혼을 통해 결합하고 아이들 낳고 그렇게 구성되는 데 반해 우리는 네 명이 서로서로 다르게 각별한 관계를 맺으며 가족을 구성하고 있어요. 두 사람은 이십대부터 친구였고, 두 사람은 모녀 관계이고, 또 두 사람은 선생과 제자 관계이지요. 우리는 나이와 상관없이 서로 친구이기도 하고, 경우에 따라서 서로 보호자이기도 하고, 또 자매이기도 하면서 다차원적으로 돈독하고 친밀한 관계를 맺으며 살고 있어요. 그러나 우리가 애초부터 우리 함께 모여 살자, 대안적인 모델을 만들자 해서 함께 살게 된 것은 아니에요. 처음에는 더 많은 사람들이 여러 가지 사정으로 한집에서 함께 살았는데, 외국으로 떠난 사람들도 있고 자기 집을 마련해서 나간 사람들도 있어서 우리 넷이 남게 된 것이지요.

조한 사랑에 빠지고 결혼을 하고 하는 식이 아닌 좀 다른 과정을 통해 식구가 된 것이고 가족이 된 것인데, 그래도 핵심은 그때 아주 어렸던 '아이'가 아니었을까요?

상화 그렇다고 할 수 있지요. 우린 함께 살면서부터 유치원에 다니는 아이를 기르는 일을 분담했어요. 모두 자기 일을 가지고 있으니, 아이를 기르는 일도 보통 어려운 일이 아니었어요. 매주 앉아서 시간표를 짜고, 일을 분담했지요. 아이가 가장 어리고 보살핌이 가장 많이 필요하니까 나이 많은 사람들이 아이 중심으로 배려하는 관계를 구성하게 된 것 같아요. 아이 기르는 방식 때문에 의견 차이도 있기는 했지만 서로 정말 정성을 다한다는 것을 믿었기 때문에 큰 불화는 없었지요. 유치원 다니던 그 아이가 커서 대학생이 되었고, 이제 아주 편해졌어요.

그 전 집이 낡았지만 여러 공간이 있어 누구나 들어와서 살 수 있을 것 같았는데, 그 집에 불이 났어요. 이제 새집을 지은 후에는 각자 작은 방 하나씩을 가지고 있어 남는 방이 없어요. 그렇게 공간이 한정되니까 우리 가족이 네 명으로 고정되고, 다른 사람들은 방문객이 될 수밖에 없게 되는군요. 열린 체제에서 이제 닫힌 체제가 된 것이라고 해도 될 것 같아요.

이제 두 젊은이들이 다 영국으로 유학을 갔어요. 그래도 방학이 되면 집으로 오기 때문에 두 사람의 방을 그대로 두고 있어요. 언제든지 돌아올 수 있는 자신의 공간(house)이 있다는 것이 가족(family)을 가정(home)으로 만들어 주는 것 같아요. 구성원 모두가 혈연 관계로 맺어지지 않았다고 해서, 우리 가족을 '주거 공동체'라고 규정하는 것은 가족을 혈연 공동체로만 보는 고정 관념이 전제되어 있는 것이라는 생각이 들어요. 우리 집 사람들은 모두 우리가 '가족'이라고 생각하고, 또 그렇게 부르고 있거든요.

우리 가족끼리 특별한 역할 분담이 없어요. 물론 기능적으로 잘하는 사람이 좀 더 하겠지만 누가 무엇을 한다고 정해 놓은 것 없이 무엇이든 할 일이 있으면 시간 있는 사람이 하지요. 단지 아직 경제적인 지원이 필요한 나이에 있는 사람은 아직 능력이 있는 어른들이 최대로 지원을 해 주고, 은퇴 전까지 각자 혼자 설 준비를 잘 하는 데에 최선을 다하는 것을 원칙으로 하고 있어요.

비혈연 가족의 규칙과 어려움

조한 비(非)혈연 가족이기 때문에 더욱 가족을 구성하는 것이 무엇인지 잘 볼 수 있을 것 같군요. 마치 동성애 커플이 지속적 사랑 관계의 속성을 가장 잘 드러내 주듯이 말이죠. 경제적인 것 외에 어떤 관계와 활동이 중심이며 가족원으로서 지켜야 할 규칙이 있는지 좀 정리해 주실래요?

상화 우리 가족에는 몇 개의 암묵적인 규칙이나 약속 같은 것이 있어요. 우선 보살핌이 필요한 사람을 누군가가 돌보는 것을 확실하게 한다는 것이지요. 예를 들어 나는 몸이 약한 편이라 아파 누워 있는 날이 많아요. 그런 때에 나머지 사람들 중 누구든 시간이 있는 사람 하나가 나를 보살펴 주도록 정하지요. 그래야 안심하는 거예요. 우리는 각자 방에서 혼자 시간을 보낼 때에는 서로 방해하지 않지만, 밖에 나가거나 여행을 떠나게 되면 대강의 일정과 행방을 반드시 말합니다. 불필요한 간섭은 하지 않지만 서로 걱정 끼치지 않아야 한다는 약속인 것이지요. 그리고 다른 규칙 하나는 가족 모두에 관계되는 집안일이 있거나 개인적으로 인생에 아주 중요한 일을 결정해야 할 때에는 반드시 가족 회의를 열어, 자신의 결심을 알리고 함께 의논하고, 때로는 함께 결정을 하는 것이요. 사실 사소한 일로도 가족 회의를 자주 하는 편이에요. 너무 권위적이지만 않다면 가족 내에서 배려나 공동 결정 등에 대한 질서가 중요하고 어느 정도는 의무나 책임도 분명히 하는 것이 좋은 것 같아요. 가족이란 결국 지원 체계라고 생각해요. 그러나 누구나 원하는 대로 무엇이든 해도 된다는 의미는 아니지요. 암묵적으로나 때로는 명시적으로, 해도 되는 일과 하면 안 되는 일의 선을 분명히 긋고 최대한 그 선을 지키려고 노력하는 것이지요. 예를 들어 낯선 사람을 집에 데려와서 함께 지내겠다고 할 때에는 가족 회의를 열자고 제안해서, 다른 가족들을 설득하고 동의를 구하는 것이 최소한의 예의로 되어 있지요.

이제 두 젊은이가 다 커서, 외국으로 갔고 공부가 끝나면 어디서 누구와 살지 아직 모르는 시점에 왔어요. 이제 우리 가족에게도 새로운 국면이 온 것이지요. 실상 오십대에게 생의 새로운 주기가 온 것이라고 할 수 있어요. 이제 오십대는 은퇴하고 나서 어떻게 살 것인지 생각해 보고 준비도 해야 된다는 생각을 하고 있지요. 우리는 젊은 사람들이 반드시 언제까지나 우리와 함께 살 것을 기대하지는 않는다는 것을 분명히 하는데, 이런 점에서는 여느 부모들과 같지요. 지금까지 네 사람이 함께 잘살아 왔지만 두 사람은 공부하러 떠났어요. 젊은 사람들은 그들 나름대로 생의 새로운 주기를 시작하게 된 것이고, 우리는 또 우리 나름대로 은퇴 전에 십 년 정도 준비하면 그 다음 단계로 잘 넘어갈 수 있으리라 생각해요.

조한 기존의 가족 개념에 맞지 않기 때문에 겪는 불편함이나 문제는 없었나요?

상화 우리 집은 세대주가 세 명이고 동거인이 한 명으로 되어 있어요. 한번은 우리 집 큰아이인 우주가 큰 수술을 하게 되었는데 보호자의 서명이 필요했어요. 우리 가족 중 아무도 보호자가 될 수 없어서, 우주의 동생을 불러와야 했어요. 이런 일이 생기면, 우리는 가족이라고 생각하는데 법적으로는 아무것도 아니라는 것을 절감하게 되지요. 밖에서 정상 가족이니 비정상 가족이니 이야기하는 게 문제가 아니라 법과 제도에서 인정해 주지 않는 부분이 있으니까 그럴 때 어렵지요.

다 큰 자녀들과 함께 사는 훈련

조한 오십대의 우리는 어떤 경계 지점에 서 있는 것 같아요. 하나는 아이들을 키우고 난 노년의 삶, 특히 남편과 노부모와의 관계가 다시 중요해지는 지점이고, 다른 하나는 어중간하게 집에 오래 머물게 되는 자녀들에 관한 것인 듯합니다. 앞의 주제는 좀 이야기된 것 같으니, 뒤의 주제를 조금 더 이야기해 볼까요? 십 년 전까지만 해도 자녀들은 결혼할 때까지 집에 머물었고, 그때는 직장을 다니고 있어도 집에서 텔레비전도 보고 저녁 식사도 하면서 시간들을 많이 함께 보냈던 것 같습니다. 이제는 각자 너무 바쁜데다 이동 전화와 컴퓨터를 가지고 있어서 집에 있어도 늘 외부와 접속한 상태에 있는 겁니다. 사실상 몸만 집에 있지 반은 바깥에 나가 있는 것과 같지요. 어떤 대학생은 잠도 애인이 전화로 재워 준다고 합디다. 예전에는 수출 역군 아버지들이 하숙생이었는데, 이제 자녀들이 그렇게 되고 있는 것 같아요. 결혼 전에 독립하는 경우가 늘어나는 한편, 오랫동안 안 떠나고 집에 '빈대 붙는' 경우도 늘어나고 있고, 이런 특이한 상태가 우리 세대가 풀어 가야 할 새로운 가족 문제라 할 수 있어요.

혜란　아이들이 어렸을 때 식탁엔 항상 아버지의 자리가 비어 있었으니까요. 요즘도 그러는지 모르지만 1970, 80년대의 회사원들은 늘 새벽에 나가서 심야에 들어왔어요. 아이들도 이미 중학교 때부터 다른 가족과 만나는 시간이 절대적으로 부족해지고. 그러니 우리 나라 가족들은 한집에 산다 뿐이지 얼굴 맞대고 밥을 먹는 기회가 없어요. 세대가 다르건 같건 가족 간 대화가 서툰 건 아주 당연한 귀결이지요.

김정　저희 집은 아이가 '엄마' 같은 말을 합니다. "오늘이 이번 주 들어서 처음으로 온 식구가 함께 밥 먹는 날이다." 예전에 내가 했던 말들인데, 아이가 그러면 나는 속으로 깜짝 놀라지요. 저는 교육 운동을 하지만 소득이 있는 일은 아니고 도리어 집에서 돈을 가져다 쓰는 일이 많습니다. 집회나 농성에 머릿수를 채우는 일도 제 과업중 하나라서 가족과 함께 지낼 시간도 축내는 편이지요. 그것이 미안했는지 항상 '웬만하면 애들 밥은 챙겨주자'는 마음이었습니다. 그러니 저는 속으로 무척 힘들었지요. 더구나 첫아이가 입시 학원을 거부하고 집에서 뒹굴고 둘째 아이는 몇 년째 자퇴를 고집하며 집에서 뒹구니 저의 부재는 더욱 눈에 띄었습니다. 이제 한 아이가 대학을 가서 한숨 돌리나 했더니 그게 아니더군요. 주변 엄마들은 산 너머 산이라고 "아이를 좋은 대학에 입학시키는 것으로 부모 노릇 다 끝나는 줄 알았는데 알고 보니 소통이 더 중요하더라"고도 말합니다. 지금 십대 후반이 된 둘째 애를 겪으면서 제 그맘때를 생각해서 이럭저럭 이해하려고 노력하지만, 제가 보고 경험한 것만 인정하며 기존 가치를 송두리째 거부한다든지 음주와 흡연, 외박 문제, 명품 선호 증상이나 이성 문제로 내 생각보다 앞서갈 때는 당황하게 됩니다. 아이들이 원하는 '관심'과 내가 하고 싶은 '참견' 사이에서 어디까지가 그 경계인지 표현 방식을 항상 머릿속으로 생각해 봐야 하지요. 지금도 현재 진행 중이지만 생각해 보면 나는 아이들 관계에서 많은 시행 착오를 겪었습니다. 나보다 앞서 가는 아이를 뒤따라가면서, 때로 아이의 무례함을 겪을 때는 부모로서 자존심도

상합니다. 요즘 부쩍 커 버린 둘째 아이는 "걱정되면 차라리 멀찌감치
떨어져 지켜보라" 합니다. 부모 자식 사이가 그렇게 서늘하기는 쉽지
않지요.

[조한] 우리 집 경우를 보면 애들이 자라 술을 마시게 되면서 통금 문
제가 제기되었지요. 나도 대학 때 술은 꽤 마셨지만 한국에서 요즘 대
학생들이 술 많이 마시는 것은 유명한 일이고, 서울의 밤은 정말 낮보
다 더 생기가 있지요. 그런데 밤낮 생활 주기가 다른 이들과 한 지붕 아
래 산다는 것은 생각보다 어려운 일입니다. 밤에 와서 목욕물을 튼다거
나 텔레비전을 보는 것 등은 잠귀가 밝은 사람에게는 꽤 심각한 문제고
요. 또 애가 낯선 사람을 데리고 와서 문을 잠그고 자는 일이 생겨서 토
론이 붙은 적이 있었어요.

[형] 일반화하기는 어렵겠지만, 미국 젊은이들 사이에는 성적으로 친한
관계는 여자의 집이 근거지가 된다는 관념이 있는 것 같더군요. 미국 유
학 시절에 조그만 삼층 집 이층에서 살았는데, 일층에는 할머니, 삼층에
는 혼자 사는 남자가 살았어요. 그 할머니 얘기가, 여자와 집에서 데이트
하는 삼층 남자가 이상하다는 거예요. 하지만 어느 쪽이 좋은지 정해져
있는 건 아니겠죠. 어느 쪽이든 덜 불편한 집을 택하는 게 아닐까요?

[조한] 서구의 경우 청년기에 각자의 독립 공간이 있는 것이 정상인데,
우리 사회는 그런 독립이 어렵기에 그런 원칙도 없지요. 우리 사회에서
도 이제 애정의 자연스러운 표현으로 육체적 관계가 중요시되기 시작했
고, 딱히 육체적 관계만이 아니라 서로 돕고 사랑하는 관계가 동거 형태
로 진전되는 경우가 많은데, 생각처럼 자기 공간을 마련하지 못하는 겁
니다. 이십 세가 넘으면 마음 놓고 자기들끼리 일상을 공유해 보기도 하
고, 시간에 구애받지 않고 일에도 몰두해 보는 경험이 중요하다고 생각
합니다. 그런데 서울에서는 집값이 워낙 비싸고 경제 자립도 어려워서
점점 부모와 묘한 형태로 함께 사는 상태가 지속되는 것 같습니다.
　그 점에서 지금 보수주의 부모만이 아니라 자유주의 부모들도 곤란
을 겪고 있는데 — 어쩌면 자유주의 부모들만 겪고 있는 것인가? — 그

래서 나는 가족보다는 '식구'라는 개념으로 사고하는 것이 더 합리적이라고 봅니다. 함께 한 지붕 아래 살기로 한 사람들의 공존 방식을 생각하면 쉽게 풀릴 문제이기도 하거든요. 다 자란 아이들이 집에 머물기로 할 때 가족 내 규칙이 새로 나와야 하는데, 그때는 전형적인 부부 중심 핵가족상을 그대로 가지고 가면 부모가 전적으로 보호를 해야 한다는 개념 아래 있기 때문에 서로 아주 불편해질 수밖에 없지요. 시대가 점점 더 불확실해지고, 실험적으로 가면서 '과년한 아이들'이 집에 머물게 되는 경우가 늘어날 텐데, 이런 경우를 대비해서도 새로운 소통의 규칙이 필요합니다.

상화 │ 작은 아이가 애인을 데리고 왔을 때, 우린 처음부터 솔직하게 얘기를 했어요. 우리 어른 둘 다 서양에서 오래 살았지만, 집은 우리 모두가 공유하는 공간이니까, 우리를 존중해 준다는 의미에서, 우리가 편안하게 느낄 수 있는 정도의 태도를 보여 달라고 말했어요. 문화적 차이나 세대 차이에 대해서 여러 번 논쟁을 하기는 했어도, 마음속으로는 좀 답답해 하면서도 우리의 주장을 받아들였어요. 그런 이야기가 오고 간 뒤부터는 남자 친구를 데리고 올 때, 우리 앞에서는 신경 쓰고 조심하는 것 같아요.

성을 통한 소통

조한 │ 이왕 성 문제가 나왔으니 이야기를 그쪽으로 잠시 돌려 볼까요? 우리 1세대 「또 하나의 문화」 동인들이 놀림을 받는 것 중 하나가 무성적(無性的)이라는 점이었잖아요? 그런 무성적인 존재들이 그간 페미니즘을 독점해서 페미니즘이 문제 있다고들 하는 말을 들었는데, 정당한 비판인가요?(웃음)

사실 나는 한 남자와 성 관계를 맺었을 뿐이니 경험이 없다면 없는 사람이지요. 우리는 결혼 몇 년 뒤부터 딴 방을 썼고요. 성 관계는 애인들처럼 시간을 내서 하는 식이었어요. (우리처럼 각자 몰두할 일이 있고, 자는 시간이 다른 경우, 딴 방을 쓰게 되는 건 아주 자연스러운 것 아닌가?) 부부 강간 같은 단어가 나오고 있는데, 부부 둘이서 상호적으로 성욕을 충족시켜야 한다고 하면 자위를 하든 운동을 하든 상대가 원하지 않을 때 스스로 욕구를 해결할 수 있어야 하고요. 나는 성에 집착하는 것은 실은 소통에 문제가 있기 때문이라고 생각하는데, 지금 우리 사회가 온통 외도 문제로 난리가 난 것은 성 문제가 아니라 관계의 위기, 곧 외로움과 소통의 문제 때문이라 봅니다. 애들이 다 떠나고 부부간에 불만은 있는데 소통은 막혀 있는 상황에서 외도라는 게 하나의 옵션으로 등장하고 있다는 생각이 드는데…

|혜란| 연령이 좀 내려와야 되지 않을까요. 조한 선생이나 내 나이에 다른 옵션이 없으면 외도를 생각해 볼 거라는 건 틀린 말이에요. 옛날에는 결혼한 여자들이 다른 남자들을 만날 기회가 없었기 때문에 기껏해야 카바레 가서 만나는데 요새 삼, 사십대는 기회가 많잖아요. 옛날보다 밖으로 나올 기회가 많고 직장 생활도 많이 하고 동창들도 많고 게다가 인터넷까지. 삼십대 후반의 후배 말이, 자기만 빼고 자기 친구들은 다 애인이 있다고, 놀랄 만큼 많다고 그래요. 「결혼은 미친 짓이다」 같은 영화가 먹히는 게, 보통 삼십대인 것 같아요. 그런데 단순히 다른 옵션이 없어서 그렇다고 하긴 어려운 것 같아요.

|조한| 성에 관한 행위 패턴은 세대별로 크게 차이를 보이지요. 지금 십대, 이십대에는 관계 연습, 곧 문화적 코드와 감수성이 맞는 사람을 찾는 과정에 성이 중요하게 작용하는 것 같고, 그들의 시대는 '이성' 또는 '말'이 삶을 배반하는 시대라, 몸에 오히려 의지하려는 것이 난백번 이해가 가요. 삼, 사십대 '바람'은 좀 다른 의미인 것 같은데…

|형| 나는 결혼 기간 동안 의무 방어를 했던 것 같아. 밤에도 공부한다는 핑계로 딴 방을 쓴 적도 있고요. 결혼 후 따로 지냈던 기간 동안은 참 편안하게 지냈고, 별거를 하고 나니, (세상에!) 해방된 것 같았어요. 그러나 말이 통하는 남자와 이야기하거나 술을 같이 마시는 건 즐겨 하는 편이지요. 제 경우에는 일에서 남자의 도움이 필요할 때는 물론이고 그냥 얘기하거나 의논하고 싶을 때, 별다른 이유 없이 누구와 저녁을 같이 하고 싶다는 생각이 들 때 남자 친구들과도 자주 어울리죠. 내가

특이 체질인지, 아니면 과거 경험에 뭔가가 있었는지 모르지만, 요즘 젊은이들이 왜 그렇게 섹스에 매달리고 몰두하는지 잘 이해가 안 돼요. 성 관계 없이 만나는 것만으로도 즐거워질 수 있거든요.

외도 - 탈출구냐 배신이냐

김정│친하게 지내는 친구 다섯 중에서 '정상적인' 성생활을 하는 사람은 두 명뿐인 것 같아요. 각방을 쓴다는 친구도 있고 이혼이나 사별한 경우도 있습니다. 요즘 외도가 사회 문제로 많이 이야기되는데 제 친구들이 한결같이 "나는 안 그러는데 주변에 이성 친구를 만나는 사람이 정말 많다"고 이야기합니다. 외도의 종류는 다양하겠지요. 함께 만나 친구처럼 이야기하는 사이에서 성적인 관계에 이르기까지… 가정을 가진 사람들이 외도를 하는 이유는 여러 가지가 있겠지만 성적인 관계를 제외하고 관찰해 보면, 여자 편에서 외도는 끊임없이 긴장하며 가정 생활을 하는 것에서 순간적으로 해방될 수 있는 방법으로 이용되는 것 같아요.

도덕적인 기준만으로는 외도에 나서는 여자들을 막을 길이 없다고 생각합니다. 예를 들면 사춘기를 겪는 형태가 다양하지만 피해갈 수 없듯이 '사추기'를 겪는 형태도 다양합니다. 노력한다고 해서 피해갈 수는 없다고 생각합니다. 이 점에서는 여자도 남자도 예외가 될 수 없지요. 주부 우울증도 그중 하나입니다. 제 이웃 중 한 집은 유복한 여성이 외도를 한 경우인데 그 남편은 이혼을 택하지 않고 살고 있던 아파트를 급히 처분하고 온 식구가 외국으로 이민 가는 방법을 택했습니다.

또 다른 문제는 너무들 이혼을 두려워한다는 것입니다. 차라리 사회가 이혼을 권하는 편이 낫다고 생각합니다. 제때에 이혼하지 않고 참고 살다가 늙고 병들었을 때 상대를 미워하는 것은 이젠 그만두어야 하지 않을까요? 겉으로는 다정한 척 멀쩡히 결혼 관계를 유지하는 것처럼 보여도 실제는 서로 미워하며 남남처럼 사는 부부도 많습니다. 그렇게 하는 것이 서로에게 유리하기 때문이지요. 주변을 보면 이혼까지 이르지는 않았어도 상대방에 대한 육체적, 정신적 성실성이 부족한 부부도 많습니다. 그런데 다른 것은 몰라도 아이들을 좋은 대학에 보내는 것은 부부간에 사이가 좋든 안 좋든 공통된 목표입니다. 아이를 대학에 보낸 다음 이혼하자는 부부들이 적지 않지요. 입시 때문에 가족이 최소한 유지되는 것이지요. 어쨌든 부부로서 서로에 대한 최소한의 성실성이 없는데 여자가 짊어지는 양육의 부담이나 한 남자의 아내로서 치르는 시댁과의 관계, 경제적인 문제, 사교육 문제 같은 가정 생활의 부담은 자유롭게 이십대를 보낸 여자들로서는 커다란 긴장을 요하고 스트레스를 줍니다. 남편이 양육의 파트너나 의논 상대가 된다면 상황은 달라지겠지만 대개는 그렇지 못합니다. 이럴 경우 여자들이 남편에게 구조 요청을 하지만 남편들은 뻔한 불평이라고 그 신호를 놓칩니다. 그건 남편이 보내는 구조 요청 신호를 여자들이 놓치는 것과 마찬가지지요.

상화 각자 나름대로 해결을 하는 과정에 생기는 현상이라는 것이군요. 그러나 나처럼 아버지의 외도로 고통을 받은 경우, 그런 말을 들으면 화가 나요. 내가 태어났을 때 우리 부모님은 헤어져 있었어요. 내가 보수적이어서가 아니라 바로 그 경험 때문에, 가족이라는 울타리 속에 있는 아이들과 파트너가 고통을 겪는다는 점을 도외시하고 외도를 논할 수는 없다고 생각해요. 나는 외도를 성 문제로 보기보다는 가족을 파괴하고 상처와 고통을 주는 것으로 다루어야 한다고 봐요. 젊은 사람들은 결혼 관계에 들어가면 반드시 배타적인 관계만이 허용되는가에 대해서 서로 터놓고 이야기해 보고 논의할 수 없어서 안 하는 사람이 많은 것 같아요.

나는 외도라는 것이 사춘기처럼 누구나 어쩔 수 없이 겪는 것이 아니라, 분명 자기의 선택이라고 생각해요. 결국 어떤 관계에 있건, 결혼 관계나 성 파트너 관계에 있는 두 사람은 암묵적으로 배타적 관계잖아요. 왜 배타적 관계여야 하느냐, 안 보는 데서 하자, 이러는 사람도 있고 자유롭게 하자는 사람도 있지요. 그렇지만 성적 관계는 배타적인 관계가 되어야 한다는 생각이 고정 관념으로 박혀 있는 사람이 외도하게 되면, 상대방에겐 숨기거나 속이게 되면서 복잡한 문제가 생기는 거예요. 또 외도하는 상대가 누구냐에 따라서 복잡한 문제가 있기 때문에, 외도를 돌파구로 보거나, 겪을 수 있는 것으로 보기에는 어려움이 있어요.

김정 외도의 기준은 다 다를 거라고 생각해요. 대화부터 성적인 관계에 이르기까지… 몇 년 전 제가 아는 분은 자기 남편의 대화 상대가 있다는 이야기를 심각하게 했습니다. 자기 남편과 대화를 나누는 상대가 부인인 자기 말고 또 있다는 것이지 성적인 관계가 있다는 것은 아니었어요. 그러나 자신의 남편과 더 친밀함을 느끼는 여성이 있다는 것 자체가 그 부인에게는 충격이었던 것 같습니다. 이에 반해 어떤 여성은 자기 남편이 외도를 자기만 모르게 한다면 어느 정도 용납한다는 말을 공공연히 하기도 합니다. 상대방 요구에 대해 인간적으로 어디까지 인정할 것인가 하는 문제도 있습니다.

조한 그건 성의 문제가 아니라 독점적이고 배타적인 관계의 문제가 아닐까요? 우리 사회에서 외도 문제는 실은 가족이 해체되었음을 적나라하게 드러내는 징후로 봐야 하지 않을까요?

혜란 법원에서도 성 관계는 안 했어도 지속적으로 교제했다면 외도라고 판결했잖아요. 외도에 관해서는 이 정도로 결론을 내리지요. 이야기하다 보니 역시 우리 세대는, 특히 여기 있는 우리의 경험으로는 가족 이야기에 성은 끼워 넣기가 어려운 것 같아요. 그냥 다음 세대가 그 얘길 하게 내버려 둡시다. 오십대는 무성적이니 이러고도 살 수 있구나 하는 걸 알게 되면 족한 것이고… 영화 「죽어도 좋아」가 칠십대의 성을 이야기했다고 화제인데, 그분들이 만약 사오 십 년 죽 결혼 생활을 함께 해온 사람들이라면 그런 그림이 안 나오지.

가족의 위기, 무작정 불안한 남자들

조한 우리 세대가 '부부 애정 중심'이라기보다 '부모 자식 중심'의 가족을 이루어 왔다는 것과도 관계가 있겠지요. 삼, 사십대로 가면 부부애 중심주의가 뿌리를 내리는 것이 뚜렷이 보이고, 배타적 애정 관계가 강조되면서 이혼이 급증한 것 아닌가요? 삼, 사십대에게는 부부간의 친밀성과 성이 아주 중요한 영역으로 떠올랐고, 이혼은 바로 그 친밀성이 지속되지 못할 때 일어나지요. 우리 세대는 어차피 상대 남자에

대해 완벽한 이해는 불가능하다고 포기하고 있어서 그런 대로 적응한
것 같은데, 우리 다음 세대는 그 면에서 남자에게 기대가 아주 크다고
할까…

형 요즘 여자 독신이 늘고 있는데, 추세를 보면 결혼을 안 하겠다고
생각하는 남자들은 드물고, 여자들에게는 결혼이 선택 사항으로 자리
잡은 것 같아요. 지금 같은 사회 분위기에서 똑똑하고 경제적 자립이
가능한 여성들은 구태여 타협하면서까지 결혼할 생각이 없는 것이겠지
요. 무엇이 결핍되어서 결혼할 필요는 없는 상태이니 연애는 많이들 해
도 결혼을 전제로 하는 건 아닌 것 같고, 때로는 여자끼리 얘기가 더 잘
되니 남자가 피곤하게 느껴질 테고, 그런데 남자들은 어느 나이가 되면
더 재미난 일도 없고 의존적이라 결혼을 원하게 되지요.

조한 단적으로 여자들은 아주 자율적이 되었는데, 남자들은 변하지
않았어요. 이십 년 전만 해도 남자들이 부인을 '솥뚜껑 운전수'라고 비하
하는 발언을 했는데 이제는 오히려 변하지 않는 남자가 비하되는 세상이
되었어요. 여자들은 그런 대로 세상의 외적 변화를 따라 변하고 있고 상
당히 주체적이 되고 있는데 남자들은 그렇지 않은 것이 문제일 겁니다.

혜란 '가족이 위기다'라고들 말하는 것은 남자 중심으로 보는 거
죠. 남자들이 볼 때 어느 날 갑자기 닥쳐 온 위기죠. 여자들은 일찍부
터 위기를 감지해서 계속 문제를 해결하면서 성숙해 왔다 싶어요. 그래
서 여자들은 이제서야 가족이 제자리를 찾아간다고 생각하는 거 아닌
가요. 남자들은 가족 문제를 문제로 풀어낼 아주 초보적 언어도 못 가
지고 있는 것이 지금의 가장 큰 문제인 것 같은데…

조한 남자도 관계 지향적인 사람과 도구적인 사람 등등 몇 부류가
있을 터인데, 지금 제도에서는 관계 지향적인 남자가 '가정적'이 되기
보다는 바람을 피우고 패거리가 되도록 유도하는 편이지요. 남자들이
'가정적'이 되는 것이 곧 제대로 '사회적'이 되는 것이고, 여자들이
'사회적'이 되는 것이 바로 제대로 '가정적'이 되는 사회가 되어야 하

는데… 우리가 「또 하나의 문화」 6호에서 '사회 주부'를 주제로 그 문제를 다루었고, 그간 사회 주부들은 좀 많아졌는데 남자들은 여전히 가정에서 어떻게 해야 할지를 모르면서 마냥 무작정 불안해 하고 있는 것 같습니다.

김정 사회적, 가정적 약자인 청소년들이 체감하는 가족 위기의 정도는 어른들보다 훨씬 더한 것 같습니다. 더구나 아이들은 부모의 삶을 단편적으로만 보기 때문에 가족의 위기를 더 많이 실감합니다. 그리고 내 윗세대 남자들이 그런 말하며 여자를 비하했던 것처럼 지금 남자가 비하되는 것은 양상만 다르지 가족이 제자리를 못 찾은 것은 마찬가지라고 생각해요. 남자들은 좀 느리게 반응하지만 고민하는 사람들을 주변에서 많이 봅니다. 다르게 사는 것을 강조하면 가족의 해체가 더 가속화하는 것이나 아닐지 걱정도 됩니다.

가족 – 해체되고 또 재구성되는 공간?

조한 난 가끔 사십대 페미니스트 후배들을 보면서 우리 세대는 왜 거의가 결혼을 하거나 부모 등 누구와 함께 살고 있고, 그 친구들은 왜 독신으로 살까 하는 질문을 던져 보거든요. 지금 똑똑하고 감성적이며 창의적인 여자들은 대부분 독신으로 살고 있어요. 사회나 직장이 요구하는 일을 제대로 해 내려면 사실 가정 생활과 양립이 불가능하지요. 그건 여자만이 아니라 남자에게도 마찬가지라고 생각합니다. 시대가 전문인에게 대단한 집중 작업을 요구하고 있으니 제대로 뭔가 작품을 내려면 가족을 꾸릴 시간이 없고, 그러니 그 세대는 혼자 사는 것이 너무나 당연한 일이고요. 아니면 요즘 농담하듯 '똑똑한 사람 순으로 이혼'을 하고 있는 것이지요. 육아를 위한 가족적, 사회적 지원은 전혀 늘어나고 있지 않아요.

혜란 그런 면에서 가족은 전면적 해체의 상태에 있고, 이제 '독신 가족'에 대해서 지속적으로 이야기할 때가 된 것 같아요. 사실 꽤 오래전부터 또문 동인들끼리 주말 식탁 공동체를 꾸리자는 말도 있었고, 그래서 김은실 선생이 중국 요리집 주방장을 모셔 오기로 했는데 잘 안 되었지요. 주말에 모이는 아지트를 만들자는 말도 오갔는데 다들 죽을 시간도 없이 바쁘게 사니 그 일도 잘 안 되고 있지만, 일단 아주 새로운 형태의 유사 가족적 삶의 양태들이 다양하게 나타날 때인 것은 분명합니다.

조한 이상화 선생은 독신으로 살 가능성도 있었지만, 한 어린아이를 중심으로 가족이 된 경우잖아요? 의존적인 아이를 독립적인 어른들이 보살피고 지지해 주는 시스템, 그런 것이 가족이 아닐까요? 물론 그것은 일방적인 관계가 아니라 상호 자극을 주는 관계이고, 보호와 응석이 있는 관계지요. 아이들이 좀 크면 늙어 가는 어른과 자리를 조금씩 바꾸면서 소통 가능하고 친밀한 관계를 유지하는 관계가 가족이죠. 그래서 양육, 보호, 인연과 출산, 늙음, 죽음, 친밀성, 안정성, 섹슈얼리티 그 언저리에서 일어나는 모든 일이 가족적 현상인데, 현재 그런 현상이 일어나는 공간이 억압적이라면 그건 왜 그런가, 어떤 방향 전환이 필요한 것인가 하는 이야기를 하면서 좌담을 정리하면 좋겠습니다.

상화 나는 가족이라는 것은 끊임없이 해체되고 재구성되는 공간임을 강조하고 싶어요. 한번 구성된 가족은 누군가가 나갔거나 죽을 경우 새롭게 구성되는 것이지요. 우리 언니는 사십대 초반에 남편이 죽고 혼자 자식 둘을 기르고 살았는데 자식들이 결혼하면 자식이랑 같이 안 산다고 선언했어요. 언니가 우리가 늙으면 우리끼리 함께 같이 살자고 제의해서 나도 좋다고 했어요. 나는 어려서부터 몸이 아주 약해서 늘 병이 나서 누워 있는 날이 안 아픈 날보다 더 많았어요. 그래서 어린 시절부터 언니가 엄마처럼 날 돌봐 주었거든요. 다른 한편 결혼한 내 남동생은 내가 엄마처럼 저를 길렀으니까, 내가 늙으면 함께 살자고 하지만, 나는 그렇게 할 생각은 없어요. 아주 많이 늙은 다음에도 혼자서 잘 하는 사람은 혼자 살겠지만, 혼자 살기보다 다른 누구와 함께 살고 싶은 사람에게 가족의 재구성은 친구나 자매일 가능성이 높지요.

조한 그럼 우리의 미래로 돌아와서, 아이들이 떠났을 때 어떻게 살 것인가. 우리가 아주 늙었을 경우, '짐이 되기 싫어 혼자 있겠다'고 하며 서양식 양로원 같은 곳에 살 것인지 생각해 보지요.

<u>혜란</u> 젊었을 때보다 나이가 들면서 오히려 어디까지가 가족인지 잘 모르겠어요. 우리 시어머니가 아흔셋에 돌아가셨는데 찾아갈 때마다 마음이 복잡했어요. 정말 가족이란 생각으로 가는 건지, 불우 이웃 보살피러 가는 건지, 의무감이 70퍼센트인 거예요. 남편을 봐도 내 눈에 의무감으로밖에 안 보이고요. 그래서 "당신 엄마인데 안 보고 싶어?" 하며 다그치기도 했죠. 지금 생각으로는 나중에 내 아이들이 만약 의무 감만으로 나를 찾아온다면 차라리 안 보는 게 나을 것 같거든요. 어머니를 보면서 자식들을 보고 있으면, 나중에 내 아이들이 나한테 어떻게 불효를 해도 감수할 준비가 된다니까. 그저 있어 주는 것만으로도 고맙다는 식으로, 결국 자식도 내 가족에서 밀어내는 셈이겠지.

<u>김정</u> 올 겨울 시어머님이 넘어져서 뼈를 다치셨어요. 어머님은 연세가 아흔이라 시아주버님이 식구들에게 수술 찬반 의견을 물어 결국 고관절 수술을 하게 되었습니다. 지금도 병원에 입원해 계시고 거동이 불편하십니다. 그런데 평일에 간호를 돕는 간병인이 쉬는 주말 밤, 남자(아들)들이 돌아가며 어머니를 간호했습니다. 며느리들은 일주일에 한두 번 낮에 가서 가끔 몇 시간 정도 있다 옵니다. 그래도 아무도 자기 아내에게 불평하지 않습니다. 아들 며느리가 함께 병문안을 가면 어머니는 당연히 아들만 쳐다보십니다. 아들들도 어머니가 원하시는 것이 며느리가 아닌 자신이라는 것을 알지요. 아무리 사랑은 내리사랑이라지만 사랑의 혜택을 받은 사람이 돌려주는 것이 당연하다고 생각하는 분위기입니다.

자율성과 보살핌의 가족

<u>조한</u> 난 아직 부모 곁에 있으니까 하는 말인데, 엄마한테 내려갈 때 엄마가 별 이야기 안 하고 성경을 읽으시거나, 말없이 뜨개질만 하시면 자주 갈 것 같은데, 밥 먹는 거 보면서도 너 왜 그거밖에 안 먹니, 어디 갔다 왔니 하며 일일이 알고 싶어 하시니까, 안 그래도 머리가 복잡한

데 더 피곤해지고 그래서 덜 가게 되는 거예요. 어느 나이가 되면 그냥 어머니가 해온 관리 역할에서 좀 떨어져서 기도해 주고 화초를 기르거나, 악기 연주 같은 것 하면서 계셔 주시면 제일 좋을 것 같아요. 그냥 함께 있는 시간을 즐기고 축복해 주는 어른이 그곳에 있어 주었으면 하는 거지요. 특히 요즘은 '말'이 사람을 아주 피곤하게 만들지요. 그야말로 패러다임의 전환이라 같은 단어도 다르게 쓰고 있으니 마음으로 느끼는 소통의 방식이 개발되어야 하는데 전형적인 계몽주의 시대를 산 분들에게는 그런 전환이 쉽지 않겠지요. 나는 그런 부분을 요즘 많이 생각하고 있어요. 서로 피하지 않아도 되는, 부담스럽지 않게 일상적으로 공존하는 법을 익혀야 할 것 같아요.

형 노후에 어떻게 행동하고 살아야 하는지가 여간 걱정되는 게 아니라니까요. 우리 할머닌 아주 현명하셨어요. 내가 오랜만에 찾아가면, "네가 오늘 올 것 같았다" 하시고 몇 마디 얘기 나눈 뒤에는 "바쁜데 얼른 가라" 하셨거든요. 며느리인 우리 어머니가 찾아가 뵐 때는 달랐을 것도 같지만, 모든 사람에게 절제할 수 있는 게 아니니까 누군가가 노인들의 속을 풀어 주는 통로로 필요하다는 생각이 들어요.

진경 그게 '코드'가 맞는다는 거예요. 전에 독일 가족학자한테서 여성 삼대 가족에 관한 이야기를 들은 적이 있어요. 여든 된 할머니는 딸하고는 잘 안 맞는데 손녀랑은 맞는 거야. 손녀가 가까이 살면서 전화도 하고 맛있는 것도 가끔 갖다 드리고 해요. 이 할머니의 딸은 쉰 정도에 이혼하고 남자 친구랑 사는데, 이 집은 아들네랑 친해요. 이 엄마는 그 집 애도 봐 주면서 가깝게 살아. 그거 보면서 같이 살고 싶은 사람하고만 사는구나 하고 생각했어요. 이게 참 민주적 방식이라는 생각이 들어요. 외롭게 된다면 자기 탓이니 감수해야지요. 이렇게 사는 게 자기가 기운 있고 인기 있을 때는 괜찮지만, 치매 같은 것에 걸리거나 거동을 못해서 노인 병원에 가게 될 때가 문제죠. 기본적인 것은 사회 복지가 해결하더라도 사람한테는 정이 필요하잖아요. 그동안 나누었던 사랑의 끈이 이어지기를 바랄 수밖에 없죠.

상화 난 부담스런 관계를 받아들여야 한다고 생각해요. 나아가서 그 자체를 부담스러워하지 않아야 된다는 생각도 해요. 노인네들은 늘 자식들이 따숩고 잘 먹는가 걱정하지요. 그것이 측은지심이잖아요. 우리가 너무 젊은 세대 중심으로 생각하는 것 아닌지 모르겠어요.

조한 얼마 전 온천에 갔는데 아주 나이든 할머니가 머리를 감고 싶은데 잘 감을 수 없어서 힘들어하시는 게 보였어요. 감겨 드리고 싶은 생각이 불쑥 들더군요. 나는 원래 그런 것 정말 못하는 사람이잖아요… 엄마 머리는 한번도 감겨 드린 적이 없는데 이 마음은 무슨 마음인가? 목욕탕에 있는 낯선 할머니 머리를 감겨 주고 싶은 것이 측은지심이라는 걸까? 기존 관계가 주는 무거움과 부담 때문에 우리는 어머니에게 더 잘하지 못하는 것이 아닐까? 이런 생각을 했어요.

김정 지난번에는 친정 어머님을 뵈러 갔는데 "나는 요즈음 기억력이 없다"는 말씀을 한시간 내내 하셨어요. 내가 예전에 기억하는 어머니가 아니라 갑자기 노쇠해서 변해 가는 어머니를 뵐 때는 사실 좀 낯섭니다. 우연히 올해 여든이신 어머니의 맨발을 봤는데 속으로 움칫 놀랄 만큼 많이 추해졌더군요. 내 기억에 어머니는 항상 고왔지요. 가족 간이라도 노화를 받아들이는 것이 참 힘든 것이구나 하는 생각을 했습니다.

형 측은지심은 낯선 할머니에게 느끼는 것처럼 어머니를 제3자로 볼 수 있을 때 드는 감정이겠지요. 그렇다고 측은지심만으로 같이 잘살 수 있는 것도 아닐 것이고, 더욱이 의무로 엮여 있기 때문에 부모 자식이 함께 살아야 하는 건 더더욱 아니라고 여겨져요. 나는 이 다음에도 아이들과 같이 살 생각은 없어요.

살면서 중요한 시점마다 자기가 사는 방식을 스스로 선택할 수 있는 게 바람직하지 않겠어요? 물론 현실적 조건이 허락되어야 하겠지만요. 적어도 젊은 나이에 백년해로 같은 허황한 약속은 하지 말자, 즐겁게 지내는 동안 잘사는 방법들을 알아내자는 거죠. 늙어서 정말 심신이 힘들어질 때에는 오히려 더욱 나 혼자 있고 싶어요. 가족이라는 이유 때문에 힘든 시간을 보내게 하고 싶지 않다는 거죠. 그렇더라도 숨 거둔 뒤에 누군가에게 도움을 받아야 하는 건 인간의 비극이지요.

상화 나 역시 젊은 사람들에게 그런 것을 바라지 않아요. 내가 그들에게 극성스럽게 잘해 주면서 내가 즐거운 거지요. 여기서 조한이 이야기한 자율적 인간과 내가 말한 측은지심에 대해 좀 더 정리해 봐야 하지 않을까요? 자율적 인간은 아주 서구적인 개념이에요. 서구의 이성 중심주의 맥락에서 이야기되는 자율적 인간이라는 공식을 가족 관계에 적용하는 데에는 무리가 있다고 생각해요. 태어나면서부터 죽을 때까지 어떤 방식으로든 의존적인 존재라는 것은 가족 생활에서 가장 잘 드러나지 않아요? 인생 주기에 따라서 일방적인 의존의 시기가 있는가 하면, 상호 의존의 시기가 있고, 또 다시 일방적인 의존의 시기가 오는 것이지요.

조형 선생님은 어느 시점까지만 가족이라고 하자는데 어떻게 그럴 수 있을지 모르겠어요. 내가 죽어갈 때 아무도 날 돌보지 않고, 그저 이상화 아파서 죽어가네, 이런 식으로 끝나지 않을 거잖아요? 혈연으로 엮이지 않더라도 그렇게 하게 되는 마음이 측은지심이에요. 그런데 TV 연속극에서는 그렇게 안 하거든요. 부모가 다 효니 뭐니 하면서 악착같이 받아내는 경우가 많이 나오지요. 그러니 젊은이들이 저항감이 생겨서 더 반항하는 거예요.

독일은 사회 복지가 잘 되어 있어서 시설이 잘 되어 있고, 노인들이 양로원에서 많이 살아요. 자식들은 일 년에 겨우 몇 번 오고, 아주 안 오는 경우도 있어요. 특히 성탄절이나 부활절 같은 때 노인들이 자식들 기다리다 안 오면 실망하는 장면이 영화나 소설에 많이 나오지요. 그러다가 노인이 죽으면 자식들이 와서 조금이나마 남은 재산 다 챙겨 간다고 해요. 우리 같은 사람들은 이런 것이 인간적이냐 하는 생각을 하지요. 서양은 어느 시점이 되면 아이들을 딱 잘라서 독립하라고 내보내는 반면, 우리 나라 사람들은 '애프터서비스'를 끔찍하게 하지요. 그런데 난 우리 나라 식이 그렇게 나쁘게 안 보여요. 지나치지만 않다면 말이에요. 내가 너무 고전적인 건지도 모르겠군요.

끈적거리지 않는 친밀함?

조한 나도 그것이 우리가 가족과 관련해서 고민해야 할 핵심이라고 생각
해요. 우리는 지금 서구적인 것과 그렇지 않은 것이 뒤섞인 상태에서 헷
갈려 하지요. 파행적인 근대화를 거치면서 이것도 저것도 아닌 상태이거
나 오히려 인간을 극단적으로 도구화하고 있는 상태인데, 그 총체적 파
국의 상태에서 어떻게 벗어날 것인지, 어떻게 상대를 도구화하지 않고
서로 살리는 관계가 많아지도록 할 것인지 방법이 잘 보이지 않아요.

김정 자식도 부모와 궁합이 잘 맞지 않을 수 있다는 것을 인정하는
것, 그렇지만 때로는 받아들이는 것이 필요하고, 일단 부모 자식이 된
이상 될 수 있으면 잘 안 맞는 것도 받아들이려는 노력을 최대한 해 보
아야 한다고 생각합니다. 중년 이혼이 문제가 안 되어야 하지만 저처럼
이십 년 동안 살아 본 뒤에는 공간과 삶의 방식을 선택해 볼 수도 있어
야 하고, 젊은 세대가 결혼에 대해 너무 겁먹지 말고 자신이 겪은 가족
경험에 기초한 고정 관념을 깨고 가능성을 열어 놓는 것이 필요합니다.

조한 아이든 배우자든 정말 궁합이 안 맞으면 쉽게 헤어지고 새로
만날 기회를 가지는 것이 좋은지, 아니면 '아니다, 이건 인연이다' 하
면서 좀 괴로워도 참고 가는 게 좋은지 하는 문제겠지요. 서구의 근대
화 과정은 사실 3, 4백년간 개인화 과정을 거치면서 가족 간의 거리 두
기 훈련을 시킨 제도라고 할 수 있어요. 그것이 좋다 나쁘다 하는 이야
기가 아니고, 서구에서는 사회 구성원들이 나름대로 시행착오 과정을
거쳐 지금까지 왔는데, 우리는 그런 훈련의 시간도 없이 구조와 관계의
붕괴를 한꺼번에 압축적으로 경험하는 실정, 아주 헷갈릴 수밖에 없는
상황이지요. 요즘 후배들이 한두 사람과 지속적인 관계를 맺는 것을 두
려워하는 것 같고 아이 낳는 것도 기피하는 것 같은데, 얼마 전 나는 딸
에게 이렇게 이야기했어요. "살아 보니 애를 낳고 키우는 그 시기가 무
척 좋은 시간이더라. 우리가 너무 심각하게 평생 어쩌고까지 생각할 필
요는 없고 20년 과제로 생각하고 관계의 나무를 함께 키워갈 사람, 아
이를 낳고 함께 기를 사람을 만날 가능성을 배제하지는 않으면 좋겠

다." 그런데 옆에 있던 남편이 "20년 후에 그 남자는 어떻게 되냐" 하고 물었어요. 남자들은 그런 식으로 생각해 본 적이 없는 거죠. 남자들도 이제 노후에 대해 진지하게 생각해 볼 때가 온 것 같아요. 내가 아는 남자 분은 나이 들어서 혼자 살고 싶은데 현 가족 제도가 그런 것을 허용하지 않아서 괴롭다고 호소합니다. 나이 들면 인도에서처럼 남자들이 좀 자유롭게 구도자가 되는 것도 좋은 일일 테지요. 남녀 모두 좀 더 영적이 되고 가정 영역을 넘어서 사회적 인간이 되면 좋을 텐데요.

형 1970, 80년대에 여성학 수업 하면서 정말 걱정 많이 했어요. 여자들의 의식은 준비된 선수들처럼 **빠르게** 변하는데 남자들이 영영 못 따라오면 어떻게 하나 하고요. 젊은 세대에서는 이미 그 결과가 나타나고 있죠. 지금의 가족 위기는 여자들에게도 고통이지만, 남자들에게는 더한 공포지요. 선배들이 겪지 못한 완전히 다른 패러다임으로 살아야 하니까요.

진경 우리가 얼마 전에 남북한 남녀 성평등 의식 조사를 했어요. 제일 아래가 북한 남자, 그 바로 위에 남한 남자, 그 다음이 북한 여자, 제일 위가 남한 여자로 나왔어요. 남자들의 의식이 여자들보다 훨씬 아래인 거죠.

혜란 내 친한 친구는 나이 들어서 남편하고 둘만 사는 건 재미없다고 아예 전제하더군요. 남편이란 건 원래 재미없는 거지, 다 그러고 사는 거지, 뭐. 그 해결책으로 제시하는 것이, 한 여자하고 한 남자만 살지 말고 여럿이, 마음 맞는 친구들끼리 같이 살자는 거였어요. 바로 옆으로 이사 와서 같이 살든지, 좀 더 넓은 공간을 얻어 함께 살재요.

상화 가족이 참 중요하다고 생각하는 이유는, 친밀성 때문이에요. 가족 안에서는 미안해 하지 않고 약함을 드러내 보이며 도움을 청할 수 있다는 것이 가족 내의 친밀성의 특징이지요. 친밀성은 서구적 합리성과는 다른 것이고요. 믿고 의지할 수 있는 것이 있다는 것. 우리 작은 아이가 영국 가서 제일 놀라고 적응 못하는 것이 이른바 한국의 '정'

(情)이라는 것이 그곳에는 없다는 점이에요. 친구끼리 가까이 살고 한 동네에 살아도 가족이라고 여겨지지 않는 것은 그런 식의 거리 때문이지요. 페미니즘에서 이제까지의 '자율성'과 '의존성' 개념을 재성찰해야 한다는 것도 이러한 맥락에서 의미 있는 일이에요. 어차피 인간은 의존할 수밖에 없는 존재이고, 가족은 친구와 더불어서 가까이 사는 것하고 다른 상호 관계가 있어요. 응석을 받아 주는 것, 그것이 가족의 고유한 특징이라고 생각해요.

혜란 나는 남한테 부탁을 못하고 사는 사람인데, 친정 식구나 시집 식구에 대해서 똑같았어요. 다른 여자들처럼 친정이 더 만만한 것도 없었어요. 친정 가서 마구 의존하고 푸는 건 평생 못해 봤으니까요. 그 친구하고는 오랜 세월 사귀면서, 이상화 선생이 말하는 그런 의존 관계가 형성됐어요. 아쉬운 소리는 친구에게 하고 김치도 그 친구가 담가 주고. 다른 사람한테 그런 걸 받으면 미안해서 쩔쩔맬 텐데 그 친구한테 받는 건 편해요. 사람들이 좀 가까워지면 흔히 "가족처럼 지내자"고 하는데, 나는 그 말을 제일 싫어해요. 가족끼리 엉겨 붙고 무리한 요구를 하고, 어느 날 "보증 서 줘" 하면 형제니까 당연히 서 줘야 되고. 돈 꾸어 가서는 형편이 안 되어 못 갚는다며 아무렇지도 않게 생각하는 것이 가족이에요. 내가 성격이 못되어서 그런지 모르지만, 가족이라는 이름으로 피해를 주고 마구 대하고 의존하는 게 너무 싫어요. 난 내 아이들끼리의 관계는 그렇게 안 되도록 어렸을 때부터 세뇌한 측면이 있어요.

조한 그래서 가족 문제를 해결하려면 각자의 자리에서 출발해야 한다고 봐요. 현재 우리 현실에서, 아주 억압적인 가족에서 탈출하는 게 목적인 사람이 있을 것인데, 그때 그 사람들에게는 개인의 자유가 가장 많이 보장되는 핵가족이 대안이 될 수 있지요. 그런 사람이 있는가 하면 핵가족을 비판하면서 넘어서는 것을 대안으로 보는 사람도 있겠지요. 이상화 선생님이 말하는 것이 이 맥락에서 나온 것일 텐데, 탈개인주의, 탈근대라는 관점에서 다시 '끈적끈적한' 관계에 대해 생각해 보게 하는군요.

|상화| 왜 합리성과 '끈적끈적'이라는 이분법을 상정해야 하지요? 끈적거리지 않으면서 의무감이 아닌데도 배려하고 존중해 줄 수 있는 친밀한 관계는 긴장하면서 노력하며 만들어야 하고 또 만들 수 있어요.

|조한| 이상화 선생 경우는 삶 속에 그게 녹아 있지요. 그런 식으로 정붙이는 것은 나같이 개인성이 강한 사람에게는 낯선 부분이 있어요. 근대적 페미니스트 지식인으로 살아온 내가 지금부터 제대로 풀어 보고 싶은 주제가 그 '정'이라는 것일지 몰라요.

|상화| 조한과 나는 상반되는 관계의 패턴을 가지고 일을 했어요. 난 '애 봐주기' 하는 스타일이고, 조한은 냉정하게 하면서 젊은이들을 훈련시키고 엮어 일하게 하는 스타일로 했지요. 내가 아이를 기를 때 극성 피우는 것이나 제자들에게 지극하게 정성을 들이는 것에 대해서 조한은 그게 하나의 패턴이라고 나를 존중했어요. 나는 조한 방식이 젊은이들에게 상처를 줄 때도 있지만, 강인하게 하고 능력을 키우고 자립적으로 만드는 좋은 방법이라고 믿고 또 존중해요. 우리 세대가 각자 너무나 다르지만 친구로 동지로 지속되는 것은 서로 다름을 때로는 좋게 생각하면서 존중했기 때문인 것 같아요.

|진경| 어느 정도까지 서로 돌보고 친밀하게 지내야 행복한가에 있어서도 사람들간에 차이가 커요. 자기의 성향을 알아서 자기에 맞는 정도의 공동체를 구성하고 살면 행복하겠죠. 조형 선생님 할머니나 우리 친정어머니는 상당히 독립적이고, 심심해 하거나 외로워하지 않고 혼자 잘 지내는 스타일이죠. 그런 사람들은 혼자서 잘 지내면서 가끔씩 누구를 만나면 되는 가족 형태를 유지할 수 있을 것 같고, 이상화 선생님처럼 돌봐 주는 데 천부적 재능이 있고, 돌봐 줄 대상이 있을 때 행복할 사람은 그런 사람을 옆에 두고 사는 게 행복할 것 같아요. 하나의 해결책을 이야기할 수는 없어요. 그런데 혼자 살면 가엾어 보인다 하는 관념에 휘둘려서, 자기 행복을 해치는 경우가 있어요. 다양성을 인정하는 것이 중요해요. 개인간의 차이가 매우 크다고 생각하지요.

불확실성의 시대에 맞는 다른 관계 맺기

형 오늘 모인 우리들의 개인 차이도 심해요. 전반적으로 특이하게 사는 사람들이라고 아까 이야기 나왔지만, 우리 이야기에서도 이 시대와 가까운 장래의 가족에 대해 일반화할 수 있는 부분을 걸러낼 수 있으면 좋겠어요. 예를 들어, 결혼은 선택이다, 결혼이 인생 전부를 결정해 버리는 건 아니다, 살아가면서 중간중간에 자기 삶을 성찰하여 정리해 보고 또 처음부터 다시 생각해서 새로 결정하는 것이 필요하다, 관계란 변화하는 것이다, 내게 가족은 누구이고 얼마만큼인가는 나름대로 정의하면서 살 수 있다 등등. 이런 이야기를 우리가 최초로 하는 것은 아니지만, 머릿속에 지식으로 갖고 있는 것과 실천은 또 다른 이야기죠. 실제로 그렇게 사는 것이 가능하다는 메시지는 우리들 이야기에서 충분히 전달되었다는 생각이 드네요. 아직 미혼인 사람들은 결혼에 대해서 공포감을 가질 필요가 없고, 기혼자는 남편 또는 아내와의 관계가 고정된 것이 아니라는 것을 인정하고 가끔 조용히 자기 정리의 시간을 가질 필요가 있다는 것을 포함해서.

조한 나는 우리 자신들이 꾸준히 자신의 삶을 '진화' 시켜 가는 것이 중요하다고 생각합니다. 우리 같은 '모던한 자율적 인간들' 이 각기 어떤 형태의 가족을 이루었다가 지금 세 번째 프로젝트로 또 한번 원하는 삶의 방식을 탐색하고 있는 거지요. 유산 상속에 대해, 주거 방식에 대해, 그리고 새로운 관계 맺기에 대해 지속적으로 성찰해야 할 것이라고 봅니다. 요즘 의학의 발달로 백 살까지 사는 것이 어렵지 않게 된 상황이니까 노후에 대한 공포가 더 커져서 자원을 움켜 쥐고 부부 중심의 방어적인 태도로 삶을 대하는 이들이 늘어나는 것 같은데, 우리는 이런 상황에서 어떤 대안적인 삶의 방식을 제시할 수 있을지, 특히 시대는 바야흐로 '정 떼기' 가 아닌 '정 붙이기' 의 시대로 접어들고 있는데, 이 상화 선생이 지적한 것처럼 정을 간과하고 소홀히한 데 대해 어떤 변명을 해야 할 것 같기도 하고요.

우리가 노력해 왔고 꿈꾸는 삶의 모습이 계속 진화할 수 있도록 좀더 서로의 경험을 적극적으로 나누고 성찰적이었으면 하는 바람이 있지요.

　내가 다시 아이를 기른다면 나는 아마 가족 의례라는 것을 중시할 것
같아요. 나는 어릴 때 삼대가 모여 매일 가정 예배를 보는 집에서 자랐
고, 돌아가면서 기도를 하는 그 예배 분위기는 우리가 각자이면서 그
겹겹의 사랑과 시간 속에 존재한다는 매우 좋은 느낌을 갖게 했지요.
사회에 대한, 그리고 나 자신에 대한 신뢰와 안정감이 그런 분위기에
젖어 있었음으로 생겨난 것 같거든요. 유대인들이 아이가 태어나면 친
척들이 모두 모여 선물을 주고 축하 파티를 해 주듯, 우리는 이제 '우리
들의 아이'를 축복하면서 기를 수 있으면 해요. 그때 우리들의 아이가
굳이 우리 핏줄이어야 할 필요는 없을 테지만, 실제로는 우리 자녀의
아이와 다른 아이들이 섞여 있게 되겠지요. 앞으로 더욱 불안정해질 시
대를 살아갈 '우리의 아이들'에게는 그런 축복과 안정적인 울타리가
절대적으로 필요할 겁니다.

[김정] 가족을 사적인 것이 국한하면 큰 발전은 없을 것 같아요. 자기
주변과의 한정된 관계는 개인적인 위로나 만족을 주지만 그것만으로는
부족합니다. 거기서 한 발자국 나가서 할 수 있는 것이 뭔가. 사회적 실
천, 어디까지 확장할 것인가. 사람들이 그것에 목말라 하고 있어요. 가
족적 삶을 확장시키는 시민 의식 같은 것… 예를 들면 제가 친정을 좋
아하는 편인데 제2의 친정으로 생각하는 것이 「또 하나의 문화」입니다.
결혼하고 초기 몇 년간 시댁과의 관계도 어정쩡하고 사회적 관계망이
거의 끊어진 채 살게 되었을 때 또문을 알게 되었는데, 거기서 만난 여
성들이 친정 식구처럼 친절하게 대하고 배려하는 것을 느꼈을 때 가족
처럼 느껴졌습니다. 또 하나의 가족이었던 셈이지요. 그것은 내 삶이
확장되고 관계를 넓혀 가는 계기가 되었지요. 저는 가족 구성원들이 자
기만의 준거 집단을 만들고 삶을 균형 있게 보는 것이 꼭 필요하다고
생각합니다.

[상화] 우리 세대는 가족이라는 울타리, 네트워크 속에서 고통과 억
압을 당한 세대예요. 우리 세대가 이 책을 읽고, '이렇게 생각을 바꾸
자, 그러면 나와 젊은 사람을 편안하게 해 줄 수 있겠다'고 느끼게 되면

좋겠어요. 이제껏 살아온 것과는 다른 삶의 방식, 더불어 사는 삶의 방식이 있다는 사실을 알면 편해질 거예요. 사실 그 부분은 나이든 사람들만의 문제는 아니지만 말이지요.

혜란 「학부모 연대」 모임에서 나온 이야기인데 자기 아이들 다 키웠다고 교육에 대해서 몰라라 하지 말고 앞으로는 할머니 연대를 하자는 거예요. 손자 손녀들이 생기기 시작하니까 할머니 입장에서 손자 손녀들이 어떤 세상에서 살았으면 좋겠다는 그림을 확실하게 그리고, 엄마보다 할머니 입장에서 하면 더 용감하게 할 수 있을 테니까. 노인도 덤으로 사는 인생이 아니라 당당한 사회 구성원의 자리를 찾는 거고, 또 자식한테서 멀어지는 것이 아니라 더 긴 안목으로 가족을 확장하자는 거지요.

진경 공동육아를 보면 육아 모델은 상당한 실험이 있는데, 우리에게 없는 것은 노인 쪽이에요. 전통적인 가족의 권위나 억압에서 벗어나서, '우리는 그렇게 안 산다'는 것은 한동안 해 봤어요. 그 다음 단계에서 가족에게 무얼 기대하고 어떻게 연결하고 살 것인가, 그 실험의 결과 이야기는 아직 나오지 않은 거죠. 아직 나이를 덜 먹어서 그런가.

조한 나도 출산 파업에 들어간 후배들이 즐겁게 아이를 낳고 기를 수 있는 조건을 마련하는 일을 하고 싶어요. 새로운 생애 국면에 들어가는 우리들이 가장 잘할 수 있는 일일 테고요. 이제 모두들 일상이 변해야 한다고 깊이 느끼기 시작했으니 나는 조만간 큰 변화가 올 거라고 생각해요. 각자가 선 자리에서, 세대별로, 기질별로, 욕망대로 일을 벌여 가면 뭔가 아주 즐거운 일들을 할 수 있지 않을까요? 그리고 그런 일들이 연결되면서 시너지가 날 것이고, 새판이 짜이겠지요. 앞으로 오는 시대는 다시 중세적 모습을 지닐 것이라고 하는데, 더 이상 끝없는 확장과 진보가 없다는 면에서는 맞는 말이지요. 그러나 가족에 관해서는 그보다 훨씬 고대로 가서 석기 시대, 그것도 구석기 시대 부족 단위로 살던 시대를 상상할 수 있어야 풀릴 것 같다는 것이 요즘 내 생각입니다. 끊임없는 이동과 불확실성의 시대에 맞는 아주 다른 관계 맺기와 소유 방식을 상상하고 실현해야 한다는 것이지요. 다행히 그런 급진적인 전환이 가족 안에서 이미 일어나고 있는 것 같습니다. 특히 3세대 페미니스트들 사이에서요. 좀 겁 없이 사고들을 치면서 살면 좋겠어요. 정말 오랜 시간 이야길 나누었는데, 이젠 각자가 쓸 글의 실마리가 찾아졌겠지요? 숙제, 잊지 마세요! ⓒⓒ

어떤 생일 파티

Sent: Wednesday, February 19, 2003 1:15 AM
Subject: [은실] 깜짝 파티를 위한 제언입니다.

조형 선생님의 60회 생일이 2월 24일입니다. 선생님은 25일에 귀국합니다. 아마 성격상 24일을 피하시려고 했는지도 모르지요. 조형 선생님 모르게 친구들이 깜짝 파티를 열 것을 제의합니다.

>>> 저는 25일 좋습니다.
>25일 늦게까지 하면 나는 9시반경에는 갈 수 있어요. 타이페이에서 조한

> 5시? 어중간한 시간이군요. 선물과 저녁을 하는 정도로?
>> 밴드 연주는 조형 선생 취향이 아닐 것이고
그렇담 어디가 좋을까요? 시간이 많이 남지 않았는데..

>>> 빨리 결정하고 프로그램을 만듭시다.
>>> 지난 법 송년회와 같이 김씨 자매들 준비해 주시면 어떨까요?

제가 장소를 빨리 알아보겠습니다.

회갑을 친구들과 함께 맞는 것인데… 이것이 새로운 인생 주기로 들어가는 우리들의
의례의 한 예가 되었으면 합니다.

25일로 하는 건가요? 저는 괜찮습니다. 그럼 장소는?

기념품을 만들어드리고 싶은데 우리가 갖고 있는 사진 중에서

모두들 조형에게 자기를 선물하는 자리를 가졌으면 해요. 노래도 좋고 춤도 좋고 시도 좋고, 말도 좋고

선생님께 생일 카드로 "말 꽃다발"을 주면 좋겠다는 겁니다. 빨리 의견을 주세요.

>> 좋아하고 보듬고 싶은 친구들에게서 사랑의 세례를 흠뻑 받고 취해 버린,
내 생에서 최고로 호사스런 '나의 날'이었습니다. 미리 낌새를 채고 가서도
놀라고 또 놀라게 하던 깜짝 파티. 하지만, 파티가 진행되는 동안 내내,
당혹감과 황송한 마음을 달래야 했습니다. '왜 하필 이 밤에 내가
주인공이람?' 복수해야겠다고 새겨 두었습니다.
'이 친구들 중에서 적어도 반은 내게 반드시 당하리라.'

family

dözal

perekond

집을
떠나는
사람들

rodzi

좋은 남자

조이

스물일곱 살. 욕심을 채울 부지런을 떨지 못할 운명이라면 호기심이라도 채우자는 생각으로 사회학과 문화 연구를 공부하는 학생. 혼자서 잘 노는 것이 지상 목표. 디제잉, 그림, 운전 등 나홀로 취미에 관심이 많다.

'좋은 남자'는 어디 있을까?

그 좋던 선 자리들을 퇴짜 놓고 결국 아빠 같은 사람을 만나 이렇게 불행하다고 신세 타령을 하는 엄마는 언제나 "그러니까, 넌 꼭 좋은 남자 만나서 결혼해" 하고 끝맺곤 한다.

"대체 좋은 남자가 어디 있는데? 내가 만나 보니까 남자들은 다 또라이야. 좋은 남자 없어!" 나는 짜증낸다.

나는 엄마가 한심해서 화를 내는 걸까. 아니면 왜 난 좋은 남자를 못 만나는 걸까 성질을 부리는 건가. 아니면 정말로 좋은 남자는 없을 것 같아서 불안한 걸까.

솔직히 고백하자면, 어디엔가 임자가 있을지도 모른다고 기대한다. 냉정하게 돌이켜 보자면 그러나, 내 인생의 삼분의 일 정도되는 이십 몇 년 간 만났던 남자들 중에 영원을 약속하기에는 부족하거나 어설프거나 불안하지 않은 사람은 없었다. 한 번의 선, 일곱 번의 꽤 진지하고 오래갔던 관계, 여덟 번의 설레는 연애, 그리고 그

합보다 많은 수의 섹스 파트너를 가졌음에도, 그중에 한 명도 없다니!

그 정도면 충분한 증거가 아니겠냐는 생각도 슬슬 든다. 내심 틀리길 바랐던 '좋은 남자 존재하지 않음' 이라는 신경질적 예언이 들어맞을지도 모른다. 정말이야?

…절망스럽군.

좋은 남자란?

내가 너무 많은 것을 바라고 있는지도 모르겠다. 하지만, 내겐 하나뿐인 가장 중요한 내 인생을 같이할지도 모르는 사람인데 당연한 요구가 아니겠는가. 게다가 따라오는 여러 가지 기회 비용이 클 것 같아서 웬만하면 이혼을 하지 않으려고 생각하고도 있다. 괜히 첫눈에 빠져 사랑하는 감정에 취했다가 나중에 '웬수'가 되느니보다 몇 개의 체크리스트를 가지고 있으면 그 불행한 사태를 그나마 미연에 방지할 수 있다. 리비도와 헷갈리는 로맨스 지상주의는 엄마 같은 어리석은 사람만 하는 거다.

내가 생각하는 '좋은 남자' 는,

정치적 지향점이 똑같아야 한다고 생각했었다, 처음에는.

중고등학교 시절, 학군의 특수성 때문에, 불쌍하고 가난하며 억울한 사람들에 대한 이해와 동정(sympathy)이 없는 친구들이 주변에 부지기수였고 나는 그런 아이들에게 진력이 났다. 언제나 여당을 지지하고 가족의 불평등을 받아들이고 학교의 남녀 차별에 문제를 느끼지 않는 아이들은 결국, 결혼할 때도 여자에게 혼

수가 모자란다고, 시부모한테 못한다고, 각종 명절날 일하기 싫어한다고, 집안일과 바깥일을 동시에 잘하지 못한다고 면박을 주거나, 남자는 가끔 바람도 필 수 있지 않냐고 하면서, 때에 따라 폭력도 휘두르면서 그래도 아내밖에 없다며 강제 섹스를 할 상종 못할 남자들일 거라고 생각했다. 그래서 사회적 약자와 소수에 대한 개념이 없는 사람들이랑 아예 처음부터 시작하지 않았고, 대신 연애의 역사 초기에 정치적 신념이 비슷하거나 여자를 이해하는 듯한 사람이 가끔 발견될 때마다 무조건 사랑에 빠졌던 것 같다.

그러나 자신이 불평등을 깨닫고 있다거나 사회에 저항, 반항하거나 또는 사회 정의를 온몸으로 실현한다고 주장하는 사람들이 다 페미니스트는 아니다. 그렇다면 반항적 록밴드들은 말만 안 하지 사실은 다 여성 해방론자이어야 하고, 내가 진실로 사랑했다고 생각한, 빚쟁이에 쫓겨 학교도 못 다닐 정도로 가난하고 그래서 사회에 더 저항적인 아이는 그날 술 먹고 나를 때리지 않았어야 했고, 좀 더 여성 친화적인 문화에서 자란 몇몇 외국 아이들에 대한 기대와 착각으로 내가 방황할 필요가 없었다.

정치적 신념은 세상의 이해나 동정, 사랑, 상상력뿐 아니라 각 개인의 계급, 교육, 성별, 가족 등 각 개인의 존재 조건들 속에서 만들어질 때 진정한 것이 될 수 있다. 게다가 어느 한 부분의 사회적 약자에 해당된다는 것이 곧 다른 사회적 약자에 대한 완전한 이해를 갖추고 있다는 의미는 될 수 없다. 따라서 태생적 페미니스트 남자 (이성애자)는 없음이 틀림없다.

나를 미치게 하는 외모를 가지고 있어야 한다 그들이 가지고 있는 치명적 존재 조건에도 불구하고 페미니즘을 이해하고 실천하려는 남자를 가끔 발견할 때도 있다. 그러나 그들과의 관계에서 언제나 걸리는 건 그들의 마땅치 않은 외모다. 예를 들어 반쪽이 만화의 반쪽이를 보라. 유감스럽게도 얼굴과 '뽀대' 가 만만치 않은 남자는 순수한 성적 욕망, 나를 미치게 만들고 설레게 하는 내 안의 리비도를 끌어낼 수가 없다.

그러나 미모만을 추구하는 태도는 심각한 결함을 안고 있다. 잘생긴 애들은 노력하지 않아도 사랑받아 왔고 또 언제나 여자가 많다. 자기 계발을 위해 노력할 필요가 없는 존재들이다. 따라서 그들은, 1) 침대에서 별로거나 2) 유머 감각이 저능아 수준이거나 3) 이렇다 할 심오한 신념과 취향의 세계가 심히 결여되어 있고 4) 항상 꼬이는 여자 관계로 골칫거리가 된다.

물론 가끔 매우 잘생겼으며 살아가는 데에 진지한 남자들이 눈에 띄기도 한다. 그러나 그들이 신이 아닌 이상 자신의 뛰어난 외모를 의식하지 않는 멋진 캐릭터가 형성되는 데에 원동력이 된 특별한 요인들이 있고, 때에 따라 그 요인들은 참을 수 없는 결정타가 되곤 한다. 경험으로 보아 그 요인들은 대체로 1) 매우 불행하고도 증오스러운 가족사 2) 축구, 럭비, 카누 같은 매우 남성적인 스포츠에 열광하는, 남성적 문화에서 한번도 벗어난 적이 없는 개인사 3) 반대로 마약으로 자아개념이 희미해진 경우 등이다.

남자들은 가끔 페미니스트들은 대체로 못생겼어 하고 비웃는데, 글쎄… 내가 보기엔 그 역이 더 확실하다. 잘생긴 남자들은 대체로 '또라이'다.

취향의 지향점이 같거나 서로의 취향을 좋아할 가능성이 있어야 한다
가끔의 바람기로 내 안의 리비도를 충족시키고, 그들의 존재 조건을 이해하고 페미니즘을 교육시키겠다고 백 번 양보를 해도 같이 살아가는 데에 취향의 호불호만큼 중요한 역할을 하는 건 없다.

이를테면 내가 세상에서 두 번째로 싫어하는 뮤지컬을 보러 가자고 떼쓰거나 도무지 알아들을 수 없는 오페라 공연에서 존다고 '넌 교양이 없는 아이로구나' 하고 화내는 아이들은 피곤하다. 성룡 시리즈나 「동갑내기 과외하기」 따위만을 보거나 리어카 테이프만 백만 개 가지고 있는 아이들도 일단 안 된다. 아무튼 그들과는 나는 안 되게 되어 있다.

오히려 진짜 문제는 나름대로 체계적인 취향의 호불호를 갖고 있는 남자들과의 관계에서 발생한다. 삶의 '새피니스'(sad+happy)를 보여 주는 영화 「도니 다코」나 다양성을 유쾌하게 보여 주는 「슈팅 라이크 베컴」을 좋아하는 내가, 「스카페이스」나 「대부」를 베스트 영화로 꼽는 남자와 화해할 수 있을까? 남자라는 태생적 결핍에서 오는 강렬한 구원을 바라는 '펄잼'이나 테스토스테론 호르몬의 결정체인 랩을 듣고자 하는 아이와, 찰랑거리는 봄날의 설레임의 「피닉스」를 듣고자 하는 내가 같이 있을 수 있을까? 얼마 전에도 고작 몇 시간 동안 동행한 자동차 여행이 음악의 호불호로 실망과 짜증과 인내와 이기심으로 점철되었는데, 내가 그런 아이와 같은 공간의 실내음을 평생 공유할 수 있을 것이라고는 절대 희망할 수 없다. 취향의 호불호는 자신이 세계를 이해하고 소통하는 방식, 그에 대한 고민들을 보여 주기 때문에 더 더욱 결정적인 것이 된다.

각자가 쌓아 올리고 있는 '취향의 성(castle)'이 어디에 위치하고 있느냐에 따라 그만큼 서로에 대한 존중과 이해와 오픈 마인드가 필수적이다. 다행히도 절대 불가인 몇몇의 오두막을 제외하고는 타인의 성에 들어가 구경하고, 장식되어 있는 소품들을 좋아할 수 있을 정도로 열려 있기도 하고 실제로 관심이 가는 구석도 있다. 하지만, 내가 왜 수고해서 그들의 성 입구까지 걸어가야 하는가 하는 문제가 여전히 남는다. 더구나 내 성에 초대받고도 "분홍색은 촌시러워" 투덜거리며 "다음엔 꼭 내 성에 놀러와. 진짜 멋진 것들을 샀대니깐" 하는 아이들 성에 다음 주에 꼭 갈 필요가 있을까? 언제나 왜 나만 오픈 마인드로 살아가야 하나? 나도 내 성 안에서 혼자 잘 살 수 있는데.

엄마를 치워 버릴 수 있는 위엄을 지닌 '다아시' 같은 취향을 가진 아이들이 있기는 있다. 물론 같은 취향의 탐닉이 너무 오래되다 보면 같이 있는 것조차 지겹게 되기도 하지만, 그것보다 더 큰 문제는 바로 그들이 돈 없는 소년들이라는 점에 있다. 그들과 함께 하려면 나는 계속 엄마에게 손을 벌리거나 내가 돈을 번 후라도 그들을 먹여 살려야 하는 절대 절명의 위기에 놓인다. 물질적으로 어려움을 겪은 일이 별로 없는 나로서는, 소비 불가역성 원칙이 적용되는 이상, 매우 치명적인 문제에 부딪치게 된다.

사실 그렇다. 남자에 의한, 남자를 위한, 남자에 대한 역사와 사회와 언어로 구성되어 있는 인간 세상에서는, 단순하게 말하자면 그 시스템에 맞는 고민과 정황과 이미지에 걸맞는 사람만이 성공할 수 있다. 따라서 마이너 취향과 신념을 가지고 있는 내가 비슷한 정치적, 취향적 지향점을 가진 돈 많은 남자를 만나는 것은 불가능하다. 지금까지 만나본 돈 많은 남자들 역시 시댁이라는 굴레를 강요하거나, 너무 졸리는 음악을 들려주거나, 똑똑한 이기주의자이거나 마마보이거나, 또는 나이가 너무 많다!

결국 『오만과 편견』에서 엘리자베스가 다아시를 만나서 오두방정 떠는 엄마를 침묵하게 만든 것처럼, 돈 있는 남자를 만나서 극성스런 엄마에게서 탈출하기보다 내가 직접 돈을 벌어서 엄마한테서 독립하는 편이 훨씬 낫다. 돈에 연연해서 현실적으로 구질구질하고 치사하게 되고, 또 사실 돈 버느라고 정작 연애하거나 같이 살 파트너 찾는 데 들일 시간과 열정이 없어지게 되는 문제점이 있긴 하지만.

이 밖에도 가족과 얽히지 않아야 한다는 조건도 중요하고, 성격도 나와 맞는 사람이어야 하고, 유머러스해야 하고, 혼자서도 잘 노는 사람이어야 하고, 너무 사랑에 연연해서도 안 되고, 요리도 꽤 잘해야 하고, 자유분방하지만 책임감도 있어야 하고, 똑똑해야 하고, 섹스도 잘하고, 다정다감하고도 남성적인 매력도 있어야 한다 등 중요한 조건들이 수도 없다. 그런데 그런 남자가 있을까. 내 질문에 어제 여덟 살이나 어린 사촌 동생이 "누나, 대체 그런 남자가 어딨어. 내 여자 친구도 그다지 예쁜 편도 아니야" 하며 비웃었다.

그래, 벌써 처음 네 조건을 충족하는 남자도 존재론적 연역법상 없을 판에, 무슨 욕심이 그리 많아.

다름과 교육에 대한 기회 비용

모든 사람은 다르다는 가설을 절대 명제로 삼고(그렇다면 왜 나의 반쪽을 찾아 헤매야 돼?), 남자들의 태생적 한계를 십분 이해하는 아량으로 부드러운 목소리로 교육을 시키는 수고를 감수해야 된다(과연 성공할 수 있을까?)는 '리스크'를 새삼 느낄 때마다 돌아오는 질문은 단 하나다.

"내가 대체 왜 그렇게 귀찮은 일을 해야 하는데?"

언젠가, 아이를 낳아 기르고 그 사이사이에 같이 살기도 했지만 지금은 따로 살고 있는 30년 된 네덜란드 히피 연인이 멋있다고 생각한 적이 있었다. 그러나 실상을 알고 보니, 남자가 그 사이에 젊은 여자와 사랑에 빠져 여자가 아이들을 혼자 기르다시피 했고, 자신은 멀티 연애 섹스를 주장하면서도 여자가 다른 남자와 사랑하는 것은 참을 수 없어 헤어지기를 반복했다는, 결국 지금까지 믿음 있는 여자 친구, 남자 친구로 남아 있는 것은 다 여자가 참고 이해하고 기다려 준 덕이란다. 그 남자의 이야기를 듣고 의문이 한 가지 떠올랐다. "왜 아저씨 여자 친구는 그렇게 기다려 줬대요?" 히피 아저씨는 묘한 표정을 지으며 자기도 궁금하다고 한다.

사실 결론은 이거다. 그 언니, 참 한심하군. 그 남자가 대단한 것도 아닌데.

내가 배타적인 섹스 관계를 바탕으로 같은 공간을 나눠 쓰며 공동의 아이를 낳아 기를 남자를 지금부터 찾는다고 가정해 보자.

- 일단 '조선일보 윤전기 철거 반대' 1인 시위 따위나 하는 뇌 구조가 궁금한 아이처럼 말이 아예 통하지 않는 아이는 절대 안 되고
  — 남자의 15% 탈락

- 나중에 아무리 울고불고 매달려도, 결코 나나 아이들을 단 한번이라도 때리는 남자도 절대 안 되며
  — 한국 남자의 2/3 탈락

- 돈도 벌고 아이도 잘 키우고 집안일도 깔끔하게 해치우면서도 자기 부모들에게 끔찍하게 대하는 슈퍼우먼을 내심 요구하는 남자도 사절이니
  — 헤아릴 수 없는 불특정 다수 탈락

- 적당히 통하면서도 다름에 대해 '열린 마음'과 인내심을 가지고 있는, 개선과 조정의 여지가 보이는 남자가 후보자가 된다.
  — 기회 비용: 그 개선 가능성을 타진하는 데만도, 일주일에 한두 번 만난다고 치고 최소한 1년이 걸린다. 다른 언어를 쓰는 경우에는 1년 반, 그 긴장감을 유지해야 하는 피곤함.

- 그 다음 단계, 서로에게 통하는 문이 있다고 판단하고
  — 나의 판단력은 외모/리비도/이국적 이미지/돈 등으로 흐려진다.

- 그 연습에 '리스크'를 건다. 즉, 같이 사는 연습을 한다. 아마 그 베팅을 시작하기 전에 섹스를 시작하게 될 것이다.
  — 기회 비용: 섹스를 언제 시작할 것인가에 대한 골치 아픈 머리 굴림, 남자의 순수성에 대한 의심, 나의 리비도에 빠져들지 않기 위한 뼈아픈 경계, 내가 원하는 섹스를 리드하고 가르쳐야 하는 수고, 커들링(cuddling)과 피임에 대한 교육

- 실전에 돌입하고 나서부터 서로의 약속이라는 게 매우 중요해진다.
  — 기회 비용: 나에 대한 자신감, 그의 눈빛을 믿을 수 있는 애정, 관계에 대한 믿음, 약속 파기에 뒤

따르는 크고 작은 싸움, 가끔 내지르는 불같은 성질에 대한 자성과 경계, 각자의 언어 조정, 근저에 자리 잡고 있어야 하는 관계에 대한 깊은 신뢰, 그러면서도 정 아니다 싶으면 박차고 나올 수 있는 결단력

● 그 중간에 같은 공간을 나눠 쓰는 연습도 병행해야 한다.

— 기회 비용: 치약 뚜껑을 닫네 안 닫네, 자기 빨래는 자기가 알아서 해야 하네 등등 부터, 가사의 분담과 각자의 개인 공간에 대한 존중까지. 아아, 이는 지금까지 우리 엄마 아빠의 이야기와 같은 것이므로 생략하겠음

● 취향의 차이에 대한 인정과 이해도 뒤따라 줘야 한다.

— 기회 비용: 방음벽 설치, 티비 두 대, 오디오 세 대(각 방과 거실에 설치), 비디오 /DVD 각각 한 대씩, 컴퓨터 두 대 및 각자의 취미를 같이할 사람들 찾기, 그렇다고 서운해 하지 않기, 또 그렇다고 완전 무시하지도 않기, 계속 애정 어린 관심 표명하기, 가끔씩 폭발하는 못마땅함과 분노 삭이기, 경멸하지 않기

● 그 사이에 서로 돈도 벌고 저축도 하고 주식도 해야 한다.

— 기회 비용: 서로 애정과 관심을 표현하는 시간 줄어듦, 돈 문제로 상대에게 서로 짜증 안 내기, 공동 소비재 구입비 조정, 헤어질 경우 공동으로 구입한 내구재 처리 문제, 상대적으로 돈이 많은 사람의 배려, 상대적으로 돈이 적은 사람의 우울증 치료, 자존심 싸움 안 하기, 각자 가족의 경조사에 드는 비용 부담 토론 등등

이 중간중간에도 배타적인 섹스에 대한 싫증, 각자를 설레게 하는 제3자 출현의 가능성, 커밍아웃의 가능성, 설레임과 징그러운 친밀성 간의 긴장 유지, 서로 이해할 수 없는 성격(조울증이나 무심함 등)의 조정 등등의 복병에도 대비해야 한다.

자, 이 끝나지도 않을 듯한 서로의 조정과 약속과 신뢰와 사랑의 베팅 후에 혹시라도 이제 이 사람이면 되겠다 하고 결심한 후부터는, 지금까지 우리가 지겹도록 보아 온 정식 결혼에 얽힌 오만 가지 잡다한 가족 관계와 조정, 아이 낳아 기르기에 대해 가뿐히 준비하면 되겠다. 예에~

유쾌하게 살아 남기 위해서

벌써 결론을 내리려니 좀 섭섭하지만(아, 내 어리석은 사춘기도 그 운명을 다했다), 내가 찾는 '좋은 남자'의 조건을 다 갖춘 남자는 없는 것 같다. 사상과 존재와 섹스를 나누고, 설레임과 친밀성의 긴장을 유지하고 믿음과 사랑을 나눌 수 있는 남자는 없다. 철

집을 떠나는 사람들

213
조이

학이 있다는 남자들은 알고 보면 독선적이고 재미없는데다 종종 가부장적이기까지 하고, 잘생기고 재미있는 남자는 너무 가볍다. 돈 많은 남자는 현재까지는 필요 없고, 앞으로도 필요 없게 만드는 편이 훨씬 속 편하다. 취향이 같은 아이들은 내 친구로 남는 편이 더 이득이다.

어디엔가 있다 할지라도, '좋은 엄마 아빠'를 만날 확률만큼이나 적은 행운을 기대하고 내내 서성이며 두리번거릴 시간도 없다. 수많은 헷갈림과 크고 작은 싸움으로 인한 감정 소모, 인내, 기다림, 교육, 소통, 의지, 그리고 믿음이라는 엄청난 기회 비용을 들이고서도 성공을 보장받지 못하는 너무나 위험하고 모험적인 게임에, 시간과 에너지와 감정과 나를 걸어야 하는 이유가 대체 어디 있는가.

내 성을 유지하고 보수하고 쌓아 가는 데에만도 지금 난 24시간이 모자랄 판이다.

사실 내 운명이 7년 정도 뒤에 교통 사고로 콱 죽어 버리게 정해져 있다면, 이런 우울한 고민 따위를 하지 않아도 된다. 사랑에도 울었다가, 나의 매력을 마음껏 발산하면서 남자를 갖고도 놀다가, 끊임없이 믿음을 쏟아 부었다가도 15세기 종가집 장손에게서 나오는 망발을 무시하고 재밌게 놀다가 어느 날 한순간에 죽어 버리면 된다.

하지만 일단 당분간 나는 살기로 결심했고, 이 '매드 월드'에서 그것도 유쾌하고도 진지하게 살아가기로 결정했기 때문에 뭔가 전략을 짜지 않으면 안 된다.

속아 주는 수밖에 잘생기고 '뽀대나는' 아이들과 재밌게 놀려면 앞에서 남자들의 세상이네 나는 페미니스트네 어쩌구, 그와 정치적 신념을 나누고자 내 안의 열정을 헛되이 낭비할 필요가 없다고 결론을 짓는다. 적당히 속아 주고 웃어 주면서 남자 아이들의 환상을 채워 주고 나의 환상 역시 채우면서 재밌게 한때를 보내면 된다. 나 역시 잘생긴 걸 좋아하는데, 그들이 이미지 소비하는 것을 탓할 수는 없다. 또 사실 그들 중에는 재미와 취향의 성을 정교하게 쌓아 놓은 아이들이 꽤 많기 때문에, 나에게는 유익하고 유쾌한 작업이 될 수도 있다.

그중에 똑똑한 아이를 가끔 발견하게 되면 더욱 흥미진진한 게임이 되는 거고, 진실한 눈빛을 읽을 줄 아는 아이는 때를 봐서 약간의 교육으로 친구로 만들어 놓는 것도 좋다. 대신 내 안의 리비도를 경계할 필요가 있고, 기분 상하지 않게 거절할 줄 아는 지혜가 필요하다. 나이 많은 남자일 경우 세월에서 자연스럽게 터득하는 그들의 영악함과 연륜에 너무 압도돼서도 안 되겠다.

물론 설레는 봄날의 햇빛에 속아서 가끔 진짜 사랑에 빠져 미쳐 버릴 때도 오겠지만, 그 아이도 언젠가 맥주로 배가 나오고 담배 때문에 발기에 문제가 생기며 우리 아빠처럼 외롭게 늙어갈 거라고 상상하면 한결 마음이 편해질 거다.

부려 먹는 수밖에 만약 서른다섯 살 정도가 되어서도 계속 살기를 결심할 경우에 대비하여 아이 양육에 경제적 지원을 할 남자를 가끔 상상해 보거나 만나 보는 것도 좋을 것 같다. 물론 내가 돈도 벌고 일도 하고 재미도 보고 작업도 하고 아이도 기르면 가장 좋고, 또 마음 맞는 친구들과 패거리로 살아도 '쿨' 하겠지만, 나 하나도 추스르기 힘든 작금의 상태를 볼 때, 차선을 준비하는 것도 현명할 듯하다. 이 조건의 이상형은, 아마 디트리히의 책 『남자』에 나오듯, 모든 일에 투철한 책임감을 가진 매너 좋은 남자로서 가사와 육아와 자기 일에 충실한 사람이나(바람기에 대해선 관심 꺼야 한다), 무조건 나에게 빠져 버린 순진하고 돈 많은 남자가 좋을 것 같다(피곤은 하겠지만).

사실 내가 스스로 돈을 많이 벌어서 패거리와 함께 아이를 기르면서, 찰랑거리는 연애도 계속하면 좋겠지. 여자 또한 좋을 것 같다. 내심 내가 좋다고 쫓아다닐 만한 멋진 언니를 만나서 커밍아웃을 할 기회 역시 기다리고 있다.

비틀즈 멤버들이 평생에 단 한 사람과 사랑에 빠져서 그토록 많은 멜로디를 만들었는가? 피카소가 단 한 명의 '언니'에게 영감을 얻었는가. 영화 「이브의 아름다운 키스」의 헬렌이 단 한 사람만을 쫓아다녔다면 그렇게 '쿨'한 언니가 되었을까.

평생 꼭 한 사람일 필요가 있는가? 누가 사랑하는 사람과 모든 것을 나누라고 가르쳤는가? 아마 그것은 환상이었던 것 같다. 이것은 남자의 음모다. 남자 사회의 신화 세우기다.

대신, 이미지를 소비하더라도 진실한 눈빛을 지킬 수 있도록 하자. 쓸데없이 금붕어에게 말을 가르치지 말고 개를 데리고 놀자. 병 걸린 나무를 자르지 말고, 오염된 숲 전체를 태워 버리자.

서로의 성(城)을 인정하고 아껴 주는 사람들을 찾는 것은 필수적이다. 내 성에 함부로 아무나 초대해서도, 언제나 문을 열어 놔서도 안 되겠지만, 일단 내 성이 속한 길드의 평화와 번영과 힘을 위해서는 여유가 되는 한 수고를 아끼지 말자. 무엇보다 내 성을 유지하고 보수하는 데에 게으르지 말고, 내 성안에서는 마음껏 편안해지자.

내 성 구석구석을 알고 아끼고 사랑하는 사람은 세상에 나밖에 없다. 성에 출근하는 파출부가, 잠시 머물다 가는 나그네가, 성이 위치하고 있는 땅의 지형이, 내 성의 주인은 아니잖은가? 그렇지 않은가? ⓒ

아 유 레디

비누

크리스마스이브의 이브에 태어났습니다. 느지감치 태어난 무남독녀로 이기적인 여자 아이였습니다. 엄마는 늘 자신이 못 배운 한을 나에게는 물려주지 않겠다고 학원을 네 군데나 보냈습니다. 엄마는 맏이로 크면서 못 먹고 못 입은 한을 나에게 물려주지 않겠다고 비싼 옷에 비싼 음식을 주었습니다.

초등학교 내내 남자애들 때리면서 살았는데 어느 날 나한테 맞은 남자 아이가 코피가 났습니다. 우리 집을 찾아온 그 아이의 부모에게, 어떻게 여자애 배를 발로 찰 수가 있냐고 우리 애 책임질 거냐고 엄마가 도리어 큰소리쳤고 그 후 전교의 남자애들이 나에게 함부로 하지 못했습니다.

늘 밖으로 나가 안 들어오는 아빠 '덕분에' 혼자 장사하는 엄마는 소주와 매운 돼지고기를 먹으며 '들어온 병도 내 손으로 떼어낸다' 자세로 몸을 관리했습니다.

초등학교 6학년 때 '왕따'를 당하면서 내 멋대로 살 수 없는 것을 깨달았고 중학교 내내 소수의 친한 아이들과 잘 지내는 사람이 되었습니다. 그러나 여전히 복도를 뛰어다니며 매점을 1분 안에 갈 수 있는 실력을 발휘했고 나름대로 우수한 성적으로 고등학교를 갔습니다.

고등학교 1학년 말 아이엠에프가 왔고 엄마가 잘못 선 보증 때문에 집이 팔렸고 3억이라는 빚을 안게 되었습니다. 엄마가 도망을 가고 사람들의 욕설과 거짓 입놀림 덕분에 그동안 놀고 먹던 아빠는 '착한 남자'가 되어 사람들 앞에 당당했습니다.

어느 날 아빠에게 도끼로 맞을 뻔한 후 나는 정신을 차리고 세상에서 제일 무서운 곳은 집이란 걸 알게 되었지요. 더 이상 무서울 게 없었고 더 이상 갈 곳도 없었기에 하나밖에 없는 칫솔에 이끼가 끼어 있다는 걸 불이 켜지지 않는 화장실에서 한참 후에야 알았을 때 이를 닦아야 하나, 말아야 하나 고민하던 나는 집을 떠나기로 했습니다.

무작정 나온 내가 처음 발견한 것은, 부산 영화제였고 초코파이 하나로 하루를 버티며 미친 듯이 영화를 보았습니다. 나는 지금 여성과 십대가 함께 즐길 수 있는 영화제를 만드는 것이 목표이며 영화제 동안 미친 집에서 나와 쉴 수 있는 사람이 있기를 영화 속에서 그래도 내 맘대로 세상을 만들어 갈 수 있음을 느낄 수 있었으면 바라고 있습니다.

너는 언제 집을 나왔니?

댈러웨이 부인은 꽃을 사러 집을 나왔던가요? 나는 정확히 어떻게 집을 나왔는지 기억도 안 날 정도로 시간이 지난 것 같아요. 아니 시간이 문제는 아닌 것 같고, 어떤 절차가 있거나 하진 않아서 기억을 못하는 것 같아요. 떠돌이 생활을 많이 한 탓에 어느 집을 '집'이라고 생각할 건지의 문제이기도 하죠. 사실 혼자 사는 집도 '집'인데 내가 나오긴 어딜 나와요. 단지 옮겨 다닐 뿐이라고 생각할 수도 있잖아요? 굳이 이야기하자면 사회에서 정의하는 '가족'의 틀을 벗어난 지는 7년이 지났어요. 지금은 내가 집을 나온 게 내 의지였는지 헷갈릴 정도로 모호하기도 해요.

그날은 추석이었는데, 집을 나가 들어오지 않던 아빠가 나를 친척 언니 집에 내버려 둔 지 1년 가까이 되던 날이기도 했지요. 그렇지 않아도 친척 언니의 눈치가 심해질 즈음이었고 나는 어디로 가야겠다고 계획을 세우고 있었어요. 언니네 가족들은 모두 추석이라고 다른 친척들에게 가 있었고 나는 혼자 TV를 보고 있었더랬죠. 갑자기 문이 부서지는 듯한 소리에 나가 보니 술에 취한 아빠가 문을 두드리며 욕을 하고 있는 거예요. 지겨운 마음에 문을 열자 무서운 속도로 방으로 들어가더라구요. 그러고는 내 짐을 문 밖으로 던지기 시작했어요. 뭐하는 짓이냐고 소리를 질렀지만 뭐, 소용없었어요. 짐을 다 던진 아빠는 나를 때리며 "당장 나가" 하고 욕을 해댔죠. 분한 나는 아빠를 콱 밀어 버리고 다다다다 뛰어서 현관문을 닫고 짐을 대충 챙겨서 도망치듯 그 집을 나왔어요. 이때에 집을 나왔다고 해야 할까요?

너무 늦은 저녁이라 갈 곳이 없어 헤매다 아는 선생님 집에서 하룻밤을 자고 다음 날부터는 친구네 집을 돌아다니며 잤는데, 마지막으로 친구네 집에 잤던 날이 집을 나온 날일까요? 우습게도 나는 그 집이 그 고마운 친구들 중에 누구네 집인지 기억이 나지 않아요.

나에게 비누라는 별명을 붙여준 영어 선생님 집에서 석 달간 산 적이 있었는데 그곳이 '나의 집'이었을까요?

아님, 고시원 생활의 시작? 무작정 온 서울에서 1년간 살았던 이모 집?「하자 센터」자자방(일종의 기숙사)?

아, 배은망덕하게도 나는 그 어디도 '나의 집'이 아니었다고 생각했었나 봐요. 물론, 나의 곤란함을 해결해 준 것이 고맙기도 했지만, 내 맘속에 반드시 내 집을 가지겠다는 목표를 세우고, 일억 번도 더 결심하게 된 계기가 되었던 생활이었죠.

혼자 사는 이야기

어쨌거나 저쨌거나 내가 모은 돈으로 월세방을 얻은 것이 작년, 2000년 2월말. 시장통의 옥탑방이지만 내 방을 가지게 된 게 너무나 이상하고도 행복한 기분이었어요. 더 이상 다른 사람으로 인해 옮겨 다니지 않아도 된다는 것 때문이었는지, 집이라고 불리는 곳에서 더 이상 긴장을 하고, 누군가의 눈치를 보고 있지 않아도 된다는 것 때문이었는지 우울하던 세상이 한동안 빛으로만 가득 차 보였어요. 두 번째 집을 구한 지금, 그때 생활을 생각해 보면 빨강머리 앤을 보는 것 같아요. 조그만 것에다가도 이름을 붙이고 아침은 꼭 어떻게 해 먹겠다는 둥 많은 계획을 세워서 실천하려고 애썼거든요. 그러나 혼자서 뭘 해 먹고 치우고 하기엔 시간과 비용이 너무 많이 들고, 장을 보는 것도 1인분씩 파는 것들이 얼마 없어 최근엔 계속 밥을 사먹고 다녀요. 예를 들면, 떡볶이를 사면서도 너무 매울 테니 순대도 사고 싶지만 혼자 먹기엔 양이 너무 많고… 이럴 땐 정말 곤란하고 안타까워요.

첫 번째 집에서 나오게 된 건 옥탑이라 그런지 집이 너무 건조했기 때문이었어요. 나는 약간 천식이 있고 기관지가 좋지 않아서 아침마다 코피를 터트리곤 했어요. 그래서 다른 집을 구하려 애썼지만, 보증금 300만 원에 월세 18만 원의 수준에서는 더 좋은 곳을 찾기 힘들더군요. 시인 고정희는 나이 서른에 자기 집을 마련했다던데, 집을 마련하려면 최소한 몇 천은 가지고 있어야 하는데 어떻게 마련한 건지 궁금하기도 하고, 약간의 경쟁 의식을 느끼며 나는 목표를 조금 수정했어요. 단지 내 집을 가지는 게 문제가 아니라 나의 건강을 해치지 않을 환경이 되는 집을, 바람이 잘 통하는 집을, 전세라도 좋으니 삼십 세까지는 내 집을 마련하겠다고 결심했어요. 악착같이 모아서 구한 두 번째 집이 지금 사는 집인데, 예전보다 환경은 좋아졌고 넓이도 혼자 살기엔 이 정도면 되겠다 싶은 곳이에요.

내 돈으로 집을 구하기 전까지는 혼자 쓸 수 있는 방, 나만의 방을 원했는데 막상 집을 구하고 보니 경제력이 중요하다는 것을 깨달았어요. 내가 원하는 방을 구하려면 돈이 필요하잖아요? 그래서 다들 몇 명이 돈을 모아서 동거를 하는구나 싶기도 해요. 나는 지금까지 누구랑 같이 산다는 것을 생각도 못할 정도로 내 방을 구하는 데에만 정신이 팔려 있었어요. 최근에 친구들이 하나, 둘 자신의 방을 가지고 동거를 시작하는 것을 보며 나도 누구와 함께 살아 볼까? 하는 생각을 하지요. 다들 알다시피 친구와 동거를 하면 사이 나빠지니 상황 되면 혼자 살라는 이야기를 많이 하잖아요. 그리고 동거라는 게 그냥 떡하니 '오늘부터 같이 살자'로 해결되지 않는 부분들이 많아서 나는 선뜻 시작을 못하겠더군요. 심지어 나는 친구들과 함께 있으면 게을러져요. 무슨 말이냐면, 일을 하러 가야 하는데 친구들이랑 놀고 싶어서 발이 안 떨어진다든지, 마음이 울적해진다든지 그런 것들 있잖아요. 그리고 엄청난 충격이 가해지는 소식이 있어도 혼자 일을 할 때는 꿋꿋이 잘하다가도 친구들 있으면 그걸 이야기하는 핑계로 실제 힘드는 것보다 더 나약해질 때가 있어요. 이런 상태들을 나누려고 동거를 하는 것이라고 이야기할 수도 있겠죠. 그러나 실제 나의 삶을 봤을 때, 나는 아직 좀 더 긴장하고 힘내야 할 때라서, 사실 웬만한 것에 좌절하지 않기를 바라요. 그러나 내가 같이 사는 사람에게 그런 것들을 의지하지 않을 자신이 없어요. 내가 너무도 관계에 민감한 사람이라, 그 친구의 리듬에 내가 휩쓸리지 않을 자신도 없구요. 작년인가 힘든 상황을 누군가에게 의지해서 풀려고 한 적이 있었는데 그 사람에게 그것이 얼마나 큰 짐이었고 폭력적이었나를 생각하면 지금도 미안하고, 그 후론 감정적으로도 나를 잘 관리해야겠다고 생각을 했어요. 나 역시 누군가의 힘들어하는 모습을 받아 줄 여유가 없고.

그래요. 이기적이지만 난 지금 누굴 받아 줄 여유가 없어요.

동거 연습

여유가 없다면서 웬 동거 연습이냐고 물으신다면, 아아, 변덕쟁이 마음을 핑계 댈까요?

말 그대로 연습을 해 보는 거예요. 좀 전에 말한 것처럼 나는 얼마간은 여유가 안 될 테고 만약, 그런 기대 없이 혹은 그런 기대를 이미 하고 있는 사람과는 같이 살아 봐도 되지 않을까 하는 생각이 들었어요. 그렇지만 결과는 알 수 없으니 3주간 연습을 해보자고, 나는 파트너와 이야기를 했지요.

파트너와 나는 사귄 지 1년 6개월 정도 되었고, 각자의 역사에 대해 조금은 알고 있어서 동거 시작 후 화를 내거나 싸우는 일은 거의 없었어요. 혼자 살 때와 비교해서 눈에 띄게 달라진 건 밥을 꼬박꼬박 챙겨 먹는다는 것. 식사 준비나 청소 시간이 반으로 줄어들고 그것들을 하는 기분도 달라지더군요. 무엇보다 어떤 주제에 대해 일상적으로 토론할 사람이 생겼다는 건 정말 재밌는 일이었어요. 평소보다 싸움도 덜 하게 되구요. 이렇게 이야기하면 동거 연습이 성공적인 것 같죠? 실제로 성공적이었지만, 몇 가지 문제점을 발견했어요. 나와 파트너는 서로 공부하고 일하는 시간대가 다른 것이 가장 큰 문제였지요. 파트너가 공부하는 시간이 내가 쉴 수 있는 시간이거나 그 반대의 경우가 자주 발생했어요. 그 전에도 이런 문제는 있었지만 따로 살 때는 그 시간에 내 할 일을 하는 것이 당연한 것이었지만 함께 사는 시간에는, 눈에 파트너가 보이고 같이 뒹굴뒹굴하며 보내고 싶은 마음이 생기는 건 어쩔 수 없더군요. 그렇지만, 내색하지 않고 책을 읽거나 텔레비전을 보며 그 시간을 보냈어요. 나중에서야 이야기했는데 섭섭한 마음이 생기는 것은 똑같았어요. 하지만 서로의 발전을 위한 시간에 놀아 달라고 할 수 없는 것은 서로 당연하다고 생각하고, 그때는 방해하지 않기로 했어요. 역시 동거는, 서로의 발전을 위해 삶을 위해 노력하고 있는 시간에는 힘들 수도 있겠다 싶었지요. 이런 모습을 보던 친구가 너무 노부부 같은 것 아니냐며 놀려 대더군요. 그제서야 우리가 너무 안정된 생활을 이루려고 노력하는 것이 아닌가 하는 생각에, 아직은 좀 더 다양한 실험을 해 봐야 할 때라는 결론에 다다랐어요. 그때, 내 마음이 움직이기 시작했지요.

누구와 함께 살 것인가?

7년 전 엄마, 아빠가 따로따로 떠나는 순간, 내게는 가족이 없다고 생각했어요. 다시 찾아온 엄마와 같이 살 맘이 없냐구요? 부모니 돈도 좀 도와주고? 우리 엄마는 나보다 통장에 돈이 더 없고, 같이 살기엔 엄마도 혼자 살기 연습하느라 정신이 없어요. 심지어 심한 천식으로 몸 관리 하나만도 벅차죠. 어제도 엄마는 수업

료 면제를 위한 서류를 떼야 한다고 월세 사본을 보내달라고 하자 귀찮다고 소리를 빽빽 지르는 걸 보며, 우리는 떨어져 살면서 연락이나 주고받는 게 서로에게 좋다는 생각이 들었어요. 자기를 위해 살기 시작한 지 3년밖에 안 된 사람은 세상 적응하느라 정신 없을 거예요.

그렇다면 동거 연습해 본 파트너와 함께 살 거냐구요? 그것도 아니에요. 우리는 너무 적응이 잘 되어 있어서, 이 상황에서 동거하기는 너무 안일한 실험이 될 게 뻔해요. 나는 이번에 집을 구할 때는 함께 지내 볼 새로운 사람을 구해 보기로 했어요.

가족에 대해, '누구와 함께 살 것인가?'에 대한 이야기는 은근히 말 꺼내기가 어려워 질문에 답을 하는 식으로 말을 풀었어요. 이 주제에 대해 얼마 전 이십대 좌담에선 "여러 가지 공동체를 나의 준거 집단으로 두고 내 집을 가지고 사는 것. 같이 살든 따로 살든, 절대 각자의 방은 있는 것. 그러나 일하는 사람과 24시간 같이 사는 것은 싫다"고 이야기했던 게 기억나네요. 또 현재는 여유가 없어 자신없다고 했던 것도. 그 모든 것이 여전히 지속되고 있어요.

나는 아직 준비되지 않았고, 새로운 사람과 동거를 해 보겠다고 맘을 먹은 지금도 여전히 약간 불안해요. 동거라는 게 단순히 같이 살아 보는 실험이 아니라 사람을 받아들이고 쉽게 떠나 보내는 연습이기도 하니까. 존재감의 흔적이 얼마나 큰지 나는 충분히 알고 있어요. 가족이라는 틀 안에서 지냈던 십 몇 년간의 시간이 내가 원치 않아도 아직 나에게 영향을 끼치고 있지요. 그래서 실험을 실천으로 옮기는 게 조심스러워요. 나는 얼마 전만 해도 명절에 사람들이 친척들 집에 가고 없는 사무실에 앉아 있는 내 자신의 감정을 조절하는 게 어려웠어요. 계속되는 외로운 마음에 끊임없이 '나는 너무나 사회화가 잘 되었어. 나는 사회화된 것이야' 하고 되뇌었거든요.

혼자 사는 것도 누구와 함께 사는 것도 많은 준비가 필요하다고 생각해요. 이제 나는 혼자 산 지 1년도 넘었고 두 번이나 옮기며 살아 보았으니 이번에 다른 집으로 옮길 때는 친구 한 명과 같이 살아 볼까 해요. 느낌이 너무 아닌 사람은 **빼더라도** 수만 가지 조건을 붙여 구하는 건 하나 마나 한 실험이라는 걸 깨달았어요. 지금 계획하고 있는 동거가, 몇 십 년 동안 역사가 다른 사람과 어떻게 살아 보나, 어떻게 소통하나를 실험해 보는 첫 실험이 되겠죠. 여유가 없을 때마다 사람을 물리칠 수도 없고. 글을 하나 쓰는 동안 이렇게 맘이 바뀌다니 간사하기도 하여라. 간사한 나의 이번 동거 목표는 지나치게 동요하지 않으면서 손잡고 잘살기. ◍

할머니의 꽃밭

얌체공

뜰에 심은 나무처럼 잘 자라라는 할아버지의 이름과 할머니의 기원으로 만들어져, 언제까지나 고갈되지 않는 소원을 가슴에 품고 살고 싶은 1980년생.

열세 살이 되던 해에는 열일곱이 되기만을 간절히 바랐다. 열일곱이 되면 로맨스가 안녕하고 인사를 걸어 올 것 같았고, 노을 지는 학교 운동장에 소녀들의 웃음소리가 그치지 않는 아름다운 시간이 펼쳐질 것을 의심치 않았다. 열일곱 살이 되었을 때 나는 '드림스 컴 트루' 하지 않는다는 사실에 실망했고, 학교 선생님은 말끝마다 이년 저년 하며 지독하게 굴었다. 그물처럼 쳐진 함정을 요리조리 잘 피해 갈 수 있을 것 같았던 세상은 녹록치 않았고, 특히 가족은 쥐색 우울함이었다. 열일곱 살의 나는 눈을 감았다 뜨는 순간 스무 살의 세상이 눈앞에 있기를 바랐다. 자기만의 공간에 혼자서 살 수 있는 스무 살을 소원했다. 늙어 가는 아빠의 심술을 모른 척하고 동생의 짜증 섞인 목소리를 모른 척할 수 있는, 아이 시절 유토피아 같았던 가족이 변질해 버린 그 순간 나는 혼자서 살게 해달라고, 어서 스무 살이 되게 해달라고 빌었다. 이제 스물네 살이 되어 버린 나는 스물일곱 살이 되기를 또 한번 소원한다. '내 인생은 행복하다'고 증언할 수 있는 스물일곱이 되기 위해, 지금의 나는 눈을 뜨면 스물일곱 살이 되어 있기를 소망하지 않고, 스물일곱 살이 되어 가는 시나리오를 쓰는 중이다. 스물일곱의 내가 살아갈 모습, '나는 행복하다'고 증언할 수 있는 그 삶을 그리기 위해 나는 우울했던 지난 가족의 모습을 다시 쳐다보아야 했다. 나는 과거가 없는 사람이 아니다. 그 과거가 기름진 거름으로 거듭나도록 나는 할머니의 삶을 찾아가 보려고 했다. 그것은 어느 여름 할머니 지갑에서 발견한, 한복 입고 쪽진 머리를 한, 열아홉 살 할머니의 흑백 사진에서 비롯된 일이었다.

행복한 모델을 보지 못한 손녀(딸)는 결혼을 하지 않겠다고 말한다

더운 여름 한낮이었다. 사방이 공기가 통하지 않는 거실에서 엄마와 할머니가 오랫동안 이야기를 나누고 있었다. 오래된 반복이다. 엄마는 할머니에게 당신의 큰아들과 함께 사는 것이 힘들다고 토로하고 있었고, 할머니는 깊은 한숨으로 며느리를 위로하며 운명을 이야기하는 것이었다. 잠에서 막 깨어나 땀이 흐른 얼굴과 흐트러진 머리로 방에서 나온 나는 짧은 목 인사와 함께 그들 옆에 앉아 이야기를 엿들으며 사과를 먹던 중이었다. 나도 그랬지, 너무나 공주님 같던 시어머니가 집안일 할 사람을 구하려 며느리를 구한 게 난데, 나도 그 힘든 세월을 견디며 칠십이 넘는 인생을 살아온 걸, 언젠가 세월이 지나서 자식이 성장하고, 또 자식을 낳아 네 앞에서 재롱을 피는 황혼을 맞이하면 고단하던 인생의 체증이 내려갈 거란다, 하는 할머니 말에 옆에서 듣고 있던 내 눈에서 눈물이 또로록 떨어졌다. 잠겨서 안으로 기어드는 목소리로 이렇게 말했다.

"저한테는 결혼하라는 소리 하지 마세요."

내 말을 젊은 날의 객기로 받아들여, 이런 소리하는 딸들이 가장 먼저 시집가더라 하시는 할머니에게 나는 단호하게 말했다.

"할머니와 엄마는 결혼해서 행복했나요? 나는 행복한 모델을 보지 못해서 결혼에 대해 생각해 볼 수가 없어요."

두 사람은 깊은 상처를 받은 것 같았지만, 아무 말도 하지 않았다. 나는 이 두 사람이 결혼으로 만난 가족 말고도, 결혼 이전의 가족에 대해서 알고 있다. 그 가족 안에서 이 두 딸의 삶이 세월을 달리하며 고되었다는 것도 알고 있다. 결혼 전의 삶과 결혼 후의 삶이 크게 다르지 않았다는 것을, 소녀로 성장한 후부터 이들이 가족에서 얼마나 고된 일들을 해왔는지를 알고 있다. 농사짓는 집의 딸로 태어난 두 사람이 고된 일로 얼룩진 손을 갖게 되고, 나이가 한참 들어서 노인 대학과 등산이라는 자기의 영역을 만들어 가면서 행복해지고 있다는 것을 알고 있다. 그들이 가족에 관해서 잠시 눈을 감는 그때, 노인 대학에서 율동을 하고 여행을 하고, 가쁜 숨을 내쉬며 산을 오르는 그 순간에, 가슴에 한줄기 시원한 바람이 불어 들어간다는 것을 알고 있다.

엄마와 할머니는 다르게 살 수 있는 기회를 많이 가져 본 사람들이 아니다. 그렇기 때문에 많은 여자들이 운명처럼 순차적으로 밟아 가는 인생의 단계에서 한숨을 쉴 때마다, 한 고비를 넘어갈 때마다 일기장에 적어 내려간 그 꿈들에 대해서 내게 이야기해 주길 바랐다. 나는 할머니와 엄마가 그들이 깨달은 삶의 교훈과 거름, 그리고 그들이 눈감은 삶에 대한 소망을 딸들에게 물려주기를 바란다.

할머니와 엄마의 그 오후의 한숨, 그래서 내가 그들의 가족을 공격하더라도 저 깊은 곳에서 이해하고 지지할 수 있는 또 다른 경험과 기름진 마음의 밭이 있다는 것도 알고 있다. 할머니와 엄마가 나에게 물려주고 싶지 않았던 역할, 그래서 등에 업고 판사가 되어라, 화가가 되어라, 꿈을 꾸듯 자장가를 들려주듯 주문하던 그 소망이 좀 더 적극적으로 내가 살아가려는 관계에 거름이 되었으면,

그 거름을 내가 심으려는 나무에 부어 흙을 덮어 주었으면 좋겠다. 그것은 아빠나 할아버지가 뜰에 심은 나무가 아니라, 할머니와 엄마가 심은 또 다른 종류의 나무라는 것에 기뻐하고, 그늘 아래서 휴식을 취했으면 좋겠다. 언젠가 너를 키워서, 내 딸로 너를 키워서 즐거웠다는 말을 듣고 싶다.

해를 넘기며 할아버지는 할머니에게 심술을 부렸다. 해방을 함께 보며, 한국 전쟁의 고생을 함께 하셨던 할아버지와 할머니 사이에 이혼 이야기가 오갔다. 황혼 이혼에 관한 신문 기사를 숱하게 읽으면서도, 이것이 그렇게 단단하게 여섯 자식을 거느리고 십여 명의 손자, 손녀를 가진 집에서 일어날 일이라고 생각해 보지 못했다. 과묵하신 할아버지와 유쾌한 할머니 사이에는 여섯 명의 자식과 떵떵거릴 정도로 성공한 세 명의 사위가 있다. 어렵게 시작해 일가를 번듯하게 일구어 놓았다는 자부심으로 지탱해 오며, 명절에도 저녁이 되면 모든 자식들과 사위, 며느리들이 모여 할머니의 '우리 국화꽃 여섯 송이'로 시작하는 편지를 듣는 가족의 뿌리에서 이혼 이야기가 오갈 줄은 상상도 못했다. 연시를 먹고 싶다면 없는 계절에도 모든 백화점을 돌아서 구해다 주는 할머니에게 그런 심술을 부릴 줄은 몰랐다.

늙어가는 남자의 심술

아빠가 나에게 사랑스러운 존재였던 적이 있는가.

베네통의 노란 우산을 너무너무 갖고 싶어 하던 고등학교 1학년 때 그는 퇴근길에 베네통 매장에 들러서 노랑과 빨강 두 개의 우산을 사와선 나와 동생에게 주었다. 초등학교에 입학하기도 전, 유치원에 들어가기도 전, 네 살 때쯤인가 크리스마스이브에 그는 명동길에서 산타클로스를 만났다며 산타클로스 모양의 초를 한아름 들고 왔더랬다. 한글을 익히고 난 후에 그는 노란 갱지 봉투 속에 위인 전기를 사 들고 왔더랬다. 시를 쓰는 나를 사랑하던 그. 노래를 부르는 나를 사랑하던 그. 빨간 수영복 배 위에 빨간 때수건 같은 모양새의 자그마한 주머니에 무겁게 가득 차 있던 모래를 털어 주던 해수욕장의 그. 나를 격려하고 자랑스러워하고 사랑스러워하던 그가 있었던 적이 있다. 신문의 글자 하나하나를 읽으며 모르는 단어들을 하루에도 수십 번씩 큰 소리로 물어 보는 내게 국어사전을 사들고 들어와 찾는 법을 가르쳐 주던 그가 있었다.

엄마와 아빠를 토닥토닥 두드려 주고, 같이 티비를 보고, 즐겁게 밥을 먹던 시절의 내가 있었다. 하지만, 이제는 만지기는커녕 대화하기조차 피곤해진 그가 있다.

손녀에게 일본어를 가르쳐 주시던 돋보기 안경에 사랑스럽게 주름이 자글자글해지기 시작하던 할아버지에 관한 낯선 이야기들이 들린다. 중국에 가려는 할머니에게 심술을 부리는 할아버지. 밥투정을 하는 할아버지. 어딜 가는지 꼬치꼬치 신경을 쓰고 심술을 부리는 할아버지. 내내 뚱하게 말도 잘 하지 않다가 술을 마시면 갑자기 말이 많아져 피곤하게 하는 할아버지. 그런 할아버지를 보는 할머니와 엄마가 있었다. 젊은 시절에 초등학교 교감을 지낸 뒤 그 후로 쭈욱 손에 일을 잡아 보지 않고, 안경을 쓰고 무언가를 읽기만 하며 지낸 할아버지의 행동 반경은 매우 좁아지고, 중국집에서 배달 시킨 안주에 집 뒤편 창고에 가득한 박스의 술병을 하나 둘 꺼내서, 하얀 통나무집에서 동네의 같은 성을 쓰는 사람들을 불러 모아 술을 즐기는 일이 남은 인생의 낙이던 할아버지. 그는 그런 인간 관계와 행동 반경 안에서 나이를 먹어 간다.

어느새 아빠가 할아버지를 닮아 간다는 소리들이 들려온다. 점점 마주치면 피곤한 사람이 되어 간다. 알 수 없는 심술들이 보인다. 귤을 달라. 까 달라. 밥상을 차려 주지 않으면 하루 종일 굶고 있다. 버럭버럭. 목소리가 높아지는 일이 잦아진다. 한쪽에 깁스를 한

발로 내내 누워서 그가 소리를 지른다. 등산 다녀온 엄마에게 화가 나서 알 수 없는 잔소리를 해댄다. 원인이 무엇이든 간에 불똥은 다른 형태로, 엉뚱한 곳에서 신경질로 나타난다.

그의 몸은 점점 어느 곳에 붙박혀 가고, 만나는 사람들의 수는 적어진다. 그에게 즐거운 일은 점점 흔치 않게 되고, 더불어 목소리가 큰 딸년까지 덤빈다. 아내는 등산을 가고 절에 가고 사람들과 통화를 하고 즐거워 보이기도 하고, 딸은 아침에 나가 밤 열두 시가 넘어서야 집에 들어온 지 벌써 3년째. 사람들은 보이지 않고, 그에게 즐겁게 대꾸해 주는 이도 없고, 그는 점점 더 심술을 부린다. 하지만 그의 지루한 테두리 안에 즐겁게 들어가 줄 용기도 안 나고, 그럴 마음도 없어서, 매일같이 덤비는 이 무심한 딸은 그에게 위협이 되었다. 그는 점점 더 심술을 부린다.

나이 들어가는 아빠가 심술을 부린다.
나이 들어가는 할아버지가 심술을 부려 왔다.
나이 들어가는 남자들이 심술을 부린다.

아빠의 할아버지의 할아버지의 할아버지. 그들이 유지하던 인간 관계와 행동 반경이 이제 힘이 없어지는 모양이다. 그들이 지치고 있고, 그들의 놀이터는 힘을 잃어 가는 동네가 되었다. 그들이 심술을 부린다. 편의점에서 딸기맛 양갱을 사서 나오던 나에게, 옆에서 커피를 마시던 여자들에게, 지나가던 나이 들어가는 남자들이 심술을 부린다.

명절에 부엌에서 과일을 다듬고 있던 내가 버럭 화가 나서, 이게 뭐냐고, 왜 같이 차려서 같이 먹지 않느냐고 투덜투덜 대니까, 고모들이 나를 조용히 가르치기 시작했다.

　"너는 우리 집이 성 차별적이라고 화를 내고 있니? 우리는 너랑 같은 집에서 자라면서 한번도 그런 생각을 하지 않았는데 어째서 너만 그러지?"

　어려운 집에서 자라면서 대학 교육을 받는 딸을 지지하고 격려하며 뒷바라지해 준 것을 평생의 고마움으로 알아야 하는 고모들이다. 그 시대에 대학 교육이라는 특혜를 받을 수 있어서 현재의 사회적 지위와 윤택한 생활을 누리고 있다는 것에 감사하고 있는 고모들이다. 나는 아무 말도 하지 못했다. 하지만 고모들이 나를 혼내고 있을 때 사려 깊은 큰 고모는 아주 조용히 내 손을 들어 주었다. 가사를 분담하지 않는 것에 대해서가 아니라, 심술을 부리는 남자들의 태도에 관해서. 견고하게 쌓아 올린 성이 흔들리는 것은 가사 분담의 불평등 때문이 아니라, 감정적 지지가 부족한 데에서 시작되었다. 숙명처럼 가사와 일을 짊어지고 슈퍼우먼으로 질곡의 세월을 살아온 큰 고모가 이제 오십을 넘기면서 퉁명스러운 남편의 태도 때문에 헤어짐을 생각하고 있었다. 그것은 심술을 부리는 남자들의 입에서 먼저 나오든, 이제는 지지를 받고 싶은 여자들의 입에서 먼저 나오든 지나가야 할 종착점을 모르는 역이었다. 나는 그들이 이혼하자고 화를 내는 아버지를 어떻게 달랬을지, 어머니를 어떻게 위로했을지 적잖이 궁금하다.

　나는 그 후텁지근한 여름 오후에 할머니가 지갑에서 꺼내 보여 준 열아홉 살의 할머니 사진을 떠올렸다. 쪽진 머리에 한복을 입고 사진관에서 남긴 결혼 바로 전, 열아홉 살의 할머니. 태어날 때부터 할머니였던 그 사람을 할머니라고 부르기 무색한 열아홉의 흑백 사진. 황혼에 접어들어서야 노인 대학에서 신선한 바람을 맞으며, 즐거워하기 시작한 할머니의 인생을 찾아가 보고 싶었다. 내가 눈물로 얼룩진 얼굴로, 이 사진 저 주세요, 했더니 빨갛게 된 코로 흐뭇해 하던 할머니.

치기 시작했다.

　"너는 우리 집이 성 차별적이라고 화를 내고 있니? 우리는 너랑 같은 집에서 자라면서 한번도 그런 생각을 하지 않았는데 어째서 너만 그러지?"

　어려운 집에서 자라면서 대학 교육을 받는 딸을 지지하고 격려하며 뒷바라지해 준 것을 평생의 고마움으로 알아야 하는 고모들이다. 그 시대에 대학 교육이라는 특혜를 받을 수 있어서 현재의 사회적 지위와 윤택한 생활을 누리고 있다는 것에 감사하고 있는 고모들이다. 나는 아무 말도 하지 못했다. 하지만 고모들이 나를 혼내고 있을 때 사려 깊은 큰 고모는 아주 조용히 내 손을 들어 주었다. 가사를 분담하지 않는 것에 대해서가 아니라, 심술을 부리는 남자들의 태도에 관해서. 견고하게 쌓아 올린 성이 흔들리는 것은 가사 분담의 불평등 때문이 아니라, 감정적 지지가 부족한 데에서 시작되었다. 숙명처럼 가사와 일을 짊어지고 슈퍼우먼으로 질곡의 세월을 살아온 큰 고모가 이제 오십을 넘기면서 퉁명스러운 남편의 태도 때문에 헤어짐을 생각하고 있었다. 그것은 심술을 부리는 남자들의 입에서 먼저 나오든, 이제는 지지를 받고 싶은 여자들의 입에서 먼저 나오든 지나가야 할 종착점을 모르는 역이었다. 나는 그들이 이혼하자고 화를 내는 아버지를 어떻게 달랬을지, 어머니를 어떻게 위로했을지 적잖이 궁금하다.

우리 국화꽃 여섯 송이

"사랑스러운 우리 국화꽃 여섯 송이"로 시작하는 할머니의 편지를 올해에도 듣게 되었다. 「슈퍼마리오」를 하고 있는 친척 동생들 뒤에서 살짝 구경하다가 마리오가 버섯 먹고 키 크는 것을 구경하고 "시시하군" 하면서 털난 복숭아를 깎아 먹을까 하고 거실로 나왔는데, 한 잔 술에 나른해진 조용한 분위기에서 할머니의 편지를 반백의 둘째 고모가 읽고 있었다.

할아버지에게 선물을 살짝 건네는 동생에게 친척들의 찬사가 쏟아지자 할아버지는 "예전부터 작은 애는 할아버지 딸이었지" 하며 흡족한 웃음을 흘리신다. "아니, 손녀가 아니고 왜 딸이요?"라는 작은 아빠의 말에 "예전부터 그랬어. 앤 내 딸이고, 큰애는 할머니 딸이고." 나는 벽에 가만히 그림처럼 서서 창백하게 웃어 준다.

우리 국화꽃 여섯 송이. 아마도 할머니는 평생 여섯 송이라 할 테지만 — 떠난 자식도 자식인지라 — 형체 잃은 자식의 삶도 머릿속에 그려 가며 꽃을 피우는 할머니의 국화꽃 여섯 송이라. 몇 년 전에도 할머니는 편지를 쓰셨지. 그때나 지금이나 친근한 국화꽃 여섯 송이에게, 편지를 간직할 만큼의 살가운 애정 표현이 어색한 할아버지는 그냥 들으시구랴. 우리 국화꽃 여섯 송이 이야기니.

나는 아름답게 피우길 바라는 꽃송이가 될까봐 두려워하면서, 기대 받게 될까봐 두려워하면서 사라진 꽃 한 송이, 그리고 외로운 꽃 한 송이, 안쓰러운 꽃 한 송이, 햇볕 아래 친절하게 상냥한 꽃송이들을 채근하지 않는 저 편지를 쓰던 손길이 내게 쥐어 주던 떡볶이 사먹거라 100원이 떠오른다.

마음이 외유를 해본 여자들은 다른 삶을 상상하는
딸들에게 거름을 줄 자세가 되어 있는가

친척 동생이 멀리 여행을 떠난다는 소식에, 할머니가 식사를 거르고 누우셨다. 어릴 적 엄마가 옆에 있는데도, 다섯 살, 뼈도 살도 굵은 나를 들쳐 업고 달래던 할머니는, 손주들에게 애정을 흠뻑 쏟은 할머니는 어린 동생이 먼 타국으로 간다 하니 아쉬움에 밥이 넘어가지 않으셨단다. 하지만 장군이 되라, 판사가 되어라, 훌륭한 사람이 되어라, 똑똑한 사람이 되어라, 등에 아가를 업고 주문처럼 축복해 주던 할머니는 새로운 국화꽃이 피어나는데 봄부터 소쩍새 울음소리를 들려주던 분이셨다. 자신이 살아온 삶을 아쉬워하지 않고, 딸들에게 과도한 짐을 안기지 않고, 소쩍새 울음소리처럼 축복하시는 할머니는 그런 것 같았다. 나에게 가족은 상처를 주지 못해서 안달이 난 것 같아 보여도, 조절되지 않는 욕구가 부글부글 끓고 있는 곳이고, 서로 심술 부리고, 드러내 놓고 즐거워하지 못하더라도, 할머니가 딸을 축복하는 방식은 그렇게 다른 구석에서 꽃을 피우는 것 같았다.

나에게도 역시 할머니는 그저 '할머니'가 아니었고, 그 가족의 관계망 속에 있는 할머니였다. 때로 할머니는 가족의 불협화음의 중심에 서 있기도 했고, 서운한 할머니, 주책없는 시어머니였던 적도 많았다. 서울의 변두리에 자리 잡은 집에서 성공 신화를 믿으며 채찍질하던 사람이기도 했고, 화목한 가족의 예를 가르치고 혼내던 사람이기도 했다. 나는 어렸을 때 그랬듯이, 여전히 나에게 무엇이 되어라 하고 주문을 욀까봐, 기대할까봐 당신을 멀리하였다. 성공하여 훌륭한 사람이 되라는 주문은 한때는 축복이 아니라, 재촉이었고, 채찍질이었다. 하지만 황혼의 길에 접어드니, 성장한 자식들이 둥지를 떠나고 보니, 가족을 위한 노동에서 한 발짝 떨어져 여행을 하고 노인 대학을 다니며 자기 영역이 생기더니 유연해진 것은 사실이다. 이렇게 자기 영역을 가지기 시작한 가족 안의 여자들이 꿍꿍이를 가지고 있는 가족 안의 젊은 다른 여자에게 얼마나 가능성을 열어줄지가 나는 부쩍 기대가 되었다.

제사 지내는 밤

하루종일 꾸벅꾸벅 조는 물 먹은 솜 같은 몸을 하고는 "조금 있다가 아홉 시 넘으면 상 차리지"라는 할머니의 목소리가 멀어지며, 잠이 소르르 든 것 같았다.

누가 찾아오는 밤인가 했더니 할아버지의 아버지. 유난히 사람들이 북적거렸고, 집은 너무 시끄러웠다. 부엌에는 서로 말할 차례만 기다리는, 서로의 말을 익숙하게 자르는 작은 할머니와 작은 엄마 등이 있었고, 엄마는 조용히 들으면서 자르고 남은 배를 먹고 있었다. 옆방에서는 티비로 프로 축구를 보며 서로 아는 체하는 남자들이 시끄러웠고, 내 머리 위로 대여섯 명의 아이들이 뛰어다녔다. 잠을 이루기 어려운 시끄러운 밤이었는데, 틈새가 벌어지듯 나는 너무 졸려서 잠의 나락으로 떨어졌다. 몸이 껌처럼 바닥에 들러 붙었다.

나는 두 시간 간격으로 깨어 있다 잠들곤 하여 쇠진한 기력으로 찬바닥에서 아주 얇은 랩스커트용 천을 덮고 있었는데 "대문 열었나 봐"라는 엄마의 목소리와 "왜 또 나한테 시켜"라는 막내 동생의 신경질이 들려와 내 미간에 잠시 짜증이 스쳤다.

부채질을 하며 "시골에서 예까지 오려면 힘드시겠네" 하는 할머니의 말이 잠의 틈새를 타고 현실감 있게 들려왔다. 나는 할아버지의 아버지는 통일 동산 근처 시골 산의 무덤에 계시다가, 이제쯤은 꽃이 지고 열매가 멍울멍울 열리기 시작한 밤나무들을 돌보시거나, 혹은 논이 내려다 보이는 솔밭에서 태풍이 지난 일요일 오후

해 지는 것을 감상하며 휴식을 취하다가 "자, 이제 가볼까?" 하고 지나는 차 위에 얹혀서 오실지도 모르는 일이라고 상상했다.

　　기력 없이 잠을 자다가 실눈을 떴다고 느껴지는 그 이상한 순간에 나는 혹시 모두가 지문을 읽고 조용히 입 다물고 모두 열어 놓은 창문에서 바람이 지나는 소리에 귀를 기울이며 절을 하는 순간에 제상 옆에서 술잔을 홀짝거리는 사진 속의 수염 기른 도포 자락 할아버지를 상상하고 만 것이다. 그리고 "공주님 같아서" 밥도, 아무것도 안 하고 그저 너무 고우셔서 우리 할머니를 고생하게 했던 그 시어머니, 아빠의 할머니가 귤을 까먹고 담배를 향로에 터는 모습을 볼지도 모른다고 생각했다. 손주 며느리 뱃속에 든 나를 보고 돌아가신 할머니가, 욕을 그토록 질게 하셨다는 그분이 "이년은 할머니가 왔는데 퍼자고 있냐?"면서 긴 장대 담뱃대로 머리를 때리는 상상을 했다. 그러면서 온몸의 쥐어뜯은 상처를 슬슬 쓰다듬어 주고 갔으면 했다.

　　모든 사람이 제삿밥을 다 먹어 치우고 설거지를 마치고, 배웅을 할 때쯤 추운 단잠에서 깨어났다. "○○야, 할미 간다"는 말과 부드러운 노인용 구둣발 소리가 꿈처럼 들려왔다.

　　지방을 읽는 할아버지보다 할머니는 의례를 훨씬 더 잘 주관한다. 할머니의 입에서는 문을 통해 들어오는 영혼의 이야기가 나오고, 그들이 묻혀 있는 산의 기운이 나에게 어떻게 연결되어 있다는 것이 옛날 이야기처럼 흘러나온다. 지난 해 봄, 인왕산 굿당에서 열린 재수굿을 보러 갔는데, 옆에서 구경하고 있던 무당이 다섯 색깔 깃발을 뽑아 들며 공수를 내리던 거리에서, 노랑 기를 뽑아 든 내게 "너에게 공을 들인 할미가 있어!"라고 말했다.

　　할머니라는 것이 다 그런 것일까. 지켜야 할 가치도 많겠지만, 경험적으로 그 가치를 지켜서 얻어지는 것이 없다는 것을 또 알고 있는 것일까? 내가 "결혼을 하지 않겠어요"라고 선언했을 때도 결혼하지 않는다는 사실에 슬퍼하는 것이 아니라, 당신과 또 며느리의 삶이 손주에게 아름답거나 따라 살고 싶은 것이 결코 아닌 바로 그런 것이라고 인식되었음에 슬퍼했던 것일까? "그래 결혼을 하든, 하지 않든 상관하지 않으니 네 좋을 대로 살아 보거라"라는 말은 어디까지가 진심일까? 결혼하지 않고도 잘살고 있는 유명인들, 이혼하고도 잘살고 있는 유명인들에 대해서 함부로 폄하하지 않고 칭찬하듯이 말하게 된 것도 손녀의 새로운 삶을 상상해 보기 시작했기 때문일까? 주름 없이 매끄러운 내 손을 만지작거리며 네 손이 그래도 가장 예쁘다 하며 물 묻히지 않고 고생 없이 살기를 기원해 주는 것은 할머니의 경험에서 비롯된 것이라고 믿어도 되는 것일까?

혼자 시간을 가지면서 국화꽃 여섯 송이에게 편지를 쓰는 할머니와, 엄마로서 엄한 목소리로 말을 걸지 못해 책상 서랍 속에 편지를 넣어 두곤 하던 엄마의 방식은, 지겨운 가족 안에서 다른 식의 관계의 윤리를 만들어 가는 모습을 보여 준다. 여전히 소리 지르고 화를 내는 법만 알고 있는 할아버지와 아빠를 볼 때 나이 들어갈수록 남는 것이 가족인 사람과, 나이 들어갈수록 남는 것은 내 삶이라는 것을 깨닫게 된 사람의 차이가 바로 저런 것인가, 가족 시스템이 내게 제공하지 못하는 애정을, 내게 전달되지 못하던 애정을 다르게 추적해 보니 뭉클하게 다가오는 것이다. 내가 넘고 싶은 울타리는 가족일까, 심술 부리는 남자들일까?

스물넷의 나는 내가 만들게 될 가족이나 그 다른 형태에 대해서 깊이 생각해 본 적은 없다. 파트너의 조건에 대해서는 이러저러한 상이 있지만, 그것 역시 경험을 더해 갈수록 언제나 형태를 바꾸어 가며, 일단 삶을 자리 잡게 하는 방법에 대해서 생각해야 할 것이 너무 많기 때문에 가족에 대해서는 깊이 생각해 볼 수가 없었다. 하지만 혼자 있는 것이 즐거울 만큼만 혼자서 길게는 10년간 살다가 후에는 작업 공동체 같은 형태로 한 건물에서 북적북적 소리를 내며 사람들과 살아 보다가 더 먼 미래에는 즐거운 일이 자주 일어나는 마을을 일구고 살면 어떨까 하는 생각을 해 본다. 그것은 가족일 수도 있고 가족의 다른 이름과 형태일 수도 있다. 나는 계속 그림을 그리는 중이다.

나는 누군가가 심술을 부리게 될 만큼 내가 만들어 볼 그 시스템은 친밀감으로 만들어져 언제나 보살핌을 주고받을 수 있는 유연한 것이었으면 하는 바람이 있다. 그러면서 삶을 축복해 주고 기원해 주는 사람이 있었으면 좋겠고, 우리가 함께 기리고 싶은 사람과 함께 소중히 여겨야 할 것들이 있고, 우리가 피워야 할 꽃이 있는 의례가 있는 관계였으면 좋겠다.

만일 그런 나무를 십 년 후쯤에 심게 된다면, 나는 우리 할머니가 그러했듯이 소쩍새 울음을 울며 국화꽃을 피우기 위한 축복을 해 주는 사람이 되고 싶다. 서로 관계를 맺은 것이 원수가 되는 것이 아니라, 네가 내 파트너여서, 네가 내 어머니여서, 네가 내 친구여서 즐거웠다는 고백을 할 수 있는 나무를 심고 그림자를 드리웠으면 좋겠다. 그 나무에 대한 그림은 이런 상상으로 시작되는 것 같다. 가령 내가 항상 축복하는 마음으로 파트너를 만날 수 있으려면 어떻게 해야 할까? 가령 내가 아이를 키운다면 어떤 관계에서 아이를 길러야할까? 충분히 준비하고 시나리오를 그려 본다면, 누구라도 초대하고 들어올 수 있는 울타리를 가질 수 있다면 가능한 일이 될지도 모른다.

이제 스물네 살. 십 년 후 나는 어떤 꽃밭에서 노래 부르고 있을까? 애정과 관계는 물 주고 거름 주어 키우는 것임을 잊지 않는 꽃밭, 그리고 나에게는 그 꽃밭에 축복하는 할머니가 있었으면 좋겠다. 그 할머니의 소원은 내 인생의 어느 시점에라도 '내 삶은 정말로 멋지다' 라는 증언을 할 수 있는 것. 즐거워서 팔짝팔짝 뛰어다니는 손녀딸을 보는 것. 나는 이제 씨앗 뿌릴 땅을 찾아서 여행을 떠난다. 🆑

화목한 가족이 뭐야

X

노래하고, 춤추고, 반짝이는 사람들과 있는 자리를 좋아하고, 맛있는 것 만들어서 분위기 잡고 나누어 먹는 것을 좋아한다. 화가 난 여자, 고통에 빠진 여자, 경박한 여자, 똑똑한 척하는 여자들의 손을 덥석 잡고 싶지만 내공이 부족하여 나가떨어지기를 종종 한다. 그래도 뼛속 깊은 데서 우러나오는 그 애정이 식을 줄 몰라 가끔 스스로 칭찬하기도 한다.

갈등을 만드는 것을 두려워하고, 갈등이 생기면 적극적으로 에너지를 쏟는 편이라 성질을 죽이는 쪽으로 산다. 그렇게 결정한 후로 길에서 소모적인 싸움을 하거나 하는 일은 줄었지만, 가뜩이나 결여된 전투력이 저하되는 것은 아닌지 걱정스럽다. 나는 전사인데 전투력이 없어서야 되겠는가.

지금은 유들유들한 직장인으로 잠시 변신해 있지만 조만간 여행을 다녀와서 본업에 매달릴 예정. 사라 맥락클란이 했던 '릴리스 페어' 아시아 투어를 만들고 싶다. 다양한 여성 음악가들이 뜻을 모아 아시아를 순회하며 이 도시, 저 도시에 들러 그곳 소녀들과 가슴 터지도록 짜릿한 콘서트를 하고, 캠프도 하고, 음반도 내고… 더불어 여자 아이들이 술자리 안 가면서도 가수 하고, 성질 좀 드럽고 살 좀 쪘어도 가수 할 수 있게 밀어주는 카리스마 사장이 되고 싶다. 오~ '강단 있어 보이는 여자 가수들 사단' 그림 좀 나오지 않는가? 에구. 갈 길이 멀다. 열심히 살자.

"러브 미 텐더 러브 미 스위트…"

기타 연습을 하고 있는 언니 옆으로 모여든 가족들. 서로 다정하게 바라보며 부르던 이 노래는 얼마나 스위트했던가. 내 나이의 엄마 아빠가 간직하던 소중한 꿈처럼, 나의 가족은 자신의, 그리고 서로의 '스위트 홈'을 위해 최선을 다했다. 부모를 일찍 여의고 이런저런 불편함을 이겨 내며 어린 시절을 보내야 했던 아빠는 자식들에게 든든한 지원자가 되길 바랐고, 자신이 만든 가정이 나와 언니의 삶에 풍요로운 기반이 되길 원했다.

아빠의 꿈 '스위트 홈'

그런 꿈을 깊이 이해하고 지지하는 엄마는 아빠에게 좋은 동반자였을 것이다. 그 둘은 자유롭고 따뜻한 가정에서 건강한 아이들이 자라난다는 굳은 신념으로 공부도 게을리 하지 않았다. 정기적인 가족 회의와 중요한 일 함께 상의하기, 아이가 원하는 일이 무엇인지 진지하게 들어주고 최대한 협조하기, 아이가 한 소소한 일도 칭찬해 주기… 이러한 것들을 비롯한 수없이 많은 지침들을 나의 부모는 모범적으로 이행했다. 그런 분위기에서 난 엄마 아빠와 동등한 딸로, '화목하고 자유로운 가정'의 구성원이라는 자부심을 가지고 자랐다.

아빠는 늘 우리를 자랑스러워했고, 자유로운 아이들과 화목한 가정의 모습을 사람들에게 과시하고 싶어 하기도 했다. 그래서 아빠의 일 관련 행사나 가족 모임들이 있으면 그 행사의 성격이 무엇이든 언니와 나는 사회자로 또는 촬영 기사로 불려 다녔다. 아빠는 늘 주변 사람들에게 우리를 소개하기 바빴고, 청중을 압도하는 이야기들로 우리 가족이 얼마나 알콩달콩 살고 있는지를 증명하고 싶어 했다. 그에 부응이라도 하듯 언니와 나는 자신 있고 건강한 딸의 모습으로 어른들의 질문에 똑똑하게 대답했다.

그런 자리들이 항상 즐겁고 뿌듯한 것은 아니었지만, 아빠의 우울했던 성장 과정, 화목한 가정을 꾸미며 행복하게 살고 싶었던 그 꿈을 생각하면, 난 기꺼이 애정 어린 마음으로 참석할 수 있었다. 또 존중받고 신뢰받는 아이로 증명되는 내 모습은 같이 자리한 또래 아이들 앞에서 우월감을 느끼게 하기에 충분했고, 난 그 짜릿함을 즐기기도 했다. 우리 가족은 화목하고 행복하다고 믿었으며 평생 유지할 수 있을 것이라고 생각했다. 또한 다른 구성원 모두가 그래 줄 것이라고 믿었다. 나의 삶에 페미니즘이라는 새로운 눈이 생겨나기 전까지는.

'전부 다 사기야!'

언니에게서 들어서 또는 어디서 주워 읽은 책들을 통해 페미니즘이라는 단어에 익숙해지던 내가 처음 하게 된 고민은 엄마의 삶에 대한 것이었다. 아직은 나를 여자로 보는 사람도 없었고 나 역시 나를 여자라고 인식하기 전이었던 그때, 난 우리 집의 대표 여자인 엄마의 인생을 주의 깊게 들여다보기 시작했다. 그것은 내 삶의 모든 부분에 대한 고민의 시작이었고, 가족에 대한 갈등의 시작이기도 했다. '화목한 가정이 뭐지'라고 원론적인 질문들을 하기 시작한 난, 너무 많은 문제들을 어색하게 마주해야 했다. 아이들이 학교에서 돌아오면 포근한 품이 되어 주기 위해 자신의 욕망을 모르는 체해야 했던 엄마. 권위적인 가장이 되는 걸 싫어했으면서도 '화목한 가정'의 유지라는 이유로 가부장의 권력을 이용해 번번이 엄마의 사회 진출을 좌절시켰던 아빠. 경제적으로 우리 모두를 먹여 살리고 있는 아빠는 힘을 가진 사람이었다. 그런 아빠로 인해 자신이 그렇게 원하는 일을 할 수 없었던 엄마는 결혼 전 사회 활동의 기억을 추억 삼아 세련된 가정 주부로 살고 있었다.

그런 엄마가 안쓰러웠고, 사람들 앞에서 '화목한 가정'을 증명해 보이려는 아빠의 모습은 욕심을 다스리지 못하는 가부장으로 비쳤다. 그리고 난 더 이상 그런 자리에 가지 않겠다고 거듭 다짐했다.

완전히 낯선 시각으로 세상과 가족을 보기 시작하자, '화목한 가정'에 대한 환상과, 남다른 자부심까지 가졌던 나의 믿음이 증발해 버리는 것은 순간이었다. 믿음은 증발해 버리고 의혹만 가득한 나의 머리와 가슴은 슬프기보다는 화가 나 있었고 공격적이었다. 그리고 난 정리도 안 된 머리를 흔들며 미친 듯이 이것저것 뜯어고치려고 달려들었다. 지금은 내가 생각해도 매우 거친 문제 제기가 분명했다. 토끼 같았던 딸이 "다, 전부 다 사기야!" 하며 달려드는 것을 보며 아빠는 인생에 실패한 느낌까지 받았을 것이다. 그런 나의 거친 행동은 의도와는 무관하게 엄마에게도 반갑기보다는 불안하고 충격적인 사건이었을 것이라고 생각된다.

그렇게 아빠와 나의 힘든 싸움은 시작되었다. 이 싸움이 아빠와 나의 싸움이 된 것은 전략적이기도 했고, 어쩔 수 없는 상황이기도 했다. 성난 짐승처럼 날뛰는 나에게는 심정적인 지지자인 언니가 있었지만, 언니가 싸움에 개입하면 아빠는 더 큰 상실감을 느껴야 했을 것이다. 이미 그것은 의견을 나누는 차원을 넘어선 싸움이었고, 2대 1 구도는 비겁하다는 생각이 들었다. 또 거부 반응이 강해질지도 모르는 일이었다. 엄마는 나를 이해하는 듯했지만 감정이 움직이기에는 나의 방법이 너무 서툴렀고, 엄마에겐 아빠와의 관계도 무척 중요한 것이었다. 그 시기에 아빠와 나는 서로 많은 상처를 입히며 지쳤고 괴로워했다. 나는 "아빠도 별 다르지 않은 가부장적인 남자더라, 아빠가 얼마나 자기 중심적이었는지 깨닫기를 바란다"는 일관된 입장으로 아빠가 잘못하는 바람에 우리 모두 불행했었다는 듯이 말해 댔다. 아빠 역시 여태 나에게 보여 주던 신뢰는 찾아볼 수 없었고, "자유롭게 키워 놨더니 버릇만 없어졌고, 어디서 못된 것을 배워 왔다. 기가 막힌다. 집이 싫으면 네가 나가서 돈벌고 살아라" 하며 소리를 질렀다. 우린 서로 기막혀 하며 시간이 흐를수록 바보 같은 말들만 해댔다.

천천히 변하는 것들

지치고 소득이 없는 싸움이라고 생각되었고, 내가 얼마나 전략 없이 뛰어들었는지도 깨달았지만 내가 먼저 미안하다고 할 수도 없는 노릇이었다. 결과적으로 그 싸움에서 우리는 새로운 관계를 고민하거나 계획해 내지는 못했다. 나는 그 투쟁이 나의 어설픈 반항으로만 읽히는 것은 아닌지, 괜히 여성주의에 대한 이상한 거부감만 남긴 것은 아닌지 걱정되었다. 하지만 나의 거친 문제 제기는 의외의 파장을 만들어 냈다.

폭풍 같은 시기가 지나고, 아프고 난 뒤 덩그러니 맞이하는 낯선 일상처럼 우리 가족에겐 새로운 막이 올랐다. 서로 어색하기 짝이 없었던 시간 동안 각자가 자신의 자리에서 '가족'의 의미에 대해서 진지하게 생각하고 있음을 느낄 수 있었다. 무슨 생각들을 했는지 알 수 없었지만 최소한 변하고 있었다. 가장 큰 변화는 더 이상 '화목한 가정'이란 이미지를 좇기 위해 '친한 척' 하지는 않게 되었다는 것. 우습게도 정이 많은 나에게 힘든 시간이었다. 하지만 없었던 것으로 돌리기에는 이미 늦었다. 그동안 우리는 다 같이 행복하자고 각자의 생활을 크고 작게 포기해야 했고 참견해야 했다. 아빠만 원망할 노릇도 아니었다. 나 역시 중요한 순간에 그들이 함께 하길 바랐고 때로는 억지도 부렸다. 그 많던 욕심의 순간들을, 화목하고 자유로운 가정의 추억으로 기억할 수는 없었다.

많은 것이 천천히 변했다. 어떤 것들은 크게 달라졌고 어떤 것들은 여전하기도 하다. 크게 달라진 거라면 엄마가 공부를 시작한 것을 들 수 있겠다. 방송 대학교에서 중어중문학을 전공하는 엄마는 친구들과 하는 스터디에도 열심이고, 새벽이면 회화 연습으로 하루를 시작한다. 공부에 열정을 쏟기 시작한 엄마는 아빠와의 관계에서도 '쿨'한 모습들을 보이며 한결 생기 있는 모습이다.

아빠는 우리와 동석하고 싶은 일이 생긴다 해도 과시하기 위해 우리를 동원하기보다는 자리의 성격을 설명하고 생각이 있으면 참석할 것을 권유한다. 또 그런 자리에 함께 하게 되어도 화목한 가정을 증명하려 하기보다는 자연스러운 분위기에서 즐거운 시간을 보내는 여유를 보여 준다. 나 역시 익숙한 것들에 경계하며 말만 번지르르하게 하며 내 잇속만 챙기는 일이 없도록 하기 위해 노력한다.

지금 나는 엄마 아빠의 집에서 나와 전적으로 내 힘으로 살아가는 시도를 시작하였다. 아프고 마음이 괴로울 때 불쑥 "아, 그냥 엄마 아빠에게 예쁨 받으며 살 걸 그랬나" 하는 마음이 들기도 하지만, 떨어져 있어서 생기는 망각 비슷한 감정이라는 것을 곧 깨닫고 정신을 차리고는 한다. 나도, 엄마도, 아빠도, 언니도 혼자서 씩씩하게 지낼 수 있을 때 다 같이 더 행복할 것이라는 것을 알기에. ❿

진자의 운동

2Z [이지]

이지는 대학 2학년 때부터 써온 이름. 근대적이고 편집증적인 인간형에서 탈피하여 좀더 가볍고 자유롭게 (easy) 세상을 살고 싶은 마음에서, 그리고 제도화되고 경직된 지식 체계를 벗어난 새로운 지식(異知)을 생산하고 싶다는 욕망에서 지은 이름이다. (異知의 '異'는 異般에서의 '異'와 비슷한 의미.) 이름처럼 살고자 노력하지만, 여전히 하루하루가 암중모색일 뿐인 스물넷. 그러나 김정란의 「스물네 살의 바다」를 매일매일 읽으며 나의 에너지를 찾고자 노력하고 있다.
http://doorto2z.cyworld.com

Scene #1. 아빠의 TV

내가 집에 있는 시간은 그리 많지 않다. 대학교 3학년인 동생도 마찬가지다. 그나마 집에 있는 시간에 둘은 인터넷을 하느라 바쁘고, 가끔씩 웹에서 본 것들을 서로 알려 주며 웃음을 교환하기도 한다. 그러다 보니 자연히 TV는 우리에게 찬밥 신세가 되었는데, 그럼에도 여전히 TV가 거실에서 가장 좋은 자리를 차지하고 있다는 사실을 전혀 무색하지 않게 만드는 사람이 있다. 바로 아버지다.

늙은 아빠는 어떤 코드로 다른 가족들에게 접속해야 하는지를 잘 모른다. 아니, 어쩌면 그는 처음부터 몰랐다. 젊은 시절의 그는 소통의 코드를 모르고서도 어린아이들에게 자신의 존재감을 과시할 수 있었다. 그러나 그는 어느 날부터 자신이 예전 같지 않음을 알았고 상처를 입었다. 하지만 어떻게 해야 좋을지는 알지

못했고, 단지 예전 방식대로 똑같이 했는데도 길이 뚫리지 않는 것
을 두려워했다. 그는 그것이 일방통행로였다는 것조차 알지 못한다.
왜냐하면 그는 자신의 아이들과 '필(feel)'이 통한' 적이 한번도 없었
으므로. 그에게 딸아이는 미지수일 뿐이다.

결국 그는 '작정'을 한 모양이다. 집에 들어서면서 누구에게
하는 말인지 알 수 없는 혼잣말 — 날씨가 덥다든지 — 을 하고서는,
잠시 후면 어느새 TV 앞에 자리를 잡고 앉아 있다. 퀴즈 프로그램,
각종 코미디 쇼, 열린 음악회부터 시작하여 드라마와 뉴스까지, 그
는 진실로 TV의 열성팬이 된 듯, 자못 진지하다. 그는 드라마를 매
회 꼬박꼬박 시청하는 유일한 가족 구성원이다. 그러나 자신의 취향
대로 드라마를 고르다 보니, 언제나 그가 시청하는 드라마의 시청률
은 최악에 가깝다(누가 노년의 남성을 타깃으로 삼아 드라마를 만들
겠는가!) 엄마는 지겨운 듯, 옆에서 자전거를 타거나, 아니면 아예
안방으로 들어가 기독교 방송을 들으며 피부를 손질한다.

그러나 그에게 TV는 나름의 돌파구여서, 그는 작정하고 재
미있는 척을 한다. 드라마를 보다가 엄마가 놓친 대목을 설명해 주
기도 하지만, 정작 엄마는 별로 궁금해 하지 않는다. 하지만 어쨌든
중요한 것은 그는 드라마를 보았고, 남들은 보지 못했다는 것이다.
그러므로 그는 말할 권리가 있다!

　거실에 있는 컴퓨터를 애용하는 나는, '본의 아니게' 그와 비슷한 시간과 공간을 점유하고 있는 때가 있다. 나는 열심히 인터넷을 하고, 그는 열심히 TV를 본다. 나는 정말로 '열심히' 인터넷을 하는데, 실제로 그가 '열심히' TV를 보는지 나는 늘 궁금했다. TV가 그렇게 재미있단 말인가? 나는 같은 시간과 공간 속에 있으면서도 자연스럽게 그의 존재감에 둔감해졌다가, 어느 순간에는 그의 인기척을 감지하기도 한다. 그와 TV와의 특별한 관계, 나는 나 자신도 알지 못하는 사이에 그것에 의구심을 품고 분위기 파악을 하고 있었는지도.

　그는 언제나 자신이 있을 때면 TV를 켜두곤 한다. '나도 무언가와 소통하고 있다'는 것을, 바꾸어 말하면 자신의 존재감을, TV를 통해 알리는 것이다. 그러나 TV를 켠다고 해서 항상 그것을 보고 있는 것은 아니다. '열심히' 보고 있는 것은 더 더욱 아닐 수도 있다. 어쩌면 그는, TV를 보는 척을 할 뿐 실은 아무것도 보고 있지 않을지도 모른다.

　그의 눈은 때때로 내가 눈을 떼지 않고 있는 컴퓨터의 모니터를 향한다. 안 보는 척하면서 슬쩍슬쩍 보는 것이다. 그가 그렇게도 좋아하는 드라마를 보여 주고 있는 TV를 외면하고, 그는 자꾸만 곁눈질을 한다. 멀찍이 떨어진 그의 시야에는 여러 개의 창이 열렸다가 닫히고, 또 열렸다가 닫히는 것이 겨우 보일 뿐일 텐데. 혼자서도 잘 노는 커버린 딸아이, 그녀의 마음을 **빼앗아** 간 것은 무엇인지 궁금해 하는 것일까? 아니면 당신이 차지해 버린 TV보다 더 재미있는 것을 찾는 것일까? 그는 때때로 바탕 화면을 가득 채우고 있는 영화 배우의 사진을 보고는 '누구누구' 아니냐고 물어보며 말을 건네기도 하지만, 그의 답은 언제나 틀린다. 애초에 맞출 것을 기대하지 않았던 나는 실망감도, 당혹감도 없다. 단지 그의 말 자체가 의외일 뿐.

그러나 여전히 그는 TV가 재미있다고 한다. 드라마는 꼭꼭 챙겨 보아야 한다고 한다. 아내도, 딸도, 아들도 하품을 하다가 돌아서 버린 그 시간에도 그는 「가요무대」를 보면서 흥얼흥얼 노래를 따라부른다. TV가 거실의 중앙에 당당히 버티고 있는 한, 그는 '아버지의 자리'를 지킬 수 있다. TV를 붙들고 놓지 않는 그 시간만큼 그는 자신만의 성벽을 쌓아 간다. 스스로 생각하기에 너무도 튼튼하고 견실한 성벽, 그러나 딸은 왠지 그 벽이 투명하게 훤히 들여다보이는 것이다.

오늘도 그는 TV를 재미있게 본다. 그런데 열심히 소리를 내고 있는 TV가 갑자기 어색하게 느껴져서, 나는 슬쩍 뒤돌아보았다. 그랬더니 그는 그가 가장 좋아하는 드라마를 앞에 두고서, 그만 잠들어 있는 것이 아닌가. 드라마 속의 주인공이 무안해 한다. "나는 내가 정말로 재미있는 줄 알았지." 그러면 나는 대답한다. "괜찮아. 덕분에 그에게는 앉을 자리와 누울 자리가 생겼거든." 잠들어 버린 아빠를 바라보는 딸의 마음은 마치 진자가 운동하듯 양극단을 오가고 있었다.

Scene #2. 엄마의 식탁

요즘 나는 이유를 알 수 없는 불면증에 시달리고 있다. 가끔씩 낮과 밤이 뒤바뀐 생활을 하는 것이야 누구나 경험하는 것이겠지만, 그래도 잠 못 드는 밤을 계속 맞이해야 한다는 것이 결코 반가운 일이라고는 말할 수 없다. 잠을 자려고 열심히 노력할수록, 잠은 더 들지 않기 마련이고 새벽 다섯 시 즈음에 겨우 잠이 들어서 다음 날 점심 무렵까지 일어나지 못하는 상황은 여러 가지로 치명적이다.

오늘도 역시 느지감치 일어나 기운 없는 모습으로 하루를 넘기고 있는데, 내가 그러든 말든 별로 신경 쓰지 않던 엄마가 웬일인지 속상한 얼굴로 나를 바라본다. 예전에 그녀가 "부모님 마음을 아프지 않게 하는 것이 효도야"라고 이야기했던 것이 문득 떠오른다. 그렇게 따지면 나는 최근에 불효를 많이 저지른 듯도 하다. 평소에는 '알아서 잘살자' 모드로 지내던 나와 그녀는, 오늘따라 서로에게 '필이 꽂히는' 것을 느낀다.

그녀는 지친 나의 마음을 달래 주겠다고 시를 두 편이나 읊어 준다. 한 편은 아주 웃기는 시였고, 한 편은 잠언 같은 시였다. 둘 다 썩 내 맘에 들지는 않았지만 나는 자못 진지한 표정을 지으며 듣는다. 그러다가 끝내는 웃고 말지만, 나는 그녀의 배려가 즐겁고 또한 고맙다.

그러다가 식탁의 엄마 자리, 내 자리에 모녀가 각각 앉아서 오랜만에 이런저런 이야기를 나누게 되었다. 식탁이라는 곳은 사실 엄마의 이야기가 가장 잘 나오는 공간이다. 나는 그냥, 그녀가 나에게 무언가 하고 싶은 말이 있으려니, 하고는 귀를 기울이고 있다는 신호를 보낸다. 속으로 곱씹어둔 그녀의 이야기가 언제나 나에게 와 닿는 것은 아니지만.

그녀는 결혼은 꼭 해야 한다는 주의를 갖고 있는 사람이다. 또한 아이도 꼭 낳아야 한다는 주의를 갖고 있다. 그리고 집안일은 아무래도 여자가 하는 것이 낫다고 생각하는 사람이다. 대부분의 어머니들이 그러하듯이, 꼭 그만큼. 한편 독실한 기독교 신자이기도 해서, 때때로 성경을 인용하면서 자신의 생각을 이야기하기도 한다. 내가 별로 좋아하지 않는 논리 전개 방식이지만 그것이 그녀에게 '불변의 진리' 라는 것을 잘 알기에 나는 그것에 반대하는 주장들을 쏟아 놓지는 않는다. 왜냐하면 그것은 그녀의 정체성의 근본을 건드리는 것이기에.

나는 그저 잠자코 듣다가 나의 비전을 조금씩 흘릴 뿐이었다. 일말의 가능성이랄까, 뭐 그런 것들. (사실 나는 은근히 그녀가 세뇌되기를 바라고 있었다. 언제나 나의 말은 그녀에게 효과가 있었으므로.) 나는 그녀의 주장은 흔들지 않으면서 그래도 어디까지나 '결혼' 은 어려운 것임을 얘기하곤 했다. 그러면 그녀는 때로는 걱정을, 때로는 꾸중을, 때로는 훈계를, 때로는 설교를 나에게 풀어내곤 한다. 결코 길지는 않게.

어쨌든 나는 이런저런 방식으로 일종의 '결혼 압력' 을 끊임없이 받아온 셈이다. 그런데 오늘은 무언가 통해서일까. 나에게조차 놀라운 이야기가 그녀의 입에서 나왔다.

식탁 의자에 앉은 두 모녀. 말이 없어도 어색하지 않다. 나는 아무런 말도 꺼내지 않았고, 그녀는 결심한 듯 딸의 이름을 부르며 말한다.

"넌 그냥, 싱글로 살아라…"

난 너무 의외여서, 대답할 말을 찾기가 힘들었다. 그리고 그녀는 길게 이유를 설명하지 않았다.

"할 일도 많은데, 언제 남자 수발 다 하면서 살겠니. 그냥 너 공부 열심히 하면서, 혼자 살아라. 사실 경제적으로 자기가 버틸 수 있으면, 앞가림만 할 수 있으면 굳이 남자에게 의존할 필요 있겠니. 상처받고, 시달리고, 뒷바라지하고, 그런 거 네가 할 수 있겠니. 안 그래도 힘든 세상인데… 그냥 너 혼자 열심히 일하고, 그걸로 자유롭게 사는 거, 그러면 좋지. 넌 그거 잘할 거야. 능력도 있고 노력하면 돈도 잘 벌 수 있잖니… 사실 그럴 수 있다면야, 얼마나 좋겠니…"

그러다가, 그녀는 아차 싶었는지 다시 예전 그 이야기를 슬쩍 꺼내어 그걸로 마무리를 지으시고는 어색하게 일어난다. 그러나 그녀의 진동하는 고민은 이미 드러나 버린 것을.

나는 그녀가 나에게 오늘 해 준 이야기가 나로부터 온 것인지, 그녀로부터 온 것인지 알지 못한다. 그동안 나의 생각을 반박하던 그녀가 사실 속으로는 공감하고 있었던 것일까? 아니면 살기 험악한 세상으로부터 비롯된 것일까? 나쁜 남자를 만날지 모른다는 노파심과 두려움? 그녀는 언제나 내 편이므로 딸에게 상처를 입히고 싶지 않은 그녀의 욕심에서 비롯된 이야기일지도 모른다. 그것이 무엇으로부터 비롯되었는지 나는 모른다. 그러나 나는 이제 알았다, 그녀의 마음을.

'행복한 가족 모델'을 자신 있게 보여 줄 수 없음을. '가족 만들기'를 권하면서도 속으로는 두려움을 느끼고 있음을. 누군가(특히 남자)와 함께 산다는 것이 주는 아픔은 나이를 먹어도 익숙해지지 않음을. 아직도 결혼 때문에 포기해야 하는 것이 많은 세상임을.

짧막한 대화를 가지고 너무 이런저런 복잡한 생각을 했던 것은 나의 잘못일까? 엄마에게서 예상치 못한 이야기를 들은 딸의 마음은 진자처럼 양극단을 오가고 있었다.

Scene #3. 동생의 홈피

나에게는 스물두 살 먹은 남동생이 한 명 있다. 그와 나는 두 살 터울인지라 세대 차이가 크게 나는 것도 아니고, 경험 세계가 많이 다른 것도 아니어서 서로의 여러 가지 차이점에도 불구하고, 그럭저럭 말은 통하는 사이로 지낸다. 서로의 학교 소식도 전해 주고, 예전에 들었던 재미있는 이야기가 생각나면 말해 주기도 한다. 그러나 그와 나 사이에 일종의 불문율이 있으니, 그것은 서로의 사생활에 대해서는 무관심하게 지내는 것이다. 나는 그에게 묻지 않고, 그도 나에게 대답하지 않는다. 언니-동생 사이에서는 때때로 연애 상담도 하고 지낸다는 이야기를 친구들로부터 종종 들었지만, 남매 지간인 나와 그는 별로 그런 수다를 떠는 것에 익숙하지 않다. 모르고 지내는 것이 서로 편하고, 보통 그런 이야기는 다른 친구들과 나누는 것이 훨씬 도움이 되기 때문이다.

그러던 어느 날, 나는 평소에 궁금해 하던 노래 가사를 찾기 위해 한 가사 검색 사이트에 접속했다. 그런데 그 사이트는 회원제로 운영되고 있어서, 그곳에 가입하지 않았던 나는 원하는 노래 가사를 찾을 수가 없었다. 하지만 웹사이트에 가입하는 것은 번거로운 일이고, 나의 개인 정보를 공개하는 것도 원치 않을 뿐 아니라, 메일 주소를 또 하나의 상업 사이트에 제공하는 것이 매우 불만스러워서 — 물론 스팸메일 전용 주소를 갖고 있기는 하지만 — 그곳에 가입하지 않고, 대신 동생을 찾았다.

학내 밴드에서 기타리스트로 활동하고 있는 그는 당연히 가사 검색 사이트에 가입되어 있었다. 나는 그에게 아이디와 패스워드를 알려달라고 했고, 안 그래도 정보의 홍수인 시대에 인터넷 여기저기에 발을 들였다가 겪게 되는 괴로움을 잘 아는 그는, 선뜻 자신의 아이디와 패스워드를 적어 주었다.

ID: ********
PASSWORD: solonely

무심코 받아든 쪽지에는 위와 같이 적혀 있었다. '아니, 패스워드가 뭐 저래?' 나는 속으로 생각했다. 나는 영문과 숫자를 조합하여 암호처럼 패스워드를 만드는데, 이 녀석은 패스워드가 '너무도 외로운' 이라니. 그러면 로그인을 할 때마다 '너무도 외로운'을 되새겨야 한단 말인가? 나는 의외의 글자들을 마주치고는 어이가 없었다. 그토록 외로운 것일까….

그냥 우연히 떠오른 두 개의 단어를 이어 붙였다고 하기엔, 너무도 절절하지 않은가. 나는 그에게 결코 내색하지는 않았지만, 그가 안쓰럽기도 하고 측은하

기도 하여 갑자기 그의 삶이 궁금해졌다. 20대 초반의 남자란 그런 것일까? 대체 무엇이 그를 그토록 외롭게 만드는 것일까? 나는 가사 검색 사이트 대신, 그의 홈페이지에 접속했다. 그곳에는 그의 일기 혹은 단상과 같은 것들이 빼곡히 들어차 있었다.

누구의 사랑도 받지 못하는 사람과, 모두의 사랑을 받는 사람 중에서 누가 더 불행할까?
- 후자에 한 표.
왜?
- 누구의 사랑도 받지 못하는 사람은 자기 혼자 괴로우면 되지만, 모두의 사랑을 받는 사람은 모두를 괴롭게 하잖아.

혼자서 묻고 답하고 있는 이 글은 그의 심리 상태를 짐작하게 하고도 남음이 있었다. 그의 감정 이입의 대상은 짝사랑에 가슴앓이를 하고 있는 인물이었던 것이다. 사랑받기에 행복한 사람이 아니라 이룰 수 없는 사랑에 가슴 아파하는 사람들의 심정을 헤아리고 있는 그는, 아마도 거기에서 자신의 모습을 발견한 듯하다. 무덤덤해 보이던 그 표정과는 달리 속에는 이런 소심함과 가슴앓이를 감추어 두고 있었다는 것이 새삼스러우면서도, 어쩌면 당연한 것이려니, 하는 생각이 들었다.
그의 일기에는 정서적으로 미숙한, 서투른, 그리고 상처를 두려워하는 젊은 남자들의 고민과 질투심이 그대로 드러나 있었다. 사실 그는 그다지 무뚝뚝하거나 차가운 성격이 아님에도 불구하고 여전히 이성을 대하는 것에는 어려움과 난처함을 느끼는 모양인데, "상대방을 재미있게 해주고 싶기에 재미없어지고, 말을 많이 해주고 싶기에 말을 못한다. 간신히 가까워지던 관계는 그렇게 떨어져 나간다"고 토로하고 있는 일기가 그것을 말해 주고 있었다. 이처럼 소심한 군상들은 공감과 배려의 방법을 익히지 못한 남성들 사이에서는 쉽게 발견할 수 있는 인간형인지도 모른다.

　　어느 날의 일기에서, 그는 영화 「질투는 나의 힘」을 보면서 기분이 내내 '찝찝' 했다고 쓰고 있었다. 그것은 마치 자신의 일기가 신문에 공개되었을 때와 비슷한 느낌의 '찝찝함' 이라고 했다. 영화를 보면서 '극도로 사실적' 이라고 느꼈다는, 그리고 "거기에 감정 이입이 되던 내 인생이 어처구니가 없었다"는 스물두 살의 남자. 그는 나의 동생이기도 했고, 낯설지 않은 영화 속 주인공이기도 했고, 동시에 나도 겪은 적이 있던 소심한 젊은 남자이기도 했다. '질투하기 싫으면 변해야지' 라고 생각하면서도 여전히 아무것도 모르는 척, 동생의 일기를 읽고 있는 나의 마음은 진자처럼 양극단을 오가고 있었다. ㏄

아직
사골 우거지국은 준비 중

맨소래담

일상적인 대인 관계에 서툴러 번번이 '아차!' 하지만 주변 사람들의 이해와 배려 속에 '왕따'는 면하고 있다. 20년 지기 친구이자 머나먼 인생의 동반자인 엄마와도 사정은 마찬가지. 남을 살피고 아끼는 것도 배울 수 있는 덕목이라는 점, 그리고 내가 기꺼이 배울 자세가 되어 있다는 점이 그나마 다행이다.

'우리'가 함께 산다는 것은 얼마나 힘든 일인지

2002년 끝자락에, 나는 내 삶이 모처럼 제대로 풀리고 있다고 느꼈다. 항상 알 수 없는 목적지를 향해 뒤틀린 팔자 걸음으로 간신히 걸어가는 기분이었는데, 그 무렵에는 두 발에 바퀴를 단 듯 기운차게 달려 나갔다.

하지만 내 친구들은 그렇지 않았는데 평소에 씩씩하게 잘살던 친구조차 간단한 일상을 유지하지 못할 정도였다. 친구들이 갖고 있던 문제는 갑자기 닥친 심각한 수준의 가난, 대화 불능 상태까지 꼬인 대인 관계, 나쁜 평판을 딛고 이미지 쇄신을 해야 하는 고통, 낯선 일터에서 받는 엄청난 스트레스 등 하나같이 "괜찮아. 술 한잔에 털어!" 따위의 말은 감히 꺼낼 수도 없을 만큼 어렵고도 복잡한 것들이었다. 짜기라도 한 듯이 동시에 고통의 폭탄을 맞은 친구들 사이에서, 나는 홀로 건강한 정신 상태를 유지하고 있었기 때문에 기꺼이 그들을 만나 이야기를 들어주고 함께 해답을 찾으려 노력했다.

그러나 시간이 지나면서 나는 점점 색다른 나만의 괴로움에 젖어 갔다. 나는 전문 상담자의 입장에서 거리를 두며 그들의 이야기를 듣지 않았고, 정해진 해답을 몸 사리며 말해 주지도 않았다. 나는 진심으로 이 불쌍한 아이들이 고통의 바다에서 헤어 나오길 바랐고 무엇보다 그들은 나의 진짜 친구였다. 그래서인지 이들이 털어놓는 삶의 무게는 곧장 내 어깨에도 옮겨 왔고, 밤새 술을 마시며 해답을 찾아보아도 다음 날 하나도 바뀌지 않은 친구를 보면 진심으로 실망하게 되었다. 게다가 친구의 문제가 본인의 태도 변화로는 해결 근처에도 안 가는, 너무나 크고 구조적인 문제임을 깨닫게 될 때에는 그냥 콱 죽고만 싶었다. 마주 앉아 밤새 이야기를 나눈 결과, 내가 도울 수 있는 일은 아무것도 없구나 하는 사실 하나를 달랑 알게 되는 순간에는 말이다. 친구가 끔찍한 가난에 허덕인다. 하지만 나는 이 친구에게 하룻밤 저녁을 사 줄 돈도 가지고 있지 않다. 친구가 복잡한 대인 관계의 늪에 빠졌다. 하지만 그 문제는 누구의 잘잘못을 떠난 인간의 치사한 본성에 관련한 것이며 더욱이 내가 상관해서 좋을 게 없다. 불면의 밤과 무력한 아침이면 나는 한층 더 멍청해진 머리를 떨구며 혼자 조용히 읊조렸다. "나 혼자 잘산다고 되는 게 아니네. 모두가 행복해야 하는 거였어."

그렇게 폭풍 같던 한 달이 지나고 2003년 새해가 성큼 다가와 있을 때, 웬일인지 갑자기 내 인생이 꼬이기 시작했다. 믿었던 도끼가 하루에 세 개씩 내 발등에 와서 박히고, 두드려 본 돌다리도 내가 건너려 하면 무너져 내렸다. 정신을 차릴 수 없을 정도로 끔찍한 시간들을 견디며 나는 자연스럽게 일과 돈 모두에서 최악의 결과를 맞게 되었다. 내 상황이 이렇게 돌아가는데도 내 맘을 알 길 없는 친구들은 나에게 자신의 또 다른 문제들을 털어놓으려 했고 나는 감당할 수 없었다. 만신창이가 된 마음으로 새해를 맞으며 나는 친구들과 연락을 모두 끊어 버렸다.

엄마가 끓여 준 사골 우거지국

거짓 없이 모든 문제를 함께 나누던 친구들과 의도적으로 단절한 후, 내가 숨어든 곳은 엄마가 있는 집이었다. 일그러진 얼굴로 한숨을 푹푹 쉬며 텔레비전 채널만 돌리고 있는 나를, 엄마는 아무것도 묻지 않고 아무것도 요구하지 않는 방식으로 도왔다. 엄마가 내 눈치를 보면서 그저 끼니마다 맛있는 것을 해 주려고 한다는 것은 느끼고 있었지만 그때는 내가 미쳐 돌아갈 판이어서 그냥 그러려니 했다. 하지만 어느 날 문득 나는 엄마가 예전에 해 준 어느 사골 우거지국 어머니의 이야기를 떠올렸고, 지금 나의 엄마가 그 사골 우거지국 어머니의 지혜를 실천하고 있다는 것을 막연히 생각하게 되었다. 엄마가 들려준 사골 우거지국 어머니의 일화는 이렇다.

> 험한 세상에서 제자리를 찾기 위해 노력하는 한 여자가 있었다. 그녀는 사회생활을 하던 중 큰 어려움을 만나 지쳐 버린 몸과 마음을 끌고 엄마가 있는 고향 집을 찾는다. 엄마는 문 앞에 서 있는 여자를 보자 마자 자기 딸이 지금 무척 힘든 상태라는 것을 알아차린다. 어머니는 아무 말도 하지 않고 그냥 평소 그녀가 좋아하던 사골 우거지국을 한 사발 끓여서 밥을 차려 주었다. 그녀 역시 한마디도 하지 않고 그 사골 우거지국을 받아 먹고 엄마의 집을 나서는데, 마음이 얼마나 따뜻해지는지 다시 힘차게 살아갈 용기가 솟는 기분이었다.

엄마는 이 글을 읽고 묘한 감정과 큰 감동을 동시에 느꼈다고 한다. 엄마의 엄마는 때로 궁금한 것을 참고 말을 아낄 만큼 믿음이나 배려가 깊고 따뜻한 사람은 아니다. 그래서 엄마는 자신의 인생에 아무도 없다는 느낌을 자주 받곤 했는데 나에게만큼은 이 사골 우거지국 어머니 같은 존재가 되고 싶다고 다짐했다고 했다. 사실 이 이야기는 워낙 오래전에 한 이야기라서 엄마가 아직 기억하고 있는지, 또 그 다짐 때문에 비참한 새해를 홀로 맞고 있던 나를 조용히 지켜준 것인지는 사실 잘 모르겠다. 하지만 이 이야기를 떠올린 후, 나는 그동안 매끼 엄마가 끓여낸 사골 우거지국을 먹고 있었다는 걸 뒤늦게 깨달으며 서서히 다시 살아갈 힘을 얻었다.

'우리'가 함께 살기 위해 '각자'가 해야 할 일

여기까지 읽고 나서, 근대적 가족을 대신할 새로운 대안 공동체의 가능성을 모색하는 좌담을 실컷 하고 와서 결국 한다는 소리가 "친구들에게 받은 스트레스, (친)엄마의 사랑으로 풀었네" 하고 의아해 하는 페미니스트들이 있을 거라 생각한다. 솔직히 나 역시 내 글이 그런 인상을 줄까봐 많이 망설였다. 좌담에서도 "대안 주거 공동체 생각해 본 적 없고 나는 돈이나 많이 벌어서 엄마랑 살 거다"라고 말하는 통에 "너무 이기적인 생각 아니냐"는 소리도 들었다. 하지만 나는 결코 낳고 기른 친엄마, 그것도 자식을 위해 참고 인내하는 엄마의 소중함을 강조하려는 것이 아니다. 아무리 친해도 역시 남남인 친구들은 힘들 때 다 등을 돌리기 마련이라는 요상한 편견에 맞장구를 치고 싶지도 않다.

그럼에도 불구하고 이 두 개의 이야기를 '누구와 함께 살 것인가' 라는 하나의 글에 묶는 이유는 주거 공동체든, 일 공동체든 다른 사람들과 더불어 살아가기 위해서는 사실 하나의 마음으로 준비된 '내' 가 우선해야 한다는 점을 말하고 싶어서다. 도대체 왜 이러는 건지는 모르겠지만, 아무튼 세상은 이해할 수 없는 일투성이에 좀 무섭기까지 하다. 하지만 살긴 살아야 하니 오히려 목적은 분명해진다. 평생 이런 식일 거라면 내 마음을 지키고 살아야 한다. 이리저리 뒤틀리고 꼬이고 욕심에 더럽혀진 마음으로 거울을 보고 친구들을 만나고 엄마랑 밥을 먹을 수는 없지 않은가.

기나긴 인생의 동반자 — 엄마든, 친구든, 동료든, 애인이든 — 를 만들어 가는 데 중요한 것은 그가 내 성질 받아줄 수 있는지, 나를 위해 사골 우거지국 끓여줄 수 있는지를 재는 건 아니라고 생각한다. 함께 살아가기 위해 먼저 준비해야 할 마음은 다른 사람들을 위해 사골 우거지국을 끓일 수 있는 여유와 자기가 지금 먹는 게 우거지국인지 뭔지는 알고 먹는 현명함이라고 생각한다.

함께 살 '누구'는 있다가도 없고, 없다가도 있다. 하지만 내 손금에 있다는 험한 인생의 징후는 여전하다. 내가 무엇을 먼저 해야 하는지는 그래서 또 분명해지는 것이다. 나는 지금 혼자 사는 내 집에 솥을 걸고 사골 우거지국을 끓여 보고 있다. 어느 때는 싱겁고, 어느 때는 양을 맞추지 못하지만 언젠가는 내 마음을 살찌울 정도로 제대로 해낼 수 있을 거라고 믿는다. 너무 멀지 않은 내일에는 나의 친구들과 애인들, 엄마를 초대해 내 식으로 끓인 사골 우거지국을 대접할 수 있기를 기대한다. ⓒ

동거, 싱글즈, 그리고 십 년 후

아니글쎄

스물두 살까지는 부모님이랑 살았다. 이십대에는 친구, 동생들이랑 살았고 삼십대에 들어서는 남편이랑 살았으며 현재는 아가와 남편과 살고 있다. 매일매일 쑥쑥 크는 아가를 보면서 얘는 언제 나를 떠날까 생각한다. 초등학교 들어가면서? 중학교? 고등학교? 그때까지 잘 키워서 떠나 보내야지. 아가에게 폭력적이지 않은 가족을 만들어 주는 게 꿈이다. 그게 가능하다면.

엄마는 싫다, 하지만 가끔 불쌍하다

꼭 십 년 전, 대학교 4학년 가을 학기가 시작될 때 우리는 동거를 시작했다. 나와 H는 같은 과 동기였고 K는 모임에서 알게 된 친구였다. 이렇게 모이기까지 각자의 구체적인 상황은 달랐지만 그때 우리가 함께 살면서 기대했던 것은 "자유롭고, 서로의 세계관(! 씩이나)을 지지해 줄 수 있는 '개인'들의 집"이었다. 적어도 내게는 그랬다.

엄마의 집에서 나는 가족의 일원으로서만 존재할 수 있었다. 개인으로서 존재하기가 너무나 어려웠다. 늘 머리가 아팠다. 정신과 의사를 찾아갔었다. 몇 번의 호응으로 내 증상을 간단히 진단해 버린 그녀의 말 '청소년기 지연'(delayed adolescence).

그때 나는 대학교 4학년이었다. 삶과 일이 분리되지 않은 인생으로 들어가는 첫 번째 문 앞에 서 있던 내게는 지지자로서 가족이 필요했다. 어떤 모험이라도 기꺼이 해보라고 무책임하고 위험천만하게 독려해 줄.

그런 무책임은 친구만이 남발할 수 있다고 나는 지금도 생각한다. 적어도 부모는 절대 내 삶에 무책임할 수 없다. 왜냐, 그들은 나를 낳는 그 순간부터 내 인생을 끝까지 책임져야 한다는, 불가능한 미션에 생을 걸었으므로.

내가 더 어렸을 때는 그 미션을 수행하기가 그다지 어렵지 않았을 것이다. 원더 우먼처럼 신비한 오랏줄을 갖고 있거나 소머즈 같은 천리안 정도로 충분했을 것이다. 하지만 내가 크면서 그들은 「맨 인 블랙」의 요원처럼 한눈에 외계인을 알아봐야 했고 때로 「공각기동대」의 소령처럼 광학 변장술을 써야 했고 심지어는 「스타 워즈」의 요다처럼 '포스'를 가졌어야 했다. 개코 같은 소리다.

그래도 엄마는 끝까지 내 인생을 책임지겠다고 했고 방법은 하나밖에 없었다. 나는 엄마와 가끔 만날 수 있는 삶으로 '필사적으로' 탈출했다.

그렇게 나는 책임감으로 중무장한 첫 번째 가족을 벗어나 무책임하기 짝이 없었던 두 번째 가족을 만나게 되었다. 그게 내 인생에서 첫 번째로 선택한 가족이었다.

싱글즈, 예의 바르게 동거하다

반지하였던 우리 집엔 방이 둘이었다. 두 개의 방을 잇는 좁은 복도 하나, 좁은 욕실 겸 화장실 하나, 두 사람이 들어가기도 어려웠던 부엌 하나. 한 방은 자는 방, 나머지 하나는 공부방으로 썼다. 우르르 몰려다니면서 공부도 하고 자기도 했다.

그 좁은 집에 살림은 많았다. 공부방에는 피아노 한 대와 책상 세 개가 각각 한쪽 벽을 차지했고 좁디좁은 욕실에는 십 킬로짜리 대형 세탁기가 들어가 있었고 침실에는 아홉 자는 됨직한 장롱과 침대 그리고 옷걸이와 텔레비전이 놓여 있었다.

그중 우리 살림은 책상 정도였다. 나머지는 집주인의 짐이었는데 옮길 곳이 없어서 그냥 두고 우리 살림처럼 쓰게 되었다. 복도에 놓여 있던 오만 원짜리 고물 냉장고는 우리 셋이 돈을 모아 산 것이었다.

객관적으로 보면 가난했겠지만 별로 가난하다고 생각하지 않았던 것 같다. 처음에는 '같이 살되 충분히 개인적임'을 느끼는 것만으로 나는 대만족이었다. 서로 참 예의 바르게 행동했고, 충분히 배려했다. 만일 우리가 좁은 복도에서 어깨라도 부딪쳤다면 허리를 구십도로 굽혀서 '스미마셍'이라며 세 번 절을 하고도 남았을 것이다.

공부방에서 셋이 각자 다른 곳을 보면서 공부를 할 때 발꿈치를 들고 다녔고 뭔가 얘기를 나누고 싶을 때는 목소리를 낮춰서 "K야, 뭐 좀 물어봐도 되니. 지금 바쁘니? 할 일 다 정리되면 알려줘" 했다. 그리고 각자 일이 다 끝날 때까지 기다리고 기다려서 보름달이 하늘의 한가운데 걸릴 때 이윽고 동그랗게 모여 앉아서 그날의 화두를 갖고 전을 부치고 떡을 치느라고 새벽이 되곤 했다.

보고, 의문을 갖고, 생각하고, 생각을 나누고, 그걸 글로 정리했다. '왕성하다'의 사전적 의미를 그때야 깨닫게 되었다. 그것이 성장이라고 생각했다. 즐거웠다. 예의 '성장통'은 우리에겐 없는 듯했다.

그리고 얼마 후 나는 내가 원했던(적어도 그땐 원한다고 생각했던) 일을 시작했다. 취직이었다. 엄마는 말도 안 된다며 펄쩍 뛰는 직장이었지만 모험 정신 만발했던 친구들은 독려해 줬다. 친구들, 아니 그때 나의 가족들의 지지를 업고 출근

했던 첫 직장을 나는 육 개월 만에 때려치웠다. 고개를 설레설레 저으면서, 세상에 똥 같은 일터도 다 있다면서.

그리고 그 다음 일도 부모님은 "차라리 놀아라" 할 정도로 심하게 반대하신 일이었지만, 예의 무책임한 친구들은 또 독려해 줬다. 나는 내 가족의 지지를 등에 업고 또 그 일을 시작했고 이번에는 일 년 만에 때려치웠다.

싱글즈, 너무 예의 바르게 동거하다

내가 일하느라고 지지고 볶는 동안 H는 유학 준비로 고군분투했고 K는 대학 4학년을 다니고 있었다. 이듬해 봄 S가 합류했다. 그녀는 이방인이었다. 우리 셋의 교집합인 '모임'에도 속해 있지 않았고 우리 셋은 별 관심이 없던 거대 담론에 그녀는 오히려 관심이 많았다. 그래서 그녀는 늘 서클 밖에서 서성대며 우리를 관찰했다.

일, 사랑, 투쟁, 진로, 불투명한 미래… 너무나 많은 변수가 있었고 우리들은 너무 당연하게도 서로 다른 단어를 '내 인생의 키워드'로 가지게 되었다.

뭔가 결정적인 계기가 있었을까? 생각나지 않는다.

아무리 예의 바르게 사용한다고 해도 전화는 한 대였고, 아무리 예의 바르게 귀를 닫고 있어도 누군가 옆방에서 한 시간이나 통화하고 있다는 사실은 신경을 거슬렸으며, 누군가가 늘 먼저 집에 들어오고 누군가는 집에서 잠만 자는 상황이 불공평하게 생각됐다.

누가 먼저였는지 생각나지 않지만 공부방에서 혼자 자는 친구들이 생겼다. 늦도록 일거리가 남아 있어서, 혹은 새벽까지 공부를 하다 보니 그랬을 수 있다. 너무 늦은 귀가라 친구들의 단잠에 방해될까봐 배려해서 그랬을지도 모른다. 우리 중 누군가는 늘 '저쪽 방'에서 잤고 잠자리에 드는 순간 한 명 이상은 꼭 곁에 없었다. 그건 '말하기 싫다'처럼 느껴졌다. 실제로 말이 줄었다.

보름달이 뜨는 밤에 무덤을 헤치면서 피를 흘리는 쾌감은 사라졌고 그러면서 '유치해서 차마 말하기 민망한' 벽들이 차곡차곡 쌓였다.

우리는 싸우지 않았다. 소리도 지르지 않았다. 서로의 다양성과 개인적인 삶은 무궁무진 보장되었고. 우리들은 마치 한여름 감방의 죄수들 같았다. 곁에 있는 사람의 온기가 증오스러운. 그러면서 우리는 서로의 인생에서 예의 바르게 물러앉았다.

1993년 7월 15일 목요일

우리가 공동체를 꿈꾸며 함께 살기 시작하고 열 달이 흘렀다

열 달, 짧고 긴 시간이다

그리고 이 공동체를 더 끌고 가야 할지 포기할지 생각해야 할 시기가 되었다

H는 집에서 자지 않는다

집에 들어오기 싫은 것이다

나는 집에선 잠만 잔다

K도 마찬가지

S는 다른 사람들과는 관계 없이 산다

모두들에게 집은 자는 곳이고, 부모가 없는 곳이다

아무도 냉장고를 사지 않는다

(그때 우리 냉장고는 고장이 나서, 문을 꼭 닫아 놔도 한나절만 지나면 냉장고 문 밖으로 물이 흥건히 새 나왔다. 그걸 보고 나는 냉장고가 매일 눈물을 흘린다고 했었다.)

왜냐하면 누구의 집도 아니기 때문이다

아무도 저녁 당번을 하지 않는다
누구의 집도 아니기 때문이다
우리 모두의 집이 되길 원했지만
어느 누구의 집도 되지 못했다

1993년 7월 19일 월요일

H의 생일을 빌미로 하여 우리는 모여 앉았었다
아무것도 해결되지 않았지만
글쎄 우리가 해결하려 했던 게 무얼까
이십대에게 '즐거운 나의 집' 이 없음을?
서로의 불성실에 대한 묵인을?
우리는 무슨 약속을 했지?
우리는 단지 경제적 사정이 여의치 못해서 할 수 없이 같이 살게 된
무리?
그 이상의 의미를 부여하는 게 무슨 의미?

1993년 8월 26일 목요일

밤 10시 30분
며칠 전에 양념해 둔 오징어를 냉장고에서 꺼낸다
닦아 두지 않아 지난번 음식물 찌꺼기가 덕지덕지한 후라이팬을 휴
지와 물로 대충 닦아 낸다, 오징어를 볶는다, 잔 생각을 모두 함께
오늘 밤 집에 돌아오지 않는다는 S
두 시간째 전화질을 하고 있는 동거인
END라는 연두색 글씨가 선명한 세탁기
너무나 외로워서 갑자기 십 킬로그램이 늘어 버린, 먹고 토하기를
반복했던 친구의 모습

1993년 9월 13일 월요일 새벽

K는 요새 잠을 자면서 계속 운다
잠자면서 우는 사람이랑 사는 건 짜증스럽다

1993년 11월 23일 월요일

우리가 앞으로 어떤 공동체를 필요로 한다고 해서 지금의 친구들일 필요는
없다.
우리가 함께 살았던 1년을 평가한 걸로 우리는 끝내는 것이 바람직하지 않
을까
H는 속도의 차이로 계속 억압받을 것이고
나는 K의 자유로 인해 억압받을 것이다
커뮤니케이션 없이 사는 것이다
S 말대로 운동권의 거대 담론, 당위를 거부한 사람들이
새로운 거대 담론을 만들어 그 밑에서 스스로를 억압하고 있는지도 모른다
'다양성을 인정해야 한다' 고
그런데 왜 우리는 헤어지지 않는 걸까
아니 사실상 헤어졌으면서, 왜 다시 십 년 후의 결합을 이야기하는 걸까
그만큼 지지 그룹에 대한 열망은 크고 현실은 부족한가

일 년의 동거를 마치고 우리는 그 일 년을, 늘 그랬듯이, 말과 글로 정리했다.
잘 기억은 나지 않지만 그때 우리의 결론은 학교 앞 호프집의 폐점 시간을 알리는 그
노래처럼, '지금은 우리가 헤어져야 할 시간, 다음에 다시 만나요' 였던 것 같다.

우리의 상태가 너무 불안정하기 때문에(돈, 미래, 사랑. 기타 등등), 우리의 상태가 '상당히' 안정되었을 것이 분명한 (그땐 그렇게 생각했다) 십 년 후에 다시 만나 '상황이 허락하면,' '함께 살기의 모험'을 다시 한번 해 보기로 한 것 같다. 수많은 가정에 가정을 거듭하면서 그런 식으로 위로했던 것 같다. 우리 동거가 실패는 아니었다고.

그해가 저물기 전에 부모님의 집으로 돌아갔다. 나는 그 집을 나온 첫 번째 동거인이었다. 그 후로 그 집에는 여러 사람들이 들어갔고 또 떠났다. 그들과 나는 가끔 연결되기도 했고 일 년에 세 번 정도 우리는 전성기 때처럼 보름달이 뜨는 날 무덤을 파헤치며 밤새 놀았다. 조금씩 사람들을 바꿔 가면서.

싱글즈, 그 후

일단 부모님의 집으로 다시 들어갔던 나는 삼 년 후 다시 집을 나왔다. 그리고 그때부터 오 년 동안 나는 동생들과 함께 살았다. 그러니까 나의 두 번째 가족은 혈연 공동체인 셈이다.

갑자기 부자가 된 건 아니었지만 각자 방을 하나씩 쓸 수 있는, 방 세 개짜리 집을 구했다. 방이, 사람 수만큼 있다는 사실은 매우 중요했다. 공간을 현명하고 평화롭게 공유하는 일은 개인적인 공간이 보장된다는 조건에서만 가능하니까. 이건 내 첫 번째 가족에게서 얻은 교훈이었다.

두 번째 가족 성원들이 서로에게 바랐던 건 알아서 살도록 (살 수 있도록) '냅둬' 주는 게 거의 전부였던 것 같다. 투명 가족이 필요했다. 대부분은 안 보이고 안 잡히는데 어떤 필요한 순간에는 기꺼이 나타나서 조언자가 되어 줄.

우리는 다같이 이십대였고 새로운 가족이 필요한 나이였다. 집으로 돌아갈 수 없었기 때문에 우리는 악착같이 함께 살려고 했다. 그래서 문제가 생기면 곪기 전에 바늘로 찔러서라도 피를 보고야 말았다. 폭언을 일삼았다.

"너 왜 이렇게 드럽니?" "이 집에 너만 살어?" "너랑 도저히 같이 못 살겠어." "너 집에 돌아가"를 남발했다. 그러면서도 동그랗게 어깨를 걸고 매일 밤 '아리랑 목동'과 '단결 투쟁가'를 발맞춰 불렀다.

그리고 오 년 후 나는 세 번째 가족을 선택했다. 결혼했다. 나는 두 번째 가족에 불만이 없었다. 부족한 것도 없었다, 고 생각했다. 근데 왜 새로운 가족을 필요로 했을까.

나는 혼자서 뭘 하는 것보다 누군가 옆에서 잘한다고 격려해 주면 같은 일을 배로 잘할 수 있는 사람이라고 생각했다. 혼자 사는 것보다는 누군가 같이 사는 게 내게 더 좋은 건 분명했는데 함께 사는 사람은 어떤 사안이 벌어졌을 때 사안에 대한 하중을 비슷하게 느끼며 함께 책임질 사람이었으면 했다.

두 번째 가족에서 내 위치는 어떤 식의 책임이든 내가 혼자 지거나, 더 많이 져야 했다. 그래서 힘든 일이 생겼을 때, 고통을 나누기가 어려웠다. 혼자서만 힘들다고 생각하면 화가 났고 슬펐다. 내 집에 동생들이 얹혀 사는 것 같았다. 그런 날이면 온 집안을 불만스런 공기로 가득 채웠고 동생들은 내 눈치를 봤다. 내 기준에서 생각할 때 그들이 방만하게 생활한다는 생각이 들면 "동거자로서 기여는커녕, 동거자들을 걱정만 시키는 너, 못됐구나! 당장 나가!"를 점점 더 자주, 큰소리로 외치게 되었다. 어느 모로 보나 그 집은 내 집이 되어 가고 있었다.

그래서 나는 같이 살되, 나를 지지해 주고, 책임질 일이 있으면 최후의 일그램까지 책임을 나눠질 법하며, 동거자로서 의무와 권리를 다할 '어른'과 함께 새로운 가족을 꾸려야겠다고 생각했다.

그때 서른 살이었던 나는 결혼을 할 것이냐 말 것이냐 선택의 상황이었고 오래 돼서 서로에 대해 모를 것이 없다고 생각했던 남자 친구와 그런 가족을 만들어 보기로 결심했다.

하지만 살아 보니 모든 남자들이 그렇듯이 그 또한 후천적인 시각 장애인에 속했다. 간장이 떨어진 걸 절대 보지 못하고 목욕탕 거울에 물때가 낀 걸 보지 못한다. 돋보기를 갖다 대주면 그제야 "아, 그랬구나!" 하며 고무 장갑을 낀다.

일 년을 살고 나서 책임을 최후의 일 그램까지 나눠지는 건 불가능한 일이며 동거자의 의무와 권리를 '다한다' 는 것은 '나름대로 다한다' 로 바뀌어야 마땅한 일임을 알게 되었다. 직업상 나는 한 달에 보름만 출근하고 나머지는 집에서 일을 해도 좋은 데 반해 그에게 집은 밤늦게 왔다가 아침 일찍 떠나야 하는 섬 같은 곳이었다. 그는 그 섬의 유지와 보수에 기여하지만, 더 윤택하게 만들 여유까지는 없다.

아직까지 우리의 친밀도는 높아서 대화 장애를 일으키지 않고 있으며 어른끼리 만난 고로, 둘 중에 한 사람에게 과다한 책임이 부과되는 일은 없었다. 결혼하면 으레 따라오는 사돈의 팔촌까지의 별책 부록은 분기별로 한 번씩, 일 년에 네 번 펴는 걸로 족하고 나의 엄마는 내 결혼과 함께 불가능한 미션에서 해방되었다. 그리고 그의 엄마는 매일 엄마에서 격주말 엄마가 되었다.

곧 우리 가족 성원이 하나 늘게 된다. 나도 우리 엄마처럼 혈연 공동체를 결성하는 것이다. 아기가 태어나면 갑자기 톰 크루즈처럼 검은 가죽 유니폼으로 갈아 입고 건물 천장에 와이어로 매달려서는 「미션 임파서블」을 찍겠다고 난리를 칠 것인가? 안 해 봤는데 어찌 감히 '절대 그러지 않으리라' 고 장담하겠는가?

하지만 적어도 나는 내 아이와 잘 커뮤니케이션 할 것이며, 그 애가 스무 살 때까지 좋은 친구가 되고야 말 것이라는 헛꿈을 꿀 만큼 스무 살에서 멀리 떠나오지 않았다.

생각해 보라. 나는 지금 나랑 열 살 차이 나는 세대와 놀아 본 기억도 까마 득하다. 열 살 아래의 세대도 잘 모르겠는데 어찌 감히 서른 살 아래의 세대와 맞장을 뜨겠다고 덤비겠는가.

다만 내가 스무 살 아이들하고 놀고 그 스무 살 아이들이 다시 열 살 아이들 하고 놀고 그 열 살 아이들이 이제 태어날 아이들하고 논다면 '대화' 가 계속될 수 있지 않을까 공상을 해 볼 따름이다.

아이가 태어나면 나이에 따라 가족을 선택할 수 있었으면 한다. 물론 어느 정도 자랄 때까지는 경제적, 정서적으로 혈연 가족에서 자유로울 수 없을 것이 다. 하지만 언젠가 아이도 아이가 원하는 원칙에 입각한 가족을 가지고 싶어 할 것이 다. 내가 영화를 찍지 않는대도 말이다. 그런 가족의 경험은 엄마네 집에서 남편/ 아내의 집으로 직행하는 것보다 백만 배 낫다. 상처를 받는다 하더라도 그것은 '독 립' 의 경험이기 때문이다.

살아가면서 힘이 되는 것은 얼마나 견고한 가족의 형태를 유지해 왔느냐 가 아니라 얼마나 기억하고 싶은 가족의 경험이 있느냐다.

여기까지가 현재 스코어. 내가 선택했던 가족들의 이야기다. 하지만 이게 내 인생의 모든 가족사라고 누가 감히 장담하겠는가. 얼마나 다양한 선택들이 우 리 앞에 있는데. ⓒ

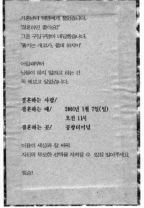

함께 살기의 모험에 나선 어떤 이들의 청첩장

대나무 소파는 아직 서늘하다

휘

1927년생 평안도 여성과 1919년생 황해도 남성 사이에서 1966년 서울 출생. 신실한 신앙, 홀딱 깨는 해방 신학과 놀라운 마르크시즘, 개량주의라고 욕먹으면 아니라고 반발하며 했던 진보 정당 운동, 동네에 차리려던 김밥집, 우연찮게 시작한 가요 가사 쓰기, 비주류 음악 홍보하려다 쓰게 된 주류 대중 음악 칼럼과 대중문화 비평, 외계인 같은 십대 정체를 파헤치려고 접근한 청소년 문화, 체질상 잘 맞는 방송 활동 그리고 뜨뜻미지근한 신앙으로 돌아와 다시 출발하는 지금.

1

집으로 가는 길목에 이르면 나는 4층 건물 꼭대기의 빛 바랜 지붕을 쳐다보며 잠시 서 있다. 저 집으로, 들어간다, 는 생각을 언제부터 시작했을까. 나이 든 짐승의 등짝처럼 구부정하게 엎어져 있는 지붕 집은 그렇게 한동안 내 앞에 있고, 언제나 나는 그 안을 기어오르고 있다. 시멘트 계단이 끝나는 4층 현관문을 들어서면 큼지막한 거실 창문과 마주선다. 기력이 다한 허파처럼 휘휘 소리를 내는 창가 바로 밑에는 긴 대나무 소파가 있다. 주택가 골목길에 내다 버린 것을 보고 밤중에 가서 옮겨온 물건이다. 앙상한 뼈마디를 많이 갖고 있는 대나무 소파.

대나무 소파에서 잠을 깬 나는 리모콘을 찾는다. 가슴에 올려져 있다. 발끝께 있는 텔레비전이 소리를 낸다, 윙-. 한여름 일요일, 벌써 초저녁이다. 그녀는 아침 일찍 집을 나간 것 같다. 바람 소리가 들린다. 한 팔을 창틀에 걸치고 손바닥을 벌려 바람을 만진다. 발자국 소리를 못 들은 것 같은데, 시원하다, 현관문 열리는 소리가 난다. 그녀다. 구두끈을 푸느라 구부린 등허리, 머리카락을 잘랐다. 얇은 목덜미, 짧은 눈인사를 남긴 그녀는 연기처럼 안방으로 넘어간다.

"어제 집 구했어."

그녀가 안방을 혼자 쓰기 시작한 때가 언제부터인지 나는 기억하지 못한다. 어디에다가? 짐을 나눠서 가져가야 할 것 같아. 어딘데? 하늘색 꽃무늬 그릇은 필요 없지? 집이 어디냐니까? 내가 가져간다. 여기서 멀어? 이불은 새로 살 거야. 돈은? 구했다고 했잖아. 말 안 할 거야? 오빠는 혼자 잘 지낼 수 있을 거야. 어디냐구? 비밀이야. 그녀는 차분한 음성이다. 부스럭대는 소리도 리듬이 있다. 그녀는 똘똘 뭉친 속을 어디엔가 빼놓고 온 대신 아득한 허공들을 치마처럼 두르고 왔다.

이렇듯 낯선 운석 하나가 먼 우주를 몇 바퀴씩 돌다가 대나무 소파 위에 털버덕 떨어지면 내 안에서는 칼칼한 먼지가 일어난다. 목이 반쯤 잠긴 나는 소리가 안 들렸을까봐 다시 안달을 부린다. 뻑뻑한 용수철처럼 튕겨 나간 목소리, 안방 어딘가에 떨어졌을 내 감정의 신호들은 그녀의 시선을 원하며 물끄러미 엇나가 떨어져 있다. 그녀가 구했다는 집의 위치를 거듭 묻는다. 모기처럼 왕왕거리는 TV 소리가 거실 허공에 촘촘하게 작은 구멍들을 내고 있다.

또 올 거야. 그녀가 안방에서 나온다. 다시 미소를 짓는다. 가방을 메고 있다. 현관문을 나선다. 가느다란 등허리가 사라진다. 계단을 내려가는 구둣발 소리는 점점 작아지고, 꾹꾹 찍어 누르는 리모콘을 따라 거실의 소음은 엉키고 있다. 꼭 이래야 돼? 혼자 살아 보고 싶어. 헤어지자는 거야? 그냥 떨어져 지내. 언제까지? 한 달 아니 일 년쯤. 이혼하고 뭐가 다른데? 나도 어쩔 수 없어. 선문답은 요 몇 주간에 걸쳐 듬성듬성 지속되고 있는 중이다. 이런 순간을 피하기 위해 나눴어야 했을 일상의 대화들은 지난 결혼 생활의 틈틈으로 이미 빠져나간 뒤다. 거실의 물건들 위치가 조금씩 다 삐뚤어져 있다.

　어느새 실내 구석진 곳까지 어둠이 들어차 있다. 높이 올라간 어둠이 천장에 잔뜩 고여 있는 것이 보인다. 문득 허기가 울린다. 대나무 소파에 누워 있던 나는 천천히 두 눈의 초점을 되찾고 있다. 찔끔거린다. TV가 색색을 바꿔가며 바늘처럼 뾰족하고 가는 빛들을 흩뿌리고 있다. 대나무 소파에서 몸을 일으키고 몇 걸음을 걷는다. 냉장고 문을 연다. 그녀, 가 떠났, 아랫칸과 윗칸, 을 열었, 나, 는 비어 있, 다다다. 냉장고에서 환한 불빛이 나온다. 눈이 부시다. 춥다. 등짝이 얼얼하다.

2

　그녀와 함께 살면서 이사를 세 번 했다. 집을 구했다며 그녀가 지붕 집 계단을 내려간 뒤로도 나는 한동안 그 4층집 위에 떠 있었다. 몇 번인가 다시 찾아온 그녀는 올 때마다 작은 짐을 꾸려가곤 했다. 그런 날마다 같이 살아온 살림의 흔적들을 하나둘 배분하고 치우느라 그녀의 손끝에 매달려 마지막 처분을 기다리는 과거의 기억들과 마주쳐야 했다. 그해 겨울, 나도 그 집을 떠났다. 다행인지 불행인지 아는 후배가 들어와 살았고 물건들은 고스란히 그 집 다락에 들어가 숨어 버렸다.

　세 번째 이사 온 그 집에서, 이 집이 맘에 안 들어, 라고 그녀는 말하곤 했다. 넉넉한 거실에 커다란 창과 베란다가 있고 방 두 개는 족히 나올 안방까지, 나는 그만한 값에 이만한 집이 없다고 생각하는 편이었다. 조금씩 낡고 녹이 슬긴 했지만 다소 쓸쓸해 보이는 빈 구석이 많아 좋았다. 아이를 낳아 기르기엔 먼지가 많아, 바람이 불면 창틀 소리가 요란하잖아, 그냥 음습하고 싫어. 좋은데 뭐, 하는 내 대꾸에 앞서 그녀는 늘 그렇게 말했다.

이사를 온 직후였다. 그녀는 3층에서 4층 거실 한복판으로 솟아오른 철제 계단 구조물 위에 둥그런 나무 탁자를 짜서 얹어 놓고 화분들을 들여오기 시작했다. 허브, 파키라, 벤자민, 몬스테리아, 행운목… 손바닥 위에 가뿐히 올라 올 작은 화분들이 나중에는 스무 개나 넘게 자리를 잡았다. 그 다음 언젠가는 친구 아버지의 출판 기념회에 갔던 내가 넘쳐나는 대형 화분들 중 대여섯 개를 트럭에 실어 가져온 적이 있다. 어른 키를 넘는 그 화분들은 대부분 베란다에 놓였고 두 개는 실내에 놓았었다. 궂은비가 내린 날 밤늦게 돌아온 그녀가 거실 가운데에 버티고 있는 동백나무를 보곤 선 채로 기겁을 했던 기억이 난다.

계약 기간이 얼마간 남아 있던 두 번째 집이었다. 그녀가 직장 동료에게 큰 목돈을 떼이는 일이 벌어졌다. 그녀가 번 만큼 탈탈 털어 쓰며 살던 터라 당연히 빌려 온 돈이었다. 나는 잠시도 쉬지 않고 일을 벌이고 있었지만 결혼 생활 내내 돈을 벌어오지 않다가 월급이라는 것을 막 가져오기 시작할 때였다. 거의 2년을 보낸 두 번째 집의 마지막 시기는 그렇게 즐거운 소식과 우울한 소식이 겹쳐서 찾아왔다. 전세금을 찾아 절반 이상은 갚는 데 쓰고 남은 돈으로 세 번째 이사를 했다.

잠시 다투긴 했지만 금세 잊고 살았다. 왜 숨겼느냐고, 오빠가 그 여자를 싫어했잖아, 바보같이 너 혼자 낑낑대니까 이자만 불어나고 어쩌려구 자꾸 돈을 꿔서 막기만 했느냐고, 오빠가 돈 문제에 신경 쓰지 않으니까 그랬지. 그녀도 나도 돈을 빌리고는 못 사는 사람이었다. 넉넉한 여윳돈이 있는 것은 아니었지만 주변 사람들과 나누며 살아왔는데 왜 그런 몹쓸 일이 닥쳤던 것인지, 하지만 금세 잊어버렸다. 조금 가난하게 살면 그뿐이라고 생각했고 그렇게 믿고 살았다. 정체 모를 그림자는 세 번째 집에 와서야 한 뼘씩 야금야금 자리를 넓히고 있었다.

3

　　그녀의 아버지를 만나는 날이다. 십남매 대가족의 장손이자 신내림을 받은 박수무당이다. 내 어머니는 이북에서 내려온 개신교 권사다. 그녀 아버지는 내 가족 근황을 알고 있지만 내 어머니는 그쪽 집안 내력을 전혀 모른다. 그녀 아버지가 허락한다면 내 어머니를 속이고 결혼할 생각이다. 여러 번 궁리를 해 봐도 답이 나오지 않는 짝짓기다. 판단하고 행동에 옮기는 것이 낫다. 약속 시간에 맞추어 그녀의 집에 도착한다.

　　그녀 아버지와 어머니가 나란히 앉아 있다. 어머니는 차를 내 오고, 과일을 깎는다, 밥상을 차린다, 부러 쉼이 없이 부산스럽다. 그녀 아버지는 인사를 받고도 내 얼굴을 한참 동안 찬찬히 뜯어보고는 뜸뜸이 질문을 던진다. 난년 난월 난시? 한자 이름? 부모님 존함은? 대답이 내 입에서 떠날 때마다 그녀 아버지의 기다란 손이 종이 위를 서걱서걱 흐른다. 실내가 무척 덥고 한없이 느리다. 시간이 꽤 고인 듯 눅눅하게 가라앉을 때 그녀 아버지의 입술이 굼뜨게 움직인다.

　　"궁합이 안 좋아."

　　안 좋아… 정해진 운이 전부는 아니지… 애써 합심하면 운을 새로 만들어… 저 아이가 좀 까탈스러워서… 뒷끝은 참 없어… 세 번 참으면 살인도 면한다고 운을 이겨낼 수 있어요… 신은 자네 어머니를 따라가야 해… 알 수 있어 어머니가 신실한 분이셔… 자네도 교회 열심히 다녀… 어려운 말이지만 종교는 다 달라도 신은 통해… 때는 내가 잡지… 결혼식장은 자네 어머니더러 정하시라고 해.

　　나는 훗날 그녀 아버지의 십남매가 한결같이 당신의 영을 따라 결혼 날짜와 장소를 잡았는데 아무도 이의를 제기하지 못했다는 이야기를 듣게 된다. 그보다 시간이 더 지난 나중에는 그녀의 언니가 결혼식을 올릴 무렵 역시 개신교 권사였던 사돈의 강권에 못 이겨 손수 역술원 간판을 내리는 그녀 아버지의 모습을 목격하게 된다. 그리고 더 나중으로 가면, 그녀 아버지를 처음 뵌 바로 이 방에서 이혼을 하고 온 나를 앞에 두고 침묵하는 병중의 그녀 아버지와 마주 보게 된다.

오늘 그녀의 아버지가 들려준 이야기에는 슬픈 곤충의 예민한 더듬이처럼 내가 짐작조차 하지 못할 어떤 운명의 물기들을 잔뜩 머금은 채 위태위태한 여운을 애써 숨기고 있다. 내가 그녀의 집을 나서는 순간에도 매듭을 짓지 못한 그 불안한 끝을 바라보는 신령한 노인의 눈빛은 나도 모르게 — 내가 모르게 — 나의 등 뒤를 따라오며 가만히 서려 있었을 것이다. 물처럼 모든 아픔을 안고 가리라… 물처럼 소리 없이 증발하리라… 물처럼 섞이고 나눠지며 계속 가리라… 하는 듯이.

4

전투적인 무신론자이고 관념적인 유물론자였던 나는 교회에서 결혼식을 올렸다. 결혼 직후 어머니가 돌아가시고 교회와 완전히 발을 끊게 된 다음에야 어머니의 하나님을 다시 받아들이고 있는 나를 발견했다. 유심론적 유물론자, 기독교 사회주의자, 여인의 절대신을 믿는 자유주의자? 십 년 만의 일이었다. 실핏줄처럼 가느다란 여러 가닥의 금들이 그녀와 나 사이에 스며들어 작은 도랑들을 여럿 만들던 무렵과 얼추 비슷한 때다. 세 번째 집에 머문 시간들이다.

돌아보면 그 4층 지붕 집 계단을 올라 현관문을 통과하는 순간 그녀와 나는 이미 예전의 자신이 아니었던 것 같다. 결혼할 때 보았던 서로의 모습, 진보 정당 운동 단체의 상근자인 나와 직장을 다니며 학습 모임에 참여했던 그녀는 이미 오래전에 지워져 있다. 인디 레이블 사업인지 운동인지를 하던 나와 일군의 무리가 밤낮없이 뒤엉켜 지냈던 기억도 세 번째 집에서는 재현하기 어려웠다. 나는 더 이상 사람들을 집에 데려오기 싫어졌고 그녀 또한 나와 함께 그들 속에서 어울리는 걸 꺼리기 시작했다.

마지막 집을 빼면 결혼 생활 내내 그녀와 내가 사는 집에는 항시 누군가가 더부살이를 했거나 잠시나마 같이 지냈다. 그녀도 알고 있는 내 후배들이다. 또한 그 마지막 집에서 보낸 시절을 제외하면 그녀와 나는 주로 내가 만나는 사람들과 함께 밤 시간을 보냈다. 둘만의 생활이라는 것이 딱히 없었다. 아이를 갖는 것도 나중 일이었다. 그렇게 사는 것이 행복이자 최선이라고 미리 생각해 둔 뒤였다. 앞날을 따로 염려하거나 노후를 그려 본 적이 없었다. 그녀가 버는 족족 사방 곳곳으로 지출하기에 바빴다. 그래도 걱정 없이 살았던 날들이었다.

즐거운 소식과 우울한 소식이 교차한 두 번째 집을 떠나면서 그녀와 나는 처음으로 미래의 생활을 우려하기 시작했다. 돈을 모아야겠다는 생각을 했다. 그럴수록 돈은 숨 가쁘게 도망갔고 그녀와 나 사이에는 생활을 대하는 태도의 간격이 점점 확연하게 드러나고 있었다. 나는 회사 살림을 맡아 내키지 않는 언행을 표내기 시작했고, 그녀는 날마다 두 곳의 직장을 오가야 했다. 약간씩 다르게 출발한 두 개의 생활 사이클이 매일 밤 만나 맺을 수 있는 아름다운 사연은 그다지 많지 않았다. 그녀와 나는 그렇게 따로 또 같이 제 삶을 채찍질하며 아득바득 하루하루를 살고 있었고, 그때마다 미세한 골들이 하나둘 파여 가고 있었을 것이다.

이런 경우엔, 언제부터 무엇 때문에, 라는 회상은 별 소용이 없다. 내가 거실의 대나무 소파에서 혼자 자기 시작한 것이, 그녀가 안방 침대를 따로 사용하기 시작한 것이 무엇을 목적한 것도 아니었다. 집안에 함께 있지만 각자 쉬는 때와 방식과 표정이 제 몸 안에 따로 갇혀 있었을 뿐이다. 내가 그녀에게 못 맞추고 그녀가 나를 그대로 수용하지 못했을 뿐이다. 그럴 때마다 멀찌감치 떨어져서 서로를 조용히 바라보면 잠시 동안은 편안하게 넘겼다. 비로소 생활을 직시한다고 덤볐지만 생활의 행방은 그렇게 둘 사이에서 더욱 묘연해지고 있었다.

대나무 소파에 누워 잠을 청하다가 나도 모르게 어머니의 하나님을 부르고 있는 나를 보게 되는 것. 그녀가 나간 뒤 안방 침대를 정리하다가 베개 밑에서 작은 부적을 발견하는 것. 늦은 밤 모처럼 뜬눈으로 서로의 얼굴을 쳐다보며 술잔을 기울일 때도 상대의 퀭한 눈빛 안에 있는 자기 자신의 외로움을 훔쳐보는 것. 물론 그녀와 나 사이엔 애초부터 신앙이나 종교의 갈등이란 없었다. 단지 그 이전의 근원으로 파고드는 몸짓들과 따스한 거처를 찾으려는 몸짓이 각자 간절했고, 안주하려는 품이 서로의 가슴 너머에 있었다는 것 말고는.

5

그녀는 즉각적이다. 그녀는 매순간 느낌을 바로 표현한다. 하지만 그녀 아버지의 말대로 정말이지 뒤끝이라곤 아예 없다. 워낙에 뒤끝이 깨끗해서 그 즉시 감정을 게워 내고 다음 순간 바로 씻겨 사라지게끔 자신을 던져 버리는 밑 빠진 독 같은 어떤 기막힌 생리를 체득한 것인지도 모르겠다. 인간이 망각하는 동물이기 때문에 불만과 모순과 치욕과 자괴의 연속된 생활에도 불구하고 삶을 영위하는 것이라면 그녀는 너무나 인간적이다.

또 그녀는 화끈하다. 나한테 화끈하다. 싫은 소리는 그 누구에게도 하지 못한다. 입 밖에 꺼내는 것을 본 적이 없다. 집으로 돌아와 가슴팍을 때리며 울화통을 터뜨려도 상대에게는 늘 미소를 지었다. 오직 나와 그녀 어머니에게만 온갖 투정과 싫은 소리를 한다. 이를테면 내 친구와 동석한 모임에서도 그녀는 화끈하게 내 실수와 잘못을 지적한다. 그리고 자리를 파한 뒤 삐진 나에게 화끈하게 사과한다. 나에게는 욱신댈 만큼 화끈하지만 그녀에게는 시원시원한 행동이다.

　반면 나는 길을 돌아서 천천히 간다. 때로는 돌아서 가는 길이 너무 길어서 그녀는 이미 질주해 돌파해 버린 그 종착점을 향해 나는 아직도 굽어 가는 중일 때가 종종 있다. 그럴 때마다 그녀에게 들키지 않고 나를 갈무리한다. 하지만 마저 다 녹아내리지 못하고 가라앉는 미세한 설탕 알갱이처럼 한 알 두 알 켜켜이 바닥에 쌓이는 감정의 찌꺼기들이 진득하게 엉겨 붙어서 나를 놓아주지 않는 때도 많다. 개운하지 못한 침묵들이다.

　게다가 나는 소심한 구석을 갖고 있다. 잘 숨기는 데 성공해 본 적이 없이 드러내는 낯 붉힘이 있다. 그녀를 포함한 모두에게 쩨쩨하게 군다. 그녀가 있을 때는 물론이고 어디 자리에서든 단 한번도 그녀를 흉보거나 그런 분위기에 암묵적으로라도 동조하지 못한다. 웃자고 농담이라고 던지는 이야기인데도 내 표정은 금세 굳어 버린다. 딱 그만큼, 아니 그 이상으로 나는 사소한 데에서 큰 상처를 받는다. 나 스스로 그 상처를 덧내 놓고도 아무렇지 않은 듯 군다. 나는 더 쩨쩨해진다.

　"알았다니까."

　그녀 양말은 오늘도 침대 밑 깊숙한 구석에 처박혀 있다. 포복 자세로 누워 애써 꺼낸 양말은 안쪽으로 둘둘 말려 있기까지 하다. 그냥 펴서 세탁기에 넣으면 그만인데 괜스레 짜증이 나서 또 한마디 내뱉고 만다. 그때마다 돌아오는 대답은 같다. 내가 돈을 버는 일에 관심이 없던 때고 그녀가 직장에 다니던 때라서, 아니 성장 과정의 차이와 취향의 구분도 함께 작용을 한 덕에 빨래와 청소와 설거지는 늘 내 차지다. 어느새 나는 아내가 되고 그녀는 남편이 된다. 이런 점에서 그녀는 참 무덤덤하고 무심하다.

"하지 마."

손님이 간 뒤 내가 바로 설거지를 하려고 하자 그녀는 무심코 흘리듯 말한다. 못 들은 척 싱크대에 더욱 바짝 붙어 선 나는 수도꼭지를 세게 틀어 놓고 그릇들을 벅벅 소리 내 씻는다. 꼭 오늘 해야 돼? 하는 소리가 들린다. 나는 대답하지 않는다. 침대로 돌아와보니 그녀는 씩씩대며 잠들어 있다. 사회적 성 역할과 노동의 감수성이 극단적으로 뒤엉킬/바로잡힐 때마다 나는 그녀의 사회적 존재를 이해하면서도 내 눈앞에 있는 그녀의 육체를 수용하지 못하게 된다. 나는 대나무 소파로 가서 통나무처럼 잠을 잔다.

6

그녀가 기르던 작은 식물들이 하나둘 말라 죽기 시작할 무렵이었다. 내가 낑낑대며 옮겨다 놓은 큰 화분의 나무들도 누렇게 메말라 죽어 버린 다음이었다. 4층 지붕 집 거실과 베란다는 온통 푸석푸석하고 바삭바삭대는 위태위태한 것들의 창고처럼 변해 있었다. 누군가 틱− 하고 성냥불만 갖다 대면 후르르륵 하고 불타 버린 뒤 금세 하얀 재로 변해 버릴 만큼 건조한 것들 투성이었다.

그녀가, 아이를 갖자고, 아이를 낳자고, 아이를 기르자고, 나직한 목소리로 말했다. 그냥 어느 날이었다. 나는 침묵했다. 한번은 맨 정신으로, 또 한번은 어디선가 술을 먹고 와서 내 위로 엎어지듯 말을 쏟아 붓곤 했다. 결혼 생활 내내 아이를 갖자고 졸랐던 내가 그 순간에 묵묵부답이었던 것은 그녀에게 어떤 단서를 제공하는 일이었다. 그 뒤로 그녀가 혼자 살 집을 구한 것 같았다. 나는 누구지, 나는 뭐야, 내 세계는… 그녀가 자신을 홀로 저 우주의 한복판에 떨어뜨려 놓고서 자신에 대한 내 생각을 묻는 듯이 다가왔을 때 그녀는 이미 떠나 있었다.

　가사 노동과 돈벌이에 관해 나름대로 공평하게, 둘 사이에서 교감과 상보의 차원에서 이뤄진 결혼 생활의 성 역할 분담으로는 도저히 답할 수 없는 근본적인 자아의 확인 과정에서, 그녀와 나는 낯선 타인으로 마주 보고 있었다. 그녀, 그녀의 그녀, 그녀의 그녀의 그녀에 대해 나는 얼마나 알고 있었을까. 나에 대해 그녀는 보이는 것 이상을 어디까지 보고 있었을까. 그 모든 차이를 극복해서, 넘어서서, 초월해서, 비켜서서 이어갈 수 있으리라 여겼던 결혼 생활은 사소한 데서부터 거대한 지각 변동의 빈틈을 키우고 있었다. 이 모든 것들이 당시에는 이해되지 않고 그냥 야금야금 닥쳐 왔다.

　온화하게 인내하거나 성찰하며 각자 감수할 몫을 자각하기엔 그녀와 내가 너무 젊었던 것 같다. 반면 열심히 늙어 가자는 시인의 말을 몸소 실천하기엔 너무나 많은 욕망과 습관의 잔재를 앞에 두고 있었다. 아울러 서로를 자기 눈에 가둬 두었던 그 감정의 불씨를 식지 않는 용광로처럼 끊임없이 타오르게 하기에는 서로에게 너무 합리적이며 관용적이었다. 생활은 생활로서 인식되고 문신을 남겼어야 했는데 그러기엔 그녀와 내가 보낸 이십대의 기억이, 서로를 발견하고 초대했던 눈부신 과거의 나날들이 조금씩 비현실적인 느낌들로 넘쳐 나고 있었지 싶다.

　그녀가 혼자 살 집을 구해 떠나고 나 역시 혼자 살 집을 얻어 떠난 뒤에 4층 지붕 집에는 다시 새로운 주인이 들어왔다. 후배가 이내 그 집을 떠나야 할 사정이 생겼던 모양이다. 신혼부부가 싱크대를 설치하느라 한창 부산한 날이었다. 그녀와 나는 이혼 수속을 밟은 뒤인데도 또다시 그 4층 계단을 올라가야 했다. 다락에 처박혀 있던 남은 짐을 정리해야 했다. 결혼 사진이 나오고, 딱 한번 입었던 한복이 나오고, 같이 덮고 잤던 이불이 나왔다. 여름이었는데 진땀을 빼며 그것들을 쓰레기 봉투에 집어 넣느라 꾸역꾸역 샘솟는 이마의 땀방울을 훔치며 서로 얼마나 흰소리를 해댔는지 모른다.

7

그녀 아버지가, 돌아가셨다고, 한다. 그녀는 내게 연락하지 않는다. 나는 후배의 전화를 통해 부음을 듣는다. 만감이 교차하고 별별 생각이 다 지나간 뒤 그녀에게 전화를 건다. 괜찮아? 응. 이제 방송 끝났어, 지금 갈게. 안 와도 되는데… 대학 병원 영안실에 도착하고, 망자의 이름을 확인하고, 몇 호실을 찾아가고, 그리고 숨 막히는 그 한순간이 내 두 눈 앞에 펼쳐진다.

그녀와 그녀 가족과 그녀의 친지와 그녀의 선후배들이 일제히 고개를 돌려 나를 바라보는 순간, 하나의 죽음 앞에 동일한 감정으로 모여 있는 수많은 산 자들의 시선이 나를 덮친다. 그녀 어머니가 놀란 눈으로 보더니 다가와 운다. 가부장제와 배다른 자식의 틈새에서 자신의 인생을 놓아 버린 여인이다. 가슴에서 울리는 울음과 달리 내 얼굴은 내가 이제 그들에게 타인이라는 자의식을 되새기느라 더욱 무표정하게 굳어 간다. 그녀의 가족과 친지들의 태도는 온순하고 사려 깊다. 나를 보고도 가벼운 눈인사를 건네거나 어깨를 다독이며 말없이 지나쳐 준다. 그녀가 웃으며 나를 그녀 아버지의 영정 앞으로 안내한다.

귀걸이를 빼고, 모자를 벗고, 옷깃을 여민 다음, 천천히 영정 앞으로 한발 한발 다가선다. 헌화하고 묵념한다. 그리고 왼쪽으로 몸을 돌려 그녀의 남동생들과 맞절을 한다. 일어나서 서로를 바라보며 안쓰러운 눈빛을 주고받는다. 착한 남동생들… 발길을 돌려 구두를 신으려고 허리를 구부리는 순간, 이상하게, 내 구부정한 허리부터 온몸이 뻣뻣하게 저려온다. 뒤에서 나를 잡아끄는 손길이 느껴지고 멀리서 느릿느릿 옛날 사람의 말투를 쓰는 힘겨운 노인의 소리가 들려온다.

"자네 어머니가 오래 사셨어야 하는데…."

내 어머니가 죽음을 바라보며 입원해 있던 그 병실에 찾아와 묵묵히 두 손을 주물러 주던 바로 그 노인의 손길. 그의 딸과 그녀의 아들이 만나 가족의 역사를 거스르며 맺은 연 때문에 자신의 존재를 감추며 내 어머니를 존중하고 존경해 준 그 노인의 목소리. 순간 나는 뒤로 자빠지지 않으려고 기를 쓰고, 들려오는 소리를 안 들으려고 귀를 막는다. 그것도 잠시, 곧이어 맥이 풀린다. 나는 앞으로 주저앉을 듯이 쓰러지며 구두를 신고 서너 발자국 뛰어나가며 뒤뚱거린다.

"괜찮아?"

그녀가 내 앞에 서 있다. 그녀와 나는 병원을 빠져 나와 새벽 공기를 맡으며 자판기 커피를 마신다. 담배 있어? 불 줄까? 나란히 담배를 피워 물고 번갈아가며 하얀 연기를 내뱉는다. 몇 시에 발인해? 좀 뒤에. 장지는…. 알잖아, 선산으로 가. 그녀와 함께 가곤 했던 그녀 아버지의 선산과 거기에 묻혀 있는 그녀의 할아버지와 할머니를 떠올린다. 그녀 아버지가 태어나고 자란 영원의 안식처, 그 고향으로 돌아가는 그녀 아버지의 얼굴을 떠올린다.

시간이 참 많이 흘렀고 빠르게 멎었다는 생각을 한다. 어느새 동이 트고, 영정을 앞세운 행렬이 나온다. 그녀의 아버지가 나온다. 상주와 가족과 친지들이 뒤따라 나온다. 하나둘 영구차에 오른다. 길게 줄지어서 한 명씩 한 명씩 천천히 오른다. 버스의 시동 소리가 요란하게 울리고, 침울한 새벽의 침묵이 깨진다. 버스 창가 너머에 그녀가 있다. 나를 본다. 엷은 미소를 띠고 있는 것 같다. 무성 영화의 동작들을 슬로우 모션으로 보는 듯한 착각에서 나는 서서히 빠져나온다.

　　손을 흔들어, 웃어, 엉뚱한 고민도 잠시뿐, 버스가 움직이고, 고개를 돌리는 그녀의 시선이 사라지기 직전, 나는 나도 모르게 고개를 끄덕인다. 잘 있어… 잘 가… 잘 살아… 힘들 때 연락해… 좋은 사람 빨리 만나라… 너나 걱정해… 내가 박복한 년이지 오빠가 돈 좀 번다 싶으니까 이러네… 웃지마… 속 편하지 잔소리하는 사람도 없잖아… 넌 속 편하니… 뒤돌아보지마… 미안해… 내가 더 미안하다…

8

　　나는 오늘도 대나무 소파 위에서 늦잠을 깼다. 내 인생의 그녀는 누구일까, 미래의 그녀와 나는 잘 될 수 있을까, 나는 그녀를 진정으로 사랑하게 될까, 사랑의 진정성과 관계의 탄력성이 일치하게 될까, 이런 상념을 즐겁게 하는 날이면 나는 침대 위에서 잠을 잔다. 하지만 그것이 내 안에서 꼬꾸라지는 날 또는 내 가슴이 저만치 달려가 안긴 내 인생의 그녀 앞에서 주뼛거리게 되는 날이면 어김없이 대나무 소파 위에 올라가 누워 버린다. 이렇게 그녀는 참 많이도 있고 그녀는 항상 내 앞에 없다.

　　나는 아직도 운명을 믿고 싶고 그렇게 믿고 싶어 하는 한, 내 인생의 그녀는, 어느 날 내 운명 안으로, 마침내 나와 같은 운명 안으로 들어올 것이라고, 언제부터 생각하고 있는지는 모른다. 재작년 12월 매서웠던 그 31일 마지막 밤, 비디오를 빌리러 나왔다가 자정이 막 지난 시계를 보고는 슬리퍼를 질질 끌고 동네 교회를 찾아 들어간 날, 에도 그랬다. 기도를 올렸다. 십 년이 넘게 지나서야 과거의 내 모습이 또 다른 이유를 찾아 그렇게 교회 예배당 안에 있었다. 내 어머니의 하나님을 애타게 찾았다.

이제 그만 나의 하나님이 되어 달라고…

아직도 나는 대나무 소파와 침대를 왔다갔다 순례를 하고 있다. 혼자 사는 15평의 반지하 전세방 안에서 그렇게 삼팔선 넘나들듯 두 세계를 오가고 있다. 대나무 소파에서 자고 난 아침이면 언제나 내 등짝이 시원하다, 못해 서늘하다. 그 느낌을 떨쳐 버리지 못하고 있다. 작은 자학이기도 하고 묘한 쾌감이기도 한 그 느낌을 지난날들의 서랍장 속에 편안히 갈무리하지 못한 채 자꾸 나의 오늘 이 순간으로 불러들이고 끄집어내고 널브러뜨리고 있다. 나는 오늘도 대나무 소파 위에서 늦잠을 자고 일어나 속말로 기도를 한다.

대나무 소파는 아직도 서늘합니다.
따듯한 소파가 되게 해주세요.
아니면 제가 이 대나무 소파를 내다 버려야 할까요?

그녀는, 그녀들 중의 그녀는, 오늘도 내 앞을 스쳐 지나간다.

사족

결혼식을 한 것이 1994년 3월 26일. 동네 가정 법원에 가서 이혼 수속을 끝낸 때는 1999년 11월 어느 날. 기억도 이렇게 끝을 흐리는 것은 슬픈 사연을 따라가는 모양인지, 따로 살기 시작한 것은 그해 여름 7월. 그렇게 5년 4개월 가량을 한집에서 같이 또는 따로 산 것이다. 멀지도 않은 이 기억을 다시 떠올려서 글로 쓰는 것이 이토록 머리가 아프게 정리가 안 될 줄은 미처 생각하지 못했다. 다 잊었다고 생각하고 시작하면 늘 이 모양이다.

이제껏 조한혜정이 나에게 권유했던 것들은 내가 그것을 그대로 하기만 하면 대체로 유익했거나 미리 예상하지 못했던 어느 방면으로 나를 인도해서 좋은지 싫은지를 판단하기 힘든 어떤 깨달음에 다다르도록 만들고는 했다. 이제는 그런 내 경험의 기록을 정정해야 할 것 같다.

결혼과 이혼에 얽힌 내 경험을 써 보라고, 그런 삶의 상처를 기록하는 세대가 되어야 하지 않겠느냐고 해서 따라갔던 이번 경험은, 쓰기 시작할 때부터, 쓰는 내내, 쓰고 나서도, 조금씩 다시 손을 보면서도, 어디에선가 꾹 눌려서 막혀 있는 내 안의 그 무엇을 마저 속 시원히 뚫어 버리지 못하고 끙끙대는, 어쩐지 내가 잘못 생각하고 허우적거리는 것이 아닌가 싶도록, 후회되고 또 후회되는, 눅눅한 시간의 연속이었기 때문이다.

조한혜정이 밉다. 그런데도 쓰고 만 것은, 권유를 받은 다음 쓸 수 없다는 내 대답을 듣기도 전에 휑하니 떠나 버린, 인도로 네팔로 태국으로 사라져 버린, 조한혜정의 이상한 행적 때문이다. 그러고 보면 조한혜정은 내가 보기에 이상한 행적투성이로 사는 사람이다. 이해를 하고 비판적 사고를 할 수는 있지만 그런 생각의 전후와 상하를 둘러싼 감성의 더듬이로는 손끝에 와 닿는 살갗의 질감을 확신할 수가 없는 사람이라서, 그런데 내 결혼과 이혼도 그런 것이어서, 쓰기를 끝내 포기하지 않았다. 조한혜정이 밉지만, 그것을 빌미로 쓰고 말았다.

나는 많은 것을 드러내 보이고 또 많은 것을 감추는 글을 써야 했다. 이런 기록이 쓰는 사람과 이해 당사자에게 의미가 있고 또 독자들과 소통이 되려면 내가 아닌 그녀의 기록이 더욱 절실하고 필요할 것이다. 문제는 내가 아는 한 그녀는 쓰지 않을 것이라는 사실이다. 나보다 훨씬 대범하고 뒤끝이 없으며 삶이 부박하다면 그냥 그대로 살아 버릴 사람이기에 나는 더욱더 이런 글을 쓸 수밖에 없었다. 지금은 나와 친구로 지내고 있는, 사귀는 사람이 생겼다고 슬프게 말을 해 준 그녀에게 이 이상 못할 짓이 더는 없게 된 사연이다. ⓒⓘ

그래도 우리는 잘살 거야

— 이십대 여자들의 이야기

사회 · 정리 : 상상
참가자 : 맨소래담, 비누, 디디, 파워퍼프걸, X

상상 서로 잘 모르니까 우선 자기 소개를 하면서 좌담을 시작할까? 그
동안 각자가 경험해온 가족에 대해서 지금 떠오르는 것들 중심으로 이
야기하면서 자기 소개를 하면 자연스럽게 서로의 배경도 알 수 있고 좋
을 것 같은데.

태어난 가족의 경험

상상 우선 나부터 이야기를 할까? 음, 나에게 가족은 중고등학교 때까
지는 일종의 '백그라운드'였어. 밥도 주고 재워도 주고. 돈도 안 받고
이런 걸 해 주다니 참 고마운 사람들이라는 생각을 했어. 특히 우리 집
은 언니들이 많아 재미도 있었어. 형편이 그리 흡족할 만한 수준은 아
니었지만 언젠가 나는 계층 이동을 할 것이라 생각했기 때문에 그건 그
리 큰 문제가 아니었어. 가족은 배경인데, 내가 극복할 수 있는 종류의
배경이라고 생각했던 거지.

대학에 와서 페미니즘을 공부할 때 가부장제 같은 이슈들을 다루면
서 가족에 대해 많이 생각하게 되었어. 페미니즘 서적에서 읽은 것을
실생활과 연결할 때 생각할 거리를 가장 많이 주는 것은 가족이니까.
대학 입학 후에 아버지 사업이 4, 5년에 걸쳐 망하면서 가세가 기울어
갔는데, 정말 어려웠던 건 경제적인 부분이 아니라 사업에 실패한 후

변해 버린 아버지의 모습이었어.

아버지는 감정적으로 매우 풍부한 사람이었어. 아버지가 군대에 있을 때 그림 일기를 쓴 것을 우연히 보았는데, 그림도 너무 잘 그리고 직접 쓴 시와 함께 어머니께 그림을 보내기도 했더군. 그렇게 낭만으로 가득 찬 사람이었는데 사업이 망한 후, 열등감 때문인지 낭만성이 집착으로 표출되더라고.

아버지가 어머니에게 그랬듯이 누군가 나를 사랑한다면서 감정을 압박하는 것은 정말 끔찍한 일이라는 생각이 들었어. 특히 부부 관계이고 자녀를 낳아서 가족을 이룬 경우에는 너무 끔찍하지. 그래서 친밀성을 무기 삼아 서로를 강제할 수 있는 관계에는 절대로 들어가지 말아야겠다고 결심했어. 그때 '결혼 절대 사절' 푯말도 내걸게 되었고, 연애도 일부일처제 같은 연애는 하지 않을 것을 원칙으로 삼았지.

대학 졸업하고 나서 친구나 선배들이 하나 둘 결혼하기 시작하는데 그게 또 한참 나에게는 난제였지. 결혼을 불합리하다고 생각하면서도 사람들이 왜 다 결혼을 하는지 납득이 안 됐어. 특히 평소에 나랑 뜻이 잘 통했던 사람들인데. 곰곰이 관찰하면서 기회 비용 때문이라고 결론 내리게 되었어. 대안적인 모델도 많이 이야기되곤 했지만, 당사자들이 생각하기에 정서적, 경제적인 것 모두에서 현실적으로 가장 효율적인 것이 가족인 거야. 새로운 실험은 비용이 만만치 않고 자신이 생각이 있다고 해도 한국 사회 여건상 쉽지 않은 거지. 결국 실험 비용은 가족을 만들지 않는 사람들이 모두 치르게 되어 있으니까. 결혼 제도 안에서 적절히 자기 가족이나 잘 꾸리고 사는 게 어찌 보면 영리한 선택이 될 수도 있는 거지. 요즘은 시댁, 처가와의 관계도 많이들 '배 째며' 이전과는 다르게 가고 있잖아?

그런 생각을 하면서 가족에 대한 비판이나 대안 공동체 운동에 대한 욕구는 줄어들었어. 내 삶과 관련해서 새로운 것을 만들면서 살되, 그것을 다른 사람에게 적극 추천할 수 없다는 심정이 되었으니까. 몰라서들 안 하는 거 아니니까. 다들 너무 잘 알고 있는데도 선택 안 하는 거니까.

그래서 가족에 대한 책을 내면 누구에게 도움이 될까 나는 매우 회의적이었지만, 혹시 아주 섬세하게 다른 각도에서 이야기를 풀어갈 수 있다면 의미 있을지도 모르겠다는 생각이 들어 함께하기로는 했는데 말이지…

파워퍼프걸 나는 이 책에 실릴 글을 쓰기 시작하면서 가족에 대해서 좀 더 깊이 성찰하게 되었고, 내가 태어난 가족에 대한 나의 생각과 감정을 나름대로 정리해야겠다고 생각했어. 그런데 그때는 가족을 낯설게 보고 정리해 내는 것이 그렇게 편하지는 않았어. 힘들다기보다는 굳이 해야 할 필요가 있을까 하고 생각했던 것이지. 내가 태어난 가족이 내가 선택한 가족도 아니니까, 문제가 있는 것도 당연하고 무조건 좋아할 수 없는 것도 당연하잖아. 그런데 굳이 문제점들을 떠올리고, 힘들게 성찰해야 하는 작업들이 부담스러웠던 거야. 그때는 가족으로부터 거리를 두는 것이 지금보다 어렵기도 했고. 내가 싫어하는 점들에 대해서, 내가 싫어하는 아버지에 대해서 정리하지 말고 그냥 내 삶을 그럭저럭 살다가 때가 되어 독립하면 그만 아닐까? 하고 생각하기도 했어. 그런데 시간이 지나면서 아버지에 대한 감정이 정리가 되고, 아버지 때문에 힘들어하지 않게 되더라. 특별한 계기가 있었던 것은 아닌데 점차 거리 두는 것에 익숙해진 거지.

우리 아버지는 공적 자아로서의 삶에 충실한 사람이야. 아니, 공적 자아만 있어. 아버지가 원래 위계적인 질서에 잘 적응하는 사람이라서 가정 외부, 공적 영역의 활동은 잘하는데 사적 영역에서는 어떻게 해야 하는지를 몰라. 감정 표현이 풍부하지 않고, 애정 표현도 못하고, 자녀에 대한 사랑을 표현하는 것도 많이 힘들어했지. 물론 아버지가 젊었을 때에는 직장 생활에서 삶의 의미를 찾았을 테니까 가족들과 감정을 공유하지 않아도 별로 괴로움을 느끼지 않았을 거야. 그렇지만 은퇴한 후에 집에 있는 시간이 많아지면서 가족 내에 자기 자리를 만들어 두지 못했다는 것을 인식하게 된 것 같아. 아버지는 자녀들과 마주쳤을 때 어떻게 대화해야 하는지를 몰랐고, 그때 난 이미 아버지에게 차근차근, 따뜻하게 다가갈 필요성을 느끼지 않는—그러기에는 너무 바쁜—나이였어. 아버지는 자신에 대한 신뢰감이 크고, 자존심이 강한 사람인데 가정 안팎에서 모두 제대로 일이 풀리지 않으니까 그 시기에 좌절하면서 매우 힘들어하셨어. 난 아버지를 동정하지도 않았고, 이해하지도 못했어. 왜

저 사람은 혼자서 짐을 다 짊어지고, 혼자서만 끙끙 앓으며 살까? 이런 생각을 많이 했어. 그뿐 아니라 무척 가부장적인 사람이어서 나는 아버지랑 대화하는 것이 너무 부담스럽고 소모적이라고 생각했고, 가능하면 아버지와 함께 있는 것을 피하려고 했지. 도저히 적응을 할 수가 없었거든. 그런데 그때는 내가 아버지를 피하면서 일종의 죄책감을 느꼈어. 불효라고 생각했던 거지. 하지만 지금은 아버지의 생애를 이해하게 되면서, 그리고 한국 사회에서 아버지가 차지하는 위치에 우리 아버지를 대입할 수 있게 되면서 아버지에 대한 증오는 사라졌어. 자연히 '이건 불효'라며 자책하는 마음도 사라지게 되었고. 어쨌든 남자 혹은 아버지들이 공적 영역과 사적 영역을 넘나들면서 친밀성을 잘 만들 수 있는 자기 조절 능력을 가졌으면 좋겠어.

우리 가족의 실체, 그러니까 가족 내의 위계나 가부장성과 같은 것들이 한순간에 느껴지면서 가족이 갑자기 낯설어지는 것을 경험한 적도 있어. 내 앨범을 들추면서 옛 사진들을 보다가 (부모님이 만들어 준 앨범 있잖아. 어렸을 때 사진들로 가득 차 있는) 그 앨범 첫 장에 내 출생증과 함께, 병원을 나서면서 찍은 부모님의 사진이 꽂혀 있었어. 갓 태어난 나를 안고 찍은 사진이었는데, 오직 아버지만 나를 안은 채로 사진을 찍을 수 있었던 거야. 어머니와 아버지가 병원 문 앞에 나란히 서서 사진을 여러 장 찍었는데, 모두 아버지가 나를 안고 있고 어머니는 옆에서 나를 들여다보거나 겨우 손만 살짝 대고 있는 자세였어. 반면 아버지는 나를 꼭 안고 자랑스럽게 카메라를 응시하고 있었지. '내 핏줄이다' 하고 외치는 듯한 표정으로. 그 사진을 보는 순간 가족에 대한 정이 뚝 떨어졌어. 내 앨범에 그런 구도의 사진이 꽂혀 있다는 게 화가 났고. (책에서 읽은) 어머니와의 육체적 조우를 막는 아버지, 남성, 혹은 가부장제라는 것이 이런 것이구나 하는 생각이 들더라. 왜 어머니는 나를 안고 사진을 찍고 싶다고 얘기하지 못했을까?

그래서 가족이라는 것이 싫다고 생각했고 지금도 싫어. 내 미래에 대해 이야기할 때도 "누구랑 어떻게 살래?" 하고 묻는 것은 좋은데 "앞으로 어떤 가족을 만들고 살래?" 하는 것은 싫어. 가족이라는 단어가 끔찍하거든. 결혼이라는 제도 안에 들어가기는 싫고 관계를 맺는다면 동거하는 게 가장 잘사는 것이 아닐까… 요즘엔 레즈비언 커플이 제일 부럽기도 해. 나도 트랜스포밍을 할 수 있지 않을까 생각 중이야.

〔비누〕 흠, 우리가 조금 전에 다 함께 「이브의 아름다운 키스」를 봐서 그런 것이 아닐까?

(이십대 좌담 팀은 저녁 식사를 준비하며, 그리고 식사 후 휴식을 취하며 디디가 빌려 온 비디오테이프를 함께 보았다. 영화 「이브의 아름다운 키스」는 이성애자였던 제시카 스타인이 양성애자인 헬렌을 만나 사랑하게 되고 함께 살고 이별하고 또 다른 시작을 한다는 내용의 레즈비언 로맨스 드라마다.)

〔파워퍼프걸〕 나는 주인공 제시카처럼 학습이 느리진 않을 거야. (웃음)

〔비누〕 내가 태어난 가족은 엄마, 아빠 모두 재혼을 해서 꾸려진 가족이야. 결혼 초기에는 어땠는지 모르지만, 내가 자라는 동안은 십대 후반까지 엄마가 나와 잘 정도로 부모님 사이가 좋지 않았어. 어느 날 엄마가 "엄마가 없어도 일 년쯤 살 수 있어?" 하고 묻길래, 살 수 있다고 했는데, 알고 보니 엄마는 예전부터 이혼을 생각하고 있었던 거였어. 나는 엄마한테 이혼을 적극 권했고, 그때 마침 아이엠에프 위기가 와서 집안 형편이 안 좋아져서 둘은 결국 헤어졌지. 그 이후 엄마는 사라지고 아빠도 집에 안 들어오고… 집에서 그렇게 혼자 살다가 고등학교 2학년 때쯤, 아빠가 친척집에 가 있는 것이 좋겠다고 해서 친척집에서 살게 되었어.

그리고 어느 날, 내가 있을 곳은 여기가 아니라는 생각에 서울로 가야겠다고 결심했지. 그동안 모은 돈으로 서울에 가서 이모 댁에서 2년 정도, 「하자 센터」 자자방(일종의 기숙사)에서 얼마 동안 살다가 1년 전부터 내가 모은 돈으로 집을 구해서 혼자 살게 되었어. 친척집에서 산 기간도 혼자 산 거나 다름없으니까 지금까지 7년 정도 혼자 살고 있는 거지. 난 집안이 파탄 상황에 처하면서 가족에 대해서 생각했던 것 같아. 둘의 이혼이 결과적으로 나와 엄마에게는 폭력에서의 해방과 마음의 편안함을 가져다 주어서 예전보다 훨씬 행복해졌어. 그러나 동시에 '자기 생활은 자기가 꾸려 나가는 거다, 가족이라고 믿을 게 못 된다'

는 가족 안의 배신으로 서로에게 많은 기대를 하지 않아야 한다는 것을 엄마와 나는 무의식적으로 합의하며 살게 되었어. 지금 엄마는 건강이 안 좋아서 요양 중이시고, 아빠는 어디 있는지 몰라. 일 년에 한두 번 엄마랑 만나고 있고. 그동안 친척 집을 옮겨 다니며 살면서, 또 혼자 살면서 계속 가족에 대해서 생각했지. 명절이 되어 다른 사람들이 가족을 찾아 고향으로 갈 때, 나는 사무실이나 「하자 센터」에 앉아 있었어. 그러면서 나는 가족을 그리워하는 것은 내가 사회화되었기 때문이야 하고 흔들리지 말자고 다짐했어. 그래서 그때까지는 무작정 가족은 해체되어야 한다고 생각했었어.

그런데 작년 5월, 「하자 작업장 학교」(대안 학교) 학부모 게시판에 가족 사진 쇼를 한다면서 사연과 함께 가족 사진을 보내 달라는 글이 올라왔더라. 그러자 사람들이 평소에는 그렇게 이야기하지 않으면서 아주 따뜻하고 감동적이며 심지어 아름다웠던 가족의 이야기들을 올려주더라고. 그래서 난 그렇게 생각하지 않는다고 이야기하면서 우리 아버지에 대해 쓴 글을 올렸지. 나중에 사진 쇼를 준비했던 그 학부모와 직접 만나서 이야기를 하게 되었어. 그런데 그분도 부인과 사이가 좋지 않다고 했어. 그러면서 항상 행복한 가족 이야기를 원했던 것이 아니었지만, 그렇다고 당장 헤어질 수 없는 상황에서 대안은 무엇일까 하는 이야기를 하고 싶었던 거라고 하시더라. 나는 혼자 사는 것이 가장 행복하다고 생각했지만, 누군가와 같이 살며 대안을 마련하는 것까지는 미처 생각 못했던 거야. 그래서 요즘에는 무엇인가를 만들어야겠다는 생각에 — 늙어서 외롭기도 할 테니까 — 파트너와 동거 연습을 하고 있어. 동거도 연습이 필요하잖아. 지금 하고 있는 연습은 항상 같이 사는 것은 아니고 3주 정도 함께 살면서 실험을 해 보고 토론하는 형태야. 심사숙고한 뒤에 결정하자는 거지. 동거 연습 하면서 과연 동거가 가능할까 하는 생각도 계속하고 있고, 내 나름대로 최대한 잘살아야겠다고 생각하는 중이야.

× 우리 어머니와 아버지는 무척 어린 나이에 결혼했어. 어머니는 대가족에서 서로 친밀한 관계를 유지하면서 사랑을 많이 받고 자랐고, 아버지는 어렸을 때 부모님을 여의고 형과 누나의 보살핌을 받으며 자랐

어. 아버지는 외로움을 못 이겨서 중고등학교 때, 아버지의 표현대로 하자면, 방황을 많이 했대. 그래서 아버지는 가정을 꾸리면서는 자신이 책임질 수 있는 부분까지는 확실하게 책임지고, 아이에게는 외로움을 주지 않겠다고 (어쩌면 지나치게) 결심을 했던 거야. 그리고 결혼 1년 만에 언니의 출생을 전후로 육아, 가족에 대해서 열심히 공부하면서, 가족 구성원 누구에게도 소외감을 주지 않으려고 노력했지. 초등학교 때 가족에 대해서 발표할 일만 있으면 나는 "우리 가족은 민주적이고 화목한 가정입니다" 하고 자신 있게 말하는 아이였어. 그때는 1주일에 한 번씩 가족 회의를 했거든. 나와는 직접적인 관련이 없는 아빠의 사업 이야기부터 가족 행사까지 많은 부분을 회의라는 과정을 통해 결정했어. 그래서 나는 가족의 중대사에 내 의견이 반영된다는 자부심을 갖고 살 수 있었지.

그러다가 내가 우리 가족에도 문제가 있다고 생각하게 된 것은 항상 집에만 계시는 어머니에게 감정 이입을 하게 되면서였어. 어느 순간 어머니의 삶이 처량해 보이는 거야. 어머니는 끊임없이 일을 해 보려고 시도했는데, 아버지가 항상 반대했거든. 아이들이 방과 후에 돌아왔을 때, 어머니가 없는 빈집을 마주하는 것이 성장기에 악영향을 끼친다는 논리였어. 하지만 나와 언니는 언제나 어머니가 일을 하는 것을 지지했고, 가족 회의에서 그런 이야기를 하면 '고려해 보겠다'는 답변만 돌아왔지. 민주적이고 화목하다는 우리 가족의 밑바탕에는 일종의 사기가 깔려 있었던 거야. 불과 몇 년 전까지만 해도 나에게 화목한 가족의 이미지는 아버지가 나를 발등에 올려 놓고 춤을 추는 모습이었어. 근데 배경에서 요리하는 어머니… 이거 이상한 거야. 익숙한 것들에 대해서 어색함을 느끼게 된 거지. 다 같이 행복하지 않은데 어떻게 화목한 가정이라고 할 수 있어? 집안일을 즐겁게 하는 사람도 아니었는데, 혼자서 가사 노동을 하고 그토록 원하는 사회 활동을 접어야 했던 어머니를 인식하면서 아버지를 미워하게 되었지. 점차 페미니즘에 관심을 갖게 되면서 십대 후반의 어느 날 사건이 터졌어. 명절이었는데, 어머니는 일을 너무 많이 하신 상태, 아버지는 명절이 되자 외로움을 타서 우울해진 상태였어. 그때 어머니께서 심부름을 시켰는데, "아버지와 관련된 것인데 왜 내가 해야 해?" 하고 대들면서 어머니와 싸우고 말았지. 그때 난 일부러

아버지가 들으라고 속에 담아 두었던 말을 모두 해 버렸어. 충분히 대화하지도 못하고 서로에게 엄청난 상처를 주면서 아버지와 나의 싸움은 끝이 났고, 결국 난 그날 집을 나와서 다음 날 들어갔지. 그러고는 한 달 동안 아버지와 아무 말도 못했어. 그때는 아버지만 달라지면 뭔가 확실히 달라질 거라는 생각에, 준비 없이 서투르게 문제를 제기한 것 같아. 어쨌든 그 폭풍의 성과로 아버지에게도 변화가 생겼고, 우리는 서로 사기 치고 있다는 것을 암묵적으로 인정했어. 물론 여전히 비슷하게 사기를 치면서 살게 되기는 했지만, 예전처럼 지나칠 정도로 친밀함을 표현해서 사랑과 화목을 확인하는 것은 서로 닭살이 돋아서 못하는 분위기야. 요즘에도 아버지는 화목한 가족을 지키기 위해서 많은 노력을 하지. 내가 밤에 나간다고 하면 나가지 말라고 회유하고 윽박지르기도 하지만 밤길을 터벅터벅 걷다 보면 어느새 옆에 와서 차를 태워 주고는 해. 그러면 나는 '도대체 저 불쌍한 사람을 어떻게 하지?' 하는 생각이 들면서 그 '정'인지 외로움인지로 가득한 아버지의 인생이 걱정되기 시작해. 정말 복잡한 감정이야.

한편 어머니는 아버지의 주변 사람들을 이용하면서 여가 활동을 즐기는 법을 터득하신 것 같아. 시작은 아버지가 신뢰하는 선배가 다니는 성당을 다니며 성가대를 하던 것으로 기억해. 그 후로는 아빠 친구 부인들과 뭔가를 계획하기도 하고, 놀러 다니기도 하더라. 요즘은 공부를 다시 시작해서 아버지와의 관계에 집중하기보다는 자신의 미래와 학교 친구들과의 관계에 열정을 쏟고 있어. 보기 좋고, 내게는 신선한 자극이 되기도 하지.

디디 아버지는 자수성가한 고지식한 자린고비 장사치 집안에서 자랐고, 그렇게 주어진 것을 당연하게 받아들이면서 사는 고도로 순진한 가부장적 사람이야. 어머니는 몰락하는 지주 집안 장손의 자랑스러운 딸이었고, 능력과 자존심은 있지만 집안 형편은 넉넉지 않았지. 그런데 두 분이 한눈에 반해서 100일 만에 결혼을 하셨어. 어머니는 현모양처 타입에다 신데렐라 꿈을 간직한 아줌마 소녀라서 아버지에게 잘해 주었는데, 아버지는 종종 술집 여자랑 자고 '맛 가게' 놀다 들어왔던 거 같아. 특별히 가정에 문제가 있어서 그랬다기보다는, 다른 한국 남자처럼 남자가 밖에서 노는 것은 지극히 정상적인 일이라고 생각했기 때문이야. 하지만 자신은 세상에서 가장 착하기 때문에 자신의 죄는 묻지 않고 오히려 엄마가 가정에 조금이라도 소홀히 하는 모습에 온갖 짜증을 내는 사람이지. 그래도 어머니는 이 남자를 내가 고칠 수 있다는 일종의 환상을 가지고 계속 헌신적으로 가정을 돌보셨어. 뭐 둘 다 전형적인 한국 남자, 여자였지.

지금 어머니는 무능한 남편 만나 불행해졌다고 아버지를 증오하고 지긋지긋하다고 해. 지금 두 분 사이는 아주 아주 좋지 않아. 둘 다 같이 집에 있을 땐 서로가 마치 안 보이는 사람처럼 행동하지만, 막상 같이 있지 않을 땐 그 상대방보다 더한 고통은 없다고 나에게 하소연해. 아버지는 다시 옛날처럼 어머니가 헌신적인 모습으로 돌아가기를 바라지만, 어머니는 아버지를 욕하고 그러면 또 아버지는 속이 상해서 살림을 때려 부수기도 하고… 그러면 또 어머니는 아버지 탓을 하지. 그리고 아버지는 자책만 하지 정작 바뀌지는 않으면서 헛되이 외로움을 견뎌 내. 사실 두 분은 이혼해야 하는데 서로 가족에 대한 허상을 갖고 계속 집착하고 있어. 아우, 이런 자기 파괴적이고 소모적인 짓을 언제까지 할 것인지, 나와 동생들은 언제까지 불안을 견뎌야 하는지 미치도록 화나고 짜증나고 또다시 무기력해져.

어머니는 아버지 대신에 우리에게 맹목적인 사랑을 쏟아 부었어. 그래서 난 떼를 쓰면 결국은 내가 하고 싶은 대로 할 수 있다는 것도 사실은 알아. 하지만 그 대가는 어머니의 미치광이 잔소리를 견뎌 내는 거야. 옷차림부터 머리 모양, 만나는 남자, 학교 공부까지, 하나부터 열까지 다 참견하고 참견하고 참견만 했지. 어머니는 자신의 진심만으로 나역시도 구원할 수 있다고 생각하셨나봐. 고등학교 때부터 엄마가 너무 지겹다는 생각이 들었어. 어머니의 치맛바람도 너무 싫었고. 어머니는 내가 서울대에 가기를 원했는데, 한때 나는 어머니에게서 벗어나기 위해서 서울대에 가야겠다는 생각도 했었어. 그렇게 가족을 싫어했고, 벗어나고 싶어했는데 그것이 쉽지는 않더라고.

대학 와서 내가 선택한 방법은 외국으로 혼자 여행을 가거나 교환 학생으로 이곳을 뜨는 거였어. 처음에는 정말 좋았는데, 한편으로는 또 가족이 그리웠어. 돌아오면 항상 싸우는데도 말이야. 예를 들면, 예전에 온 가족이 같은 기간에 미국으로 여행을 갔는데 나는 친구들 핑계로 혼자 여행했고 그 한 달 동안 스케줄을 맞춰 하루를 만났는데 만난 즉시 또 싸우고 떠났어.

사실 여행을 다니는 것도 가족이 싫어서 그런 것이었는데, 이번 여행 때에는 가족에 대해 다시 생각하게 되었지. 여행하는 기간 중에 내 생일이 있었거든. 정말 재미있게 놀긴 했지만 정신적으로 매우 불안한 상태이기도 했거든. 그런데 그러한 때에 집에서 생일 축하한다고 전화해 주지 않으니까 속상하고 진정으로 불안하더라고. 곁에 친한 친구와 좋아하는 언니가 같이 있었는데도 말이야. 그때 어떤 기분이었냐 하면, 백 미터 밖에서 사고가 났는데 엉뚱하게 유리 조각이 하필이면 내 눈에 들어와서 실명하게 되는 것과 같이, 물리적인 보호막이 사라졌다는 기분이었어. 그런 생각을 하니까 그렇게나 싫어했던 가족이 사실은 내가 이렇게 별 탈 없이 클 수 있도록 도와준 밑바탕이었다는 생각이 들었어. 내 안의 자존과 평화와 개성이 험난한 세상에서 무사하게 살아남은 건 내가 결국 돌아갈 수 있는 믿고 비빌 데가 있어서였지. 결국 믿을 수 있는 사람, 내가 무슨 일을 해도 (물론 욕이나 잔소리는 무진장 듣겠지만) 나를 떠나지 않고 끝까지 지켜 줄 수 있는 지지자는 가족밖에 없다는 생각이 들었어. 비록 가족이 싫다고 해도 나를 키워 준 것은 내가 예전에 그토록 부정했던 가족이었던 거야.

이제 여행하고 돌아온 지 한 달 정도 됐는데, 그 후로 집에서 잘하고 있어. 아버지 이야기도 많이 들어주면서 카운슬링을 권하기도 하고. 부모님이 잘 돌보지 않는 남동생하고도 놀아 주고, 가족 모임에 갈 때면 어머니가 원하는 압구정동 스타일의 머리와 옷차림을 하고 나가는 등 집안의 매개 역할을 하고 있어. 여동생하고는 원래 친한 사이였어. 가장 이상적인 가족은, 그 애랑 살면서 아이를 키우는 것이라고 생각하는데, 내 동생은 그런 것을 원하지 않아서 불가능할 것 같아.

난 사람에게는 지지, 지원해 주는 응원단이 필요하다고 생각하는데 그게 가족인 것 같아. 남편은 싫고 애는 낳고 싶은데, 돈을 벌기까지는 시간이 필요하잖아. 내가 먹여 살리는 남편은 싫은데 잘 맞는 사람을 찾기는 너무 힘들고. 어쩌면 쉽게 사랑하고 쉽게 결혼하고 쉽게 이혼하는 것도 좋을 것 같고, 내가 결심했을 때 아이를 낳아서 공동체 형태로 다른 사람과 연결해서 살아도 좋을 것 같아.

맨소래담 지금 엄마와 오빠가 있고, 아빠는 돌아가셨어. 엄마는 자식에 대한 사랑과 책임감이 투철한 사람이어서, 집안이 콩가루여도 자식들을 지키려고 혼자서 여러 모로 노력해 왔지. 덕분에 나는 어머니가 쳐 놓은 가족 안의 또 다른 울타리 속에서 꿈꿀 수 있는 공간을 확보하며 지낼 수 있었어. 난 엄마랑 잘 맞아서, 어렸을 때는 지나칠 정도로 친했어. 엄마는 친구한테 하듯이 나한테도 이런 저런 이야기들을 많이 했는데, 동네의 다른 가족들 이야기도 모두 해 줬어. 그래서 나는 일찍부터 겉으로 멀쩡해 보이는 가족들도 모두 크고 작은 문제들을 안고 버겁게 살고 있다는 걸 알았고, 텔레비전 광고나 드라마에 나오는 화목한 가족이 사실은 다 거짓말이라는 것을 알고 있었어. 우리 가족이 갖고 있는 문제도 당연한 것이라고 생각했고, 그다지 큰 고통이나 걱정 없이 엄마가 만들어준 튼튼한 울타리 속에서 비현실을 헤엄치며 살았던 거야.

아빠는 결혼 전부터 큰 병이 있었어. 아빠는 엄마를 정말 좋아한 것 같았는데, 엄마는 아빠에 대한 애정보다는 동정심에다, 엄마가 살아온 가족에서 하루빨리 벗어나고 싶은 마음이 더해져서 결혼한 것 같아. 사실은 서로 궁합이나 성격이 맞지 않는데, 엄마는 결혼하면서 살다 보면 어떻게 될 거라고 생각했던 거지. 결국 엄마는 그것이 불가능하다는 것을 깨달았고, 나에게도 사람 성격은 절대 못 고친다는 말을 자주 했어. 어쨌든 나에게 아빠란 집안에 문제를 일으키는 사람이고 오빠는 아빠의 복제였어. 나는 그저 엄마의 자식이라고 생각했지.

그러다가 중학교 3학년 때 아빠가 갑자기 돌아가셨어. 원래 병이 있어서 준비는 하고 있었지만, 어느 날 갑자기 사고로 돌아가신 거라서 모두들 놀랐지. 그래도 나는 그럭저럭 잘살았는데, 엄마는 무척 힘들어했어. 밤마다 수십 개의 초를 켜고 심수봉 노래를 듣곤 했는데, 얼굴에는 고독과 수심이 가득했지. 혼자서 택시를 타고 어딘가로 떠나기도 하고. 아빠랑 사이가 하나도 안 좋았는데도 그게 그렇게 힘든 건가 보더라. 경제적인 걸 넘어서 감정적으로도 괴로워했으니깐. 사람이 죽어서 슬픈 것과는 다른 감정이었겠지만 하여간 고통을 이겨 내기까지 2년 정도 걸렸던 거 같아.

지금은 가게 처리한 돈과 보험료로 엄마가 부동산을 이렇게 저렇게 해서 살고 있는데 아빠가 있었을 때보다 오히려 더 잘살고 있는 것 같아. 엄마한테 남자 친구가 있는데, 아버지나 오빠와는 달리 부드러운 성격이고 엄마랑 잘 맞는 거 같아. 가끔 만나서 같이 놀러 다니는데 지금 우리 엄마는 아주 행복해 해. 이미 말했듯이 나는 화목한 가족의 신화에 대해 어릴 적부터 그게 거짓말이라는 것을 알았기 때문에 가족에 대한 기본적인 성찰을 갖고 있다고 생각해 왔어. 근데 살다 보니 그렇지도 않다는 것을 알고 놀란 적이 있었어. 예전에 입양된 경험이 있는 사람한테 아무 생각 없이 생일이 언제냐고 물어봤었어. 내가 말해 놓고도 아차! 싶어서 화제를 돌린다는 것이 그만 별자리가 언제냐고 물어보고… 그 사람은 웃으면서 이해해 주었지만, 나는 나 자신에 대해서 심각하게 생각하게 되었어. 내가 가족에 대해서 '감'이 없다는 것, 일반적인 가족 형태에 대해서 너무 당연하게 생각했다는 것을 깨달았지.

　　　　　[상상] 다들 한 가족 하는군. 이래서 「사랑과 이별 터닝 포인트」나 「아침 마당」이 작가가 극본 써댈 필요 없이 이야깃거리로 꽉 차 있다니깐. 별일 없는 가족이 없고 이야기 시작하면 다들 장편 소설 한 권씩 나오고 그런데 듣다 보면 어디선가 한번 들었던 것 같은 익숙한 이야기고.

[파워퍼프걸] 정말 그래. 그런 프로그램들을 보면 세상에 저런 일들이 있을까 싶지만, 실제로는 그게 현실인 거야. 그래서 「아침 마당」에 출연하는 패널들도 '너희 가족만 그런 것 아니니까 서로 이해하고 인내하면서 잘살아라' 하는 처방을 내려 주는 것 아니겠어? 난 그런 결론이 말도 안 된다고 생각하는데 방청객들은 마구 끄덕거릴 뿐만 아니라 심지어 박수까지 치는 거야. 너무나 '엽기적인' 이야기들에 이제는 익숙해져 버렸는지 사람들은 그런 것을 당연하게 감내해야 한다고 생각하더라, 가족이라면 말이지.

　　　　　[디디] 요새 느끼는 건데, 한국 문화에서는 사람들이 다른 사람과 늘 같이 있는 것이 당연하다고, 같이 있어야 한다고 생각하는 거 같아. 가족은 그중 가장 기본적이고도 막강한 것이고. 그래서 당연하고 맹목적인

관계에서 문제를 느끼면서도 결국 같이 있지 못하면 불안하니까 어려움에 대한 토로가 넋두리로 묻히는 것 같아.

사랑에 빠져 평생 행복하게 살 수 있을까

상상 가족 이야기로 하는 각자의 소개는 이 정도로 하고, 난 여러분의 연애 이야기를 좀 듣고 싶어. 왜냐하면 함께 사는 게 힘든 줄은 아는데 그래도 혼자 살기는 썩 내키지 않고, 그러다 누군가랑 격렬히 같이 살고 싶어지는 때가 주로 연애할 때 아니야?

디디 글쎄. 내 삶의 원동력은 사랑인데, 그것이 영원이랑 결부되는 순간 '언제 배신을 할까'가 중요한 화두로 떠올라. 영원은 없잖아. 난 배신당하는 게 싫어. 예전에 어떤 사람에게 배신당한 적이 있는데 그 충격으로 정신과 상담을 받다가, 내가 그 사람을 배신하기 위해 다시 사귀었던 적도 있어. 사랑은 절실해야 하고 절실해야 행복한데, 절실한 그 순간부터 사랑이 안 되는 거야. 80퍼센트의 좋아하는 감정을 갖고 있으면 잘 되는데 백 퍼센트가 되면 안 돼. 백 퍼센트가 되면 내가 모든 걸 맞추거든. 그런 것은 행복하지만 오래가지 않아. 이 사람과 결혼해서 영원히 산다고 생각하면 괴롭고 끔찍해. 언젠가는 배신의 순간이 올 텐데 내가 먼저 배신해야겠다는 생각이 들거든. 그렇지만 가끔 결혼에 대한 압박을 느끼면 나의 이상을 버리고 현실적으로 결혼에 대해 생각해 볼 때가 있어. 근데도 현실적으로도 결혼하는 것이 잘 안 될 것 같은데, 왜냐하면 난 사실 내가 남편을 먹여 살리는 건 정말 싫거든. 그런데 돈이 많은 애들은 무식하고 내가 좋아할 만한 사람들은 못생겼거나 돈이 없어. 그래서 양보를 안 해도 누군가와 영원을 생각하지 못하겠고, 양보를 해도 결혼은 못하겠어.

상상 난 그간 다양한 사람들을 만나 보려고 노력했지. 실제로 그럴 수 있어서 좋았고. 그런데 어느 날 이제 여러 사람 만나는 것보다 이 '험악한 확률'로 나타날 '임자'를 만나고 싶다는 생각이 들더라고. 그래서 임자를 찾기 시작했는데, 임자를 찾는 것이 무척 어렵더라고. 대체 임자가 누구이며, 어디 있느냐는 것이지.

[X] 나는 오래전부터 특별한 의미의 '사랑'은 없다고 생각했어. 연애하는 사람에게도 '넌 특별한 사람이다! 내가 사랑하기 때문에' 같은 얘기 절대로 못 해. 이를테면 사랑이라는 감정과 우정이라는 감정 사이에 특별한 차이가 없다고 생각했던 거야. 물론 느낌이 다르기는 한데 사랑하는 많은 사람들에 대한 감정을, 연애 상대에게 느끼는 감정과 다르다는 이유로 우정이라고 정의할 수 없었어. 연애라는 관계를 우선순위에 둘 수 없었다는 거야. 그리고 난 항상 인생은 짧고 영원히 누군가를 사랑하는 것은 불가능하니, 나와 파트너 모두 동시에 여러 사람을 만날 수 있어야겠다고 생각했어. 일 대 일 연애 중심의 배타적인 관계가 싫었던 거야. 예의의 문제라고 생각하기도 했어. 연애 때문에 다른 사람들을 소외시키면 안 된다고 생각했던 것인데, 정작 실제로 나는 그런 관계를 유지하지 못했어. 큰소리를 치기는 했는데 마냥 둘만의 세상에서 행복해 하고 안주하는 타입이었던 거야.

여하튼 그러면서 나는 '쿨'하게 '멀티 플레이'를 하겠다고 다른 사람들에게 상처를 주고 이상한 논리가 가득한 관계를 통해서 한 명이라도 상처를 받으면, 그건 이상적인 것이 될 수 없다고 생각했어. 두 번째로 연애할 때 역시, 관계가 영원하리라고 믿었던 것은 아니지만, 미래의 애인들에 대한 기대를 내비치는 것이 파트너에 대한 예의가 아니라는 생각이 들었어. 오랜 동반자가 될 수 있겠다는 생각도 해 보고 말이야. 그 연애가 끝날 때쯤에는 '멀티 플레이'에 대해서도 꿈 깼지만, 여전히 한 명 제대로 만나면 영원할 수 있다고 생각하는 것은 터무니없다고 생각했지. 영원히 내 삶을 함께 할 '임자'는 없다고 생각해. 하지만 누군가와 연애를 떠나서는 평생 또는 어느 일정한 시기를 동반자로 살 수는 있을 것이라고 생각해. 어차피 이미 나에게는 정서적인 동반자들이 있고, 앞으로 그 사람들이랑 잘 지내면서 살면 되겠다고 생각하고 있지.

연애 아닌 다른 방법은 없을까

[상상] '임자'는 없지만, 정서적인 동반자들과 함께 산다… 나도 요즘

그렇게 생각하고 있어. 때때로 소홀히 하고 바쁘더라도 서로에게 계속 에너지를 보내줄 수 있는 관계, 애인처럼 뜨겁게 사랑하지는 않지만 노력하지 않아도 좋아할 수 있고 서로 배려해 주고 유머 코드도 잘 맞고 토론도 되는 그런 관계. 그런데 문제는, 모든 사람들이 그런 관계를 가족의 형태로만 만들고 있다는 거야. 이 사회에서 다른 방법은 없는 것일까? 난 실은 요즘 연애가 좀 많이 힘들어서, '임자' 주의를 정리하고 서로의 성장을 지켜봐 줄 수 있는 파트너들을 찾는 쪽으로 방향을 선회할까 생각하고 있어. 뜨겁게 연애하는 감정을 갖고 있는 사람과 함께 사는 건 즐거운 일일 수 있지만 몸도 마음도 지나치게 얽혀 있기 때문에 한번 잘못 나가기 시작하면 그 상처가 장난이 아니니까. 연애는 연애로 하고, 함께 사는 건 믿을 만한 친구들, 파트너들과 하는 게 낫겠다는 생각이 들어.

디디 나도 정말 좋아하는 언니가 있어. 그렇게 나랑 잘 맞는 사람들을 만나게 되면 그런 사람들과는 애를 낳아서 함께 기르고 싶어. 근데 그 언니도 사실 결혼을 꿈꾸는 사람이라 또 다시 어쩔 수가 없어, 흑.

X 내가 가장 이상적으로 생각하는 것은 연애 감정을 느끼는 사람들에게 너무 많은 것(삶을 나누자는 것 등)을 요구하지 않으면서 지내고, 어딘가에서는 지지자가 되어 주는 사람들이 자신의 삶을 살아가면서 서로 힘을 주는 거야. 애인과 삶의 파트너, 혹은 정서적 지지자가 일치할 필요가 없다는 거지. 굳이 물리적 동반자를 찾으려면 지금 당장은 아무리 생각해 보아도 나의 언니밖에 없는데, 그건 편리한 선택이지 정말 이상적인 선택은 아니야.

파워퍼프걸 나도 처음에 대학에 입학했을 때는 독신으로 사는 것이 제일 이상적이라고 생각했어. 그런데 요즘에는 누군가와 같이 살면서 서로에게 성실하게, 그러면서도 집착하지 않고 '쿨'한 관계로 살고 싶어. 같이 살 사람은 정서적 동반자로서의 측면에서 지금의 우리 엄마와 비슷한 점이 어느 정도 있을 거야. 다시 말하자면, 나는 어머니와 함께 일상을 공유하는 것이 어색하지 않거든. 그러니까 함께 일상 생활을 하면서 불편하지 않고, 많은 것을 요구하지도 않고, 그러면서도 친밀성을 어느 정도 유지할 수 있는 사람 말야.

난 원래 관계 지향적 성격도 아니고, 외로움을 많이 타는 성격도 아니었어. 나이가 들면서 점차 관계 지향적으로 변하는 것 같지만. 나는 가끔씩 외로움을 느끼기도 하고 고독감이 엄습하는 것을 느끼기도 했지만, 일상적으로 느끼는 게 아니라, 순간이었던 거지. 어렸을 때는 그런 순간을 잘 조절하지 못해서 주변의 남자들 중에 맘에 드는 애가 한 명 걸리면 그 애에게 연락을 했어. 근데 그러면 남자애가 항상 넘어오더라고. 그렇지만 나는 정말 좋아서 사귄 것은 아니기 때문에 내 기분이 가라앉아 있던 순간이 지나면 배신을 때렸던 거지. 대학에 와서는 그런 습관은 버렸고, 오히려 신중해졌어. 배신한 후에도 후유증이 있으니까. 이제는 내가 외로울 때 외로운 기분에 말려서 연애하는 것이 아니라 혼자일 때도 멜랑콜리한 기분을 즐길 수 있는 수준이 되었고, 기분 때문에 소모적인 연애를 하는 것은 그만두게 되었지. 사랑하는 사람과 연애하는 것을 나 자신의 고독감과 떼어놓고도 잘 조절할 수 있게 된 거야. 당연한 이야기지만, 남자 보는 눈도 생기고. 얼마 전에 누군가가 나에게 혜안이 있다고 했어(웃음).

내가 생각하는 이상적인 동반자는 서로를 성장시켜 줄 수 있는 준비가 된 사람이야. 한편으로는 친밀하지만 연애에만 죽도록 매달리지는 않는 사람. 그런데 지금껏 사귀었던 사람들 중에는 그런 사람이 없었어. 남자들은 여자 없이 못사는 거 같더라고. 여자들은 남자가 없어도 잘사는데. 내 동반자는 내가 없어도 잘살 수 있는 사람이어야 해.

혼자 살기, 같이 살기

상상 이건 좀 다른 이야기인데, 혼자 사는 것이 좋아? 다른 사람이 어느 정도 고독을 해결해 주기도 하고 힘이 되어 주기도 하잖아.

파워퍼프걸 지지자가 있어야 한다는 것에 동감해. 정서적 지지자라면, 엄마 같으면서도 엄마와 다른 사람이겠지.

비누 그런데 그 지지자랑 꼭 '같이' 살아야만 하는 거야?

디디 물리적으로 묶인다는 것은 중요한 점 같아. 같이 살면서 순간순간마다 이야기를 할 수 있다는 것, 작은 듯하지만 중요해. 난 정말 그렇게 생각해. 혼자 지내다 보면 정말 게을러지고 엉망진창이 되어 버리거든. 누가 함께 있으면 서로 챙겨 주면서 요리도 하게 되고 생활이 늘어지지 않고 탄력 있게 꾸려져.

비누 내가 처음 집을 구해서 혼자 살게 되었을 때, 나 혼자 밥해 먹으면서 지내다가 그게 싫을 때면 애인을 불러서 같이 밥을 먹었거든. 난 나의 정서적 지지자가 애인 한 명이어야 한다고 생각하지는 않아. 나에겐 여덟 살 연상의 여자 친구가 있는데, 연락은 매달 두세 번 정도 하면서 서로 힘들거나 기분 좋을 때 만나서 노는 관계로 지내. 그 사람과는 사이클도 비슷해서 고민도 비슷한 시기에 하게 되더라. 그렇게 3년 정도 사귀다 보니 그 사람은 평생 친구, 나의 믿을 만한 지지자가 될 수 있겠다는 생각이 들었어. 그런 식의 친구, 애인들이 삶의 지지자로 존재할 수 있는 것 같아.

맨소래담 난 지지자도 중요하지만, 돈이 정말 중요하다고 생각해. 난 혼자 살아도 상관없고, 일단 돈이나 좀 팍팍 벌었으면 좋겠어.

디디 맞아. 공동체 만들려면 돈이 있어야지.

함께 살기라는 문제는 또다시 돈으로 귀환한다?

상상 아, 언제나 나오는 문제가 또 제기되었군. 어떤 그림들을 그리길래 항상 돈 없이는 못 한다고 생각하는 건지, 그 그림이 궁금하다. 우리는 항상 결론에 가서는 돈이 필요하다고 하는데, 실상 살펴보면 가난한 사람들도 함께 살며 생활을 꾸려 가잖아? 돈이 없어도 나는 살아가야 하고 다른 사람들도 그럴 거고. 돈 없는 채로 십시일반 모여 살면 안 되는 건가? 어쨌든 좋아, 만약 충분한 경제력이 있다고 가정했을 때, 만들고 싶은 공동체는 어떤 형태야? 돈 없이는 안 될 거 같다는 그 공동체는 어떤 공동체인 거야?

맨소래담 난 서울 외곽에 집을 짓고 살겠어. 1층에는 엄마, 2층에는 내가 살아. 사랑은, 자기가 여유가 있고 남에게 뭔가 줄 만한 공간이 있을 때 생기는 거라고 생각해. 나는 다른 사람이 내 성질 받아 주는 것까지 기대하지는 않고, 서로 성질 안 부릴 수 있을 정도로 살면 된다고 봐. 나는 엄마랑 같이 사는 게 딱 좋아.

엄마한테 붙어 산다? 그러다 늙으면?

상상 소박하기보다는 너무 이기적인 생각 같은데? 관계를 확대하자니 귀찮고 싫다는 것 같아. 계속 편안하게 어머니가 만들어 준 울타리 안에서 정서적인 안정을 얻으며 붙어 살겠다는 작전 아니야? 그러다 엄마가 죽으면 어떻게 해?

맨소래담 엄마가 죽으면 혼자 살지. 기본적으로 난 혼자 살아도 된다니까. 어떤 기둥찬 임자를 만나서 '새로운 가정' 또는 공동체를 꾸릴 거냐에 못지않게, 엄마나 아빠가 있는 '타고난 가정'을 어떻게 할 것이냐도 중요한 문제라고 생각해. 내 엄마의 경우, 타고난 가정의 지긋지긋함이 성급하게 새로운 가정을 꾸리게 만든 이유가 되었지만, 다행히 나의 경우는 아빠가 돌아가시는 것으로 인해 그 문제가 해결되었어. 나는 엄마가 있는 나의 타고난 가정이 지긋지긋하거나 벗어나고 싶지는 않아. 심지어 엄마랑 계속 같이 살아도 괜찮겠다 싶기까지 하니 정말 복받은 거 아니야? 앞으로 한 20년은 쌩쌩할 것 같긴 하지만 어쨌든 언젠가 엄마도 울타리가 필요할 거야. 그럴 때 나는 그 울타리를 엄마가 혼자 만들거나 남자 친구랑 만들거나 엄마와 잘 맞지도 않는 오빠에게 의지하게 되도록 내버려 두고 싶지 않다는 거지.

비누 어머니와 산다? 난 어머니를 가족보다는 친구라고 생각해. 가끔 연락하면서 아플 때 찾아봐 주는 사람. 그렇지만 앞으로 어머니와 살기보다는 지금처럼 — 서로 마음의 준비가 된 — 파트너와 동거하는 것이 좋을 것 같아. 지금 동거 연습을 하고 있는 파트너는 나와 마찬가지로 자신의 세계를 확고히 유지하려는 타입이야. 그래서 연애하면서도 서로 너무 많은 것을 요구하지 않거든. 그렇게 자기 영역을 유지하면서 사는 것이 좋을 것 같아. 각자의 집이 있고, 그 집에는 따로 방이 있거나 사람들과 함께 지낼 수 있는 공간이 있어서, 함께 있고 싶을 때는 초대해서 같이 노는 그런 형태 말이야.

상상 혼자서 집에 있으면 쓸쓸하지 않아? 난 집을 혼자 쓰는 건 딱 질색이야. 방 혼자 쓰는 게 딱 좋아. 방문 닫으면 혼자 있을 수 있고, 방문 열고 나가면 누군가 있는 게 좋아.

파워퍼프걸 비누는 나중에 늙어서 겪을 외로움에 대한 걱정은 없어? 나는 늙어서도 어떻게 재미있게 잘살 수 있을지 고민인데. 이십대 초반인 지금은 여러 사람들과 만나고 즐기면서 살아도 문제가 없는데, '쿨'하게 살겠다고 놀았다가 60, 70대가 되었을 때 혼자가 되면 어떡하나 하는 생각이 들어. 그래서 지금부터 관계망을 확보해 두어야 한다고 생각해. 중년이 되고 노년이 되어도 공동체를 이루고 살 수 있을 만한 사람들, 구성원은 살아가면서 바뀔 수도 있겠지만 재미있는 프로젝트를 함께할 수 있을 만한 열린 사람들, 비슷한 사람들을 만나야 해. 나에겐 지금 '이 사람들과 동거 공동체를 만들면 되겠다'는 생각이 들게 만드는 사람들이 있어. 구체적으로 비전을 이야기해 본 적은 없지만 다들 비슷한 구상을 하고 있는 것 같아. 그 사람들과는 공동체를 만들 수 있을 수 있겠다 싶어. 양육 공동체든, 무엇이든.

X "결혼을 하지 않는다면 어떤 대안이 있어?" 하고 사람들이 질문할 때 항상 늙으면 어떻게 할 거냐고 묻잖아. 하지만 나는 사람들이 늙었을 때 특별히 문제를 겪는다는 생각보다는, 예측할 수 없는 미래이기에

그런 생각을 한다고 생각해. 나이가 든다는 것이 특별한 문제는 아니라는 거지. 지금도 충분히 외롭잖아.

혼자 살기(도) 힘든데

디디 예전에 가족 해체를 주장할 때는 그렇게 생각했는데, 지금은 아니야. 일단 나는 혼자 살면 게을러지거든. 나는 곁에서 사랑을 주는 사람이 필요해. 그리고 집안일을 할 때에도 누군가가 필요한 순간이 있어.

X 나도 다른 사람에게 요리를 해 주면서 즐거움을 많이 느끼는데, 언제나 거기에서 즐거움을 찾을 수는 없다고 생각해. '요리를 해 주고 상대가 기뻐하는'이라는 조건이 붙으면 어려워지는 거야. 내가 상대방에게 무엇을 주었을 때, 그 사람도 다른 것을 줄 것이라는 믿음은 나를 아프게 할 거야. 그런 것에서 행복하다고 느끼고, 그 행복을 유지하는 것은 결국 서로를 피곤하게 할지도 몰라.

비누 난 혼자 살 때보다 동거할 때 더 게을러지더라(웃음). 아마 늙어서는 그래도 괜찮겠지만, 지금은 나에게 여유가 없어. 열심히 살며 나를 긴장시켜야 할 때이고, 그러니 이런 긴장으로 인한 스트레스를 누군가에게 무조건 이해해 달라는 게 폭력이라는 생각이 들어. 나 역시 상대방의 요구를 모두 들어줄 만한 상황도 아니고. 경제적인 문제나 내 미래에 대한 불안들이 맞물려서 나 스스로 신경이 날카로워지는 순간이 있는 것 같아. 육십대가 되어서 경제적으로, 심리적으로 여유로워지면 누군가를 받아들일 수 있을까? 지금의 나는 내 문제에 집중해 있을 땐, 나 하나를 감당하기도 빡빡한 느낌이야.

상상 그 힘든 것을 나누기 위해서 더욱 더 함께 살 파트너가 필요한 것은 아니고?

비누 힘든 것도 나눌 수 있는 것과 나누어지지 않는 것이 있다고 생각해. 같이 살면 모든 것을 이해해 달라고 기대게 되는데, 실질적으로 힘든 것이 집착이나 억압으로 변해 버려서 서로를 지치게 해.

가족은 정서적, 경제적 지원을 해 주는 가장 친밀한 존재

[맨소래담] 영화 「더 월 2」의 마지막 편을 보면서 느끼는 슬픔은 어떤 것 이라고 생각해? 그 할머니가 죽은 할머니에게 물리적으로 얼마나 무력 한지를 보여 줘서 슬픈 거잖아. 사실 경제적인 문제를 해결하려면 남자 를 만나야 되는 거야. 일단 결혼을 하게 되면 양가에서 경제적으로 확 밀어주잖아. 그게 과연 가능한지는 모르겠지만, 어쨌든 완벽한 것은 정 서적인 파트너십이 충족되면서도 동시에 돈이 있는 남녀가 만나 이성 애 결혼을 하는 거겠지. 하지만 일단 이성애 결혼 제도의 틀을 벗어나 겠다고 생각하게 되면 항상 전투적으로 살아야 하는 거야. 만약 명절 때 나의 여자 친구를 소개해야 한다면, 난 그냥 친한 친구라고 말하겠 지. 공동체를 만들어도 무척 힘들 거라고 생각해. 그래서 더 돈이 있어 야 한다는 생각을 하지.

[비누] 그래. 나 혼자 돈을 모으는 것은 힘들 거야. 내가 저금하는 속도로 볼 때, 사십대까지는 계속 고생할 것 같아. 육십대가 되면 좀 나아지지 않을까 생각하고 있지. 하지만 파트너에 대한 문제는 달라. 우리 어머 니는 나의 비상 연락망으로 내 파트너의 연락처를 알고 계시고 비상 사 태에 내가 책임질 자신이 있어. 또 파트너가 아니라 친구라도 나는 친 구가 어떤 어려운 상황에 처하면 지지 기반이 되어 줄 용의가 충분히 있고 작지만 지금도 도움이 되고 있다고 생각하고.

[상상] 영화 「더 월 2」의 할머니들과는 달리, 우리는 돈을 벌게 된다면 파트너나 룸메이트가 여자 친구이더라도 지지 기반이 되어 줄 수 있을 것 같은데? 우리 세대에서는 훨씬 더 쉬워지지 않겠어?

[맨소래담] 그렇다면 다행이고.

[파워퍼프걸] 나도 룸메이트가 남성이든 여성이든, 그 친구와 파트너로

살기로 했다면 경제적으로든 정서적으로든 지지자가 되어줄 거야. 물론 집안에서 밀어주는 것과는 차원이 다르겠지만 쓸데없는 결혼식 비용이 안 든다는 것을 감안하면 그리 나쁘지도 않은 걸. 그리고 나를 위해 따로 마련해 둔 결혼 자금은 어쨌든 내 몫이니 그중의 일부라도 독립 자금으로 달라고 부모님께 말씀드리면 주실 것 같아. 물론 우리 부모님의 성향으로 보아, 아무래도 독신으로 살고 있다고 둘러대야겠지만. 난 지금은 가족한테 학자금이나 용돈을 비롯해서 생활비는 한 푼도 안 받고 있거든. 그러니까 꿀리지 않고 요구할 자격이 있다고 생각해.

돈 많은 남자와 결혼하기 혹은 독신 여자가 벌어 먹고 살기

상상 그런데 맨소래담이 이야기한 것 중에서, 일단 결혼을 하면 양가에서 경제적으로 어떻게든 돈을 마련해서 지원해 준다는 것은 중요한 사실인 것 같아. 그게 일종의 종잣돈이 되니까. 결혼 안 하는 사람들은 그런 지원을 받지 못 하니까 더 힘들어지고, 그래서 우리도 결혼 안 할 생각을 하면 더 돈, 돈 하게 되는 것 같아. 지지 기반을 얻기 위해서 반드시 결혼이라는 것이 필요한 걸까? 필요하다면 전략적으로 그런 선택을 할 수 있어? 난 가끔 생활에 짜증날 때 그런 생각을 해 보기도 하는데, 아무리 생각해 봐도 그렇게는 못하겠더라. 비위 안 맞아서. 「결혼은 미친 짓이다」 봤어? 엄정화가 사는 방식에 대해서는 어떻게 생각해? 돈 많은 남자와 결혼해서 경제적 욕구를 충족하고, 두 집 살림을 하면서 사랑하는 남자와 연애, 섹스 이런 것들은 또 따로 충족하고 말이야.

디디 내 친구들 중에 그런 결혼을 택하는 경우가 많아. 신분 상승을 원해서 결혼을 하는 거지. 일단 객관적인 조건을 많이 보거든. 그런 애들은 '노예가 되겠습니다' 하고 들어가더라. 하지만 나는 연애 상대나 결혼 상대로 한국 남자는 사절이야.

상상 앗, 이건 또 딴 가지를 치는 것 같지만 재미있군. 한국 남자가 남자로 안 보이는 이유는?

디디 「결혼은 미친 짓이다」에서 엄정화가 의사 남편에게 하는 것처럼 해야 하니까.

상상 만약 한국 남자가 싫더라도 재벌 가문에서 청혼이 들어오면 엄정화와 같은 선택을 할 거야?

디디 친구들은 남편이 의사라며 자랑하고 살지만, 나는 그러고 싶지 않아. 나도 갤러리아 백화점에 가면, 에이, 미친 척하고 재벌이랑 결혼해서 원 없이 돈이나 쓰고 다닐까 상상하게 돼. 하지만 그러고 싶지 않아. 유혹은 받고 있지만 난 절대로 하지 않을 거야.

상상 어느 순간 그런 유혹의 제의조차 없어질 텐데? 그때 가서 후회하진 않겠어?(웃음)

디디 유혹이 없어지는 순간, 난 돈이 있을 거야. 물론 돈을 쓸 때마다 '아, 이거 내가 뼈 깎아서 번 돈인데…' 하는 쓰라림이 없을 정도의 백만장자가 되진 않겠지만, 지금부터 단련하려고 해.

파워퍼프걸 재벌 가문에서 선이 들어오거나, 평생 돈이 떨어지지 않을 것 같은 신랑감이 생긴다고 해도 나 역시 결혼하지 않을 거야. 나는 적응력이 있는 편이라서 결혼 후에도 그 가문에서 원하는 대로 하면서 잘 살지도 몰라. 난 겉보기에는 정말 그런 것 잘할 것처럼 생기지 않았어?(웃음) 그렇지만 그렇게 할 수 있다고 해서 내가 하고 싶은 것은 아니니까. 생각만 해도 너무 싫고 답답해. 그렇게까지 돈이 필요하고 명예나 권력이 필요한 것은 아니라서 「결혼은 미친 짓이다」처럼 살지는 못할 것 같아. 앞으로 내가 부자가 될 거라고는 생각하지 않지만 내 앞가림은 죽어도 내 손으로 꼭 할 거야. 재벌에게 시집가면서 나랑 속궁합 맞는 사람, 겉궁합 맞는 사람을 따로 두고 이중 생활을 하기보다는, 양쪽 궁합이 맞는 사람과 적당한 수준으로만 돈을 벌면서 사는 게 낫겠어. 차라리 내가 진정으로 살고 싶은 삶을 살고, 하고 싶은 일을 하는 것이 더 멋지다고 생각해.

☒ 경제적인 문제 때문에 돈 많은 남자랑 결혼하는 것, 나 역시 못해. 내 몸이 거부하고 감정도 거부하고, 내 소신으로도 절대 받아들일 수 없는 제안이야. 아무리 돈이 없어도 말이지. 그런데 다들 '나 하나는 먹고 살 수 있을 거야'라고 생각하기 때문에 돈 많은 남자가 필요하지 않다고 말하는 것 같군. 하지만 실제로는 어느 순간에 자신의 처지에 만족하지 못하고 무너지는 순간이 있을 거야. 나도 그렇고. 그러니까 최악의 경우까지 생각해 둬야 하지 않아? 그때도 유혹을 견딜 수 있어야지.

상상 디디는 결혼할 생각이 없는데 만약 집에서 결혼하면 돈을 주겠다고 하면 어떻게 할 거야?

디디 외국에서 일 년 반 정도 사귄 남자애가 있는데, 돈이 정말 많아. 그런데 결혼은 못 하겠더라. 돈이 그렇게 절실한 문제는 아닌 것 같아. 하지만 나에게는 '공돈'이 생기는 것은 중요해. 노는 일에 내 돈을 쓰기는 싫거든. 앞으로도 주식이나 부동산 투기를 하면서 생긴, 내가 의도하지 않은 '공돈'을 가지고 살고 싶어. 그렇게 살면 돈 많은 남자와 결혼하지 않아도 되지 않을까? 사치의 즐거움을 위해서 공돈이 필요한 거야. 요즘 나한테 생기는 '공돈'은 어머니가 선을 보라고 주시는 돈이야. 그런 날에는 용돈을 많이 주시거든. 선을 보러 나갔을 때 괜찮은 직업을 가지고 있는 사람이면 그냥 친하게 지내는 거지. 돈은 돈대로 받고, 필요한 애들도 사귀고. 요즘은 부모님께 잘해 드리면서 내 성질을 죽이고 정치적으로 살고 있어.(웃음) 인생을 다섯 번 정도 산다면 그 중에 한번은 재벌 가문의 남자와 결혼해서 일 년 정도 속이면서 살고 다시 이혼해서 위자료로 신나게 놀아 보는 것도 해 보고 싶어.

파워퍼프걸 재벌 가문에서는 이혼이 쉽지 않을 걸.(웃음)

디디 나한테는 결국 욕심의 문제인 거 같기도 해. 침착하게 생각해 보면, 현상 유지하면서 조금만 참으면 여행도 자유롭게 다닐 수 있는 정도가 결국 내가 도달할 수 있는 경제력의 최고이자 한계인 거 같아. 가끔 밀라노에서 원 없이 공돈으로 쇼핑하고 맛있는 거 먹는 상상으로 즐거워하지만 그게 절실한 욕구로 변하면 끈적한 욕심이 되어 버리거든. 그냥 그런 상상은 우울증 치료로 족한 거고, 욕심 없이 살아야 하지 않을까 하는 건강한 포기밖에 없는 거 같기도 해. 음… 왜 자꾸 근거 없는 자신감에서 나오는 소리 같지? 아직 마땅한 직업도 없으면서. 아마 난 결혼해서도 분명 우리 엄마가 날 내치지 않을 거라는 믿음이 있나봐… 구리다. 그래도 편한 걸.

파워퍼프걸 난 앞으로의 삶에 부모님의 전폭적인 지원을 전제로 하고 있지는 않아. 물론 우리 집이 디디처럼 부자가 아니기 때문이기도 하고, 내 신념 때문이기도 해. 난 앞에서도 말했듯이 내가 먹고살 돈을 벌 자신이 있고, 꼭 그렇게 할 거야. 그리고 파트너도 그런 사람이어야 해. 내가 그 사람에게 지지 기반이 되어 주는 만큼, 그 사람도 나에게 그런 역할을 할 수 있는 사람이었으면 좋겠어. 내가 벌어서 먹여 살리는 것은 싫거든. 경제적인 욕구를 잘 해소하면서 사는 것은 정말 중요한 문제이니 지금부터 열심히 살아야겠지.

누구와 어떻게 살 것인가

상상 이제 슬슬 좌담 마무리를 좀 할까 봐. 현실 제약 이런 거 다 잇고 거리낌 없이 이상적인 삶의 그림을 마구 그려 보자. 영화 「안토니아스 라인」 봤을 때 정말 재미있었던 것처럼. 응?

비누 어떤 종류의 이상적인 삶이든 경제력이 중요해. 「안토니아스 라인」을 봐. 그들은 토지가 있었잖아.

디디 난 홍대 앞을 너무 좋아하니까, 그곳에서 사업을 하고 싶어. 홍대에서 공동체를 이루면서 사는 거야. 나는 지역 공동체를 만드는 것이 중요하다고 생각해. 사람들이 계속 그곳에서 살면서 발전하고, 가까이 사는 사람들끼리 항상 만나면서 모임을 만들 수 있는 센터를 만들고 싶어.

각자 자기 일도 있으면서 함께하고 싶은 것들을 같이 하는 거야. 내가
사업을 하고 건물에 세를 주어서 그 돈으로 친구들과 살 수도 있고… 그
래서 함께 그런 일을 할 사람들이 꼭 있었으면 좋겠어. 그런 사람들을
찾아야 할 텐데. 그리고 나는 아이를 세 명 정도 낳고 살고 싶어.

[비누] 나는 새로운 아이를 낳는다는 것이 끔찍해. 이 험한 세상에 아이
를 낳는다는 것은 아무 책임 없이 너무 큰 고통을 주는 거야. 입양하는
것은 감당할 수 있을 것 같기도 하지만.

[디디] 그럼에도 불구하고 사는 것은 뜨거운 축복 같지 않아? 예를 들어
연애할 때의 그 설레임을 떠올려 봐. 내 아이들이 그런 순간들로 행복
해 하는 모습만 생각해도 난 짜릿해져. 물론 배신의 고통도 끔찍하긴
하지만, 그런 걸 배워 가는 것도 축복이지.

[비누] 삶의 소중한 순간들이 있기는 하지만, 삶 전체를 생각한다면 태
어나지 않는 것이 더 낫겠다는 생각을 하고 있는 터라.

[상상] 웃. 사실은 나도 비누와 비슷한 생각이지. 살아 있기 때문에 어쩔
수 없이 최선을 다하고 있지만.

[파울파프캴] 난 아기에 대해서는 아직 유보적인 입장이야. 아기를 낳는
것 자체가 끔찍하다고 생각하는 것은 아니지만, 그렇다고 꼭 낳아야겠
다는 생각도 없어. 나중에 어떻게 바뀔지는 모르겠지만. 하지만 앞으로
공동체로 살고 싶다는 것은 분명해. 누군가와 같이 살 거라면, 가장 바
람직한 형태는 공동체인 것 같아. 일단 내가 하고 싶은 공동체는 비슷
한 기질과 관심을 가진 사람들이 모여서 주거 공동체를 만들어서 공동
육아도 하고 문화 센터도 만드는 거야. 그런데 단순한 주거 공동체로는
한계가 있어. 분명히 함께 어떤 방식으로든 프로젝트를 해야 한다고 생
각해. 그게 공동체 자체를 존속시키는 동력이 되는 거야. 육아는 그런
프로젝트와 공동체를 유지하기 위해 기본적으로 충족되어야 하는 것이
고. 나는 운이 좋게도 비슷한 관심을 공유하고, 일을 함께할 수 있는 사

람들이 주변에 있어. 그런 사람들과는 공동체를 만들 수 있겠다 싶어. 처음에는 여성만으로 이루어진 공동체가 충돌과 갈등 없이 잘 유지될 거라고 생각했는데 지금은 아니야. 남성이 있어도 상관없을 것 같아. 완전히 전체 일상을 공유하기보다는 각자의 공간을 확실히 주고, 커플은 커플과 살고, 혼자 사는 사람은 혼자 사는 방식으로 함께 사는 것이지. 프로젝트가 바뀌면서 구성원이 바뀔 수도 있을 거야. 아마도 흩어질 때도 상처 안 받고 흩어질 수 있는 사람들과 살아야겠지. 내가 지금 생각하는 사람들은 그런 친구들이야.

일하는 공동체, 노는 공동체, 밥 먹는 공동체

비누 난 24시간을 함께 살면서, 같은 일을 하고 같은 집에서 사는 것은 별로 원하지 않아. 그것보다는 공동체가 여러 개가 있고, 이 공동체에서는 이런 실험을 하고, 저 공동체에서는 저런 실험을 하는 형태로 살고 싶어. 프로젝트형 공동체가 여러 개 있으면 행복하지 않을까? 어떤 공동체에서 문제가 생겼을 때, 그 문제에 대한 답이 아주 다른 곳에서 나타나는 경우도 있잖아. 한 집단에 몰입하는 것은 위험하다고 생각해. 여러 개의 준거 집단이 있어야 한다는 생각이 들어.

파워퍼프걸 내가 생각하는 공동체도 하나의 일에 모두가 매달려 있는 것은 아냐. 한 공동체 안에 프로젝트가 여러 개 있을 수 있겠지.

상상 다들 자연스럽게 일과 관련해서 공동체를 생각하고 있구나. '자아 실현'이라고 윤리 교과서에 나왔던 말이 정말 맞는 말이었나 봐.(웃음) 예전에는 자아 실현을 할 수 있는 전문적인 일과 생활 공동체인 가정, 주로 이렇게 생각했던 것 같은데, 우리의 생활 공동체 구상은 주로 일과 관련되는 것 같아.

디디 그리고 같이 노는 것도 매우 매우 중요해. 일만 같이 하면 뭐 해, 취향이 다르면 서로 무식한 놈들이라며 피할 걸. 아니, 일이나 신념보다 취향이 더 중요할지도 몰라.

[상상] 생활 공동체 만들 때 중요한 동력은 건강에 대한 관심과 식사 준비가 아닐까? 따뜻하게 담소를 나누고, 정성스럽게 식사를 하고… 파트너가 건강을 전혀 생각하지 않는다면 같이 사는 사람은 너무 괴로울 거야. 함께 살려면 서로 건강에도 신경 써야 해.

[디디] 공동체에서 서로 애정을 느끼게 만드는 매개가 육아, 건강, 음식 같은 것이 될 수도 있지.

[파워퍼프걸] 나는 친한 사람들이나 오랜 시간을 같이 지내는 사람들에게 내 건강 상태에 대해서 적극적으로 알리는 편이야. 그러면 사람들이 적응을 잘 하더라. 공동체를 만들 때에도 그런 것들은 미리 알려야겠지.

그런데 누구와 함께 공동체를?

[디디] 나는 여러 아이템도 갖고 있고, 공동체도 만들 수 있을 거 같은데, 문제는 어떻게 사람을 찾아? 난 그 점이 가장 힘들어.

[파워퍼프걸] 나는 사이버 공간에서 네트워크를 많이 확보하는 편이야. 그리고 그 관계가 실제로 친밀한 관계로 이어지지. 나는 네트워크가 열리는 주기가 있던데… 좋은 커뮤니티를 찾게 되면 한꺼번에 잘 맞는 사람들을 많이 만나게 되는 거야.

[상상] 나는 커뮤니티 활동 하며 만난 몇몇 친구들이 좋을 것 같아. 예전에는 사소한 일상에 신경 쓰는 사람들이 참 매력 없었는데, 이제는 나도 일상적인 것들을 잘 챙기면서 살고 싶으니, 그런 친구들과 살면 잘 살 수 있겠다는 생각이 들어. 요즘엔 서로 돌보고, 염려해 주는 사람들이 눈에 들어오더라. 물론 앞으로 십 년 정도는 바쁘게 살 것이고 그 동안은 나에게만 몰두하더라도 시간이 모자라겠지만, 그래도 누군가가 있으면 지지가 되는 거야. 그 사람으로 인해 잘 되는 만큼 그 사람에게도 내 시간을 할애할 준비가 되어 있어.

맨소래담 내가 아까 주거 공동체를 생각해 보지 않았다고 했는데, 생각해 보면 지금도 조금씩 하고 있는 것 같기도 해. 완전한 의미의 주거 공동체는 아니지만 여러 사람들과 하나의 목적이나 이름을 가지고 밥도 먹고 일도 하고 잠도 자고 말도 하는 연습은 수 차례 해오고 있어. 그것도 사실 되게 힘들어. 게다가 앞으로도 계속 그러면서 살 것 같아. 단지 미래의 삶이나 공동체 형태를 생각하기에는 지금 산적한 문제들이 있어서, 그런 것들이 마음에 걸려서 공동체의 개념이 와 닿지 않았을 뿐이지 어쨌든 지금도 연습 중인 것 같아.

디디 나는 지금 연습을 할 수 있다는 사실이 무척 부러워. 앞으로 공동체를 꾸리고 페스티벌을 가끔씩 여는 것도 괜찮을 것 같아. 사람들을 서로 묶어 주면서. 물론 구성원들은 절대 무임 승차를 하면 안 돼. 나는 내가 갖고 있는 장점들을 다른 사람들에게 나눠 주고 사람들한테도 배우고 싶어. 난 잘할 수 있을 것 같아.

파워퍼프걸 나도 나이가 들수록 잘될 것 같다는 생각이 들어. 점점 가능하다고 느껴지는 거야.

상상 맨소래담은 어때?

맨소래담 나는 넘쳐 흘러, 자신감이. 물론 가끔씩 눈앞이 캄캄할 때가 있기는 하지.

디디 나는 대학에 들어가면 하고 싶은 일백 가지를 썼는데 얼마 전에 보니 오십 가지는 했더라. 이런 것들을 생각하면서 자신감을 얻는 거지.

파워퍼프걸 다른 건 몰라도 '누구와 어떻게 살 것인가'에 대한 자신감이나 낙관적인 믿음은 생겨. 경제적으로 각자 앞가림할 수 있는 사람들, 서로 이해할 수 있는 사람들을 만날 수 있을 것이라고 생각하거든. 얼마 전만 해도 동거를 마음대로 할 수 있는 사회적 분위기가 조성되어 있지 않았고, 게이나 레즈비언은 파트너를 찾기도 어려웠잖아. 하지만 이제는 사람들이 어떻게 생각하든 내가 그냥 살아 버리면 되는 거라고 생각해. 아마 나는 같이 살고 싶어 하는 사람들 안에서는 점점 살기 좋아질 것이라고 믿는 것 같아. 나는 모든 사람에게 이해받고 싶은 마음은 없어. 내가 공동체를 꾸리고 여러 가지 일을 할 수 있는 준거 집단과 네트워크를 갖고서 보란 듯이 살 수 있을 것 같아. 주변에 나를 이해해 주면서 잘살 수 있는 사람들만 확실하게 있으면 그게 가장 행복한 것 아닐까.

디디 하지만 '압구정 기준'으로 보란 듯이 사는 것도 나에게는 중요해. 우리 엄마의 기대를 저버리는 것이 쓰라린 일이기도 하지만, 그것보다 주변 친구들이 모두 그렇게 살아서 그 친구들과 있으면 괴로워. 중고등학교뿐만 아니라, 대학 친구들도 그렇더라. 그 애들에게도 '보란 듯이'를 할 수 있고 내가 살고 싶은 대로도 잘살고 싶어. 그런데 같이 살 사람들은 어디서 찾을 수 있을까?

상상 같이 살 수 있는 사람이 어딨어? 라고 물었을 때, 난 요즘 아주 회의적이었거든. 열심히 살아온 만큼 실망도 크고 매우 회의적이었는데, 오늘 좌담하면서 좀 생각이 바뀌고 있어. '연애하는 상대'로서 평생을 약속하는 사람을 찾는 것은 어렵지만 그런 관계가 아니라 정서적 동반자라면 평생 살 수 있는 사람을 찾는 것이 가능할 것도 같아.

맨소래담 나도 만나는 사람마다 모두 그 당시에는 '임자'라고 생각했었는데 아닌가 봐. 근데 함께 살기 위해 필요한 기술은 뭔데?

상상 극도의 정서적인 엮임은 없되, 충분한 정서적 교감이 있어야 한다는 게 중요한 것 같아.

디디 아, 이제 내 연애의 운이 다한 것이 아닌가, 연습은 그만 하고 실전으로 들어가야 한다는 생각이 들어. 어서 누군가를 만나야 할 텐데 하고 생각하긴 하는데…

비누 연애는 평생 계속되지 않을까?

상상 연애는 평생 계속된다? 과연?

X 우리의 좌담은 꽤 낙관적이었는데, 과연, 정말, 같이 살 수 있는 사람 만날 수 있을까?

아아아… (다 함께 불안한 탄성).

새장과 둥지

— 십대에게 가족은 무엇인가?

사회·정리 : 시원
참가자 : 메리제인, 바나바나, 캐서린, XXXX

나는 지금도 가족을 떠올리면 여러 겹의 노래가 두 입술 사이로 새어 나온
다, 마치 신음처럼. 그 익숙한 곡조는 간소하고 우아한 실내악이 아니다. 바그너의
오페라나 말러의 심포니 합창 같은 장엄 사운드다. 물론 가끔, 아니 자주 지지직하
고 판이 튀거나 몹시 거슬리는 불협화음도 들린다. 실상 내 가족 구성은 세상에서
핵가족이라 부르는 그야말로 조촐한 5인 가정일 뿐인데⋯ 그럼에도 우리 가족의
곡절 깊은 노래는 아직 끝나지 않았다. 나는 때로 나의 형제 가운데 하나가 늙은
부모를 다시 기만하지 않을까 조바심칠 때가 자주 있으며 마음으론 둑을 쌓고 있는
데, 물리적으론 아주 가까운 거리에 사는 형제도 하나 있다. 그러고 보니 이상하다,
나는 벌써 네 가지 형태의 가족 구성을 겪었는데 가족 하면 떠오르는 것이 으레 부
모 형제의 반경이라니!

내 가족 사항의 이력은 간단히 말해 이렇다. 첫 번째, 부모 형제로 이루어
진 가족을 떠나 십수 년 전 혼인을 했고, 새로 꾸린 가족을 다시 떠나 독신이라는
새로운 기착지에 이르렀다. 그리하여 홀로 4년여를 살던 나, 현재 가족 구성은 열
다섯 먹은 사내아이와 엄마인 나, 하여 둘이다. 아직까지 연습 중인 이중주, 때로
그럴싸한 하모니가 흐르기도 하는.

새봄, 십대 후반의 친구들 네 명을 집에 초대하였다. 그들은 내가 현재 맡
고 있는 일과 관련해 평소 이야기를 나누고 싶은 이들이었고 그러다 보니 자연스레
가족에 관한 이야기도 쏟아져 나오기 시작했다. 밤 열한 시부터 시작된 이야기는
꼬박 다음 날 여섯 시까지 이어졌다. 그 기록을 여기 소개하려 한다. 나는 이 과정
에서 엄마로서 다시 나를 들여다보았고 그들은 서로 깊이 소통하고 교감하는 느낌

을, 잦은 감탄사와 싱그러운 웃음소리로 생생히 드러내 주었다. 그랬다. 그것은 우리에게 오랫동안 따스하고 유쾌한 기억으로 남을 봄의 야회(夜會) 같은 자리였다.

십대들은 벽에 걸린 세계 지도에서 섬 이름을 고르거나 좋아하는 만화의 주인공 이름 등을 따서 자신의 별명을 지었다. 좀더 허심탄회한 이야기를 나누고 기록하기 위해 별명을 쓰기로 한 것이다. 이들은 모두 십대 후반의 여성이다.

엄마 이야기

시원 자신과 함께 살고 있는 사람들, 떠올리면 어떤 느낌이 드나요? (잠시 침묵) 내 경우, 가족과 함께 살다가 결혼을 했고, 새로 만들어진 가족 곁을 떠나 한동안 혼자 살다가, 다시 아이와 만나 살게 되었는데, 지금 나에게 가족, 아들 아이는 매트리스 같은 느낌을 줘요. 난 한 달이면 한두 번은 그냥 운전하다가도 핸들을 놓아 버리고 싶을 때가 있는 사람인데, 아님 며칠씩 일에 빠져 물만 먹다 쓰러지거나. 아이와 다시 살게 되면서 그런 자기 파괴적 충동이나 자기 방기가 거의 일어나지 않게 되었어요. 아이랑 둘이 살면서 너무 바쁘고 책임감이 불쑥 커져서 그렇기도 하고, 심리적으로 안정을 주는 존재가 나에겐 아이라는 말도 되고.

×××× 그럼 아이가 너무 부담을 느끼지 않을까요? 난 엄마가 '너희들 때문에 산다' 하면 아주 부담이 많이 되던데.

시원 아니, 그런 말은 그러니까 아이에겐 잘 하지 않지. 나도 어릴 때 엄마가 나에게 그런 말 하면 아주 부담스러웠으니까. 그냥, 뭘 기대하진 않는데 혼자 속으로 느끼는 거죠. 아, 이 애가 있으니까 내 가슴 밑바닥에 있는 공허함이 채워지는 게 아닐까, 아무리 부인한다 해도 아이 때문에 다시 누군가와 자유롭게 관계 맺는 게 이젠 별로 끌리지도, 엄두 나지도 않는 게 아닐까, 뭐 그런 거죠. 그렇다고 하루 종일 붙어서 이야길 하거나 놀거나 하지도 않으면서.

×××× 난 엄마가 나 하나 바라보지 말고 나 말고, 내 동생 말고 다른

걸로 엄마의 공허함을 채웠으면 해요. 나는 지금 한창 길을 찾고 있는데 나랑 같이 엄마도 열심히 길 찾기를 해서 좀 재밌고 씩씩하게 살았으면 하는 거죠. 엄마는 '우리가 다 자라고 나면 어떻게 할까' 하는 느낌을 간혹 주거든요. '엄마도 길 찾기를 했으면' 하는 게 가족을 떠올리면서 가장 먼저 드는 생각이에요.

[캐서린] 나도 그런 편인데 우리 엄마는 알아서 잘하고 있는 것 같아요.

[바나바나] 남들은 '엄마' 라 그러면 왠지 포근하고 기대고 싶다는데, 난 아주 어려서부터 별로 그렇지 않았어요, 바쁜 엄마 대신 내가 빨래도 하고 밥도 지어야 했으니까, 언니도 나한테 그런 말 많이 했지만, 나 스스로도 늘 일하는 엄마를 도와야 한다고 생각했어요. 엄마는 약한 사람이고, 아니 강하지만 엄마를 둘러싼 환경이 늘 바쁘게 돌아가니까, 내가 내 인생은 알아서 살아야 한다는 생각이었고 지금도 그건 다르지 않아요.

[시원] 난 바나바나가 정말 즐거워서 친절한 것인지, 겸손하고 늘 어른들 배려하는 것이 정말 원해서 하는 것인지가 때로 궁금하던데.

[바나바나] 아, 그거. 집에서나 밖에서나 난 늘 남의 눈을 의식하며 살았어요. 지방의 작은 동네에서 제법 유명한 집이었는데, 그것 때문에도 행동이나 말을 항상 조심해야 했고. 그러다 보니 자연스럽거나 푸근한 것으로 가족을 생각하게 되진 않아요. 엄마가 한창땐 집과 가게를 다 끌고 나갔으니까. 밖에서 가족 얼굴을 깎이는 짓 하면 안 된다고 하니까 엄마도 함부로 대하기 어렵고. 언니도 어쩌다 연애 한번 하면 동네 파다하게 소문나고.

[xxxx] 그건 나도 비슷한데, 난 엄마가 아주 대단한 사람이라고 봐요. 전엔 몰랐는데 겉보기보다 나를 꽤 믿고 여유를 지니고 기다려 주는 사람. 물론 부딪칠 때도 있지만 전체적으론 괜찮은 사람이다, 그런데 나이 들면서 점점 약해지는 게 아닐까 하고 염려되지만 아마 잘할 거예

요. 우리 엄마는 정말 대단한 사람이니까.

바나바나 우리 엄마는 아주 어려서부터 냉정하게 "너는 너고, 나는 나다"라는 말을 자주 했어요. 그러니까 나는 더 엄마한테 '엉기게' 되고 자꾸 엄마 곁에서 치대고 그랬는데 엄마 일 때문에 우리가 좀 떨어져 살다 보니 나도 혼자가 익숙해졌고 이젠 엄마한테 전처럼 그러지 않게 되었어요. 그런데 그러니까, 내가 좀 무심해지니까 거꾸로 엄마가 전보다 더 나한테 관심을 갖는 거예요. 참 웃기는 게, 사람이 매달리면 멀어지고 돌아서면 다가오고.(웃음)

시원 참, 관계란 어떤 것이든 대체로 양쪽에서 힘껏 잡고 당기는 막대기 같죠. 언제나 많이 당기는 쪽이 엉덩방아를 찧게 되고.

바나바나 맞아요. 정말, 난 그게 재밌기도 하고, 어떤 땐 어릴 때 내가 그렇게 원했을 때 엄마가 나한테 좀 냉정했다는 생각 때문에 마음이 아프기도 해요. 내가 엄마한테 쌀쌀맞게 대하면 기분이 좋기도 하고.(웃음) 그런데, 아직도 난 엄마 이야기를 하면 눈물이 좀 나와요. 뭔지 모르게 울컥 하는 느낌이 확 와요.(울음)

시원 메리제인은 어때요? 가족들한테도 아주 당당한 모습일 것 같아.

메리제인 아, 모르는 말씀, 내가 얼마나 소심한데!(웃음) 하긴 나는 중3 무렵부터 거의 부모한테서 독립했다는 생각을 혼자 하기 시작했는데, 그 계기가 된 건 사실 연애였고. 가장 가까운 관계도 난 사실 연인 관계라고 봐요.

xxxx (불쑥) 아, 난 연애 말고 사랑을 하고 싶어.

바나바나 나도!

(그러면서 다함께 연애와 사랑의 차이에 대해 잠시 논의. 그 핵심은, 사

랑은 내용이고 연애는 일정한 형식이라는 결론, 연애란 무슨 무슨 '데이'를 챙기거나 하는 것이고 사랑은 혼자 할 수도 있고 그것 때문에 너무 괴로워도 스스로 뿌듯해지는 것.)

[캐서린] 맞아, 나 역시 연애를 하면 거의 모든 관계가 다 해결될 수 있다는 걸 요즘 들어 더 절실히 느껴. 뭔지 모르게 늘 꽉 채워지니까. (이야기 사이사이, 수시로 연인에게 메시지 오고 메시지 보내고 한다.)

[메리제인] 아, 내 얘기 좀 하자.(웃음) 사실 난 지금도 '범생이'(모범생) 기질이 좀 남아 있어서 완전히 그렇다고는 하지 못하지만, 예를 들어 시험 점수나 대학 선택 같은 것은 부모님 말을 거의 '들어주려는' 편이지만 그 나머지는 완전히 서로 다른 세계에 살고 있다는 느낌이에요.

[시현] 맞아, 메리제인은 그런 관계들을 제법 편리하게 생각하는 듯해. 하지만 메리제인은 ― 외동이라고 들었는데 ― 이미 자신의 삶에서 부모를 내보냈다는 느낌, 부모를 아예 소외시킨다는 느낌까지 들어.

[메리제인] 아마도, 그게 맞는 것 같아요. 난 어쩌면 철저하게 이중 생활을 하고 있는 중인지도 모르지. 그런데 먼저 날 자기들의 삶에서 내보낸 건 부모였다구!! 그런 일이 있었는데, 꼭 그래서가 아니라, 난 스스로 내 길과 관계를 찾아 나선 셈이에요. 참, 그래도 우리 엄마는 좀 약한 사람이라 나를 계속 따라다닐 것 같은 느낌을 줘서 아예 미리 단념시키려는 의도를 내가 좀 갖고 있어요. 예를 들면 엄마가 '우리 언제 함께 공부하러 멀리 떠나자' 하는데 난 공부를 해도 혼자 가거나, 대학을 가도 집에서 멀리 떨어진 곳으로 가서 아예 독립할 생각이에요. 엄마도 말로는 그러라고 하지만 실은 매우 섭섭해 하는 눈치예요.

[시현] 그런 게 셋밖에 안 되는 가족 사이에 어떻게 계속 공존할 수 있지, 얼마 있으면 보나마나 쾅! 부딪칠 텐데.

[메리제인] 난 그런 것이 진작부터 좀 익숙하달까, 학교에서도 범생이였

지만 실은 나 혼자 하고 싶은 건 다 했는데, 어른들하고 피곤하게 부딪치고 싸우는 것보다 각자 알아서 사는 거고 그러다 보면 나이가 들어날 더 이상 간섭할 수도 없을 거고. 뭐, 아빠는 좀 자유로운 사람이니까. 아, 아니다. 아빠도 평소 생각하는 것하고 나한테 대하는 것이 좀 차이가 있더라. 너무 충격 먹은 일도 있었고.

일동 그게 뭔데?

메리제인 아빠는 늘, 난 널 믿는다, 믿는다 하지만 실은 절대 외박 못 하게 하고, 친구네 집에서 자는데 굳이 찾아와서까지 날 데려간 적이 있어요. 부모들도 자식한텐 진짜 겉 다르고 속 다른 것 같아요.

바나바나 맞아. 자기 가족한테랑 다른 사람한테랑 어른들은 하는 말이 다 달라.

시원 캐서린은 엄마랑 어때?

캐서린 난 엄마랑 사는 게 갈수록 너무너무 행복해서 나중에 엄마를 떠나면 어떻게 살까 걱정할 정도지만 엄마는 아예 못을 박아요. "스무 살 넘으면 너도 돈 벌기 시작해야 한다, 난 나대로 알아서 살고 넌 너대로 살면서 행복 찾고 그러자" 하고 말하니까 난 그런 엄마가 더 좋고 믿음이 가고 뭐든지 말하게 되죠. 그런데 물론 요즘 남자 친구 이야기를 자세히 하긴 좀 민망하지. 우리가 지금은 서로 너무 좋아서 시간 가는 게 아까울 정도니까. 엄마도 아마 눈치는 좀 채고 있을 건데 워낙 엄마가 바쁘고 자기 인생 있으니까 별로 마음에 걸리진 않아요. 다만 난 지금 연애가 관건이야, 관건.

아빠 넘어서기

시원 이젠 슬슬 아빠 이야기도 좀 할까. 메리제인은 나랑 이야기할 때도 늘 아빠 이야길 먼저 했지만, 다소 자랑스러워하면서 (메리제인 :

풋!) 오늘은 분위기가 그래선지, 내가 엄마라선지 엄마 이야길 많이 했
는데, 다들 아빠에 대해 어떤 추억이 있어?

메리제인 어려선 날 굉장히 사랑해 줬다는 기억, 어릴 적에 아빠가 어
떤 가게를 한 적이 있는데 그때가 난 참 좋고 재미있었어. 다만 엄마는
그 일을 별로 좋아하지 않았다는 기억이고. 지금은 그다지 아빠의 삶에
관심이 없어. 나에게 지원을 잘해 주는 사람이란 것 정도지, 뭐.

바나바나 그게 어디냐. 난 사실 아빠란 존재에 별로 믿음이 안 가고 연
민이 느껴져.

캐서린 난 사실 아빠 때문에 결혼에 아주아주아주 회의적이었어. 웬만
해선 남자를 믿을 수 없었지. 난 남이 아프면 내가 더 아픈 아주 예민한
사람인데, 주위에서 남자들한테 당한 이야기만 들어도 내가 화가 나고
오들오들 떨려. 그런데 아빠만 떠올리면 눈앞이 그냥 까매. 추억도 별
로 없고 특별한 느낌도 없고 그냥 눈앞이 까매. 그런 느낌 뿐이야.

바나바나 그래도 다들 아빠가 건강하잖아. 난 아빠가 늘 아팠으니까
엄마가 집을 책임져야 했고 거기에 너무 지쳐서 불쌍하기도 하지만 짜
증도 많이 났었어. 아예 아빠가 없었으면 엄마가 얼마나 가볍게 살았을
까 하는 생각도 했고. 그런 생각 혼자 하다 죄책감에 움찔하기도 했고,
나도 캐서린처럼 결혼에 대한 기대는 없어. 다만 죽을 때까지 근사한
연애만 했으면.

시원 xxxx는 아빠 이야기 잘 안 하더라, 짐작만 했어. 혹시 돌아가신
거 아닌가.

xxxx 아니, 아빤 지금 할머니랑 살아. 난 사실 지금까지 아빠 얼굴
본 게 몇 번 안 돼요.

일동 정말?

XXXX 응, 내가 일곱 살 때던가. 아빠가 친구 차를 타고 가다가 사고가 났대. 아빠가 운전한 게 아닌데, 그 친구가 술 먹은 게 문제였죠. 그때 큰 사고가 나서 아빠가 머리를 심하게 다쳤는데, 요새 드라마 「아내」 있잖아, 거기서처럼 기억도 사라지고 아주 아기처럼 돼 버린 거죠. 그런데 할머니가 우리 아빠를 그냥 데리려 버렸어. (일동 : 왜?!) 아빠의 엄마, 그러니까 친할머니는 자식이 그렇게 되니까 차라리 당신이 데리고 보살핀다고 데리고 가 버린 거고 그때부터 지금까지 십 년도 넘게 엄마가 두 집 살림을 한 거라. 동생이 세 살, 내가 일곱 살 때부터. (일동 : 세상에!)

바나바나 믿을 수 없어. 정말 그런 일이 xxxx한테 일어난 거야?

XXXX 응, 그게 뭐가.

바나바나 몰랐어.

메리제인 내가 세상에서 본 애들 중에 제일 늠름하고 담담한 아이야, 쟤가.

캐서린 할 말이 없다.

시원 아니, 그 할머니는 왜 아빠를 그렇게 데리려가 버려.

XXXX 그래야 엄마가 우리 데리고 일을 해서 먹고 살지. 작년까지 꼬박꼬박 한 달에 백만 원씩 할머니한테 돈을 부쳤대. 우리 엄마, 진짜 대단하지? 우리 아빠는 수의사였대. 정상적으로 살았으면 우리 엄마 아빠 돈도 많이 벌고 잘살았을 사람이라고 친척들이 모이기만 하면 다 그래. 둘 다 아주 똑똑하고 성실한 사람이었다고.

시원 으, 정말 아깝다. 요새 수의사 수요가 진짜 많은데.

XXXX 그런데 엄마가 작년에 그러는 거야. 어느 날 밤에, 술 한잔 하고는 심각하게 무게 잡고. "나, 아빠랑 이혼했다"고.

메리제인 그래서 넌 뭐랬어?

XXXX 내가 더 심각하게 무게 잡고 그랬지, "엄마, 난 담배 펴."(일동 폭소) 그러니까 엄마가 더 말을 안 하더라. 이혼하면 어때, 뭐, 이제 와서.

바나바나 아빠에 대한 감정은 지금 어때?

XXXX 사실 난 첨에 되게 미웠다. 우리 엄마랑 우리들 진탕 고생시켰잖아. 근데 어느 날부터 불쌍해지더니… 우리 아빠, 어린 시절에 뭘 좋아했다는지 알아? … 만화야.

일동 와! 절묘하다, 너 만화광이잖아.

XXXX 응, 내가 중학교 땐 애니메이션고까지 가려고 그랬지. 부탄 가스 안 가져왔다고 왕따도 당하고. 참 화려했지, 중학교 땐.

캐서린 어어, 가만, 너 부탄 가스 했어?

XXXX 아니, 가사 시간에 떡볶이 만드는데 내가 부탄 가스 맡았었거든. 그거 안 가져왔다고 그때부터 '왕따' 시키는데 내가 정말 치사해서… (일동 폭소) 아빠 생각하면 이제 난 좀 따스해. 엄마도 아까 말했지만 얼른 길 찾기 했으면 좋겠고.

새장일까, 둥지일까

시원 나중에 어떤 가정을 꾸리고 싶어?

메리제인 난 아이 낳고 기르는 게 자신이 없어서 결혼은 꿈도 꾸지 않았는데…

XXXX 그랬는데?

메리제인 지금 애인 보면 애 참 잘 기르겠다 싶어서. 아이 하나 낳아
볼까 하죠.

바나바나 난 결혼 안 할 거야. 돈 많이 벌어서 여행 다니고 자유롭게
살 거야.

캐서린 난 나중에 이 연애 잘되면 결혼도 하고 싶고 그래.

XXXX 그런데 그러면 한 사람하고만 계속해야 하잖아. 난 그게 좀 답
답할 거 같아.

메리제인 아, (폭소) 그건 나도 그래, 그러니까 결혼 제도는 정말 싫은
데 아이만 낳을 수 있으면 좋겠고, 동거나 그런 게 제일 좋은 거 같아.

캐서린 난 남자가 능력 있고 잘나서 똑똑하기만 하면 결혼해서 살아도
뭐 괜찮다는 생각도 아주 아주 조금은 들어, 그래도 아직은 일이 더 중
요해. 무엇보다 자립을 먼저 해야지.

바나바나 맞아. 돈 많이 벌어서 넓은 집에 근사한 풀장도 있고, 불쌍한
사람도 도와주고, 불쌍한 애들도 기르고…

메리제인 난 어디 매여 있는 게 싫어. 결혼해도 이리저리 돌아다니면
서 살았으면 좋겠어.

XXXX 맞아, 나도.

시원 내가 다른 집에 태어났으면 어땠을까 하는 생각도 해 봤어?

바나바나 난 많이 해요. 하지만 이젠 가족이 나에게 그렇게 큰 의미는 없어. 내가 더 중요하지. 언니가 혼자 서울서 살다 외로워서 결혼이란 걸 했는데 맨날 지지고 볶고 하는 거 보면 결혼에 대해 환상이 없어, 난 정말.

메리제인 맞아, 처음에 나도 엄마 아빠가 어떤 일로 서로 크게 싸웠는데 그걸 보고 아주 놀랐고 슬펐어. 그런데 이젠 아무렇지도 않을 것 같아. 설령 엄마 아빠가 헤어진다고 해도 눈 하나 깜짝 않을 자신이 있지.

xxxx 엄마가 안됐지. 아빠는 점점 마음에 짐이 되지 않아.

시원 그래도 첨 봤을 때 xxxx는 뭔가 좀 힘들어 보였어. 참 창백하고 파리한 느낌.

메리제인 부탄 가스 때문이었다니까. (일동 폭소)

xxxx 작년보다 많이 좋아졌죠, 내가. 난 이번에 새로운 학교 다니면서 처음으로 사람들하고 지내는 게 아주 재미있다는 거 알았어. 지난번 학교 그만두고 여기 새로운 학교에서 '걸어서 바다까지'나 '주니어 캠프,' 아, '바람과 물 연구소'도 너무 좋았어. 진짜 맛있었어, 음식이랑 공기랑. 또 '글로벌 네트워크'로 태국 간 거. 한 일 년도 안 돼서 정말 여행을 많이 다녔다는 생각인데 그게 무엇보다 좋았어. 난 그런 것들에 아주 만족해. 다만 아직 몇몇 사람들하고 어색한 게 좀 불편하지. 사람들 대하기가 좀 어려워.

(한동안 새로 둥지 튼 학교에서 인간 관계와 사람들에 대한 인상기가 끝도 없이 이어지다가 정리를 위해 사회가 나섰다.)

시원 그러니까 대체로 엄마들은 든든하고 기대고 싶은, 그러나 지금은 점점 엷어져 가는 존재고…

메리제인 난 빼 줘, 우리 엄만 내가 보호해 줘야 할 정도.

시원 음, 알았어, 그리고 아빠들은 가지가지 문제를 안고 있는 사람들이군요. 참, 그리고 보면 형제들 이야긴 하지 않았어.

바나바나 난 언니한테 맨날 혼나고 맞고 커서 별로 다정한 느낌이 없어요.

XXXX 나도, 동생보다는 친구나 내 취미, 그런 게 더 중요했어.

시원 음, 나도 오빠들만 있어서 거의 자매애를 못 느끼고 자랐는데 여자형제 있는 사람들 부러웠어.

바나바나 나름이라니까, 난 언니한테 골목에서 한번에 스무 대 맞고 얼굴 퉁퉁 부어서 학교에서 하는 중요한 행사에도 빠졌었는 걸. 정말 그땐 언니가 악마 같았어. 그래도 지금은 엄마보다 가까운 게 언니죠. 조카도 이쁘고.

메리제인 캐서린 콜록콜록, 아- 졸려.

시원 그래, 그럼 이제 그만 할까? 다들 졸리나 보다.

메리제인 지금부터는 가족 말고 다른 이야기 하면 잠 안 올 거 같아.

바나바나 무서운 이야기?

캐서린 아, 그것도 졸려.

XXXX 연애.

메리제인 맞아, 연애랑 사랑, 으- 그리고 섹스. 우린 진짜 성교육이 필요하다고!

시원 그래, 그럼 자세 바꾸고 이불 덮고 길게 누워서 재미난 이야기들 시작해. 뭐 궁금한 거 있으면 물어보시고.

메리제인 피임약은 어떤 거야?

캐서린 나도 그런 거, 학교에서 제대로 안 가르쳐 줘서 진짜 불만이야.

xxxx 근데 있잖아, 나 정말 궁금한 게 있거든.

일동 뭔데?

xxxx 음, 다들 나란 인간에 대해서 어떻게 생각해? 난 사실 그게 되게 궁금하거든, 피임약보다.

일동 와하하핫!

지금까지 나와 함께 자신의 가족을 놓고 이야기 나눈 십대들은 어쩌면 조금은 남다른 이들일지 모르겠다. 나는 애초에 그들의 삶과 생활에 대해 미리 밝힐 생각이 없었다. 아마 그걸 앞서 전제하고 이 글을 써 나갔다면 분명 독자들은 편견을 지니고 이 글을 이해했을 테니까. 이제 말하지만 이들은 흔히들 말하는 일반적이고 평범한 삶을 사는 십대들이 아니다. 그러므로 이들의 말과 생각을 두고 대개의 십대들이 자신의 가족에 관해 어떻게 생각하는지를 대충이나마 이해하려 한다면 이 글은 그리 적절한 예가 되지 못할 것이다. 사실 이들의 가정은 대부분, 다시는 쓰고 싶지도 않은 말이지만 흔히 말하는 '결손 가정'에 속한 이들이다. 그럼에도, 아니 어쩌면 그렇기 때문에, 이들은 우리 사회의 그 어떤 십대들보다 의젓하고 성숙한 존재들로 자라났다. 혼자 사는 엄마에게 애인이 생겼다는 것을 진심으로 축하할 줄 알고, 쓸데없는 응석을 피우지도 않고, 어려서부터 비합리적으로 누르는 사람(가부장)이 없으니 억울한 것도 대충 보고 지나가지 않는 성인으로 쑥쑥 자라고 있었다. 이들에게 씩씩하고 힘 있는 엄마는 누구보다 이들을 강하게 키운 존재였고, 가련한 운명의 부족한 아빠들은 거꾸로 반면교사가 되어 주었다. 그래서 과거에 내가 제도권 학교에서 알고 지냈던 그 어떤 십대들보다 이 십대 여성들은 독립적이고, 때로 불안하긴 하지만 (누구나 때로 불안에 시달린다!) 스스로 미리 길을 찾는 성숙한 모습을 보여 주고 있었다. 이들은 더 이상 가족에 대한 환상을 꿈꾸지 않는다. 그저 함께 길을 걷는 존재라면 그 누구라도 가족으로 받아들일 준비가 되어 있는, 내 보기에 이들이야말로 지금 당장이라도 진짜 가족을 꾸릴 준비가 되어 있는 성인들이었다.

나는 지금 다시 가족을 늘리거나 만들 의사가 전혀 없다. 그것은 아마 새로운 구성원에 대한 기대가 전혀 없다는 것일 수도 있고 그럴 여력이 없을 만큼 내가 나의 중심에 있다는 뜻일 수도 있다. 사춘기를 맞은 아이와 둘이 살게 된 약 반 년 가량 나는 몹시 허둥댔고 그것이 조금 분했고 때로 억울했다. 그때는 혹 늦은 로맨스가 개시될지도 모를 어떤 사람과 두어 번쯤 만나고 난 뒤였다. 난 그때 나 자신에 대해 다시 한번 분명히 알게 되었다. '아, 난 누군가를 가까이 두고 그 사람에게 뭔가를 맞춰 줄 수는, 도무지 없는 사람이로구나, 내게 잘 맞는 사람이란 건 환상이 아니었을까' 하는 일종의 깨달음. 그러고 나니, 뭔가 낡은 짐덩이를 버려 버린 듯 세상이 훨씬 넓게 다가왔고 일정 각도의 시야까지 단번에 확 트이는 기분이 들었다. 나는 이제 정말로 단촐하게 아이와 둘이 지내는 날들이 즐겁다. 아무도 나에게 함부로 명령하지 않고, 아주 개인적인 시간을 빼앗길 염려 없고, 쓸데없는 '감정 노동'을 수행할 의무도 사라진 지금이 정말 즐겁다. 나아가 언젠가 나와 매우 가까이 지낼 그날이 심지어 기다려지기까지 한다. '나의 가장 나아종 지닌' 가족은 바로 '나'다. 적어도 지금 나는 그렇게 생각한다. 그리고 함께 밤을 지새운 십대들 역시 각자 그런 예감을 강하게 피력하며 그 자리를 끝맺었다. 아, 물론 그들에게 있어 곁에 있어야 할 누군가에 대한 열망은 나보다 훨씬 강렬하고 낙관적이었다. 그런데 그것이 전통적인 의미의 자식이나, 결혼은 결코 아니었다는 점에서 서로 '찐'한 공감을 느꼈다는 것을 덧붙인다. 🆑

하고 싶지 않을 때 거절하는 법 101가지*

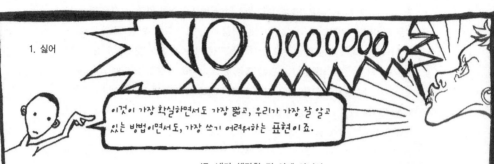

1. 싫어

이것이 가장 확실하면서도 가장 짧고, 우리가 가장 잘 알고 있는 방법이면서도, 가장 쓰기 어려워하는 표현이죠.

2. 그럴 맘이 안 생겨.
3. 기분이 안 좋아.
4. 대신 영화를 보는 게 어떨까?
5. 준비가 안 됐어.
6. 너무 늦었잖아.
7. 난 첫 경험을 특별하게 하고 싶어.

8. 너 미쳤니?

9. 난 섹스를 좋아하지 않아.
10. 널 사랑하지 않아.
11. 지금 가봐야 해.
12. 그건 단지 나를 이용하는 거야.
13. 대신 내 등을 쓰다듬어 줘.
14. 결과를 생각해 봤어?
15. (   ) 하고 싶지 않아.

( ) 안에 무슨 말이 들어갈 것 같니, 자기?

흠… '자위만'?

16.

무서워.

17. 내가 생각한 건 이게 아니야.
18. 결혼할 때까지는 안 돼.
19. 네 평판을 잘 알고 있지.

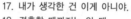

어떤데?

26번을 봐

20. 우리 당분간 만나지 말까?
21. 나를 사랑한다면 그런 요구를 할 리가 없어.

당연히 널 사랑하니까 이러지!

거짓말입니다.

22. 섹스보다는 학교가 우선이야.
23. 들킬지도 몰라.
24. 너는 그것밖에 생각 안 하니?
25. 난 섹스에 알레르기가 있어.
26. 소문내고 다니려고?
27. 선탠 해서 살갗이 쓰라려.
28. 그건 중요하지 않아.
29. 생각 좀 해 보자.
30. 종교적인 신념과 맞지 않아.

신념이 어떤데?

멍청이와 섹스하지 않는 자만이 천국에 갈 수 있다!

31. 우리 엄마 아시면 큰일이 나.
32. 뭐 좀 먹으러 가자.

33. 그냥 친구로 있고 싶어.

34. 내가 '노'라고 할 땐 진짜로 '노'야.

35. 내가 고대하던 그 사람이 너일까?
36. 우린 너무 어려.
37. 날 시험에 들게 하지 마.
38. 불안해.
39. 섹스 해서 좋은 것보단 나쁜 것이 더 많아.
40. 병균들이 득실득실한 이런 데서 하자구?
41. 모든 사람이 그걸 하진 않아.
42. 나, 방금 머리했어.
43. 이래서 애들이 싫어.

어리구나!

44. 난 안 졸려.
45. 웃기지 마.

46. 우리 아빠 소리가 들렸어.

전화 받어—

글·편집부
그림·레몬

47. 우리 사랑을 확인할 다른
방법이 있을 거야.

48. 그거 하고 나면, 날 떠나려고?

49. 숙제 해야 돼.

50. 엄마 아빠가 기다리고 계셔.

51. 우리가 지금 그걸 하면,
우린 엉망이 될지도 몰라.

52. 난 너를 잘 모르고 있는 것 같아.

53.

54. 난 너를 안고 싶지 않아.

55. 게임이나 하는 게 낫겠어.

56. 엄마 얼굴이 떠오르는 걸.

57. 내가 '쉬운 애'라고 소문나는 건 싫어.

58. 가 버려.

59. 같이 자자고 하다니 네가 아닌 것 같아.

60. 기다릴 수 없다면 우리 헤어지자.

61. 나중에 하자.

62. 널 사랑하지만 그럴 만큼은 아니야.

63. 나 갈께.(혼자서 갈 테니 걱정 마.)

64. 꼭 봐야 하는 프로가 지금
시작한다구.

65. 사랑과 섹스를 혼동하지 마.

66. 성병 검사 먼저 해 보고 와.

67. 넌 다른 줄 알았어.

68. 지난 주에 끊었어.

69. 우리 코치가 하지 말랬어.

70. 순결을 잃고 싶지 않아.

71. 화장실 가고 싶어.

72. 집에 갈 시간이야.

73. 내 가치관하고 안 맞는 일이야.

74. 너무 피곤해.

75. 지금은 애 갖고 싶지 않아.

76. 때가 좋지 않아.

77. 이런 일보다는 경력을 쌓고 싶어.

78. 넌 항상 나를 무시해.

79. 난 하고 싶지 않아.

80. 고맙지만 싫어.

81. 허락할 준비가 안 됐어.

82. 여기보다는 더 은밀한 곳이면
좋겠어.

83. 서로 더 존중할 수 없게 될 거야.

84. 결과를 생각해 봤어?

85. 머리 아파.

86. 내일 일찍 일어나야 돼.

87. 네가 그 사람인지 확신을
못하겠어.

88. 오늘밤은 안 돼.

89. 그런 요구를 듣는 것 싫어.

90. 내 친구가 올지도 몰라.

91. 우리 관계가 섹스로 연결되지
않으면 좋겠어.

92. 기다려 보자.

93. 이런 건 생각도 안 해 봤어.

94. 우리 관계를 망치고 싶니?

95. 내 생각도 좀 존중해 줘.

96. 에이즈 걸릴까봐 겁나.

97. 나, 딴 사람을 사랑하고
있어.

98. 난 이제 그만하고 싶어.

99. 관계하고 싶지 않아.

100.

101. 너를 더 잘 안 다음에
하고 싶어.

*미국 캘리포니아 주 고등학생들이 의논해서 만든 팸플릿 중 일부를 번역한 것임.

그거 안 하고도 사랑을 나누는 법 101가지

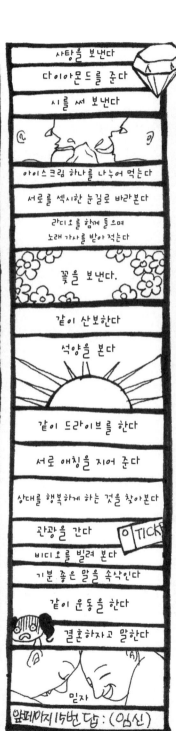
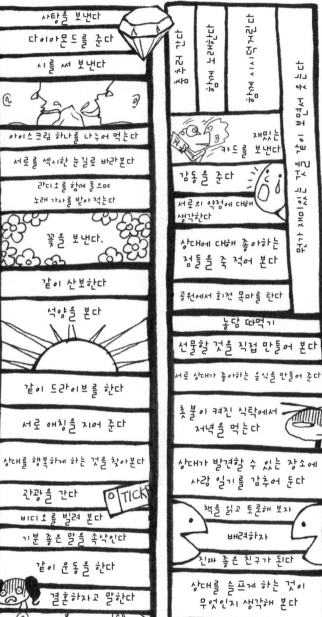

*미국 아이오와 주 고등학생들이 섹스 하지 않고 사랑을 표현하는 방법이라고 답한 내용.

perhe

현장 연구

famille

משפחה

'엄마·아빠가
필효해요'

— 사이버 가족, 또 하나의 생활 공동체

관계의 발견

영화 「고양이를 부탁해」에는 현실 삶에서 끊임없이 미끄러지는 여상 졸업생들이 나온다. 사회 속 어딘가를 향해 발을 디디려 하지만 이들을 흔쾌히 받아주는 곳은 어디에도 없다. 인천이라는 서울 주변부 도시, 여상이라는 인문고 주변부 학교, 여자라는 성 등은 꿈 많은 스무 살에 역행하는 변수들이다.

언뜻언뜻 비춰지는 '가정' 역시 이들을 외면하기는 마찬가지다. 한국 땅에 사는 화교인 비류와 온조, 가족을 떠나는 것이 목표인 태희, 어머니의 이혼을 받아들여야 하는 혜주, 부모 없이 할머니 할아버지와 살아 가는 지영.

'집' 이라는 물리적 공간도 이들을 외면한다. 지영의 집은 어느 날 예고 없이 돌 더미로 변해 버렸고, 비류와 온조의 집은 비밀 아지트 같다. 태희 집엔 물리적 공간

정현주

1972년에 서울서 나다. 연세대 사회학과 대학원에서 문화 연구를 전공하면서 '학문 대상의 다시 보기'를 시도. 2000년부터는 인터넷 커뮤니티 업체에서 일하면서 사이버 사회라는 독특한 시공간에 매료됨. 현재는 그곳에서 좀 더 행복해 질 수 있는 방법을 고심 중.

으로서의 방은 많지만 그녀가 편히 거할 곳은 없다. 혜주는 결국 혈 혈 단신 원룸에 살게 된다.

가족은 이들에게 따뜻함을 주는 존재가 아니다. 집 역시 편안한 휴식의 공간이 아니다. 그녀들은 영화 속 고양이처럼 누군가에게 맡겨지지만 곧 외면당하고 만다. 이들에게 안정적인 관계를 제공하는 것은 가정도 사회도 학교도 아니다. 핸드폰이 맺어 주는 그녀들 사이의 관계만이 그녀들에게 지속적인 소통을 허락한다.

영화 속에서 이들은 티격태격 싸우기도 하지만 이들이 지탱하는 유일한 관계는 '태희와 지영과 혜주와 비류와 온조'인 것이다. 이들은 주어진 가족 관계에서는 빠져나오려고 애쓰는 반면, 이 관계는 복구하고 유지하려고 노력한다. 또 가족에겐 집이 있다면 이 관계엔 핸드폰이라는 도구가 있다.

이런 관계는 사실 우리가 특별히 주목하지 않아서 그렇지 우리 삶에 낯선 것은 아니다. 관심사에 따라, 목적에 따라, 이슈에 따라 사람들은 쉽게 모이고 흩어진다. 모임을 어려워하지도 낯설어하지도 않고 헤어짐에 연연하지도 않는다.

이런 모임은 영화에서처럼 핸드폰, 인터넷이라는 도구 덕에 더욱 활성화된다. 가족 관계의 외피를 '집'이 둘러싸고 있는 것처럼 이들의 외피는 새로운 테크놀로지가 싸고 있다. 물론 이 모든 것을 도구 탓으로 돌린다면 그것은 기술 결정론에 불과할 것이다. 그 이면에는 직업 안정성이 훼손되고, 이동이 많아지고, 독신자가 늘어나고, 삶의 불안정성이 증가하는 사회적 변화가 있다.

이 글에서는 이런 새로운 관계들의 한 형태로 사이버 가족을 다룰 것이다. 밤이면 온라인 삶을 사는 청소년들과 삶의 불안정성을 잡으려는 가장은 열심히(?) 새로운 관계를 모색하고 있다. 이들은 그 모임에 특별히 '가족'이라는 수사를 사용하고 있는데, 그런 은유를 사용하는 한 이 모임은 현실의 가족과 어떤 식으로든 연관이 있다. 그 연관은 때론 밀폐된 아지트이기도 하고 무한히 많은 방을 가진 집이기도 하고 성원이 수시로 변하는 가족이기도 하다.

사이버 팸, 생성에서 소멸까지

사이버 팸이라는 생소한 용어가 사람들 입에 오르내린 건 '말세야, 말세' 라는 탄식이 절로 나오게 한 한 사건을 통해서다. 2002년 4월, 17세의 한 여학생은 인터넷에서 만난 20세의 여성과 엄마-딸의 관계를 맺어 오다가 엄마의 권유로 가출, 성 매매를 했다는 것이 사건의 전모다. 이후 대대적인 사이버 팸 색출 작업이 있었는데, 놀랍게도 사이버 팸은 자살 사이트나 엽기 사이트처럼 이색적이고 드문 것이 아니라 비일비재한 것이었다. 노랑 머리, 찢어진 청바지, 피어싱처럼 사이버 팸은 X세대의 해독 불가능한 그 무엇이기에 충분했다.

'사이버 팸' 이라는 용어를 드러내 놓고 사용하지는 않지만, 인터넷 상의 친목 모임에 가족 개념을 사용하는 경우는 아주 많다. 청소년들은 학교, 반 단위의 공식적 모임을 온라인에 만들면서 「6-1반 모여라~!」, 「―十∑쟝∑얀∑쵸㈜으6학년4반①들으十―」처럼 공식 명칭을 그대로 붙이기도 하지만, 친한 친구 몇 명이 모임을 만들어 「거부기 패밀리」, 「$대 박 가 족 $」, 「김's Family」처럼 가족 이미지를 차용하기도 한다. 공식 명칭을 사용하는 모임이 또래 문화의 특성을 그대로 반영하는 성격이 강하다면 가족 이미지를 차용한 모임은 서로 친밀성을 나누는 것이 주요 활동이 된다.

소모임 형태의 사이버 팸은 보통 청소년들이 많이 몰려드는[1] 채팅 사이트, 커뮤니티 포털 사이트 등에서 형성되기 시작한다. 사이버 상에 가족을 만들고 싶은 청소년들이 대거 몰려드는 '장' 이 서고 '짝짓기' 가 시작되는 것이다. 여기저

[1] 청소년들이 사이트를 선택하는 기준은 서비스의 질이 아니라 친구의 수다. 우리가 친구를 만나기 위해 특정 공간(카페, 술집, 공원)으로 가는 것처럼, 이들은 많은 친구를 한꺼번에 만나기 위해 특정 주소의 사이트 공간에 접속한다. 이에 따라 회원이 많을수록 회원이 더 많이 모이는 현상이 나타나는데, 이것은 사이트들의 시장 점유율에 그대로 나타난다. 채팅 사이트 중 방문율 1위인 세이클럽은 약 70%의 시장 점유율을 보이고 있으며, 동창회 커뮤니티인 다모임은 2001년 현재 전국 고교생의 약 80%가 가입해 있다.

기서 '가족 구해염,' '엄마, 아빠가 필요해염' 라는 공고가 나붙고 엄마, 아빠가 되고 싶은 사람은 이메일로 응모를 한다. 그러면 공고를 냈던 사람이 가족 관계를 정리해, 엄마, 이모, 아빠, 형부, 삼촌 등임을 알려 주는 답변 메일을 보내고 서로를 소개해 주고 나면 새로운 '가족'이 탄생한다.

사실, 사이버 공고는 엄마·아빠를 구하는 경우가 가장 많다. 왜냐하면 오프라인에서 이미 친구 관계를 맺고 있는 청소년들이 친밀성을 나눌 수 있는 공간으로 온라인 모임을 선택해 언니·동생 관계를 맺고, 엄마·아빠를 구하기 때문이다. 즉, 친구끼리 온/오프라인에서 맺은 언니·동생 관계가 가족 구성의 단초가 되어 가족의 형태를 이뤄 나가는 형식이다.

이들이 엄마·아빠를 구하는 이유는 '형제 자매만으로는 외로워서,' '완전한 이미지의 가족을 구현하기 위해서,' '자신들의 고민을 들어줄 어른이 필요해서' 등 다양하다. 또 가족의 외형이 어느 정도 갖춰지면 새로운 멤버를 충원해 가족의 규모를 조금씩 키워 나가기도 한다. 새 멤버는 공고를 통해서 모집하기도 하고 이미 알고 있는 친구, 다른 가족 성원을 편입하여 충원하기도 한다.

가족을 만들고 가장 먼저 하는 일은 서로에게 말을 걸고 답할 수 있는 통로를 구성하는 것이다. 메신저 아이디, 핸드폰 번호를 교환해 '언제 어디서나' 접속할 수 있는 끈을 만들고 별도의 커뮤니티를 만들기도 한다. 안부를 묻는 쪽지를 개인적으로 보내기도 하고 자기 일상의 소소한 일을 게시판에 올리기도 한다. 또 특별한 날에는 핸드폰 문자 메시지를 보내고 메신저로 온라인 수다를 떨기도 한다.

가족 이미지를 차용한 만큼, 이들은 첫 만남부터 엄마처럼, 딸처럼 행동한다. 학교를 파한 딸이 집으로 달려와 엄마에게 요모조모 하루 일을 이야기하는 것처럼, 온라인 상의 딸은 그날 있었던 소소한 이야기들을 지껄인다. 사이버 엄마는 듣고, 가끔 충고도 몇 마디씩 던지곤 한다. 가족 성원으로 관계를 맺으니, 친해지는 속도도 빠르고 서로를 지지해 주는 정도도 강하다.

사이버 가족끼리만 나누는 이야기들도 있다. 이들은 현실의 가족에게는 하기 어려운 얘기들, 예를 들어 이성 친구에 대한 이야기 — 이성 친구 사귀는 것을 반대하는 부모에게는 이에 대해 말할 수 없다고 이들은 말한다 — 등은 사이버 가족과 나눈다고 한다. 또, 현실 세계의 끈을 갖고 있지 않는 익명의 누군가(가족)이기에 더 거침없이 이야기할 수 있다고 말하기도 한다. 자신의 평판 등을 두려워하지 않기에 좀 더 많은 것을 이야기할 수 있다는 것이다.

사실, 사이버 가족이 나누는 이야기는 많은 부분 고민과 연결되어 있다. 청소년들이 만든 온라인 모임의 게시판을 보면 '고민을 나눠요' 나 '고민 있어요,' '외로워요' 등으로 이름 붙인 경우가 많은데, 이 게시판에서 청소년들은 익명으로 또는 가명으로 시험에 대한 스트레스, 이성 친구 문제 등을 털어 놓고 답변을 받는다. 그러면 내밀한 이야기를 나누었다는 것이 친밀성을 높이는 계기로 크게 작용하게 된다. 하이텔, 나우누리 등 유료 통신망 사용 시절부터 사이버 팸을 구성해 활동했다는 한 고등학생은 "현실 세계에서 우연히 고민을 털어놓았다가 친구랑 친해지는 것처럼 사이버 가족도 고민을 나누면서 친해지는 것 같다"고 설명한다.

하지만 사이버 팸의 지속 여부는 매우 유동적이다. 하룻밤의 채팅을 통해 누군가를 만나고 이야기를 나눈다는 것이 꼭 관계의 지속을 약속하는 것이 아닌 것처럼, 사이버 팸의 소멸 역시 공식적 선언 없이 자연스레 이루어진다. 즉 만남과 형성을 위한 절차(구성원 찾기, 가족 이름 부여하기, 소통 수단 마련하기)가 매우 활발하고 적극적으로 이루어지는 것과 달리 소멸은 가족 성원의 동의나 절차 없이 가능하다.

생활이 좀 바빠서, 시험 때라 여유가 없어서 온라인에 접속하기를 게을리 하면 자연스레 소멸 단계로 접어든다. 그리고 소멸에 대한 책임을 묻지도 않고 도덕적 비난을 받지도 않는다.

물론 이러한 자연스러운 소멸이 그 관계에 '가족과 같은 끈끈한 무엇'이 없기에 일어나는 것은 아니다. 오히려 가족보다 더 많이 더 깊은 이야기를 나누지만, 어떤 시기를 지나 이런 활동이 시들해지면 모여드는 사람이 줄어드는 것이다. 그렇다고 소멸된 가족 구성원들마저 없어졌다고 생각하면 오산이다. 이들은 어딘가에서 또 다른 사이버 가족을 만들고 있을 것이기 때문이다. 끝없이 만들어지고 없어지는 것! 성원의 자율성과 의지에 의해 모든 것이 좌우되는 것이 사이버 팸의 속성이다. 어쩌면 이들에게는 가족을 선택할 수 있을 뿐 아니라 끊을 수도 있다는 것이 더 매력적으로 느껴질지 모를 일이다.

청소년 사이버 패밀리의 몇 가지 유형

　　비공식 모임, 가족보다 더 친밀한 그렇다면, 청소년들은 왜 위에서 말한 방식(온라인에서의 짝짓기)으로 만들어진 모임에 굳이 '가족'이라는 은유를 사용하는 것일까? 관계의 어떤 속성이 가족의 속성으로 인식되는 것일까?

　　사이버 팸에 대해 가장 많이 사용하는 표현은 '정말 친해요,' '정말 가족 같아요'다. 즉, 온라인에서 맺은 관계에서 강한 친밀감을 느끼고, 이 친밀감을 가족 이미지를 차용해 표현하는 것이다. 현실의 가족 관계에서 친밀감을 느끼건 느끼지 않건 간에 이들에게 가족은 친밀성을 담고 있는 그 무엇이다.

　　내가 속한 이런 저런 '가족'의 성원들은 가끔 안부를 물어 오기도 하고 때론 상담역이 되기도 한다. 이런 모임은 보통 강한 배타성을 갖기 마련이고 생일 챙기기, 가족 사진 찍기, 가훈 정하기 등 가족의 의례적 실천을 행하기도 한다. '어느 가족에 속해 있다'는 정체성을 부여받는 순간, 이미 알고 있는 사회적 의무들을 놀이처럼 실천하는 것이다. 현실의 가족 의례가 위계적이고 억압적이라고 느끼고 있는 성원일지라도 온라인에선 친밀감의 확장으로서 의례를 경험한다.

이들이 표현하는 가족에는 두 가지 측면이 있다. 하나는 친밀감, 비밀스런 것을 나누기, 고민 나누기 등의 측면이고 다른 하나는 관계의 항시성, 무조건성이다. 아침에 무얼 먹었는지, 학교에서는 무슨 일이 있었는지, 어떤 인생 계획이 있는지 등 자잘하고 구체적인 것에 대한 보고가 친밀감을 형성한다면, 온라인에 접속하면 항상 그곳에 있다는 항시성은 마지막 지지처의 위치를 부여한다.

이들은 가족의 규모가 작은 것을 이상적으로 생각하기도 한다. 더 친해지기 위해선 너무 크지 않은 게 좋기 때문이라는데, 3촌 이내로 관계를 제한하는 경우가 많다. 또 이들은 오프라인 만남을 필수적인 것으로 생각하지 않는다. 오히려 모임의 순수성(?)을 위해 사이버 모임을 고수하는 경우가 많다.

청소년들이 채팅, '번개' 등 일회적 만남에 집착, 관계를 소홀히 한다고 비판하는 경우가 많은데, 이런 모임은 사실 1년 이상 유지되는 경우가 많다. 사이버 팸 활동을 하고 있는 한 청소년은 "사이버 팸은 절대 일회성 심심풀이가 아니며 가족을 쉽게 잊고 깨 버리기는 싫다"고 말하기도 했다.

공식 모임, 청소년 패거리 문화를 반영 어떤 종류, 어떤 성격이건 모임이 만들어지면 이에 상응하는 온라인 모임이 만들어지는 것이 이제는 거의 관례가 되었다. 오프라인의 커뮤니케이션은 대화가 이뤄지는 그 순간, 쌍방이 동시에 대화의 장에 참여해야 하지만, 온라인 커뮤니케이션은 내가 원할 때 대화의 장에 참여할 수 있다는 장점이 있다. 또 대화의 기록도 축적이 가능하고 다(多)대 다(多)의 소통이 가능한 것도 무시 못할 장점이다.

청소년들은 대부분 '학교/반'이라는 모임에 속해 있고, 이 모임 역시 온라인에 별도의 24시간 대화 창구를 만든다. 이 모임의 최대 화두는 오프라인의 반에서처럼 '짱'이다. 모임에 속한 성원들을 웃겨야 하고, 자기가 어떤 면에서 '짱'인지 알리기도 한다. 또 '짱'으로 인정받은 학생이 게시판에 글을 남기면 그 위로 새 글이 올라오지 않는 기현상이 나타나기도 한다.

또래의 권위를 인정하는 기준이 학교의 공식 규율과 배치되는 것처럼, 사이버 상에도 또래의 권위를 인정하는 기준이 별도로 존재한다. 인터넷 동창회 커뮤니티 업체인 다모임의 경우, 아바타를 꾸미는 회원은 왕따를 당하는 경우가 많다. 돈을 지불하고 디지털 아이템을 구매한다는 것은 '아바타 뒤에 상업 논리를 감춘 업체의 의도에 넘어가는 것,' '돈으로 튀어 보려는 무능한 회원'이라고 해석되기 때문이다. 청소년 회원들의 주머니를 노리는 다모임 운영자 측에 적극적으로 반감을 표시하고 자기의 분신을 방치하는 것이 오히려 큰 호응을 받는다. 다모임에서는 '돈을 쓰지 않고 개성을 표현한다'는 것이 회원들의 중심적 문화적 가치인 셈이다.

청소년 문화를 그대로 반영하는 또 다른 형태는 자신의 이미지를 과시하는 것을 통해서다. PC방에 있는 화상 카메라, 핸드폰 등으로 찍은 이미지 사진을 사이버 팸 전면에 보여 주고, 자신의 일상을 일기 형식으로 올리거나('OO야 오늘 하루 모했니?') 방문객의 소감을 올리도록('글 좀 남겨 주구 가') 게시판을 구성한다. 이 이미지는 보통 얼굴색이 하얗고 (카메라가 위에 있어) 얼굴이 갸름하게 보여, 누구나 비슷한 이미지 형태로 나오기 마련인데, 친한 친구 4-6명이 한 패밀리를 만들어 팬클럽과 유사한 형태로 커뮤니티가 운영된다.

실제로 다모임, 프리챌 등의 커뮤니티 사이트들에선 '패밀리'들이 자신의 집을 방문해 줄 것을 사이버 곳곳에 광고하고[2] 방문자 수, 남겨진 글의 수로 인기를 과시하기도 한다. 또 자신의 패밀리에 글을 남겨 준 다른 패밀리엔 답례로 방문해 글을 남겨 주기도 한다.

[2] 청소년들에게 타인을 통한 인정은 거의 사활을 건 인터넷 활동이다. 이들은 자신이 속한 패밀리를 방문하게 하거나, 자신이 중심이 돼 구축한 모임을 방문하게 하기 위해 특정 프로그램을 사이트 곳곳에 심기도 하는데, 이런 장치들은 종종 서비스 장애를 일으키기도 한다.

하지만 이 패거리 형태의 패밀리는 엄마도 아빠도 없고, 고민을 나누지도 않는다. 어떻게 하면 사이버 상에서 더 화려하게 보일 수 있는가, 어떻게 하면 더 많은 사람들에게 인정을 얻어내는가에 활동이 집중되어 있다. 실제적인 대화보다는 '귀여워요,' '행복하세요,' '좋은 하루 되세요' 같은 찬사만 넘쳐난다. 또 개인으로서는 어떻게 하면 권위를 인정받는 패밀리에 가입할 것인가에 노력이 집중된다.

청소년 문화 맥락에서 이해하기 사이버 팸이 친밀성으로서의 가족을 반영했건 자신들의 패거리 문화를 반영했건 간에, 중요한 것은 청소년들의 인터넷 문화 맥락에서 이해해야 한다는 점이다. '청소년=학생=공부'로 도식화하는 현실 사회는 사이버에서 활동하고 있는 청소년을 별로 용납하지 않는다. 더군다나 인터넷은 기성 사회가 아직 점유하지 못한 영역이기에 '병리,' '중독,' '탈선' 같은 말을 동원해 청소년들을 떼어 내려고 필사적으로 노력하기 마련이다.

무엇보다 청소년에게 인터넷은 생활의 일부라는 점을 이해할 필요가 있다. 우리가 일을 하고 사람을 만나고 관계를 유지하기 위해 노력(안부 전화를 하고, 외모에 신경을 쓰고, 표정을 짓고, 선물을 하고, 술을 마시고, 상대에 대해 추측하고)하는 것처럼, 청소년들은 사이버 상에서 관계를 맺고 유지하기 위해 부단히 노력하고 있다. 기능적 효용 가치가 없는 디지털 아이템**3**을 선물하는 것은 우리가 친한 친구에게 생일 꽃다발을 선물하는 것과 같은 것이다.

또 이들은 현실의 내가 이러저러한 인격(person-ality)을 갖고 있는 것처럼, 사이버 상의 자신도 이러저러한 특성을 갖고 있다고 생각한다. 다른 점이 있다면, 현실 세계에선 대면하는 것만으로도 나의 인격을

3 온라인 상에서만 제품의 효과를 볼 수 있는 캐릭터/팬시를 총칭하는 말. 사용자의 분신이라는 아바타, 개인 프로필을 꾸미는 장식, 애니메이션 등이 이에 해당한다. 2000년 11월 처음으로 아바타 서비스를 선보인 '세이클럽'의 경우 아바타로만 월 30억 원 이상의 매출을 올리는 등 디지털 아이템은 인터넷 서비스 업계의 주 수익원이 되고 있다.

상당 부분 드러낼 수 있지만, 사이버에선 적극적으로 노력해야 어필할 수 있다는 점이다. 그래서인지, 청소년들은 아이디라는 문자 조합을 넘어서 자신을 표현하는 데 골몰한다.**4** 인터넷 동창회 서비스 업체인 다모임 (www.damoim.net)에 따르면, 사용자들이 회원 가입시 등록했던 아이디를 변경하는 것이 크게 인기라고 한다. 다모임의 경우 아이디를 영문, 한글, 숫자를 여덟 자리로 조합해 만드는데, '아이디 변경' 아이템을 삼천 원에 구매하면, 특수 문자, 띄어쓰기를 포함해 새롭게 아이디(예:ⓒ배권★,∞☆짱잔∞)를 만들 수 있다. 이처럼 청소년들의 인터넷 용어는 의미 전달이라는 본래의 기능 외에 자기를 특색 있게 보여 주는 기능을 함께 한다. 또 화상 카메라로 찍은 사진을 프로그램을 이용해 원하는 이미지로 변형하기도 한다. 다이어리에 친구의 스티커 사진을 하나 가득 모아 갖고 다녔던 것처럼, 온라인의 내 공간**5**에 친구의 '뽀사시' 사진을 스크랩해 전시하기도 한다. 사이버 가족 역시, 자신의 인격을 노출하고, 친구와 일상적 커뮤니케이션을 하고, 관계를 유지하기 위해 시간과 노력을 투자하는 행위들을 기초로 해서 형성되는 것이지, 익명의 공간에 숨어 마음껏 일탈하기 위한 것은 아니다.

5 인터넷 서비스 업체가 회원들에게 할당해 주는 공간을 말한다. 초창기에는 홈페이지 형태가 크게 인기를 끌었으나 최근 들어서는 프로필 서비스가 각광을 받고 있다. 홈페이지가 정보 제공과 일방향적 알림에 초점을 둔 것이었다면, 프로필 서비스는 커뮤니케이션과 자기 표현에 중점을 두고 있다. 실제로 프로필 서비스는 회원간 매칭 서비스를 하는 업체에서 주로 사용하는 것이었다.

더불어, 이들이 사이버 가족을 통해 친밀성이 소통하는 공간을 구축하고 친밀성이라는 감성을 발달시키고 있다는 점에 주목할 필요가 있다. 전통적으로 가족의 영역에 한정되어 있던 친밀성의 감성이 인터넷의 안정적인 일 대 일 커뮤니케이션을 통해 새로운 돌파구를 찾은 것이다. 기존 가족의 친밀성이 규율과 짝을 이루었다면, 온라인의 친밀성은 자유로움과 짝을 이룰지도 모른다.

사이버 팸이 사회적으로 쟁점이 되었던 당시, 언론이 내린 결론은 "가족과 학교의 끊임없는 관심과 사랑이 유일한 치유책이 될 것"이라는 것이었다. 하지만 우리는 사이버 가족을 위시한 온라인에 나타나는 청소년들의 다양한 욕구와 활동 에너지들에 우선적으로 주목할 필요가 있다. 이러한 에너지들을 현실의 가족이, 학교가 포괄하지 못한다면, 그리고 특정한 표현들만을 인정한다면, 청소년들은 계속 사이버 상에만 살림을 차릴 것이다.

할아버지의 대가족 꾸리기, 부부의 육아 일기, 부자 아빠 부자 엄마… 청소년들이 한편에서 반 모임에서부터 사이버 팸까지 다종다양한 온라인 커뮤니티를 꾸려 가고 있다면, 다른 한편에선 이들이 이탈한 가정의 성원들이 온라인을 활용, '가족 챙기기'에 나서고 있다. 온라인 커뮤니티 사이트인 프리챌에는 'E-패밀리' 코너가 있어 기술적으로 이런 형식의 모임을 지원한다.

대가족 모임은 보통 인터넷 활용에 밝은 '가장'이 주도하는 경우가 많다. 가장이 형제자매를 모으고, 그들의 처, 남편을 모으고, 할아버지 할머니를 모으면 완벽한 직계 중심의 가족이 재현된다. 모두가 인터넷에 익숙한 것은 아니기 때문에 할머니의 글은 할아버지가 대필해 주고, 처의 글을 남편이 대필해 주기도 한다.

가장 중심의 가족 챙기기는 게시글 수에서 극명하게 드러난다. 2000년부터 운영된 「OO 가족」 모임을 보면, 직계 남성들은 대부분 게시글 수가 200개를 넘지만 그의 처들은 게시글 수가 100개를 넘지 못한다. 또 직계 여성의 남편 글들 역시 찾아보기가 힘들다. 게시글 이름을 봐도 직계 남성들은 이름 석자를 그대로 사용하지만 처들은 막내네, 맏이네, OO이네 같은 이름을 사용하는 경우가 빈번하다.

이런 모임들이 가장에 의해 주도된다고 해서 가부장적이라고 쉽게 단언해서는 안 된다. 여기서 가장은 모임의 얼개를 만드는 한 (두드러진) 점에 불과하지 권위로 성원을 억압하는 존재는 아니기 때문이다. 가장은 성원들을 공식적으로 대표하고 보고하는 경향이 있고, 성원들은 소소한 감상들을 주로 토로하는 경향이 강하지만 이들 모두 공통적으로 보살핌을 주요한 정서로 삼고 있다.

2년째 온라인 가족 모임을 주도하고 있는 한 사십대 가장 역시 인터넷 덕에 가족이 더 친밀해졌다고 술회한다. 각 가정에서 일어나는 소소한 일들을 공유할 수 있고 지나간 일들이 쌓여 있어 가정사를 뒤져 볼 수도 있다고 한다. 또 이 모임의 며느리는 전화로 얘기하는 것과 달리 사이버 상에서 사진첩을 보면 느낌이 더 강하게 전달된다고 설명한다. 자신의 아이가 자라는 모습을 자주 보여 주다 보면 함께 키우는 느낌을 갖게 되고 조카들이 자라는 모습을 보는 것 역시 감회가 새롭다고 한다.

온라인 대가족의 가장 큰 역할은 무엇보다 큰일이 아니면 연락하지 않는 가족들이 서로 자주 커뮤니케이션을 하게 된다는 것이다. 「OO 가족」은 아이의 감기에서 할머님의 퇴원 소식까지 크고 작은 일들을 일상적으로 공유하고 있다. 또 현실에서보다 더 자주 감사와 애정을 표현, 서로 간에 돌보는 관계를 계속 유지해 간다.

가장의 가족 챙기기와 더불어 두드러진 온라인 가족 형태는 바로 사이버 공동육아다. 물론 이곳에도 할아버지·할머니가 등장하고 직계 가족 성원들이 등장하지만 좀더 중요한 테마는 아이의 성장이다. 가족 모임의 이름도 아기 이름을 따서 「XX네」로 짓는 경우가 많다.

이 모임의 특징은 피를 나눈 가족뿐 아니라 아이를 귀여워하는 사람이면 누구라도 회원이 될 수 있다는 것이다. 엄마는 아이가 끙끙거린다거나 예방 접종을 받았다거나 이가 나기 시작한다는 내용을 매일 사이트에 올린다. 또 「XX네」에 회원으로 가입한 온라인 가족들은 XX에게 한마디를 남기기도 하고 아이가 성장하는 모습에 함께 기뻐하기도 한다.

이러한 방식으로 공개 기술된 육아 일기를 통해서 혈연 가족들은 물론 (회원으로 가입해 성원이 되기를 선택한) 사이버 가족들은 아이를 키우는 것에 동참하고 기쁨을 함께 나눈다. 또 육아 일기에 공감하고 성장을 지켜보는 한 모두 서로를 '가족'의 일원으로 생각하게 된다.

핵가족을 축으로 한, 또 다른 사이버 가족 형태는 바로 신혼부부가 운영하는 모임이다. 부부 관계를 맺은 남녀가 둘 사이에 주고받을 법한 대화를 공개하고 서로에 대한 애정을 회원들로부터 인정받는 형식이다. 이때 회원들은 혈연 가족보다는 친구인 경우가 많다.

사이버 대가족, 사이버 공동육아, 사이버 부부 가족 등은 기존의 가족 관계를 핵으로 하면서도 가족의 외연적 경계를 확장하거나 가족 내부의 친밀감을 항상적인 것으로 만드는 모습을 보인다. 다시 말해 혈연에 기반한 가족 관계를 유지하면서도 보살핌에 공감하는 한 가족 성원으로 받아들이고, 온라인을 가족 '관계'를 확인하고 강화하는 수단으로 활용한다.

'관계'를 성찰하면서 '가족' 관계 만들기

공사 영역이 분리되고 가족이 사적 영역을 전담하는 근대적 상황을 생각해 보자. 자유민들은 공장이 들어선 도시로 출근을 하고 가정이라는 공간으로 퇴근을 하는 생활을 반복한다. 도시/공장은 경제적 생산, 정치 권력, 공론장 등 공적 활동의 공간이 된 반면 가정은 서로 간의 관계를 친밀성을 통해 확인하는 공간으로 자리 잡는다. 하버마스는 '공공 영역의 구조 변동'에서 이런 공간 분리를 '개인'의 이성과 감성에 해당하는 것으로 보면서 가정을 '친밀성'이라는 감성의 공간으로 설명하기도 한다.

작업장과 가정이 분리되지 않았던 근대 이전 사회에서는 가족 구성원 사이에 친밀성이라는 감성 말고도 작업장을 통한 '일'의 관계가 있었을 것이라고 쉽게 상상해 볼 수 있다. '가장'의 사회적 관계 역시 가정 생활과 유리된 것은 아니었을 것이다.

가족 성원의 이동성이 심해지고 직업적 불안정성이 커지는 후기 근대에 가족 성원

어떤 '사이버 가족' 커뮤니티

들은 끊임없이 '관계'를 생각해야 하는 위치에 있게 된다. 기든스는 근대 가족 관계의 특성을 '순수한 관계'(Pure Relationship)로 설명하는데, 이것은 관계가 주어지는 것이 아니라 그 특성을 성찰하는 것을 통해서 형성되고 강화되는 것을 말한다. 곧 근대 가족의 기반을 이루는 남녀의 사랑은 친밀성을 구성하고 만들어 가는 과정이라는 것이다.

이렇듯 근대 개인들의 성찰 대상이자 결과인 친밀성은 (혈연을 잠시 뒤로 미루어 둔다면) 가족 관계의 중요한 요소다. 현대인들이 중독처럼 마주하고 있는 사이버 세계는 이런 친밀성이 확장될 수 있는 중요한 공간이 되어 가고 있다. 인터넷이라는 매체는 (적어도 커뮤니티에 관한 한) 개인의 사적인 감성을 나누는 수단으로, 일 대 일의 사적 관계를 맺을 수 있는 수단으로 여겨지고 있기 때문이다. 원할 땐 언제라도 커뮤니케이션을 할 수 있다는 것 역시 관계를 지속시킬 수 있는 중요한 요인이다. 가정이라는 공간에 가면 언제라도 가족을 대면하는 것처럼 접속만 하면 흩어진 네티즌들을 만날 수 있다.

인터넷이 친밀성을 나누기에 적당한 매체라는 것을 인정한다면 사이버 가족의 창궐은 쉽게 이해될 수 있는 부분이다. 청소년들의 사이버 팸은 이들이 현실 공간에서 충족하지 못하는 친밀성의 욕구를 채워 주는 구실을 한다. 실제 사이버 팸 활동을 하고 있는 청소년들에게 "당신은 현실 가족 관계에 문제가 있어 따로 가족을 만드는 것 아닌가" 하고 질문하면 이들은 "누가 자신의 가족에게 100% 만족을 하겠느냐?"고 반문한다. 즉 현실의 가족이 이상과 달리 무언가 문제 있고 어그러져 있다는 것은 누구나 아는 사실이 아니냐는 것이다. 또 "필요로 하는 사람이 있으니까 사이버 가족이 만들어진다"고도 이야기한다. 사이버 가족이 언론에서 떠드는 것처럼 패륜적인 발상이 아니라 자신들의 삶에 구체적인 역할을 하고 있다는 말일 게다.

인터넷을 통한 친밀성의 관리 및 확장은 사이버 대가족, 사이버 공동육아 등에서 더 극명하게 드러난다. 청소년들이 가족 울타리를 넘어 사이버 상에 은밀한 아지트를 꾸몄다면 가족의 수장, 가장들은 사이버 공간에 가족 모임을 재건한다. 얼굴을 맞대고 통제하고 훈시하기보다 글을 남기고 읽는 비동시적 행위가 대립의 골을 낮추고 친근감을 높인다.

이들 모두에게 관계는 끊임없이 생각해야 하는 것이다. 관계의 가치를 고려하고 긍정하지 않는다면 그것을 유지해야 할 이유가 전혀 없기 때문이다.

머릿속에 커다란 은유의 그림을 그려 보자. 점과 같은 무수한 별들이 하늘에 있고 이 점들이 모였다 흩어지기를 반복한다. 모임에 예외 없이 각양각색의 불꽃이 발하고, 흩어져 있는 점들은 그 사이를 자유로이 유영한다. 물론 그 사이엔 점들을 탄생시킨 운석도 있다.

이런 모습이 현재 가족 관계 및 친구, 애인, 사이버 가족, 동호인 관계의 요약된 모습일 듯하다. 끊임없이 형성되는 관계/모임이 있고 이전 모습을 지우면 만들어지는 가족이 있는 모습 말이다. 과거에 기초해 현재를 이야기하는 것은 언제나 기존 가치와 현실의 괴리를 심화할 따름이다. 오히려 현재가 흘러가는 방향을 보고 미래로 향하게 하는 게 성원들에게 좀 더 많은 자유와 활력을 줄 것이라 생각한다. ⓒ

내 속의
어머니를 찾아
육십년대를 가다

전혜진

24살에 31살짜리 아버지와 결혼한 어머니의 맏딸이자 막내딸로 1976년 부산에서 태어났다. 증명서를 떼면 연세대학교 사회학과 대학원에 재학 중이라고 나오나 여행을 하기 위해 돈을 벌고 돈이 모이면 여행을 떠나기를 반복 중이다.
좋은 직업과 좋은 전공과 좋은 애인의 기준이란 여행할 시간을 만들어 줄 수 있는가 아닌가라고 생각하며 '더 잘' 여행하며 살기 위해 앞으로도 배워야 할 것이 많다는 것이 행복하다.

1

캄보디아 시엠리엡으로 가는 길목, 방콕에서 출발한 여행자 전용의 버스가 마을에 들어설 때마다 아이들은 손에손에 설익은 망고와 파인애플, 담배와 음료수를 들고 우르르 몰려들었다.

방콕에서 하루 한 번 출발하는 50명 남짓의 여행자들을 제외하곤 그 길을 지나갈 이들이 없는 그곳에서, 그렇게 마을에 한 번씩 들러 우르르 한 무더기 여행자들을 쏟아내는 허름한 마을 버스는 달러를 실어다 주는 황금 마차처럼 보이는 것이다. 점심도 이미 먹은데다 대책 없이 마을마다 너무 자주 서는 버스에 짜증이 난 여행자들은 이제 버스에서 잘 내리려고 하지도 않았지만, 아이들은 창문을 두드려 가며 그만큼 더 필사적이었다.

장사를 잘하는 아이들의 순위는 대개 나이 어린 순서와 일치한다. 기껏해야 600원쯤 하는 간식 거리가 고작이지만 고만고만한 물건들 속에서 서양인 여행자들은 가장 나이가 어려 가장 뒤에 밀려 있는 꼬마를 굳이 찾아내서 물건을 팔아주기 일쑤였고, 이럴 때 나이가 조금 있는 아이들의 장사 수단은 어디선가 배운 세계 각국 언어의 토막 회화들로 관심을 끄는 것 정도가 전부였다.

아이들의 장사 수완도 이제 거의 바닥이 나 지루해질 즈음, 한 소녀가 나의 눈길을 끌었다. 아이들 중 최고참은 될 것 같은, 그래서 다른 아이들보다 한두 뼘은 더 높이 솟아오른 키에다 얼굴엔 붉은 여드름이 가득 피어오르기 시작한 열다섯 살 정도의 소녀가 있었다. 다른 꼬마들처럼 막무가내로 조르지도 못하고, 순진무구해 보이는 눈망울로 여행자들의 마음을 약하게 하기에는 너무 눈에 철이 들어 버린 것 같고… 도무지 그녀의 담배 바구니는 줄어들질 않았다. 하지만 그녀의 마음을 쓰이게 하는 것은 다른 곳에 있는 것 같았다. 그녀는 끝없는 동경의 눈초리로 서양 여행자들을 바라보고 있었다. 몇몇의 친절한 프랑스 미소년들과 띄엄띄엄 토막 불어로 이야기를 하면서 그녀의 볼은 자꾸만 빨개지고 있었다. 아마도 가슴이 뛰기 시작했으리라.

얼마 후 버스는 떠날 준비를 하고 여행자들이 하나 둘 버스에 타기 시작하자 그녀의 갈등은 시작되었다. 어린아이처럼 보여서 아직 팔지 못한 담배들을 팔고 싶다는 생각과 조용히 미소로 우리들을 보내 매력적인 여자로 보이고 싶다는 생각 사이에서 그녀는 갈등하는 듯했다. 그리고 마침내… 그녀가 어렵게 내민 담배 몇 갑을 프랑스 미소년들이 어깨를 으쓱하며 거절하자, 금세 그녀는 팔을 내리고 아무 일도 없었다는 듯이 고개를 돌렸다.

하지만 난 보고야 말았다. 그녀의 그 부끄러움으로 가득 찬 눈과 원망 섞인 표정으로 더욱 붉어진 여드름 자국들. 생존을 위해선 어린아이여야 했지만 그래도 적어도 어느 순간은 여자이고 싶었던 그녀의 복잡한 눈동자.

그것이 내가 캄보디아를 기억하는 단 하나의 모습이다. 나에게 캄보디아는 끝없이 온화한 미소라는 바이욘의 사면 얼굴도 아니고, 수천 가지 동작으로 앙코르 와트의 벽면을 가득 채우고 있던 압사라 선녀의 천하 절색 얼굴도 아닌, 여자이고 싶었던 한 어린 소녀, 아니 그녀의 현실 속에선 결코 자기가 바라는 '여자'가 될 수 없었던 그녀의 복잡한 얼굴로 기억된다.

그것이 바로 평생을, 자신이 바라는 '여자'의 모습이 되기엔 함량 미달이라며 끊임없이 자신을 훈련하고 그래도 영원히 만족하지 못하던 어머니의 어린 모습이기 때문이다.

2

지난 여름, 체코 프라하의 구 시가지 광장. 엄마와 함께 한 여행 8일 만에 난 여행 최대의 위기를 맞았다. 여행 가이드북에서 본 것과는 달리 뻔뻔스러울 정도로 값이 오른 레스토랑의 메뉴판을 내가 던지고 나오자마자 엄마는 기분이 상해 버렸다. 아니, 그전부터 엄마는 이미 화가 나 있었다.

"그래, 난 이곳에 어울리지 않아."

모차르트의 오페라 「돈 조바니」, 그것도 여름 오페라 축제 개관 첫 공연에 맞춰 운 좋게 프라하에 도착한 기쁨을 맘껏 즐기려던 나에게 엄마는 계속 찬물을 끼얹고 있었다.

"보려면 너 혼자 봐. 내가 그걸 봐서 뭐 하겠어?"

고르고 고르다가 먹을 만하겠다 싶었던 미트 토마토 소스 라자냐와 후식으로 시킨 치즈 케이크 그리고 느려터진 서비스 덕에 식어 버려 우유의 느끼함만 남은 카페 라테는 엄마를 더 외롭게 만들어 버렸다. "난 이런 건 정말 아무 맛도 모르겠어."

카를 대교를 건너면서도 엄마는 말이 없다. 손으로 직접 그림을 그려 넣은 액자를 고르면서도, 오르골을 연주하는 할아버지를 보면서도 엄마의 어깨에선 자신감이 사라진 지 오래다. 그렇게 말없이 걷다가 발견한 아이스크림 수레에서도 망고 맛과 초코칩 바닐라 중에서 어느 것을 먹어야 좋을지 어두운 표정만 지을 뿐 선택을 하지 못한다. "어느 게 좋은 거지? 난 모르겠다."

유럽은 그렇게 어머니를 외롭게 만들었다. 런던 웨스트엔드 대로의 뮤지컬을 보며 제때 웃지 못하고 제때 울지 못해 느낀 참담함은, 암스테르담의 멋진 운하와 전차들 그리고 자유 분방한 거리 공연자들로 인해 주눅으로 이어졌고 뮌헨 호프브로이하우스의 폭발할 것 같은 젊은 기운은 어머니의 나이만 인식하게 만들었다.

그렇게 이미 삶의 양식들이 너무나 잘 짜여 있고 '문화적인 행위'로 넘쳐나는 도시들을 여행 초반의 코스로 잡은 것이 잘못이었을까. 아니면 그 속에서 그들의 '세련됨'을 같이 즐기기엔 우리가 '가난하고 경박한' 아시안 거지 여행자로 취급되었기 때문일까?

어머니의 낯설음과 그로 인한 긴장과 또 불안감은 마침내 문화적 자존심 하나로 먹고 산다는 프라하에서 폭발하고 말았다.

"내가 그걸 보면 뭐해? 내가 지금 뭘 제대로 보고나 다니는 거니? 역시 난 이런 곳엔 어울리지 않아."

어머니의 파괴적인 언어가 쏟아졌다. 하지만 그녀는 관광객은 거의 찾지도 않는 뮌헨의 노이에 피나코테크를 일부러 찾아간 사람이었다. 그녀는 미술 사조와 작가에 대한 사전 지식이 없이도 자신이 좋아하는 그림의 조류를 정확하게 선별하던, 그림을 공부가 아니라 감각으로 읽을 줄 아는 탁월한 눈을 가진 사람이었다. 그녀는 자기가 발견해 낸 그림들을 간직하고 싶어 미술관 서점에서 마감 종이 울릴 때까지 수백 장의 엽서 중에서 그 그림들을 찾아내 소중히 지니고, 그림들의 구도와 색감과 인물들의 스토리를 읽어 내는 감수성을 지닌 사람이었다. 그녀는 유럽에 세 번이나 갔던 나조차 발견하지 못한 그들의 일상의 움직임을 날카롭게 지적하던 사람이었다.

그런 그녀가 자신이 '유럽에는' 어울리지 않는다고 생각했다. 한 무더기의 별 생각 없는 관광객들이 이미 관광지화되어 버린 극장으로 우르르 몰려 들어가 꾸벅꾸벅 졸거나 연신 하품을 해가며 간혹 귀에 익은 멜로디에만 열광하며 박수를 보내고 나선, 도시마다 가장 유명한 미술관에 들러 가장 유명하다는 그림 앞에 바글바글 모여 생각보다 작다느니 볼품 없다느니 하는 평들을 내리곤, 시속 4킬로미터의 발걸음으로 미술관 복도를 통과하고 나서도, 너무나 뿌듯한 얼굴로 극장 문을, 미술관 문을 나서며 이제 '유럽을 알아'라고 말하고 있을 때, 어머니는 자신이 본 것이 자신이 이해한 것이 제대로 된 것인지를 고민하고 계셨다. 어머니는 언제나 자신을 '제대로 이해하는 사람'과는 한참 거리가 있는, '주변에서 정답을 기웃거리는 사람'으로 생각하셨다.

그렇게 제대로 된 '교양 있는 여성'이 되기 위해서는 아직까지 더 많은, 더 좋은 훈련이 필요하다고 믿고 있는 분이, 아직은 공연을 즐기고 난 후 마시는 서양 차 한잔이 즐거움 그 자체가 아니라 '내가 그런 행동을 할 수 있다'는 만족감으로서 작용하기에 끊임없는 불편함을 느끼는 분이 바로 나의 어머니다.

그녀에게 그녀가 살아온 50여 년은 자기의 기분대로 즐겨온 시간이 아니라 세련됨이나 여성스러움을 남에게 평가 받고 인정 받아야 했던 시험의 시간이었던 것이다.

3

어머니가 그렇게 '교양 있는 여성'이 되고자 하는 열망을 가지게 된 것은 결혼을 준비하고 실행하면서부터였다. 어머니는 결혼으로 신데렐라의 꿈을 꾸신 분이었다. 그리고 그녀가 결혼한 1973년은 그것이 가능해 보이던 시절이었다.

공장에서 일하던 어머니에게 실습을 나온 대학생 아버지는 너무나 다른 부류의 사람이었다. 대학이란 곳은 고향에서도 내로라 하는 집안만이 다닐 수 있었다는 어머니의 기본적인 상식에서 생각해 볼 때, 연세대학교에 다닌다는 해사한 청년은 사랑의 감정에 앞서 신분 상승의 꿈부터 꾸게 만들었다.

　토지 개혁으로 토지를 몰수당하기 전까지 상당한 토지를 보유하고 있었던 지주 집안인 아버지. 땅 보상비로 받은 돈을 뒤주에 가득 담아 놓고 썼다는 아버지 집안은 버는 사람은 없이 구 남매가 전부 서울로 유학을 와, 좋다는 학교에들 다니고 있었으니, 점차 위세는 쪼그라들고 있었지만, 아버지는 여전히 부잣집 도련님의 모습이 온몸에 배어 있었다. 결혼만 하면 힘겨운 삶의 문제들이 모두 해결되고 아버지의 모든 배경이 자신의 것으로 되리라는 생각에 어머니에게 결혼은 놓칠 수 없는 절호의 기회였다.

　동경 유학을 다녀오고도 잘 나가는 관직 자리조차 마다하시며, 그저 아름다운 여인들 품에서 세월을 보내기를 희망하시던, 그러다 하나하나 분가하는 첩마다 한 살림 떼어 주며 재산을 탕진하는 재미로 사시는 친할아버지와, 마을의 가장 지혜로운 노인이었지만 아홉 자식의 배를 채워 주기에는 가진 것이 없었던 외할아버지.

　쇠락해 가고는 있지만 잘 나가던 아버지의 집안과 새마을 운동의 약간의 수혜자로 이제야 조금씩 안정되어 가는 어머니 집안의 만남은 기본적인 가치관과 생활 습관에서 처음부터 삐걱거렸다. 구 남매가 모두 고등 교육을 당연하게 받았으며 지방의 유지로서 체면을 잃지 않으려 하는 아버지의 집안과, 머리 굴리는 것보다는 몸으로 뛰는 만큼 돈이 들어온다는 소박한 신념을 가진 어머니의 집안 사이에는 사소하지만 분명하게 차이가 존재했으며, 그러한 차이는 두 집안 경계의 직접적인 마찰자인 어머니와 아버지 사이에서, 특히 어머니와 시집 식구들의 관계에서 드러날 수밖에 없었다.

　어머니가 노동으로 생계를 유지해야 했다는 사실 자체를 이해하지 못하는 시집 식구들에게 어머니는 '고등 교육을 마치고 조신하게 집에서 신부 수업 받다가 중매로 어렵게 연결된 처자'로 둔갑할 수밖에 없었고 그러한 조작은 결혼한 지 30년이 지난 지금까지도 유효하다. 그리고 그러한 조작을 위해 되풀이되는 거짓말과 연극, 그리고 그런 자신에 대한 모멸감 또 그로 인하여 가지게 되는 교양에 대한 강박에 가까운 집착. 여기에 오래전부터 가지고 있던 학문에 대한 끊임없는 열정 또는 환상은 어머니가 많은 비밀 이야기를 가진 능숙한 배우가 되도록 훈련시켜 왔다.

4

그렇게 어머니는 비밀 이야기가 참 많은 분이셨다. 어머니는 "네가 스무 살이 되면 엄마가 어떻게 살았는지 다 이야기해 줄게"라는 말을 가끔 하셨는데, 난 그 허무한 눈빛이 너무나 싫었다. 어머니의 그런 비밀 이야기의 예고와 긴 한숨 소리는 자신을 비극의 주인공으로 만들기 좋아하는 사춘기의 습성을 자극하여, 한때는 날 대단히 불행한 가정의 피해자인 양 생각하게 만들기도 했고, 그 의미심장하게 반복되는 넋두리가 너무 지겨워 나중에는 짜증을 넘어서 반감을 느낄 지경에 이르기도 했다. 아마 기댈 곳 없이 아슬아슬한 어머니의 모습에 가슴이 아파, 거기에 신경을 쓰기 시작하면 내 인생에는 도움이 안 될 거라고 여겼기 때문이었을 것이다. 철저하게 이기적인 내 방어 시스템은 어머니가 속내를 털어놓을 수 있는 틈을 절대 보이지 말라고 나에게 명령했었다. 그렇게 난 스무 살이 되었고 들어줄 사람 없는 어머니의 비밀 이야기는 흔적도 없이 사라져 가고 있었다.

하지만 어쭙잖게 주워들은 사회학 지식으로 세상을 다 아는 것처럼 건방을 떨고 다니던 시절, 학점을 위해 우연히 쓰게 된 어머니의 생애사는 내 머릿속을 온통 뒤흔들어 놓았다.

비밀의 유효 기간도 사라져 버린 스물셋의 나이에 처음으로 듣게 된 어머니의 긴 이야기.

내가 쓴 생애사 리포트를 직접 보시곤 "그래, 그때가 이런 시절이었지… 내가 꼭 이렇게 살았는데, 네가 대신 말해 줬네" 하며 어머니의 눈가에 편안한 눈물이 맺혔을 때, 난생 처음으로 내가 하는 공부가 할 만한 가치가 있다는 것을 느꼈다.

그렇게 시작된 1960,70년대에 대한 관심이 그녀의 어린 시절로, 고향을 떠나게 만든 이농 현상으로, 그녀를 슬프게 만든 베트남 전쟁으로 이어졌고, 그녀가 처녀 시절 읽었던 잡지와 책들을 찾아내어 읽으며 어머니와 그 친구들이 선택한 결혼의 과정을 추적해 보기도 했다. 난 이제 작은 보따리 하나 들고 잘 알지도 못하는 낯선 부산 바닥을 헤매던 어머니의 모습으로 '이농'이라는 말을 기억하며, 지저분한 기숙사에서 새우잠을 자다가 계속되는 야근으로 애써 등록한 학원에 가지 못해 안절부절하며, 철야 작업을 끝내고는 주말도 잊은 채 파리한 얼굴로 쓰러져 잠든 어머니의 얼굴을 떠올리며 '공업화'를 생각한다. 내가 그동안 잊고 있었던 사람의 모습을 어머니는 내게 가르쳐 주셨고, 그런 구체적인 사람들의 움직임 속에서 세상을 이해하는 실마리를 찾아내는 방법도 알게 되었다. 그리고는 마침내 "아직도 그 주제야?"라는 친구들의 비아냥까지 들어가며 난 또 다시 어머니를 석사 논문의 주제로 잡아 그녀를 나의 무한한 정보 제공처 겸 연구 대상으로 삼는 만행(?)을 계속하고 있다. 이제 난, 어머니의 한숨 소리를 내 코끝으로 느끼기 위해 고양이처럼 수염을 바짝 세우고 있는 것이다.

일주일째 켜져 있는 집 근처 골목길의 가로등 때문에 어머니는 아침부터 동사무소에 전화를 하신다. 두 번이나 신고를 했지만, 서로 책임을 떠넘기기만 하다가 직접 신고를 다시 하라며 전화 번호나 불러 주고 있는 직원이 어머니는 내심 못마땅하시다. 아버지는 뭐 그런 남의 일까지 신경을 쓰냐며 한심해 하시지만 난 그런 어머니가 좋다.

이제 어머니는 좀더 세련된 문화 시민이 되기 위해 일주일에 두 번씩 종합 병원으로 자원 봉사를 나가시고 돌아오는 길에는 아무도 보지 않는 병원 도서관의 책을 서너 권씩 빌려와 끊임없이 읽으신다. 그리고 이젠 아예 오빠와 내가 독립해 나가 생긴 방에 어머니만의 서재를 만드시곤 하루의 대부분을 그곳에서 보내신다. 이런 어머니의 인생에서 가장 절망적이었던 순간은 아마 글자가 어른거려 도저히 책을 읽을 수 없다는 사실을 인정하고는 안경점에 들어가 "아무 거나 돋보기 하나 주세요" 하며 얼굴 붉히던 순간이었을 것이다.

그렇게 어머니가 읽은 책들은 초등학교 시절에는 매주 바뀌며 책상 앞에 붙여지던 예쁜 글씨로, 냉소가 극에 달했던 고3 시절에는 도시락 속의 짧은 편지로 나에게 전해졌다. 도시락 주머니를 열면 언제나 방패 모양으로 접혀 있던 그 편지는, 가끔씩은 밥 냄새, 반찬 냄새가 배어 있었을지라도 혹은 그것이 어느 책에선가 읽은 누군가의 행동을 따라한 것일지라도, 나에겐 소중했다. 식구들은 일어나지도 않은 어슴푸레한 새벽에 식탁에서 썼을 그 편지는, 세상엔 수학 · 영어 말고도 재미있는 것들이 많을 거라고, 네가 사는 법 말고도 다르게 생각하며 다르게 살아가는 사람들이 있을 거라고, 그러니 이제는 네가 그런 세상을 배워 엄마에게 보여 주는 창문이 되어 달라고 말하는 그녀의 목소리였다. 그렇게 어머니는 나에게 끊임없이 말을 걸고 계셨던 것이다.

"진아, 지금 영화에 파리가 나오는데 우리가 탔던 세느강 유람선도 나와." "여기 백화점인데, 스페인 상품 특별전 하면서 가우디 사진전도 같이 하더라." "뉴스에 나왔는데 체코에 비가 너무 많이 와서 건물들이 다 무너졌대. 우리가 갔을 때 만났던 사람들은 괜찮을래나?"

가끔 큰일이라도 난 듯 흥분해서는 급하게 전화하는 어머니의 목소리가 불쑥불쑥 나에게 '유럽'을 전해온다. 한창 바쁠 때 전화를 해서는 우리가 내렸던 역 이름이 산타루치아 역인지 산마르코 역인지 물어 보고는 이내 뚝 끊으시지만 난 짜증이 나질 않는다. 그곳에 있을 때는 그토록 어머니를 외롭게 만들었던 '유럽'이 이제는 어머니와 나 사이에 둘만이 알 수 있는 '신호'가 되어 가고 있다. 이제야 난 그녀의 말 걸기에 화답을 시작하게 되나 보다. ⓒ

οικογένεια

famiglia

시 · 쿵트

가족

BASKIN ROBBINS 31

대학로점

김혜순

소위 데뷔를 한 지 25년이 되었다. 그동안에 『달력
공장 공장장님 보세요』 등 시집을 7권 출간했고,
『여성이 글을 쓴다는 것은』이라는 시론집을 출간했
다. 서울예대 교수로 일하고 있다. 아직도 시를 쓰
고 있는 것은 늘 중얼거리는 여자와 한 몸으로 살
기 때문이다. 그 여자를 향해 방아쇠를 탕! 당기는
날이 올지도 모르겠다.

아랫배 불룩하게 달 가진 엄마와 딸이
손잡고 BASKIN ROBBINS 31 들어가네
엄마는 검은 달 뜬 지 17일째, 찌그러진 보름달, 체리 쥬빌레
딸은 검은 달 뜬 지 13일째, 이제 막 부풀기 시작하는 보름달,
피스타치오 아몬드를 주문했네
룰루 랄라 살짝 새벽빛이 도는 볼록한 박하향 상현달 위에
피스타치오 아몬드 가루 주근깨처럼 뿌려져 딸의 손에 먼저 들려지고
낮과 밤이 경계없이 몸속으로 넘나드는 보랏빛 시큼한 시간
주책없이 먼저 뜬 하현달 위에 남몰래 흘리는 붉은 눈물
살짝 핏빛이 도는 체리 주빌레 엄마 손에 들려지네
우리는 각자의 달을 핥으며 크리스마스 이브 날 마리아의 배처럼
부푼 하늘을 손가락질하네 우리가 여기 있는지 거기 있는지
관심도 없는 마리아의 달이 먹구름 속에서

검은 달 뜬 지 10달, 망고 탱고 혼자 홀짝거리네
웨스트사이드 스토리 포스터 속에서
포스터 밖으로 튀어나올 듯 춤추는 사람들
종이 속에서 들리는 여자의 터질 듯한 거친 숨소리
저 여자는 분명, 검은 달 뜬 지 하루나 이틀
민트 초코 칩 그거 좋아할 거야 우리는 깔깔거리며
각자의 달을 녹여 먹으며 대학로 걸어가네
제 그림자를 탈출하려는 듯
짧게 자른 교복 치맛자락을 마구 흔들며 몰려가는 아이들
체리 아모르, 레인보우 샤베트, 아몬드 봉고, 씬 민트 칩
쟤네들 누구의 뱃속에도 같은 달은 뜨지 않아, 너 그거 알아?
영화 본 다음엔 뭘 먹을까, 붉은 돼지가 자신의 치맛살을 다져 만든
스테이크를 공터 곁 숯불 위에서 굽고 있네
얘야 느껴지지 않니 아무래도 저 달에 지진이 났나 봐
양수가 터진 달이 손가락 사이로 질질 녹아 흐르고
누군가 버리고 달아난 자동차 깨어진 뒷창문 밖으로
튀어나온 고양이가 먹구름 속에서 달을 홀짝거리는 소리
동숭 시네마텍 의자 아래엔 피 묻은 생리대, 엄마의 뱃속에서
화면 밖으로 금방 태어나온 태아가
빨리 늙는 병에 걸려 버렸는지 어쨌는지
털복숭이 아저씨가 되어 제 엄마를 깔아뭉개네
어린 딸이 초콜릿의 포장을 벗기자 검게 얼어붙은 혀가
딸의 입술을 깨물고 엄마와 딸의 소리 높은 비명!
한 달 내내 단 하루도 같은 달이 뜨지 않는 엄마와 딸의 하늘처럼
한 달 내내 단 하루도 같은 아이스크림을 먹지 않아도 되는
BASKIN ROBBINS 31, 분홍색 불을 켠 집은 밤새도록 환하고
영화가 끝나도록 각자의 봉긋한 하늘을 핥아먹는 이 맛!

거미의 집

김혜순

당연히, 하늘에서 비가 쏟아졌다(그러나 젖지는 않았다)

그녀는 집으로 가는 버스를 탔다(그녀는 집이 없었다)

버스 안의 사람들은 다 집이 있었다(그러나 그녀는 집이 없었다)

만화처럼 칸칸이 나누어진 버스의 창

(번호를 매단 낭떠러지들이 빵빵 경적을 울리며 달려갔다)

곧 종점에 닿았다(버스는 종점이 없었다)

그녀는 집 앞에 멈추었다(그네 위에 걸린 것처럼 흔들리는 그녀의 집)

그녀는 가만히 얼굴을 말아 두 다리 사이에 집어넣었다(그녀는 두
다리가 없었다)

그녀의 몸속에 집이 숨어 있나?(집이 그녀의 멱살을 잡았다)

발 닿는 곳마다 집이라고, 그렇게 그녀는 믿었을까?(그녀의 집엔 이
불을 펼 바닥이 없었다)

그녀에겐 길이 곧 집일까?(그녀가 우두커니 집을 들고 서 있었다)

지붕 위로 쉴 새 없이 파문이 번져 갔다(그녀의 집엔 지붕이 없었다)

정수리를 타고 그녀의 집이 핏물처럼 내려왔다(누가 그 집을 당겨

버렸나?)

문짝들이 와르르 쏟아졌다(그 집에는 창문이 하나도 없었다)

쏟아진 창문들이 하류로 흘러갔다(강이 그녀의 창문들로 빽빽했다)

조용히 강물 속으로 무너져 내리는 그녀의 집(너는 어디에서 한평생
살다가 왔니?)

하늘에서 비가 평생토록 쏟아졌다(그러나 젖지는 않았다)

그녀마저 들어가 살 수 없는 그녀의 집(그녀의 눈가로 방울방울 맺
힌 그녀의 집)

솜사탕의
무게로

─────────────── **최윤**

1953년 서울에서 태어나 서강대학교 국문과를 졸
업하고 프로방스 대학에서 불문학 박사 학위를 받
았다. 1988년 작품 활동을 시작했다. 소설집 『저
기 소리 없이 한 점 꽃잎이 지고』 등을 펴냈고 최
근 장편 소설 『마네킹』을 발표했다. 현재 문학 전
문 계간지 『파라21』 편집 주간으로 활동하고 있으
며, 서강대학교 불문과 교수로 재직 중이다.

솜사탕 1

이제는 익숙하게 된 스산한 한기에 그녀는 가만히 눈을 떴
다. 이미 사방이 어두워져 있었고, 드디어 저녁을 해 먹을 시간이다.
아무도 전화하지 않는 이 묘한 시간이 창 앞의 이 푹신한 의자에 앉
아 자신도 모르게 늦은 낮잠을 자는 시간이 되어 버린 것은 안타까
운 일이긴 했다. 깨어나면 정인은 자신을 향해 고개를 끄덕거리곤
했다. "그래, 잘 때려치웠어." 그래도 그녀는 친구들을 만나면 이렇
게 덧붙인다.

"가을은 이혼하기에 적합한 계절이 아냐. 이왕이면 봄이나
여름을 선택해."

바로 스산하게 식는 오후의 못된 기운 때문이었다. 이 스산
한 기운이 싫어 한두 번 재결합의 생각이 뇌리를 스치지 않은 것은

아니지만, 지난 삼 개월간의 격렬한 말다툼은 결코 다시 시작할 만한 것이 아니었다. 칠 년을 끌어온 것이 기적이라는 생각이 들 정도였다.

그녀는 이혼만 해치운 게 아니라 잘 다니다 승진을 앞둔 광고 회사에도 사표를 냈다. 프리랜서 카피라이터. 이것이 정인의 새로운 직업이다. 전화와 인터넷, 그동안 이 분야에서 쌓아 놓은 친분 관계를 새 자본으로 삼고 아예 이사까지 해 버렸다. 아직까지는 전의 직장 동료들의 동정적 도움으로 두세 가지 일거리가 알맞은 리듬으로 제공되었지만 언제까지 계속될는지는 오로지 결과에 딸렸기에 그녀는 더욱 더 일에 매달릴 결심이었다.

뿐만 아니라 오후 세 시부터 여섯 시까지는 무슨 일이 있어도 방해받지 않고, 이혼과 함께 계획한 일을 실천해 보고자 그녀는 오는 전화를 받지 않기로 하는 피나는 결정을 내린 것이다. 그러다 보니 자연스럽게 이 시간에 전화하는 사람이 드물어져 세상이 우호적으로 그녀를 돕는 것처럼 보였다. 그녀의 계획이란, 지금까지의 십여 년에 걸친 경험을 살려서 자신이 긍정적으로 평가하는 광고에 대한 대중적인 책을 써 보는 것이었다. 자그마한 아파트는 당장 아수라장이 됐다. 자료와 참고할 책들과 복사물이 사방에 나뒹굴고, 이러한 분방한 무질서는 그녀가 이혼 후 누리는 즐거움 중의 하나가 됐다. 문제는 오후의 이 성스러운 시간에 일이 진척되기보다는 종이 더미 사이에 놓인 편안한 소파에서 낮잠을 자는 일이 더 빈번해진 것이다. 그런 날이면 기분이 매우 상해 그녀는 친구를 불러내 한잔 하지 않을 수 없게 되는 것이다. 이 저녁 외출, 그것은 결혼 전이나 결혼 후나 안 하면 죽고 못사는 그녀의 성스러운 오락이었고, 남편과 마찰이 일어날 때 자주 거론되는 그녀의 약점 중의 하나였다.

이혼 후 그녀가 가장 힘들어한 것이 바로 이것이었다. 일단은 일주일에 두세 번 친구들과의 약속에 갑작스런 차질이라도 생기면 싫건 좋건 그녀의 외출에 친구 대신 대동해 주는 남편이 없어지자, 이혼 직후에는 상황이 그러니 아무렇지도 않았는데 공연히 시간이 지나면서 어떤 친구들에게는 전화하는 게 눈치가 보이기 시작한 것이다. 그렇다고 매일 같은 친구들을 귀찮게 보챌 수도 없는 일이었다.

이상하게 자리잡은 이혼녀의 자격지심이랄까, 그녀는 직장을 그만두고 무엇보다도 시간 관리와 외출 시 자신의 외모에 신경을 썼다. 스위스 식이라던가, 먹으면서 하는 다이어트를 이혼 직후 시행해 괄목할 만한 성과를 보아, 겨우 한 달이 돼 가는 짧은 기간 안에 그녀는 가히 영육 양면에서, 결혼 전의 깔끔한 기품을 되찾았다.

그렇지만 미혼 시절의 차가운 우아함을 채 즐겨 보기도 전에 그녀는 청천 벽력 같은 소식을 전달받게 되었다. 정말 예상도 하지 않은 일이었는데, 오후의 저항할 수 없는 낮잠, 그게 문제였다. 그저 갑작스러운 프리랜서의 생활이 원인이거나 아니면 다소간 무리했다 싶은 다이어트의 결과려니 하고 자기 관리 차원에서 투자한다 치고 받아본 건강 진단인데, 이런, 아연실색한 결과를 담당 의사는 무슨 축하할 일이라도 되는 듯 싱글벙글하며 그녀에게 알렸다. 임신! 그녀는 여러 번이고 확실하냐고, 의료 행위 전반에 평소에 그녀가 가지고 있는 모든 의심의 눈초리를 담아 되물어, 의사의 얼굴에서 웃음기가 싹 사라지게 했다. 그렇다고 결과가 사라지지는 않았다. 건조한 목소리로 삼 개월 됐다고 의사는 덧붙였다. 나어린 미혼녀도 아니고 어떻게 그런 걸 모르고 지나쳤냐면서, 의사는 그녀를 담뿍 무시하는 시선을 되돌려 주었다.

그녀의 머릿속으로 온갖 수선한 그림들이 지나갔다. 그녀의 혼란을 도우려는 듯 의사는 남들이 다 바라 마지않는 이 나이의 첫 임신이니 각별히 조심해야 한다며 몇 가지 주의 사항을 말하는 모양이었지만 그녀의 머리는 다른 곳을 헤매고 있었다. 도저히 받아들일 수가 없었지만 결과는 결과이니 우선 대책이 시급했다. 그녀는 더듬거리면서 몇 가지 질문을 하지 않을 수 없었다. 아이를 원하지 않는다면? 어떤 일들을 해야 하는지…에 대해 의사는 그녀가 이해하기 어렵지만 뜻은 짐작이 가는 용어들을 동원해 결정하려면 빨리 해야 한다는 더욱 난감한 답변을 주었다. 도대체 왜, 이제 와서! 지난 삼 개월간의 그 난리가 그렇다면 이런 육체적 변화에 따른 부작용? 그렇지만은 않을 것이다. 어쩌면 이혼이 확실히 그녀의 머릿속에 그려졌기 때문에 그 사이 임신 강박증이 약해진 틈을 타서 벌어진 실수?

생각할 거리만 가득 안고 그녀는 병원을 나왔다. 그녀 앞에는 기껏해야 한 주일 정도의 결정 시간이 남아 있을 뿐이다. 애 엄마가 되는가, 아닌가의 결정. 모든 것을 끝장내는가, 아니면 며칠만 참고 아무것도 없는 것처럼 지금처럼 사는가. 그녀의 머릿속에서는 이 두 가지의 극점을 이어 주는 어느 다리도 떠오르지 않았다.

벌써 하루 반 동안 그녀는 아무것도 할 수도 생각할 수도 없었다. 그녀는 먼저 실내에 불을 켜서 스산한 기운을 내쫓으며 쓸어 보고 쓸어 본, 아직 아무런 흔적도 없는 배를 다시 한번 쓸어 보았다. 아무리 생각해도 이건 뱃속에서 살아내기로 결정한 생물과 무관하다고는 할 수 없는 꿈에서 막 깨어난 것이다. 만약 임신이라는 걸 몰랐다면 흔히 있는 가짜 태몽의 변종 정도라고 웃어넘겼을 터다. 그런데 사자라니! 그녀는 꺼 놓았던 핸드폰, 빼 놓았던 전화 플러그를 다시 꽂을 생각도 안하고 멍하니 앉았다가 후닥닥 몸을 일으켰다. 그녀는 바닥의 종이 한 장을 집어 눈을 감고 기를 모았다. 방금 전 깨어난 꿈의 내용이 도망가지 않게 쓰기 위해서였다.

부드러운 곡선으로 구릉을 만들며 이어지는 초원의 이쪽에 정인으로 추정되는 여자가 그곳이 안방이라도 되는 것처럼 이불을 덮고 누워 있다. 저쪽 건너편 둔덕쯤에 동물들의 무리가 모여서 이쪽을 빤히 바라보고 있다. 자세히 보이지 않을 정도로 멀지만 동물들은 토끼 같은 애완용이라기보다는 아프리카의 초원에서나 만날 듯한 사나운 것들이다. 아닌 게 아니라 사자 한 마리가 무리에서 빠져나오는데, 역시 꿈의 비정상적인 논리에 따라 그 녀석만은 또렷이 보인다. 실제의 사자라기보다는 결혼 전 정인의 방 벽장에 걸려 있던 사자 모형의 천 편

374
374
374

지꽂이처럼 팬시한 디자인의 아기 사자였다. 하트 형의 꼬리가 옆으로 올라가고 귀 두 개가 쫑긋한. 갑자기 사자는 건너편에 누워 있는 여자를 발견한 듯 맹렬하게 정인 쪽으로 뛰어오는 것이다. 정인은 너무도 두려워 옆을 보았더니 그때까지만 해도 빈 자리였는데 전 남편이 떡하니 같은 요, 이불 속에 누워 있는 게 아닌가. 사자는 여전히 그녀를 향해 달려와 그녀는 눈을 질끈 감았다. 잠시 후, 그녀 옆에 다가온 사자는 눈을 감고 있는 그녀의 얼굴과 어깨에 자기 몸을 비벼댔는데, 글쎄 그 사자 털이라는 것이 예상했던 것과는 달리 매우 폭신했을 뿐 아니라 비비고 난 후에는 아기 사자의 털이 그녀의 입 근처에 묻어났는데, 깔깔하다가 녹는 맛이 꼭 솜사탕 맛이었다. 역시 꿈다웠다. 그래서 확인을 하려고 눈을 떠보았더니 사자는 그녀와 옆의 남자 사이를 비집고 이불 속으로 쏙 들어가 버렸다.

사자, 무서운 사자, 얼굴에 비벼 오던 아기 사자 털… 입안의 달착지근한 맛과는 무관하게 이런 것들이 살에 소름을 만들면서 다시금 상기되었다. 그녀는 잠들기 전에 자신이 하던 결론이 나지 않는 생각을 하지 않을 수 없었다. 대체 언제였던지, 아무리 날짜 계산을 다시 해 봐야 역시 일은 이혼 얘기가 전격적으로 오가면서 전 남편이 절망적인 전복의 기회를 엿보려는 듯 뭐, 이혼 기념 잠자리라나 하는 걸 제안한 그 저녁에 벌어졌던 것이란 말인가?

그녀는 그제서야 무언가 해야 된다는 생각으로 전화의 플러그를 꽂고, 핸드폰의 전원을 켰다. 바로 그 순간 삐리릿, 전화가 울리고 그녀는 못된 일하다 들킨 것처럼 후닥닥 놀라며 전화를 받는다. 애 두 명을 키우며 하던 공부도 때려치우고 억척스런 엄마로 변신한 동생이다. 그녀는 두 손을 저어가며 동생을 오지 못하게 하면서도 자신에게 일어난 일을 말하지 않았다. 동생이 자신의 머릿속 한구석에서 솔솔 자라나는 생각을 읽을 것이 두려워 거짓말을 둘러대 빨리 끊어 버렸다. 대신 정인은 전화 번호부를 뒤져 이혼을 결정하기 전에 한두 번 들린 일이 있는 심리 상담자에게 전화를 했고 급히 약속을 잡았다.

이삼 일 전까지도 저녁 메뉴로 정해 두었던, 소금 치지 않은 삶은 달걀, 설탕 넣지 않은 커피, 버터 바르지 않은 토스트를 포기하고 그녀는 식욕은커녕 임신인 걸 안 후부터 공연히 메슥메슥한 속을 다스리며 꾸역꾸역 보쌈에 된장찌개 남은 것까지 참기름을 듬뿍 넣고 마구 비벼 먹었다. 그러고 나니 그때서야 전 남편에게 생각이 미쳤다. 그렇지만 정인은 아무에게도 아무것도 알리고 싶지 않았다. 그녀가 자신도 모르게 무염시태의 성인적인 주인공으로 재탄생하는 게 아니라면 이건 분명 그 남자와의 사이에 생겨난 아인데, 정인은 아무리 생각해도 이 사건이 그와는 무관해 보였기 때문이다. 아, 어떡하지?만 수없이 입에서 튀어나왔고, 인터넷에서 가능한 한 모든 의학 관련 사이트를 검색하느라 한밤중에 침대에 누워서도 머리만 더 맑아져 왔다.

이튿날 찾아간 상담자의 말은 매우 의미심장했다. 더듬더듬 임신 이야기는 싹 빼고 꿈 이야기만 했더니, 그 상담자는 융에 의하면 사자는 모성을 상징한다는 것이다. 즉 정인은 모성을 매우 두려워하고 있으면서도 다른 한편에서는 무의식적으로 모성을 갈구하고 있는 것이 초원의 사자로 나타난 거라고 하면서 그녀를 거짓말 탐지기의 매서운 눈으로 쏘아보았다. 정인은 실토하지 않을 수 없었고, 어처구니없게도 기껏해야 대여섯 살 정도 많을까 말까 한 상담자 앞에서 울음을 터뜨리고 말았다. 상담자는 정인에게 우선 남편을 찾아가서 의논하라는 상식적인 얘기를 해 주었다. 물론 그녀가 그 생각을 안 한 것은 아니지만, 전 남편이라는 남자는 그녀가 가부간에 마음을 정하게 되면 얘기를 털어놓게 될 사람들의 목록에 겨우 끼어 있을 정도였다. 애초에 아이 얘기라면 늘 냉소적이던 그였으나, 지금에 와서는 원하지도 않는 아이를 빌미로 재결합을 요구할 것이 뻔했던 것이다. 헛걸음을 한 듯 허탈한 기분으로 건물을 나오기는 했지만 상담자의 꿈의 해석은 정인을 깊이 흔들었다.

아닌 게 아니라 그녀가 두려워하는 것은 한둘이 아니었다. 밤에 외출을 하지 않으면 죽을 것 같은 때가 한두 번이 아닌데, 그것

도 할 수 없을 것이다. 기껏 만들어 놓은 몸의 곡선은 단숨에 망가질
것이다. 책을 쓰다니, 그런 건 생각조차 할 수 없거니와 아마도 남편
과 재결합을 한 후 집에 들어앉거나, 아니면 양육비를 벌기 위해 여
차하면 밤을 새는 회사의 일정을 감내해야 할 것이며, 아이를 위해
좁은 집에 일하는 사람을 들여야 할 것이고 그녀는 그 누군가의 비
위를 맞추기 위해 전전긍긍해야 할 것이다. 정인은 부르르 부르르
떨려올 것만 같은 늦가을의 냉기 서려 오는 거리를 한없이 걸으면서
당장이라도 수술실로 달려갈 것만 같은 용기가 용솟음치는 것을 느
꼈다.

걷다 보니 어스름이 내려앉아 있고 그녀는 정말 아무나 불러
내 한잔 걸치고 싶은 생각이 간절했지만 그 대신 깊은 한숨을 쉬면
서 한우 코너, 유기농 야채 코너를 골라 다니면서 일주일 이상 먹을
만한 분량의 장을 봐 가지고 끙끙거리며 아파트 층계를 올랐다. 애
를 가진 친구들의 모습을 생생하게 떠올리면서. 또 하루가 지나갔
고, 그렇다고 난감함이 줄어들지는 않았다.

아무것도 손에 잡히지 않는 상태로 시간은 지나갔다. 정인은
여전히 결정을 내리지 못한 채로, 오후면 손에 잡은 책이 바닥에 떨
어지는 것도 모르게 잠을 자고, 뜨악한 마음으로 뒤숭숭한 꿈에서
깨어나는 이틀을 보냈다. 이제 정말 결정을 해야 했다. 특히 그녀가
부정적인 결정을 내리려면 더 더욱. 정인은 아직 병원이 문을 닫는
시간이 아닌 것을 확인하고 후닥닥 옷을 챙겨 입고 무작정 병원으로
향했다. 자신을 진단한 산부인과가 있는 병원이 아니라, 멀지 않은
곳에 위치한 종합 병원으로.

그녀는 누구에게 묻지도 않고 산부인과 병동의 신생아실로
직진했다. 가족들만 들어가게 되어 있는 그곳에 단숨에 다달아, 정
인은 이미 그만둔 회사의 명함을 내밀고 일 때문에 관찰할 것이 있
으니 잠시 유리문 밖에 머무르게 해줄 것을 간호사에게 간청했고,
그것은 별 어려움 없이 받아들여져 그녀는 신생아실로 안내되었다.

앙증맞게 작은 침대 안에 나란히 줄지어 누워 있는 갓 태어난 아이들을 정인은 무겁고도 무거운 마음으로 바라다보았다. 모두 비슷비슷해 보이는 동물 단계의 아기들은 눈가의 주름을 깊게 지으며 자고 있거나 때때로 몇 명의 아기들은 거두절미하고 그 조그만 사지를 휘저으면서 누구에게랄 것도 없이, 얼굴보다 더 새빨간 입을 한껏 벌리고 그악스럽게 울어 대고 있었다. 입은 너무 커서 얼굴의 반만해지고, 눈물도 흘러나오지 않는 마른 울음이 꼭 엄살로 우는 듯했다. 그러다가도 간호사가 급히 가서 준비된 젖병이라도 물리면 그 울음은 기적같이 단번에 멎었다. 정인은 그런 식으로 반복되는 유리문 너머 방안의 정경에서 눈을 뗄 수 없었다. 특히 그악스럽게 우는 아이들에게서 정인은 시선을 거둘 수가 없었다. 서서히 정인의 마음에 두려움이 사라지고 하나의 깨달음 같은 것이 들어차며, 그때까지 그녀의 심장을 누르고 있었던 무거운 돌 같은 것이 조각조각 나면서 하나씩 떨어져 나가듯 가벼워지는 느낌을 받았다.

눈을 감고 입을 크게 벌리고 그악스러운 울음으로 배를 채울 무언가를 절대적으로 요구하는 아기들의 저 거역할 수 없는 명령! 유리창 밖에 서 있는 정인의 몸이 그쪽으로 움직여 가고자 움찔거릴 정도로 그 울음은 원초적이었다. 아무나 와서 내 요구를 들어 달라! 고 그 작은 몸은 외치고 있는 것이다. 온 얼굴을 주름으로 덮으며 울고 있는 아기들을 바라보며 정인은 새삼스럽게 천부 인권 사상의 가장 기본적인 명제를 생생하게 체험하기라도 하는 것 같은 감동을 받았다. 정인의 머릿속에서는 자신도 모르게 분유 광고의 이미지와 문구가 하나 떠올랐다. 신생아실에서 카메라는 서서히 눈물 없이 우는 한 아가에게로 다가간다. 카메라가 줌인으로 아기의 입안으로 들어가는 중에 대사 처리를 한다. 나, 나는 내 우유를 요구할 권리를 갖고 이 땅에 태어났다⋯ 류의 코믹 터치.

그날 집으로 돌아오는 길 위에서 정인은 아이를 낳기로 결정했다. 그와 함께 정인이 아기의 우는 얼굴을 바라보면서 떠올린 작은 생각은 점점 더 구체적으로 정인의 머리에 자리를 잡기 시작했다. 그녀는 친구들 중에서 일곱 명에 한정해 자신의 임신을 알리고 아이를 자기 아이처럼 돌볼 부모 연대를 만들기로 결정한 것이다. 일곱은 그저 행운의 일곱 이외의 다른 뜻은 없었지만 대강 떠올린 얼굴이 일곱 명이기 때문이기도 했다. 문제는 그녀가 내린 결정에 동참해 달라고 부탁했을 때 흔쾌히 받아들일 친구들을 정하는 일이었다. 그것은 평소의 우정과도 다른 것이고, 거절한다고 해서 우정이 상해서도 안 되었다. 그녀는 가족은 포함시키지 않기로 마음을 먹었다. 가족이야 원래 보너스니까.

그녀는 집에 돌아오자마자 자신의 전화 번호부와 명함 상자를 다 꺼내놓고 다시 한번 친구들을 한 명 한 명 머리에 떠올려 보았다. 부모 연대에 참여할 수 있는 충분한 책임감이 있을까 없을까, 부모가 될 자질은 어떤 걸까, 키울 의지가 있을까 없을까, 이런 생각을 받아들일 정도로 마음이 열려 있을까 아닐까… 새로운 기준에 따라 친구들에 대해서 생각해 보는 것은 흥미롭고도 의미심장한 일이었다. 그녀는 저녁 먹는 것도 잊고 좁은 아파트 안을 돌고 또 돌면서 생각에 골몰했고 마침내 일곱 명의 잠정적인 부모 연대 명단을 만들었을 때는 이미 자정이 가까워진 시간이 되어 있었다. 자신을 포함해 여자가 다섯 명, 남자가 두 명이었다. 순서대로 하면 자신이 1번이었고, 일곱 번째에 전 남편이 위치해 있지만 이것은 자신의 마음속에만 매겨져 있는 은밀한 순서일 뿐이었다. '모두 아이에 대해 동일한 책임감과 동일한 즐김의 권리를 갖도록 한다'는, 그녀가 친구들과 같이 만들 부모 연대 헌장 제1조가 머리에 떠올랐다. 전 남편만 제외하면 다섯 명 모두가 정인이 믿고 또 지극히 사랑하는 친구들의 귀중한 명단이기도 했다. 결혼한 친구가 세 명, 이혼녀가 한 명, 미혼남이 한 명이었다. 미혼남이지만 남자 애인이 있는 이 친구는 늘 아이를 갈구했기에 가장 먼저 명단에 들어간 친구였다.

그때야 정인은 깊은 숨을 내쉬고 명단을 벽에 붙였다. 그것을 보면서 그녀는 뒤늦은 저녁을 준비하기 시작했다. 밀가루를 꺼내고 바지락 조개를 소금물에 담가 놓고 그녀는 칼국수 반죽을 하기 시작했다. 물과 가루를 섞어 휘젓다가 부드러운 반죽이 되게 주무르면서 그녀는 오랜만에 입안에 군침이 돌아오는 것을 느꼈다.

솜사탕 2

투명한 봄날이다. 어쩌면 며칠 전부터 새순을 받치고 돋아난 양란의 옛 이파리에서 꽃이 솟을 것만 같이 설레게 하는 대기의 냄새. 일요일이다. 그러나 한눈 팔 시간이 없다. 왜냐하면 벌써 떠났어야 하는데 아직 준비가 덜 된 까닭이다. 바쁘게 과일과 음식이 든 바구니와 돗자리 등을 챙기는 중에 살금살금 일어나는 생각. 챙겨 놓은 음식과 과일 바구니를 들고, 오늘의 목적지인 두세 시간 거리의 엄마의 묘소가 아니라, 아주 가까운 곳으로 소풍이나 가서 자연 속을 걸으면서 훌쩍 커 버려 소원해진 아들과 끝도 없는 얘기를 나누고 싶은 생각. 아니면 남편의 낚시터로 찾아가 부자가 낚시를 하는 동안 따사한 햇살 비치는 풀 위에 누워 봄 하늘이나 바라보다가 낮잠까지 챙기고 놀다 오고 싶은 강렬한 욕구. 너무 멀다. 아니 너무 멀지 않다. 그저 차로 두 시간의 거리. 정말 알 수 없는 일이다. 왜 매번 발걸음이 이토록 무거워지는 자신을 다독거리지 못하는지 종혜는 알 수가 없었다.

"얘, 짱아, 할머니 산에 가자."

안 부르던 애칭까지 동원해 신나는 목소리를 지어내 아들애를 불러 보지만, 이번 주말의 성묘를 계산에 넣고 지난 주에 그녀가 구입해 준 뇌물에 다름 아닌 우주선 게임에 여념이 없다. 중학교에 입학했어도 아들은 여전히 버릇이 없었고 말투에는 어린양이 배어 있었다.

"아 참, 엄마는 오랜만에 날씨도 좋은 주말인데에."

음악적으로 제법 높낮이를 갖춰 불평을 외쳐 대는 녀석을 번쩍 뒤에서 껴안고 들어올리려고 하지만 벌써 몸무게가 그녀의 감당 범위를 넘을 정도로 아이는 커버리고 말았다. 그것은 그녀가 아들에게 요청할 것이 있을 때마다 하는 제스처였지만 이제는 다른 방법을 고안해야 하는 것이다. 이 메일에 답을 해야 한다, 아침에 전화할 데가 있다, 숙제가 밀렸다 등등 엄마와의 외출 채비, 그것도 할머니 산소에 가는 채비를 한순간이라도 뒤로 미루려는 아들을 보며, 이것 정말 교육을 잘못시켰다는 확신이 들면서 남편에 대한 반감이 치솟아 올랐다. 남편으로 말하면… 철이 들면 가르쳐 주지 않아도 다 눈치로 배운다는 식이었다. 이 또한 심심찮은 말다툼거리였다.

영 못마땅해 하는 아들 녀석이 뿌리치는 손목을 애교 부리듯이 보드랍게 부여잡고 챙겨둔 음식 바구니를 들고 문을 열고 엘리베이터 앞에 섰을 때, 예외 없이 그 느낌이 그녀를 사로잡았다. 이렇게 날짜를 따져 무리하게 무덤을 찾는 일의 무의미함이 주는 아득한 느낌. 올해에 그녀의 엄마의 기일이 일요일에 걸리는 것이 꼭 그녀에게 골탕을 먹이려고 누군가 일부러 그런 것처럼 못마땅한 마음이 가득 들어찼지만 아들 앞에서 내색을 하지 않는 데는 성공했다. 어떻든 차에 시동은 걸리고, 기름은 가득 넣어져 있으며, 차가 크게 밀리지만 않는다면 두세 시간 후에는 큰집에서 멀지 않은 곳에 위치한 선산에 닿을 것이다. 아이는 뒷자리에서 억지로 하기 싫은 일을 시킬 때면 하듯 어른처럼 두 팔을 팔짱끼고 입을 뾰족 내밀고 차창 밖만 바라보며 몇 번 중얼거린다.

"에이, 정말 산에 가기 싫은데. 아빠 따라 낚시 가고 싶었단 말이야."

그녀는 어떻게든 아들의 마음을 즐겁게 해 주려고, 아들이 얼마 전부터 요구하던 것, 어른처럼 엄마가 운전할 때 앞자리에 앉는 것을 제안했지만 아이는 들은 척도 하지 않았다.

차가 동네를 돌아나갈 때까지는 아무런 문제가 없었는데, 아파트 단지 옆으로 나 있는 대로로 나서자, 서둘렀음에도 이미 도로는 봄 나들이 차량으로 가득 메워져 있다. 그래도 어떻든 차는 앞으로 나간다.

"도대체 꼭 이렇게 차가 막히는 주말에 다녀와야 하겠니? 전이나 후나 무슨 차이가 있어. 게다가 싫다는 애까지 고생시키려고."

남편은 같이 가 주지도 않을 거면서 잔소리나 쏟아 놓고는 낚시 도구를 들고 나가 버렸다. 하기는 무슨 일이 있어도 길 막히는 자동차 안을 참아 내지 못하니 할 말은 없었다. 낚시터에 아이를 데려갈 테니 혼자서 훌쩍 다녀오라는, 잘 생각해 보면 배려 어린 제안도 이상한 심술 심보를 가동시켜 거절했다. 그보다는 뭔가 아직은 자신도 알 수 없는 음모를 꾸미는 마음으로 아빠를 따라나서는 아이를 잡아 앉혔던 터다. 부자가 둘이서만 속닥속닥 즐길 것도 은근히 억울했다는 것도 심술의 원인이 되지 않았다고 보기 어렵다.

어려서부터 종혜는 농담조로 주변 친구들에게 '나는 결혼하면 고아하고 한다' 고 곧잘 부르짖곤 했다. 딸 셋만 두었다고 집안의 홀대를 받던 엄마를 보고 자란 우리 형제들을 공통적으로 사로잡고 있는 강박 관념 제1호가 여자를 얕보는 아버지쪽 식구들이었기 때문이다. 그것이 씨가 됐는지, 종혜는 고아 비슷한 남자를 직장에서 만났다. 나이는 자신보다 일곱 살이나 많았지만 그 남자가 자신의 가족에 대해 말하는 어투가 퍽 마음에 들어 자주 만나게 됐다. 새롭게 알게 된 남자에 대한 호기심이라기보다는 동물적인 방어 본능을 숨기고 그녀가 남자의 부모나 가족 상황에 대한 질문을 던졌을 때, 남자는 시큰둥하게 이렇게 덧붙였다. 열 살이나 터울이 지는 맏형이 일본에서 자리를 잡아 부모도 따라가 살다가, 거기서 돌아갔다. 부모 얘기를 하기는 하지만, 그저 지나간 얘기인데 앞으로 같이 살지도 모르는 사람이니 얘기해 준다는 식이었다. 그녀로 말할 것 같으면, 남자의 집에 모셔야 할 집안 어른도, 눈치 보아야 할 형제도 없다는 데 일차적으로 혹했다. 고등학교를 일본에서 마치고 자진해 한국으로 온 이래 혼자 자취 생활을 했다는데도, 노총각이 분명한 이 남자에게는 삼십을 넘겨 혼자 사는 사람이 지니는 분위기는 없었다. 그런 점이 신기하기도 해서, 못생긴 바탕을 세련된 감각으로 치장하는 방법 하나 배운 것 같지 않은, 직장 상관이기도 했던 이 남자의 구애를 훌쩍 받아들였던 터다.

그렇다고 해서 남편은 처가 쪽에 대해서도 고집스럽게 자신의 가족관을 강요하지는 않았다. 네게 중요하니 어느 정도까지는 해 준다는 식이었지만, 꼭 건성의 의무만은 아니었다. 팔 년 전에 돌아간 장모의 기일에 남편이 대동하지 않기로 합의를 본 것은 삼 년 전부터다. 어느 날 남편은 말했다.

"돌아가시기 전에 장모님과 잘 지냈어. 지금도 좋은 기억 많고. 오 년 동안 꼬박 네가 원하는 대로 대동해 줬지? 이제 그만이야. 도무지 내게는 의미가 없어. 형제들과 챙기든지 맘대로 해."

그런 통보를 놓고 꽤 심각한 말싸움이 있기는 했지만, 남편의 결정을 되돌이킬 수는 없었다. 아이가 말귀를 알아들을 때쯤이었고, 그런 결정이 처가를 무시하는 것이라고 항변을 했지만 내가 봐도 매우 구차한 것이었다.

신상에 관한 기록을 할 때 종교난에 장난으로 도교라고 써넣는 남편과는 죽음의 제의에 대한 거래는 의미가 없었다. 당신 부모 모셔줄 테니 내 부모도 챙겨 줘, 하는 식의 거래를 할 건덕지도 없었기 때문이다. 냉정하게 생각해 보면 남편은 자기 깐에는 할 만큼 했다. 말년에 장모를 모시자고 가족 회의를 제안한 것도 이 남자였다. 물론 그녀가 하고 싶은 말이었지만 사정이 더 나은 언니가 있었던 만큼 그녀 자신 은근슬쩍 피하고 싶은 숙제이기도 해서 말을 뒤로 미루다 선수를 놓쳤을 뿐이었지만 자신의 마음을 알고 그렇게 해 준 남편이 식구들 앞에서 퍽 뿌듯했었다. 아이를 무척 기다릴 때여서 장모와 같이 살면 내게 아이가 수월하게 생길지도 모른다는 배려였는지 그건 잘 모르겠다. 어떻건 남편은 별 다른 내색 없이, 짜증날

땐 짜증도 내면서 장모와의 공동 생활을 잘해 냈다.

"야, 나쁜 자식, 어디를 끼어들어, 끼어들길!"

머뭇거리는 사이 잽싸게 새치기로 끼어드는 차에 대고 날카롭게 내뱉었다. 내뱉고 나서 머쓱한 기분이 되어 뒷자리의 아이를 바라보니 철든 얼굴로 어깨를 으쓱한다. 차가 앞으로 나가지 못하는 것은 결코 새치기 때문이 아니라는 뜻으로 손을 들어 길을 가리킨다. 한참 막히던 길은 묘지가 있는 산으로 가기 위해 처음 들어선 간선 도로에서는 뚫리는 듯하더니 언제부터인가 차는 꼼짝도 하지 않는다. 그녀는 백미러로 아이의 얼굴을 수시로 살핀다. 할머니 얼굴이 기억에 가물가물할 정도로 돌아간 지 오래된 엄마인데 이 녀석에게 대체 이날의 외출이 무슨 의미가 있을까 생각이 들지 않은 것은 아니지만, 이제 곧 성인이 될 텐데 무언가를 가르쳐야겠어서 선산행을 감행했다. 아침까지 확실했던 이 생각은 주말의 교통 정체에 갇혀 뒤죽박죽이 되어 있었다.

그러나 가만히 생각해 보니 신경질이 솟는 것은 앞자리에 끼어 든 차 주인에 대해서가 아니었다. 그녀가 내심 화를 내고 있는 것은 그녀의 집안과 크고 작은 불화의 원천인 큰집에 대해서였다. 종손이라고 책임지고 구해 놓은 가족묘는 지금은 유원지가 돼 거기까지 가는 길은 하루하루 멀어지고 있었기 때문이다. 그런가 하면 지방에 산다, 기독교식 예배다, 핑계를 대고 올라오지 않는 식구들에 대해서도 서운한 느낌이 새삼 들었다.

그러나 그녀는 안다. 정작 문제는 그녀 자신이라는 것을. 인류가 한 단계 진화한 영장류라는 것을 증명해 주는 죽음의 관리 방식에 한편으로는 감탄한다. 그럼에도 매번 무덤 앞에 서면 돌아간 부모가 그 동그란 흙더미 속에 있다고 생각할 수 없어 마음속으로 허탈하게 도리질을 한다. 그래도 이렇게 어김없이 돌덩이를 진 듯 무겁게 무덤을 향한다. 매번 이런 식으로 이율배반적이 되는 자기 자신에 대해 그녀는 화를 내고 있는 것이다. 그렇다면 스스로에게조차 버거운 이 길에 꼭 아이를 데려가야 한다는 고집은 또 무엇인가. 그녀 자신에게 그토록 무겁기 때문에 주변 사람들도 그녀처럼 그 무거운 돌을 나누어 지기를 강요하는 것인지, 아니면 평소에는 가부장적이다 뭐다 비판을 하면서도 아들 교육에서는 강박적으로 남들을 따르는 관행 때문인지, 자신도 이성적으로 따져 볼 수가 없었다.

다시금 모래 주머니가 가득 들어찬 것처럼 머릿속이 아득해진다. 그녀는 느리게 느리게 행진하는 자동차의 대열에서 빠져나와 갓길 가까운 차선으로 옮겨가느라 끼어들 수밖에 없다. 클랙슨 소리도 아랑곳 않고 그녀는 꼭 막혀 있는 도로에서 빠져나갈 방도를 찾는다.

"정민아. 우리 오래간만에 창경원에 가서 놀아 볼까? 오래간만에 솜사탕도 사 먹고."

찌뿌둥하던 아이의 표정이 조금 풀리기는 풀렸는데, 창경원이니 솜사탕이니 하는 말이 영 생경하게 들린다는 듯 엄마 무슨 문제 있어? 하는 얼굴로 백미러 속의 그녀를 바라보았다.

"응, 너 어릴 적에 자주 가던 곳 아냐. 그때 나무 밑에 온통 과일 씨 심어 놓고 기억도 안 나니?"

아이는 이제는 기가 막히다는 뜻으로 한숨까지 내쉬는 것이 아무런 것도 기억을 하지 못하는 눈치였다. 그러면서도 엄마 사정 봐준다는 뜻으로,

"그래요, 한번 가 봐요" 하고 고개를 끄덕여 주었다. 무엇을 하건, 주말 성묘보다는 낫다는 표정을 하고.

거기를 가기 위해서라면 막히지 않는 뒷길들을 그녀는 잘 알고 있다. 창경원은 그녀가 어릴 때 엄마가 자주 데려가던 곳이어서, 그녀 또한 정민이 어릴 때, 툭하면 나들이 길에 유모차를 밀고, 택시를 타고 들르던 곳이었다. 그러고 보니 정민이 어릴 때는, 이사를 다녀도 그 동네 주변을 돌아다닌 것도 만만한 그 나들이 장소 때문이었는지도 모르겠다. 아이 주려고 챙겨 간 과일을 먹고 난 다음에 아

이와 함께, 나무 밑에 구덩이를 파고 씨앗을 묻는 장난을 즐겼다. 그러나 그런 것이 다 옛이야기가 될 정도로 아이는 컸고 취향도 변했다. 그 동네를 떠난 지도 꽤 시간이 지난 것이다. 그녀와는 달리, 말이 많지 않았던 그녀의 엄마는 연못가에 그녀를 앉혀 놓고, "얘, 참 좋지?" 하며 단순하게 기쁨을 표현하곤 했다. 쑥 커 버린 아들과 오랜만에 시간을 보낼 장소치고 그보다 더 좋은 장소는 없을 것이다. 애가 어렸을 때처럼, 엄마의 엄마 얘기를 해 주면서. 이 또한 아들에게 무게가 되는 게 아니라면. 🆑

악마의 사전
이어 쓰기

글 : 2Z [이지]
만화 : 김유진 씀/조남주 그림

가족은 여러분에게 무엇인가요? TV 드라마에서 재현된 가족의 모습은 여러분의 가족과 비슷한가요? 이 질문이 끝나기가 무섭게 여러분들은 고개를 설레설레 흔들거나, 쓴웃음인지 비웃음인지 알 수 없는 정체 불명의 미소를 띠고 계시겠지요? 모두가 너무도 당연한 듯이 이야기하는 '정상 가족'의 모습, 한번 뒤집어 봅시다.

1842년에 태어나 1914년까지 살았던 앰브로스 비어스라는 미국의 저널리스트는 1881년부터 한 주간지에 아주 재미있는 글을 연재하기 시작했습니다. 종교 문제를 시작으로 하여 각종 사회 현상을 냉소적으로 그려냈던 그의 글은 당시에 폭발적인 인기를 누렸답니다. 그 후 그 글들은 『악마의 사전』(The Devil's Dictionary)이라는 단행본으로 여러 차례 출간되었지만, 현재 통용되는 것은 1911년에 출판된 제7권입니다. 국내에서도 『악마의 사전』이라는 제목으로 출간되었어요(이동진 옮김, 1993, 우신사).

그의 문제 의식과 과감한 패러디를 따라가면서, 함께 이어 쓰기를 하는 것은 어떨까요? 가족에 관한 또 하나의 악마의 사전을 만들어 보면서 가려진 것들을 드러내고, 하고 싶었던 말들을 시원하게 풀고, 웃어 주고 싶었던 것은 같이 맘껏 웃을 수 있으면 좋겠네요. 멋지게 완성되면 이 사전에 다른 이름을 붙여 주세요. 지나가던 악마가 울고 갈 『마녀의 사전』도 재미있겠지요.

뒤이어 나올 표제어들을 여러분이 직접 설명해 보세요. 여러분께 빈 칸을 신나게 채울 수 있는 기회를 드리는 것이랍니다. 생각이 떠오르지 않을 때쯤, 여러분은 악마의 독설을 마주치게 될 거에요. 그러면 또다시 마음을 가다듬고 생각을 정비해야겠죠. 그래도 멋진 말이 떠오르지 않는다구요? 그러면 여러분을 위해 마련된 실타래를 잡고 우회로를 따라갔다가 돌아오는 것도 좋은 방법이랍니다.

먼저 『악마의 사전』을 읽는 것으로 시작할게요.
(약 120년 전에 쓴 글이라는 것을 감안해 주세요.)

가정적인 남편

① (악마의 사전) 집안을 맴돌며 여자 하인을 꼬시는 남편을 말한다. 가정적인 남편은 가족의 '선한 공급자'인데, 왜냐하면 이런 유형의 남편은 흔히 음식 솜씨 좋은 하녀를 가족에게 공급하기 때문이다. ② 내가 생각하는 가정적인 남편은?

\- - - - - - - - - - - - - - - - - - - -
\- - - - - - - - - - - - - - - - - - - -

가족

① (악마의 사전) 한 집안에 사는 개인의 일단. 그 구성원은 남자, 여자, 아이, 하인, 개, 고양이, 애완용 새, 바퀴벌레, 빈대, 벼룩. 즉 현대 문명 사회의 구성 단위. ② 사실은 아무것도 책임져 줄 수 없으면서 가장 큰 상호 책임성을 요구하는 공동 생활의 단위. ③ 가족, 내가 제대로 뒤집어 주지!

\- - - - - - - - - - - - - - - - - - - -
\- - - - - - - - - - - - - - - - - - - -

결혼

① (악마의 사전) 침묵을 시험하는 여자의 공부. 그 결과 1명의 여자가 12명분의 수다를 할 수 있게 된다. ② 누군가와 함께 살 필요가 있는 사람들이 선택하는 방법 중에서 (적어도 지금까지는) 가장 보편적인 방식. 표면적으로는 한 여성과 한 남성의 만남이지만 실제로는 한 여성과 한 남성의 집안이 결합하는 것으로, 여성은 어느 정도의 억압과 구속을 경험하게 된다. ③ 나에게 결혼이란?

\- - - - - - - - - - - - - - - - - - - -
\- - - - - - - - - - - - - - - - - - - -

실타래 이십대를 위한 결혼 지침서로는 『결혼 할까 혼자 살까』 (젊은 가족학자 10인 지음, 한국가족상담교육연구소 엮음, 2001, 김영사)가 있는데 매우 진부하다. 혹시 어른들의 생각이 궁금하다면 읽어도 좋다. 한편, 결혼에 대한 새로운 시각을 갖게 해 주는 고전적인 책으로는 『결혼이라는 이데올로기』 (김정희 외, 1993, 현실문화연구)가 있다. 결혼제도 내에서 평등한 부부로 살기 위해 노력하는 것으로 잘 알려진 변재란, 최정현 부부의 작품들로는 『반쪽이의 육아일기』 (최정현, 1999, 여성신문사) 『평등 부부 반쪽이네의 가족 일기 1, 2』 (최정현, 1996, 김영사)가 있다.

남성

① (악마의 사전) 쓸모없거나 아니면 그다지 중요하지 않은 성의 한 구성원. 일반적으로 '단순한 인간'으로만 알려져 있을 뿐이며, 이 종족 중에는 가족에게 음식과 의류를 '충분히 공급하는 자'와 '불충분하게 공급하는 자'의 두 종류가 있다. ② 여성의 향유를 이해할 수 없는 사람. ③ 나에게 남성은 이런 존재!

\- - - - - - - - - - - - - - - - - - - -
\- - - - - - - - - - - - - - - - - - - -

실타래 『남자』 (디트리히 슈바니츠, 인성기 역, 2002, 들녘)의 저자는 남자가 지구상에서 가장 특이한 종족이며, 전성기가 지난 지금은 몰락한 존재로 살아가고 있다며 여성들의 선처를 호소한다.

가족 사진

남편

① (악마의 사전) 식사가 끝나면 설거지를 도맡아 하는 사람. ② 없으면 허전하고 있으면 귀찮은, 아내의 애완동물. ③ 어떤 이는 남편을 '삼돌이'라고 부른다. 좋은 재료를 골라서 당근과 채찍을 적절히 병용하면 삼돌이를 거느리며 살 수 있다고 한다. 그러면 나는?

실타래 '삼돌이'의 개념과 그 용법에 관해서는 『마님 되는 법』(진산마님, 2002, 부키)을 읽어 보면 알 수 있다. 영악하고 편리하게 결혼 생활을 하고 있는 저자의 재미있는 결혼 생활을 엿볼 수 있다.

막내

① 소심하면 손위 자매/형제들의 심부름에 치여 살지만, 대범하면 용돈과 선물을 받아내고, 영리하면 어깨 너머로 미리 배운다. ② 내가 막내라서 겪었던 일들은?

명절

① 결혼은 한 여자와 한 남자의 결합이 아니라, 한 여자와 한 집안의 결합이라는 말을 증명해 주는 연례 행사. 해마다 일어나는 '민족 대이동'은 우리 나라의 부계제가 매우 공고하며 그것이 가시적으로 재생산되고 있음을 여실히 보여 준다. ② 휴일 같지 않은 휴일, 명절. 내게는 어떤 의미?

모성

① 출산을 담당해야 하는 생물학적 특성을, 양육을 담당해야 한다는 사회적 의무와 결합시켜 안 그래도 신비스러운 여성을 더욱 신비화하는 개념. ② 생명의 근원인 바다에 비유되기도 하고, 넓고 따뜻한 대지에 비유되기도 하는데, 절대로 하늘에는 비유되지 않는 것. ③ 모성을 제대로 정의해 보면?

실타래 최근에는 모성보다는 정치적으로 좀 더 적절한 단어인 '모성 담론', '모성 이데올로기'가 주로 쓰인다. 모성에 대한 책으로는, 이미 널리 읽히고 있는 『모성의 담론과 현실: 어머니의 성, 삶, 정체성』(심영희, 정진성, 윤정로 편, 1999, 나남출판)이 있다. 또한 만족스럽지는 않지만 몇 가지 테마를 중심으로 모성을 설명하고 있는 책으로는 『'어머니'라는 이데올로기』(조성숙, 2002, 한울)가 있다. 한편 남성 중심의 현 세계를 뒤집어놓은 여성 중심의 가상 세계를 그려 내고 있는 『이갈리아의 딸들』(게르드 브란튼베르그, 2001, 황금가지)도 읽어볼 수 있을 것이다.

부모 성 함께 쓰기

① 부계 혈통의 성만 계승되는 것에 저항하여 모계 성을 함께 사용하자는 운동. 우리 나라에서 부모 성 함께 쓰기가 최초로 '운동'의 형태로 시작된 것은 1997년 3월 8일이다. ② 어머니의 성을 되살린 나의 이름은 무엇? 그 느낌은?

부도

비혼(非婚)

① '미혼'이라는 용어가 대부분의 사람들이 언젠가는 결혼을 한다는 암묵적 전제를 바탕으로 하고 있음에 반대하고, 그것이 갖고 있는 결혼 중심주의를 해체하기 위해 만들어진 용어. 혼자서 사는 경우, 결혼하지 않고 동거하는 경우, 혹은 공동체를 이루고 사는 경우 모두를 의미한다. ② 결혼 제도 밖에서 꿈꿀 수 있는 나의 삶은?

실타래 여성주의 사이트 「언니네」(unninet.co.kr)의 기획 특집 32호 "나는 비혼 여성입니다!"에서 비혼 여성의 삶에 대한 이야기를 읽을 수 있다.

사랑

① (악마의 사전) 자기 자신에 대하여 아무것도 모르는 주제에, 남에 대해서는 많은 것을 생각하는 어리석은 행동. ② 흔히 눈에 콩깍지가 씌었다고 표현되지만, 실제로는 눈과 입을 비롯한 온몸에 무언가가 씌어 있는 상태. ③ 나에게 사랑, 별 것 아니다?

실타래 『사랑은 지독한, 그러나 너무나 정상적인 혼란』(울리히 벡·엘리자베스 벡-게른샤임, 강수영·권기돈·배은경 역, 1999, 새물결)을 참조할 수 있다. 『현대 사회의 성·사랑·에로티시즘: 친밀성의 구조변동』(앤터니 기든스, 황정미·배은경 옮김, 2001, 새물결)에서는 낭만적, 열정적, 합류적 사랑에 대하여 논의하고 있다.

성(性)

실타래 최근에는 성(sex)에 대한 지침서가 많이 출간되었으며, 그중에서 자신에게 적절한 책을 찾아서 읽으면 된다. 대표적인 책으로는 『섹스북』(귄터 아멘트, 1995, 박영률출판사), 『네 방에 아마존을 키워라』(베티 도슨, 2001, 현실문화연구)가 있다.

신부

① (악마의 사전) 행복해질 거라는 화려한 기대를 등에 지고 있는 여자. ② 짧은 순간을 위해 긴 시간 동안 치장해야 하는 행복한 여인. ③ 내가 보는 신부?

아버지

① (악마의 사전) 우리가 포식하며 살아가게 될 때까지의 기간 동안, 우리를 부양하기 위하여 식량을 공급하고 병참을 주관하는 장교. ② 평소에는 다른 가족들과 활발하게 소통하지 않다가 날을 잡아서 하루에 일주일 분량을 한꺼번에 웃기는 가족 구성원. ③ 가정 외의 다른 공간(예컨대, 직장 동료들과의 회식 자리)에서 어떤 모습일지를 상상하기가 가장 어려운 가족 구성원. 보통 집에서의 어색함과는 다른 종류의 원만함과 유머 감각을 선보이기도 한다. ④ 가부장제적인 가족의 경우, 가족 내에서 가장 권위 있고 유능할 것이 요구되는 사람. 때문에 과도한 책임 의식과 억압감을 느끼게 되거나 자격지심에 빠지기도 한다. ⑤ 나에게 아버지는?

연애

① (악마의 사전) 환자를 결혼시키거나, 아니면 이 병의 원인을 제공한 환경으로부터 격리시킴으로써 고칠 수 있는 일시적인 정신이상. 이 병은 가끔 치명적일 수도 있는데, 이상하게도 환자의 경우보다는 의사의 경우에 그렇게 되기 쉽다. ② 바람직한 경우에는 서로의 자아를 두 배로 성숙시켜 줄 수 있으나, 바람직하지 않은 경우에는 그나마 있던 자아도 송두리째 던져 버리게 만드는 관계. ③ 나의 연애는?

외식

요리

① '온 가족'의 입맛에 맞추어 '어머니'가 전담해야 하는 것으로, 제대로 할 줄도 모르는 사람들이 이것을 논하기를 즐긴다. ② 요리는 어떤 것?

실타래 요리는 때로로 정성, 섬세, 희생, 순종, 모성 등의 관념과 결부되어 이해되기도 하는데, 요리가 갖고 있는 이와 같은 성별 이미지는 현재도 크게 바뀌지 않은 상황이다. 그러나 요리가 갖고 있는 고정된 이미지가 근거 없음을 드러내는 전복적 텍스트를 읽어보면, 이것이 허위의식에 지나지 않음을 알 수 있다. 소설집 『바늘』(천운영, 2001, 창작과 비평사)을 참고하라. 「숨」이라는 소설에는 할머니가 송치(소의 뱃속에 들어 있는 태어나기 전의 송아지)를 먹어치우는 – 모성과는 거리가 먼 – 포식자로 등장한다.

총각

① (악마의 사전) 여성으로부터 아직도 음미당하고 있는 남자. ② 멸종 위기에 처한 동물. ③ 내 생각은?

출산

① 현대 사회의 많은 여성들이 경험하는 딜레마의 한 가지. 지금은 아이를 낳을 것인지 말 것인지, 낳는다면 언제 어떻게 낳을 것인지를 고민해야 하는 선택의 시대가 되었다. ② 엘리자베스 벡-게른샤임은 아이는 배로 낳는 것이 아니라, '머리로 낳는' 것이라고 했다. ③ 내가 한 마디 한다면?

실타래 출산의 사회사와 현대의 변화 추이를 자세히 알고 싶으면, 『내 모든 사랑을 아이에게? – 한 조각 내 인생과 아이 문제』(엘리자베스 벡-게른샤임, 이재원 옮김, 2000, 새물결)을 보라. 한편 새로운 출산의 한 형태에 관한 신선한 영화로는 마돈나 주연의 「더 베리 넥스트 씽」이 있다.

친척

① (악마의 사전) 당신이 찾아가거나, 당신을 찾아오는 사람들. 이 둘 중에 어느 쪽인가는 그들의 빈부의 차에 달려 있다. ② 잊을 만한 때쯤 혈연이라는 것이 확인되는 사람들. ③ 나에게 친척은 어떤 존재?

화목하다

① 전후 상황에 관계없이 손님이 방문했을 때 즉각적으로 가족 내에 형성되는 분위기. ② 화목하다는 표현은 무엇을 의미할까?

피스메이커

가족 사전 이어 쓰기, 재미있었나요?
분명 더 멋진 내용으로 채우셨을 것이라고 기대합니다.
이제는 여러분이 새로운 표제어들을 찾아 사전을
확대시켜 보세요.
모두가 당연하게 이야기하는 가족, 조금씩은 다르게
생각해 보면서 누구와 함께 살 것인지, 그리고 변화는
어떻게 만들어 갈 것인지 함께 모색해 볼 수 있기를.

서평 ·
영화평

ครอบครัว

dözal

aile

家族

소리 없는 혁명

『무자녀 혁명: 아이 없이 살아간다는 것의 의미』
메들린 케인/이한중 옮김, 북키앙, 2003
『아내: 순종 혹은 반항의 역사』
메릴린 옐롬/이호영 옮김, 시공사, 2003

함인희

1959년 서울에서 출생하여, 이
화여자대학교 사회학과와 동대
학원 사회학과를 졸업하고 미
국 에모리대학교에서 박사학위
를 취득하였다. 현재 이화여자
대학교 사회학과 교수이다. 저
서로 『사랑을 읽는다』(1998),
『여자들에게 고함: 일과 사랑의
성공을 쟁취하라』(2001), 『중
산층의 정체성과 소비 문화』
(공저, 2001) 등이 있다.

세상에 선보이는 모든 책은 자신만의 고유한 운명
을 갖는다 했던가? 우리 앞에 놓인 두 권의 책 역시 예외
가 아니어서 자신의 모습을 드러낸 시기도 절묘하거니
와, 독자에게 던지는 질문 또한 예사롭지가 않다.

심리학자 메들린 케인의 『무자녀 혁명』은 '베이비
스트라이크'(이름하여 출산 파업)의 한국 상륙을 목전에
두고 번역되어 나왔다는 점에서 화두의 시의적절성이 돋
보이고, '아이 없이 살아가는 여성들의' 구구절절한 사연
이야말로 혁명적이라 이름 붙여 손색이 없음을 예리한 통
찰력으로 설파하고 있다는 점에서 우리에게 개안(開眼)의
기쁨을 선사하고 있다. 연이어 나온 역사학자 메릴린 옐
롬의 『아내』는 엄마가 되기 위해 굳이 아내의 지위에 연
연하지 않아도 되는 시점을 택해, 인류 역사로 포장된 삶
의 현장에서 과연 '아내'라는 실체가 존재하기는 했는지
파격적인 질문을 던짐으로써 우리들을 향해 은밀한 인식
의 전복을 부추기고 있다.

『아내』와 『무자녀 혁명』을 관통해서 흐르는 문제 의식이 있다면, 그건 명백한 검증이나 논증 절차를 밟지 않은 채 당연시해 온 상식·고정관념·믿음에 과감히 의문 부호를 찍는 것, 곧 '신화(神話)의 폭로'(debunking)에 근접해 있는 듯하다. 실제로 '무자식 상팔자'라곤 하지만 '애 없는 여자'를 이야기하는 것 자체를 터부시해온 것이 사실이요, 아내를 중심에 두고 미시사를 재구성해 보는 작업 또한 학문적 탐색의 의미를 부여받기엔 주변적이고 하찮은 주제로 여겨져 오지 않았던가. 그 두터운 터부와 공고한 편견을 뚫고 여성 자신의 경험을 직시함으로써 우리의 시선을 교정하고 고정관념을 뒤엎고 있다는 점에서, 두 작가의 철저한 장인 정신과 남다른 용기에 신뢰를 보내도 좋을 것 같다.

지금까지 동서고금 여성을 범주화하는 방식이 기혼-미혼, 정숙한 아내-음탕한 창녀, 다산-불임 식의 단순 명료한 이분법에 근거해 왔음은 익히 알려진 바이나, 애 없는 여자까지도 선택적 무자녀-운명적 무자녀로 나뉘어져 왔음에랴. 이분법이야말로 범주 간에 위계를 설정하고 차별적 가치를 부여함에 가장 편리한 방식인지도 모를 일이다. 이유야 어찌되었든 아내의 지위나 엄마의 역할을 선택하지 않은 여성을 향해 지독히 이기적인 여자, 팔자 사나운 여자, 덧붙여 재수 없는 여자로 낙인을 찍고, 가끔은 불운의 주인공으로 동정과 연민을 보내는가 하면, 곧 불운을 전염시킬 것만 같아 배척과 비난을 퍼부어 왔음은 동서고금 크게 다르지 않은 것 같다.

결혼할 때까지 '언제 결혼할 거냐' 시달리고, 일단 결혼을 하면 '언제 아이(가능하다면 아들)를 낳을 거냐' 압박을 받아야 하는 한국 사회 특유의 맥락에서, 결혼을 하고도 아이가 없다는 사실은 어떤 이유에서건 의심의 눈초리를 받게 마련이다. 자녀의 실질적 효용 가치는 감소하고 있음에도 오히려 자녀가 갖는 상징 권력으로서의 가치는 증가하는 역설적 상황에서, 자녀라는 존재가 가족 무대에서 점 차 사라지고 있음은 의미심장한 사건이 틀림없다.

이제 우리도 출산율 1.17명으로 베이비 스트라이크의 위협을 체감하게 된 시점에서 아이 없는 삶을 살게 된 여성들의 이야기를 추적해 봄은 시사하는 바가 적지 않을 듯하다. 『무자녀 혁명』에 등장하는 여성들의 내밀한 고백에 따르면, 아이 없는 삶을 살게 된 여성들 사연은, '아이가 필요 없는 상태를 즐기는' 선택적 무자녀(childfree)와 '아이도 없는 처지로 인해 위축되는' 운명적 무자녀(child-less)에 더하여, '어쩌다 보니 자녀 없이 살게 된' 우연적 무자녀(happen-stance) 여성이 소리 없이 다수를 점하는 추세에 있더라는 것이다.

"내겐 아이가 필요 없다"고 당당히 외칠 수 있는 여성들로는 '확신에 의한 무자녀,' '종교에 의한 무자녀,' '환경주의적 무자녀'가 포함된다. 케인은 '확신에 의한 무자녀' 여성이야말로 아이를 갖지 않는 것만으로도 불경스러운데, 하물며 '아이를 싫어한다는 영아 살해에 필적할 만한 주장'(42쪽)을 당당히 드러내고 있다는 점에서, 사회적 미덕을 거부할 수 있는 놀라운 용기를 갖춘 여성으로 평가한다. 더불어 과잉 인구를 줄인다는 명분 하에 세상을 좀 더 살기 좋은 곳으로 남겨 두고자 하는 '환경주의적 무자녀'의 정치적 선택에도 높은 점수를 주고 있다.

두 번째 '아이를 갖고 싶지만 그럴 수 없었던' 여성 범주에는, 질병 때문에 아이를 포기한 '의학적 무자녀,' 아이를 갈망하나 실현 가능성 때문에 고민하는 동성애 부부, 그리고 '엄마 되기를 열망하여, 엄마가 되리라 기대하다… 결국 거부 당한'(80쪽) 불임 여성이 등장하는데, 이들을 향해서는 불운의 주인공이라는 점에서 케인 또한 동정과 위로를 보내고 있다.

세 번째 '살다보니 그렇게 된' 여성들 사연에는 어린 시절의 상처로 인해 엄마 되기를 포기했다가 정작 엄마가 되고자 했을 때는 너무 늦어 버린 여성의 비탄, 반드시 결혼을 해야만 아이를 낳을 수 있다고 믿었던 엄격한 도덕주의자들의 후회, 인생의 황혼기에 접어든 이혼 남성과 결혼함으로써 자신의 아이를 포기해야 했던 여성의 회한, 커리어에 몰두함으로써 자기도 모르는 사이에 출산 시기를 놓쳐 버린 여성의 아쉬움 등 10인 10색의 다채로운 모습이 드러나 있다.

케인은 특별히 이들 세 번째 부류의 여성들에 주목하면서 '무자녀=혁명'의 논리를 세우는 데 주력한다. 곧, 아이 없이 살려는 움직임이야말로 본인이 의식하든 의식하지 않든 그 어떤 운동보다 훨씬 더 넓고도 깊은 파장을 불러일으킬 것이다. "아이가 있든 없든 여성은 스스로 완전할 수 있음"을 보여 줌으로써 여성성과 모성을 성공적으로 분리할 수 있는 지점을 제공해 줌은 물론, "아이가 없다는 이유를 굳이 정당화할 필요 없이 자신의 상황을 당당하게 밝힘으로써 존엄성을 되찾는 작업"이야말로 페미니즘 논쟁에서 유일하게 남은 마지막 싸움터라는 것이다.

케인에 따르면, 여성의 노동 시장 진출은 여성성의 재정립을 위한 첫걸음일 뿐이었다. 이제 무자녀 여성이 등장함으로써 여성이 제대로 이해되고 자기 결정을 하는 인격체로 인정받을 수 있는 기회가 제공되었다는 점에서, 이들이야말로 여성성을 재정립함에 있어 명실 공히 첨병 역할을 하고 있다는 것이다.

케인의 문제 의식은 여기서 멈추지 않는다. 정작 무자녀 여성 스스로 혁명의 최전선에 서 있음에도 불구하고 자신의 자리를 제대로 파악하지 못하고 있다는 것이다. 이들은 자신의 위상을 기껏해야 개인의 자유로운 선택 아니면 순응해야 할 운명 정도로 자리매김하고 있을 뿐, '자녀 없이 사는 여성의 삶'에 내재해 있는 정치적 의미를 의식조차 못하고 있다. 이에 케인은 『무자녀 혁명』을 통해 이들의 선택에 '이름을 붙여 주고' 이들의 개인적 행위에 담긴 정치적 의미를 확인시켜 주고자 했던 것이다.

　진정 아이를 낳지 않겠다는 결정만큼 성숙을 요하는 사건도 없다는 것이 케인의 지론이다. 이는 모성 역할을 탐탁치 않게 생각하는 여성 자신은 물론이요, 양육의 혜택을 제대로 누리지 못할 아이를 위해서도 사려 깊게 배려한 결과이기 때문이다. 실제로 결혼하면 반드시 아이를 낳아야 한다는 의무감에 쫓겨 분만실에 들어간 엄마들의 경우, 육아 부담의 불평등을 감내하지 않으면 안 되는 상황에서 부당한 제약과 과도한 의무감에 치를 떨게 되고, 자녀들은 영문도 모른 채 분노와 좌절의 희생양이 되고 있는 현실에 눈을 감아서는 안 된다는 것이다.

　'출산 장려 사회' 의 획일성이 야기하는 억압적 측면에 반대하는 케인의 목소리 역시 단호하기만 하다. 하나의 선택이 모든 사람들을 동시에 만족시켜 주는 사회는 불가능하거니와, 있어서도 안 된다는 주장이다. 아이를 선택하는 것이 바람직한 결정이듯 아이를 선택하지 않는 것도 합당한 결정으로 존중받을 때만이, 엄마의 사랑 결핍으로 인해 고통 받는 아이의 출생이 감소하리라는 케인의 목소리는, 지극히 평범한 주장조차 터부시되어 온 우리의 맥락에서 더욱 그 공명이 크리라 생각한다.

　우리가 무자녀를 인정하기 주저하는 것은 무지 때문이기에, 무자녀에 대해 정확한 정보를 제공함으로써 아이 없는 여성에 대한 두려움을 쫓고, 오해와 편견을 바로잡는 계기를 마련해야 한다는 케인의 주장 속엔 합리적 실용주의자의 면모가 담겨 있다. 실제로 왜 아이가 없는지 그 이유를 추측해 보는 우리의 상상력은 항상 빈곤하기 그지없었다. 많은 여성들이 무자녀에 대한 정확한 정보에 목말랐던 이유는, 아이를 갖고 싶지 않다는 생각을 하면서도 그 말을 입 밖에 내어 할 수 없었음은 물론 그런 생각을 하는 여성들 스스로 자신이 문제가 있다고 판단했기 때문이다.

　　이제 의사와 어머니들은 환자와 딸들에게 "임신을 막는 법, 연령대별 가임률 통계, 낙태 허용을 받는 법, 먹는 피임약(RU-486)과 응급 피임약(ECP) 구하는 법, 입양 절차, 그리고 무자녀의 이점"(170쪽) 등등 선택할 수 있는 대안의 완벽한 리스트를 제공해 줌으로써, 당사자들로 하여금 주어진 정보에 입각하여 자신의 삶에 가장 적합한 결정을 내릴 수 있도록 해 주자는 것이 케인의 결론이다. 삶이란 어떤 형태로든 풍요로울 수 있음을 가르쳐 준 이들이 바로 자녀 없는 여성들이기에, 누구든 아이가 없는 삶의 악몽으로부터 구제될 수 있으리라는 것이다.

　　한 가지, 운명적 불임의 문제에 대해서는 더 신중한 접근이 필요하다는 생각이다. 케인은 불임 여성을 일컬어 '무자녀 군단의 지원병이 아닌 징집병'이라 부르고 있는데, '유전적으로 자기와 연결된 아이를 갖고 싶은 간절한 욕구'가 불임 부부의 삶에 미치는 절절함, 출산 기술의 눈부신 발달로 인해 다양한 대안이 주어지고 있는 현실, 나아가 부계 혈연 중심 이데올로기의 위력이 공고히 작동하고 있는 상황 등을 고려할 때, 운명적 불임 부부가 겪는 가부장제와 자본주의의 역학 관계는 간단치 않으리라 생각한다.

　　서구의 부부 중심 핵가족과 형태상으로는 유사성을 보이나, 제도 및 이념상으로는 전통적 가부장제를 고수하고 있는 우리의 친인척 관계에서 '운명적 불임 부부'를 향한 메시지가 더욱 적극적인 해방의 의미를 갖기 위해서는, '무자식 상팔자'에 담긴 다중의 의미를 솔직히 드러내는 동시에 근본적으로 자녀가 가족을 구성하는 필연적 요소인가에 대한 성찰이 필요하다 하겠다.

　　현재의 출산율 급락 추세가 지속되면, 서구 선진국을 위시한 많은 국가가 인구 감소 사회로 들어설 것이 분명하다. 이로 인해 노동 시장 내 인력 수급의 불균형 및 노인 부양비 감소 등이 사회 문제로 부상하면서 무자녀 여성이 다시 한번 '피해자 비난'(blaming the victim)의 대상이 되고 있음은 주지의 사실이다. 그렇다 해도 출산 장려 정책이 출산 파업의 물결을 되돌리기는 불가능할 것이다. 그렇다면 무자녀 여성을 비난하기보다 출산율 감소와 더불어 진행되고 있는 고령화에 주목하는 것이 현실적인 대안이 될 것이다. 곧 경제 활동 기간의 연장이나 노인 개념의 획기적 전환 모색 등 우리의 생애 주기 전반을 새롭게 재구조화하는 작업을 시작할 때, 무자녀에 담긴 혁명성의 파장은 더욱 널리 확산될 것이다.

기실 '무자녀'에 내포된 함의의 혁명성 못지않게 『아내』가 폭로하는 아내의 자취 또한 은밀한 혁명성을 배태하고 있다. 지금까지 무자녀가 터부시되어온 주제였듯이 아내 역시 본격적 연구의 사각 지대에 남아 있었음은 물론이다. 아내의 사회적 의미를 진지하게 대면하기 어려웠던 이유는 아내가 불러일으키는 정서적 함의가 너무 컸기 때문이라는 옐롬의 출발점은 아내 연구의 험난한 여정을 암시한다. 동시에 『아내』류의 미시사 연구에 요구되는 바, 즉 무심히 스쳐 지나감직한 자료에서 당대의 삶을 두텁게 읽어 낼 수 있는 특유의 민감함이 녹아 있음을 예감케 한다. 어머니가 불러일으키는 이미지 속엔 공통분모가 존재하나, "아내라는 말 속에는 복잡다단한 애증의 실타래가 얽혀 있다"는 진술은 아내 연구를 관통하여 흐르는 옐롬의 시선이다.

아내의 역사는 단순히 아내만의 역사일 수 없다. 그 속엔 결혼과 이혼의 시행착오, 여성성과 모성, 그리고 섹슈얼리티 간의 충돌과 타협, 아내를 기생적 지위에 가두어온 가부장제의 음모 등 페미니즘과 연관된 모든 주제가 녹아 있는가 하면, 여성의 신체와 정신에 아로새겨진 타자의 욕망을 자연스럽게 드러내 주기도 한다. 여성성이란 타자의 욕망을 자신의 것으로 내면화함으로써 자신의 신체를 통제하거나 길들이고 남성의 시선에 의해 규정해온 그 무엇임을 아내의 역사만큼 적나라하게 보여 주는 예도 흔치 않을 것이다.

"여성의 몸뚱이는 그녀가 생산하는 것이 애국적 시민이든 노동력이든 인류이든 국가가 임의로 횟수를 정해줄 수 있는 재생산의 도구"로 간주되어 왔다. 국가가 여성을 보호해 주었던 이유, 그건 여성이 독립적 인격의 주체였기 때문이 아니라 종족의 재생산을 전담하는 번식자(breeder)였음 또한 동서고금 크게 다르지 않다.

여기서 옐롬은 질문을 과감히 바꾸어 놓음으로써 신선한 충격을 불러일으킨다. 역사 속에서 여성은 과연 무엇을 재생산해 왔느냐는 것이다. 아내의 시선에서 역사를 새로이 구성해 보건대 아내는 일방적인 희생자도 영웅적인 투사도 아니었다. 더 더욱 명예의 휘장도 비탄의 휘호도 아니었다. 아내는 단지 "자신의 서사를 구성할 줄 알고 관계 속에서 자신의 위치를 성찰하며 관계의 지속과 단절에 책임을 지는 사람"일 뿐이었다. 아내는 실상 한번도 정형화되어 본 적이 없었다. 좋은 아내라면 어떠해야 한다고 떠들어댄 사람들만이 있었을 뿐.

물론 아내의 가장 중요한 의무는 고대부터 지금까지 자손을 낳아 주는 것이었다. 근대에 이르러서도 아이를 못 낳는 아내가 받는 압력은 상상 이상으로 컸던 것이 사실이다. 이제 그 신화가 깨지려 하고 있음에 옐롬은 주목한다. 오늘날의 여성들은 구태여 아내의 지위를 탐할 이유가 없어졌다. 성적 욕구의 충족을 위해서도, 경제적 안정성을 보장받기 위해서도, 심지어 모성의 이상을 실현하기 위해서도 남편이 반드시 필요한 것은 아니기 때문이다. 이러한 아내상의 변화야말로 인류 역사 속에서 오랫동안 지속되어온 변화의 '집합적 정수'라는 것이 옐롬의 주장이다.

아내와 어머니 사이의 경계는 물론 생각만큼 분명치 않다. 아내의 의무와 어머니의 책임은 종종 겹치기도 하고 때론 모순된 요구 사이에서 적나라하게 충돌하기도 한다. 구약 시대부터 1950년대에 이르기까지 아내를 먹여 살리는 것은 남편의 의무였고, 아내는 그 대가로 섹스와 자녀, 그리고 가사 노동을 제공하도록 되어 있었다. 이 대목에서 "일부일처제, 그건 여성의 선택일 가능성이 있다. 남편에게 대를 이을 적자를 낳아 주는 대신 자신의 생존적 안전을 확보하기 위한 전략이었을 가능성이 있다"는 주장은 새겨볼 만하다.

이제 또다시 여성들이 자신의 삶에서 소리 없는 혁명을 진행해 가고 있다. 적자의 의미를 유명무실하게 함으로써 일부일처제의 뿌리를 뒤흔듦은 물론, 엄마가 되기 위해 굳이 아내의 길을 선택할 필요가 없는 길로 들어선 것이다.

그러나 복병은 도처에 있다. 아내의 역사 속에서도 아내의 잠재된 권력에 담긴 혁명성을 미처 깨닫지 못하고 있었던 건 결국 아내 자신이었다. 가부장제는 오랜 역사성 속에서 관성과 내성을 단련해 오면서 여성을 피해자이자 동시에 가해자로 만드는 운영의 묘를 발휘하지 않았던가. 가부장제 가족 내에서 여성의 존재는 철저하게 역할을 통해 규정된다. 그런 만큼 시어머니는 시어머니요 며느리는 며느리일 뿐, 시어머니와 며느리가 여자와 여자로 만날 가능성은 완벽하게 봉쇄된다. 딸과 며느리가 같은 여자라는 사실이 인정되지 않은 채 여성의 분열적 자아를 방치해온 가부장제 가족 제도 하에서, 아내 혹은 엄마의 지위를 동시에 거부하거나 어느 한 편을 의도적으로 선택하지 않을 경우 이들이 감내해야 하는 사회적 낙인의 고통은 가부장제와 타협하는 것이 상대적으로 유리하다는 생각을 조장해온 것이 사실이다.

나이 들어가면서 급진적으로 변화해 가는 집단은 여성이 유일하다고 한다. 가부장제가 강요해온 이데올로기의 허구성을 구체적 삶 속에서 간파하고 이에 저항하는 여성들의 목소리가 점점 커지고 있음은 분명한 것 같다. 개인주의가 제도화된 서구의 맥락과 가족 중심 원리가 사회 제도로 스며든 한국의 맥락에서 무자녀 혹은 아내가 불러일으키는 의미 구조는 다를 수밖에 없으리라. 그럼에도 무자녀든 아내든 역사 속에 담지해온 변화의 동력이 분출하면서 여성 스스로 의식하든 의식하지 못하든 우리 삶의 뿌리를 송두리째 전복해 갈 것이다. 가까운 미래, 출산에서 자유로운 여성, 아내의 지위에 연연하지 않는 여성의 삶이 가부장제 구조와 질서에 가하게 될 충격은 상상만으로도 '은밀한 기쁨'을 안겨 준다. **ℭ**

조은, 「침묵으로 지은 집」,
문학동네, 2003

역사적, 사회적 태피스트리로
엮어 낸 가족사

여기서 '나'란 실재적 존재라기보다는 누군가에 대한 편리한
가칭일 뿐입니다. 내 입술에서 거짓말이 흘러나올 것이지만
아마 거기엔 약간의 진실이 섞여 있겠지요. 이 진실을 찾아내
고 그중 어떤 부분이 간직할 만한 가치가 있는가를 결정하는
것은 여러분의 일입니다.

— 버지니아 울프, 「자기만의 방」

이소희

1960년생, 6.25때 부산으로
피난 간 경험을 갖고 있는 가
족에서 태어났으나 비교적 전
쟁이나 분단의 일상과는 거리
가 있는 삶을 살아왔다. 현재
한양여자대학에서 가르치고 있
으며 영문학에서 페미니즘 문
학 비평이 전공이다.

1

지난 2000년 8월 15일, 삼성동 코엑스에서 이루
어진 제1차 이산 가족 상봉은 누구의 연출도 필요하지 않
은, 한국 현대사 50년을 보여 주는 한 편의 드라마였다.
50여 년 만에 만나는 가족을 부여잡고 안부를 묻는 모습
을 보면서 그 세세한 내용 하나하나가 개인적인 역사 탐
험인 동시에 공적인 역사 기록이라는 생각을 했었다. 그
렇지만 이러한 생각도 잠깐이었을 뿐 이들의 구체적인

삶의 그림을 내 머릿속에서 떠올리기는 쉽지 않았다. 전쟁이 발발한 지 십 년 후에 태어난 나에게 6.25 전쟁은 소설이나 드라마, 또는 한국의 역사라는 객관적 지식으로만 존재할 뿐, 나 자신이나 우리 가족에게는 별다른 영향력을 미치지 않은 과거사였다. 초등학교 시절 6.25 관련 포스터나 글짓기 소재를 위하여 집안 어른들의 피난 경험을 듣는 일은 계속되었지만 그것은 언제나 TV 드라마에서 본 장면들과 연결하면서 상상력을 가미하여 듣는 그런 이야기들 중 하나였다. 그렇기 때문에 조은의 『침묵으로 지은 집』이라는 소설을 읽으면서도 많은 에피소드들이 TV 드라마의 한 장면처럼 그려졌다. 『침묵으로 지은 집』은 여성 사회학자 조은이 개인적 경험의 기억과 사회 문화사적 자료를 연결하여 전쟁과 분단 50년의 역사를 여성의 관점에서 다시 써낸 글이다.

2

소설 속의 일인칭 화자 '나'에게 6 · 25 전쟁에 대한 기억은 과거사가 아니라 아버지의 부재와 함께 살고 있는 현재 진행형의 일상이다. 어머니가 아버지를 기다리는 피난 생활의 일상에서 벗어나지 못한 채 "오늘만 내일만"(95쪽) 하며 살아온 세월이 오십 년이 된 오늘날까지도 진행 중이다. 어차피 "우리에게 아버지의 부재는 아주 일상화된 현실이어서 새삼 말로 확인할 필요가 없을 정도"(29쪽)다. 이러한 침묵은 단순히 아버지의 부재라는 가족적 비극에만 기인하는 것이 아니라 그 사실과 관련된 이데올로기적 입장을 나타내는 단어들, 월북, 납북, 행방불명과 연결되어 냉전 이데올로기가 지배하던 사회적 분위기가 가족들의 침묵을 강요했다고 볼 수 있다. 5 · 16 군사 혁명 후 처음 치르는 전국 공동 출제 시험에서 '내'가 시험을 잘 치른 관계로 기자들과의 인터뷰가 있었고 그 인터뷰가 중앙정보부 사람들의 방문으로 이어진 사건이 이러한 과정을 잘 보여 준다. 그 사건 이후 어머니는 "그동안 미루고 있던 아버지 사망 신고를 그제야 내기로" 단안을 내렸고 "그때부터 나는 행불, 소위 행방불명의 약자라는 단어에 공포증을 갖게 되었다." 성적 우수자에게 주는 5 · 16 장학금도 "아버지에 대해 말해야 할 일이 생길까봐 그게 싫어서"(101쪽) 신청하지 않았다. 그렇지만 화자의 유년 시절은 이러한 아버지의 부재에 대한 무거운 침묵으로만 이루어진 어두운 시절은 아니었다. 외가댁 샘물마을의 공동체적인 가족 문화는 아버지의 부재를 충분히 대신해 줄 수 있을 만큼 풍요로운 것이었다. 빨치산이 내려오는 밤마다 마루 밑의 고구마광에 숨어야 하는 나날이었음에도 불구하고 다섯 살짜리 '나'는 이모들을 비롯한 마을 처녀들의 이야기에 취해 잠들고 했던 생활 속에서도 이러한 면을 엿볼 수 있다. "나에게 가족의 단란한 모습은 비록 이야기 속에서지만 유달산 산보 길이 거의 유일한 기억이다. 물론 실제 기억이기보다는 되풀이된 이야기가 만들어낸 기억이다"(54-55쪽)라고 말하는 화자에게 샘물마을의 공동체 문화에 대한 기억은 핵가족 문화 이전 세대가 누릴 수 있었던 가장 큰 축복 중 하나다.

'나'의 주변 등장인물들 역시 전쟁과 분단의 역사로 점철된 일상적 삶을 살아가고 있으며 이들을 바라보는 작가의 따뜻한 시선은 현재까지도 전쟁의 영향을 받고 있는 여성들의 삶을 재현하는 데 특히 잘 드러나 있다. 결혼한 지 삼 개월 만에 남편과 헤어진 후 시어머니의 묵인 하에 다른 남자의 아이를 낳고 나서도 그 남편을 기다리며 사는 가회동 숙모, '안로댁 외손녀'로서 살아간 샘물마을에서 아버지의 부재를 결핍으로 느끼지 않을 만큼 풍요로운 유년의 기억을 제공해 주었던 '아짐들'과의 삶, 그중에서도 전쟁 중 자신을 연모하던 동네 총각으로 인하여 한쪽 턱이 반쯤 나간 상처를 안고 살게 된 영심이 아짐, 친가 감남 안집에서 만났던 할아버지의 막수이며 또 막수이었기 때문에 오히려 법적 관계에 있는 다른 가족들보다 더 자유롭게 할아버지의 시신을 거둘 수 있었던 공장 할머니, 이십년이 지난 후에야 자신이 월남한 젊은 목사에게 입양되었다는 사실을 알게 된 친구 영혜, 어머니가 죽은 후에야 어머니에게 전쟁 중에 숨겨 놓은 딸이 있었음을 알게 된 산부인과 의사 친구 진희 등, 오십 년 전 전쟁의 상처는 수많은 여성들의 삶에 다양한 방식으로 영향을 미치고 있는 것이다. 화자인 '나'에게 전쟁에 대한 기억은 "없는 듯하다가 있고 있는 것 같았는데 없어져 버리고"(63쪽) 하는 것처럼 소설 속에 등장하는 많은 여성들에게 과거의 전쟁은 현재의 일상이다.

초등학교 3학년 때 담임 선생님이셨던 신영진 선생님이나 지혁이 할아버지 같은 남성들에게도 6·25 전쟁에 대한 기억은 아직도 현재 진행형이다. 하지만 여성과 남성에게 전쟁의 후유증이나 기억이 각인되는 방식은 다르다. 즉 남성들에게는 전쟁에 대한 후유증이 자신들의 주체적 또는 자발적 행위로 인한 결과물인 반면 여성들에게는 그 후유증이 전쟁으로 인한 '남자들의 부재'에 기인하는 것이다. 그러므로 고모들이나 숙모, 큰어머니 모두 그들에게 닥친 '남자들의 부재'에 힘들어하면서 집안 전체가 "쓸 만한 남자들이 모두 없어진 집, 남자들이 부재한 집이나 마찬가지"(68쪽)가 되어 버린 것이다.

그러나 소설 속에서는 이러한 여성들이 현실적으로 감내해야 했던 실제 삶의 어려웠던 면면들은 나타나 있지 않다. 이러한 생략 기법은 냉전 이데올로기가 지배하는 사회적 구조 속에서 이들이 껴안고 살아가야만 하는 일상생활 내에서의 부담과 억압을 상대적으로 부각시키는 효과를 가져온다. 이 소설이 전쟁을 다룬 여타의 소설들과 다른 지점이 바로 이렇게 현실적 삶의 모습들이 생략된 부분이다.

화자의 기억 여행 중에서 나에게, 특히 우리 세대에게 가장 현실감 있게 다가온 에피소드는 진아의 이혼 이야기다. 연애의 삼각관계 와중에 죽은 미경 언니, 이로 인해 일찍 중매결혼을 하게 된 미란 언니, 6·25 전쟁 때 평양에 다녀왔다는 이유로 사회적으로 은닉된 존재로 살아야 했던 원정 언니, 결혼 전 농구 선수였던 원정 언니를 열렬히 따라다녔다는 미란 언니 형부, 그로 인해 결혼 후 미란 언니 집안에서 맴돌던 침묵과 그 속에서 자란 다음 세대 진아의 결혼과 이혼, 화자인 '나'의 이러한 집안 내력을 따라가다 보면 6·25 이후에 태어난 우리 세대 역시 그 전쟁으로부터 결코 자유롭지 못하다는 인상을 갖게 된다.

　　가회동 숙모의 딸인 초등학교 교사 선희와, 일본인의 현지처가 되어 세 살 짜리 손녀의 신발 한 켤레만 남겨놓고 사라진 신영진 선생님 딸 역시 같은 경우다. '나'와 진아는 "서로 침묵의 벽에 갇힌 가족사를 맞추어 보기 시작했다"(258쪽)는 구절을 읽으면서 이 땅의 어느 누가 6·25 전쟁의 역사에서 자유로울 수 있겠는가 하는 생각이 들었다. 부모 세대의 삶에 비록 드러나 있지는 않았으나 이미 여러 가 지 방식으로 각인된 전쟁의 상처는 자식 세대에까지 이어져 내려오고 있는 것이다.

3

　　이 소설의 첫 장을 열었을 때 가족사 쓰기를 작가가 어떻게 시작하고 있는 가가 호기심의 대상이었다. 그러므로 50여 년 동안 "침묵의 벽에 갇혀 있었던 가 족사"에 대한 글쓰기를 혈연 가족으로부터 시작하지 않은 것은 의외였다. 대신 가 족들의 "가슴속에 묻어 둔 고유 명사"인 가회동 숙모를 오랜 세월의 무게 아래 생 생하게 놓여 있는 기억을 꺼내는 열쇠로 선택한 작가의 글쓰기 방식에서 우리는 작가의 '가족'에 대한 열린 의식을 읽을 수 있다. 혈연으로 엮인 관계는 아니지만 가족의 많은 구성원들과 전쟁에 대한 기억을 함께 나누고 있는 사람으로부터 이야기의 실마리를 찾고 있는 것이다.

　　사실 나는 조은 교수가 자전적 소설을 쓰고 있다는 이야기를 처음 들었을 때, 이제까지 교육 문제나 여성 문제를 다루어온 연구 작업의 연장선상에서 페미니스트 학자로서 글쓰기를 하는 것이리라 짐작하였다. 그러나 글의 소재가 6 · 25 전쟁이라는 점과 그 글의 형식이 소설이라는 말을 들었을 때에는 '과연 어떻게 써낼 것인가?' 라는 글쓰기 측면에도 많은 호기심을 갖게 되었다. 다시 말하면 한국 사회에서 여성으로서 경험해온 일상의 삶과 페미니스트 학자로서 자신의 삶을 성찰하고 그것을 언어화하는 동인 모임 「또 하나의 문화」 1세대로서 어떠한 실험을 진행하고 있을까가 나의 최대 관심사였다. 작가는 각자 선 자리에서 글쓰기를 해 온 페미니스트 학자답게 우리 사회 그 세대 여성들이 독특하게 갖고 있는 전쟁에 관한 경험을 문학적으로 형상화하여 기록하는 방식을 택했다. 그리하여 개인적인 가족사에 대한 글쓰기를 통해 역사적, 사회적 태피스트리를 엮어 내고 있는 것이다.

　　'소설' 이라는 문학적 글쓰기를 선택한 조은의 『침묵으로 지은 집』은 두 가지 측면에서 우리 사회에서 '여성적 글쓰기 내에서 새로운 글쓰기' 의 지평을 확장했다. 하나는 문학적 감수성과 사회학적 객관적 자료의 교차 지점에서 역사 다시 쓰기를 시도하고 있는 글쓰기라는 점이며 다른 하나는 화자의 주체적 위치를 권위적, 배타적 방법으로 주장하고 있는 일인칭 서사가 아니라 '나' 이외의 주변 인물들을 포용하면서도 '나' 와 '너' 사이의 주관적, 주체적 위치를 허용하고 있는 서사적 거리 두기에 성공한 일인칭 서사를 사용하고 있다는 점이다. 작가는 가장 최근에 이루어진 한 인터뷰에서 "현장을 계속 소설로 쓸 거냐?"는 질문에 "저는 사회학자로서 여성으로서 드라마든 소설이든 어떤 현장도 그에 적합한 형태로 쓸 생각이에요. 논문만으로는 여성들의 삶을 드러내기 어려웠던 부분이 있어요"라고 답하고 있다(『여성신문』, 2003년 7월 11일).

　　또한 「작가의 말」(아무도 말하지 않은 기억)에서는 이 소설의 글쓰기에 대해 작가로서 가진 고뇌를 다음과 같이 비교적 솔직하게 토로하고 있다.

> 이 글을 쓰는 동안 두 가지 문제가 뇌리에서 떠나지 않았다. 하나는 사회학자의 틀을 벗는 '소설 쓰기'가 갖는 의미와 부담에 대한 것이었고 다른 하나는 부재의 역사 쓰기에 대한 채무였다. 누군가 내게 그랬다. 지워진 역사, 아니 거세된 역사에 대해 쓰는 것이라고(314쪽).

　　여기 인용한 작가의 두 가지 말을 자세히 들여다보면 현재 우리 사회에서 진행되고 있는 여성적 글쓰기 — 문학적인 소설 쓰기이든, 사회학적 논문 쓰기이든 — 의 현 좌표를 읽을 수 있다고 생각한다. 다시 말하면 여성적 글쓰기 내에서도 아직 빈 공간으로 남아 있는 부분을 볼 수 있다는 말이다. 이러한 점에서 여성 사회학자 조은의 소설 쓰기 출발 지점은 버지니아 울프의 글쓰기 『자기만의 방』의 출발 지점과 비슷하다. 1925년 울프가 케임브리지 대학 여학생 칼리지에서 '여성과 픽션'이라는 주제로 강연해 달라는 초청을 받았을 때 울프는 "소설가로서의 모든 자유와 파격을 이용하여" 자신의 이야기를 시작하겠다고 공언하였다. 또 자신의 이야기에 등장하는 '나'란 이 글의 맨 앞에 인용한 바와 같이 "실재적 존재라기보다는 누군가에 대한 가칭일 뿐"이라고 말하고 있다. 소설 『침묵으로 지은 집』의 일인칭 화자 '나'의 위치 역시 울프의 일인칭 화자 '나'와 별로 다르지 않다.

　　그렇지만 2003년 여성 사회학자 조은의 '소설 쓰기'라는 문학적 영역으로의 확장은 울프와는 확실하게 다른 또 다른 시사점을 던져주고 있다. 그것은 학문 간의 경계가 아직도 확고한 한국 지식인 사회에서 지식인들의 경계 넘기와 이를 가능하게 하는 지식인 커뮤니티의 역할이다. 「작가의 말」 맨 끝 부분에서 작가는 "이 글은 혼자 쓰지 않았다. 집필은 혼자 했지만 여러 사람들과 함께 썼다고 생각 한다. 이 글을 쓰게 된 배경에 대해 좀 더 자세한 후기를 쓰고 싶다. 어떻든 내가 여태까지 해 온 글쓰기와 다른 글쓰기라는 점에서 사고를 친 셈이며 이러한 사고 를 치도록 독려한 여러분들에 대해서 어느 시점에서 자세한 감사의 글을 쓸 수 있 기를 바란다"고 쓰고 있다. 사실 나는 이 부분이 못내 궁금하며 경계에 위치한 담 론 생산 과정이라는 측면에서도 이 부분에 대한 기록 역시 소설 못지않게 중요하 다고 생각한다.

푸코가 「저자란 무엇인가?」라는 논문에서 지적한 대로 담론 생산자로서 저 자의 사회적 기능을 고려한다면 조은의 '소설 쓰기' 작업을 통하여 우리는 한국 사 회의 지식인 커뮤니티가 얼마나, 어떻게 서로에게 자극을 주고 그를 수용하여 자 생적인 학문 공동체를 만들어 낼 수 있는가에 대한 가능성을 진단해 볼 수 있다고 생각한다. 이미 다른 나라에서는 지식인들의 소설 쓰기가 그리 낯선 일이 아니다. 한국 문학계에서 여성적 글쓰기에 대한 실험이 아직도 미미하다는 점을 고려해 볼 때 이러한 "여성적 글쓰기 내에서의 새로운 글쓰기 실험"에 대한 독자로서의 기대 는 자못 크다. 바야흐로 작가의 "어정쩡한 경계에 서 있는 고약한 느낌"(40쪽)이 어떻게 여성 중심의 새로운 문화적 실험을 생산해 낼 수 있는가에 주목하게 되는 시점이다.

「작가의 말」에서 조은 교수는 출간을 주저하고 있을 때 초고를 읽은 한 후 배가 "사적 경험에 대한 공적 서술의 자리매김이 잘 되어 있지 않은 사회에서 이런 방식으로 여러 금기의 영역을 횡단하고 있는 글을 쓰게 된 필자의 고뇌에 관하여, 그리고 왜 이러한 글을 쓰게 되었는지 그 욕망 내지 갑갑증 내지 사명감에 관하여 피력한다면 독자와 대화가 더 잘 될 것 같다"는 편지를 보내 왔다고 쓰면서 "그런데 그 욕망과 갑갑증과 사명감에 대해 지금 풀어낼 수가 없다"고 쓰고 있다. 단지 "여성학자 그리고 사회학자로 활동해온 나로서는 '소설 쓰기'가 여성학적 글쓰기 그리고 사회학적 글쓰기의 확장이라고 생각하고 싶었다"라고 이 소설의 글쓰기에 대한 자신의 입장을 나타내고 있다. 나는 바로 이 지점이 이 소설이 갖는 최고의 미덕이라고 생각한다. 그런 점에서 이 소설은 '소설 쓰기'의 사회학적 확장이라는 실험을 성공적으로 이루어 냈다. 문학계에서 자라지 않은 여성 지식인의 소설 쓰기가 어떻게 이루어졌는가를 천착하는 과정은 앞으로 문학계 바깥에 서 있는 많은 여성들의 다양한 경험들이 소설 쓰기의 형태로 여성의 목소리를 구현해 낼 수 있는 가능성을 제시해 줄 수 있기 때문이다.

4

이 소설은 화자의 체험에 대한 기억 여행을 전제로 하고 있는 일인칭 소설이면서도 우리가 지금까지 익숙해 있던 자전적 일인칭 소설과는 매우 다른 특징들을 보여 주고 있다. 이 소설은 여성의 자전적 글쓰기나 일인칭 소설이 흔히 보여 주는 자아의 변화 과정을 보여 주지 않는다. 대신 '나'의 목소리를 최대한 낮추어 나 이외의 등장인물들 모두에게 나름대로의 주체적 위치를 허용하는 서사적 거리두기가 이루어지고 있으며 그러한 측면에서 중층적 내러티브로 읽힐 수 있다. 일인칭 화자인 '나' 자신이 놓여 있는 객관적 상황을 묘사하기 위하여 '그녀'라는 삼인칭 서사를 혼용하여 사용한 서사 전략 역시 '나'에 대하여 주관적, 객관적 거리

두기를 조절하는 효과를 가져온다. 이와 같은 방식으로 이 소설은 일인칭 소설이면서도 모든 등장인물들의 목소리 역시 살아 있는 하나의 태피스트리이다. 형식상으로는 일인칭의 목소리를 취하고 있으나 내용상으로는 각 인물들에게 형상화의 측면에서 주체적 위치를 허용하고 있다는 점에서 독특하다. 전통 소설 기법의 플롯 전개를 따르지 않으면서도 여러 등장인물들의 전쟁에 대한 기억과 분단이 일상화된 삶을 '나'와의 적절한 거리에서 주관적이면서도 동시에 객관적으로 일인칭 서사로 재현하고 있다. 그들의 삶을 묘사하는데 있어 그들의 목소리를 직접 차용하지는 않았으나 나름대로 그 주체적 형상화는 가능한 서사로 이야기를 전개하고 있는 것이다.

　예를 들어 중국계 미국 여성 작가 에이미 탄이 『조이럭 클럽』에서 중국계 미국 여성들에게 목소리를 부여하고자 차용한 글쓰기 전략은 일인칭 서사로 이루어진 모자이크 기법이었다. 중국에서 미국으로 이민 온 어머니 네 명과 미국에서 태어난 그들의 딸 네 명으로 하여금 개인적인 이민 경험을 각기 다른 일인칭 화자 '나'의 관점에서 각각 서술하도록 하되 그것들을 하나의 모자이크처럼 엮는 글쓰기 방식이다. 또 종군 위안부의 삶을 소설로 써낸 노라 옥자 켈러의 소설 『종군 위안부』는 종군 위안부였던 어머니 아키코와 미국에서 태어난 딸 베카의 일인칭 서사가 씨줄과 날줄로 서로 교차되어 엮이는 방식이다. 이때 켈러는 종군 위안부였던 아키코를 무당으로 설정하여 아키코의 몸속에 다른 영혼이 들어갈 수 있도록 허용함으로써 종군 위안부들의 다양한 일인칭 목소리가 중층적이고 다성적인 내러티브로 변화할 수 있도록 하는 소설적 장치를 마련해 두었다.

　이에 비해 『침묵으로 지은 집』의 일인칭 화자 '나'는 '나'의 관점에서 6·25를 경험한 이 땅의 많은 여성들의 체험을 재현하면서도 '나'의 주관적 관점보다는 그들의 객관적 형상화에 더 많은 비중을 두었다. 가회동 숙모가 그렇고 영순이 아짐, 공장 할머니, 신영진 선생님, 지혁이 할아버지, 또 진희 어머니에 이르기까지 모두 소설 속에서 이러한 방식으로 재현되어 있다. 『조이럭 클럽』이나 『종군 위안부』처럼 한 개인의 주관적 경험을 재현하기 위하여 일인칭 서사를 차용한 것이 아니라 일인칭 화자 '나'의 관점을 통하여 많은 등장인물들이 객관적으로 모자이크 되도록 하는 방식을 취하고 있다. 그리하여 소설의 형식을 차용한 개인적인 가족사에 대한 글쓰기는 특정한 시대의 사회적 지도를 하나의 태피스트리 형태로 완성해 내고 있다. 이러한 서사 기법 및 글쓰기의 사용 역시 작가가 문학계에서가 아니라 사회학자로서 그동안 쌓아온 글쓰기 경력과 결코 무관하지 않으며 이러한 서사 과정 내내 독자들을 붙들어 두고 있는 문학적 감수성 측면에서의 작가의 필력 역시 첫 소설을 쓴 작가라고는 믿을 수 없을 만큼 강력하다.

　　　　지난 6월 말 이 소설에 대해서 이야기를 나누는 아주 소박한 모임*에 참석했다. 삼십대 이상의 여성들이 주로 참석자였는데 그 자리에서 알게 된 새롭고도 흥미로운 사실은 이 소설에 대한 반응이 같은 여성들 사이에서도 세대별로 다르게 나타난다는 것이었다. 소설 속에서 "왜 안 계시는지에 대해서는 아무도 묻지조차 않았다. 특별히 궁금해 하지도 않았다. 당시 아버지 없는 집은 너무 많았

* 2003년 6월 20일 오후 6시 장충동 「어머니의 뜰」에서 한국국제교류재단 이인호 이사장, 한국여성개발원 장하진 원장, 「또 하나의 문화」 동인 박혜란 님이 초청하는 '『침묵으로 지은 집』을 읽은 사람들의 모임'이 있었다. 대부분 여성 운동에 참여해온 여러 세대의 지인들 30명 정도가 참석하여 책을 읽은 감상을 나눈 따뜻하고 소박하면서도 알찬 모임이었다.

다"(160쪽)고 쓰고 있지만 실제로 그 세대 여성들 사이에서는 오랜 세월 친구로 지내온 사이에서조차 아버지에 대해서 묻는 것이 금기처럼 되어 버렸다는 참석자들의 고백을 듣고 내심 놀랐다. 『교수신문』과의 인터뷰에서 작가는 "젊은 세대들에게 물어봤더니 소설에서 가장 허구인 부분은 사실로, 가장 사실적인 부분은 허구

로 생각한다"고 이야기 한 바 있다(『교수신문』, 2003년 2월 24일). 이처럼 이 소설을 둘러싼 독자들의 반응을 살펴보면 세대별로 매우 다른 것이다. 그런 측면에서 이 소설은 한국 현대사에서 가장 비극적인 사건인 6·25 전쟁이 한반도의 통일을 이야기하고 있는 오늘날 우리에게 어떤 의미로 다가오고 있는지를 진단할 수 있는 아주 중요한 나침반 역할을 하고 있다. ⓒ

가족 로망스는 공포 영화로 간다

소름 돋는 집

「소름」(2001)은 공포 영화다. 영화를 보고 가족을 이야기하자면서 공포 영화를 먼저 들먹거리다니, 자고로 가족은 사랑과 온기가 가득한 곳이어서 바깥의 공포로부터 보호 받을 수 있는 곳 아닌가? 이 영화는 쳐다보는 것만으로도 남루하고 음산한 기운에 거부감을 일으키는, 오랫동안 정성스럽게 가꾸는 손길 없이 방치된 듯한 아파트가 주요한 공간이다. 그 아파트 건물에 사는 몇 가구가 등장한다. 가구(家口)라구? 새벽의 택시 운전사이거나 편의점 밤샘 출납원이거나 팔리지 않는 글을 쓰는 소설가인 그들은 저마다 혼자 살고 있다. 살을 맞대고 살 가족이 없는 사람들끼리 벽을 맞대고 살고 있는 것이다. 각자 사연이 있는 독거 가구들의 집합체인 아파트 건물은 인생의 막장으로 밀려난 사람들의 노곤함을 처박아 둘 곳으로, 희망이라든가 계획 따위, 미래 지향적인 분위기와는 완전

이현정

30대 중반. 영화판과 인문 사회과학판에서 놀던, 비디오 다큐멘터리 작가가 되려는, 석사 논문 대신 『카메라 키드의 영상 오디세이』(2003)라는 책을 낸 여자.

「소름」

히 동떨어진 곳으로, 피부에 감겨 오는 야릇한 공포의 전조를 풍기기나 할 뿐이다.

주요한 세 사람, 그들은 공통점이 없다. 아내와 자식들을 부양하는 가장의 지위에서 실각한 아버지는 아내에게 버림 받고 아이들도 만날 수 없다. 30년 전 그 아파트에서 일어났다는 떠도는 이야기로 소설을 쓰지만 상상 속에서 혼자 즐거울 뿐 다른 사람들과 공유할 방법이 없다. 지나간 꽃 시절을 청중 없이 노래하는 초라한 늙은 남자는 변기에 앉아 있다가 바람 소리에 자지러질 만큼, 혼자 버려진 집이 무섭다. '왕따' 당한 아버지.

부모를 모르고 고향을 모르고 자기 뿌리는 아무것도 모르는, 혼자 자란 떠돌이 젊은 남자는 상대를 위협하는 이소룡의 동작을 흉내 내고 군가를 흥얼거린다. 원하는 것을 얻을 수 있고 자신을 지킬 수 있고 편하게 살 수 있는 힘의 논리를 알고 있으며 타인을 허용하지 않는 공격성이 자신을 지탱하고 구원하는 최선의 방책이라고 믿는다. 택시를 타고 자신이 원하는 방향이 아닌 곳으로 늘 길을 떠도는 그에게 집은 스쳐 가는 길목일 뿐이다. 타인과 관계를 맺을 줄 모르는 아들.

엄마는 일찍 죽고 아빠는 집을 나가 버려 어려서 혼자가 된 젊은 여자는 늘 상처투성이고 눈물투성이고 피투성이다. 어린 아들은 실종되고 남편이랍시고 가끔 들러서는 돈을 뜯어 가고 몸을 뜯어 간다. 아들과 남편이 사라진 집은 혼자 있는 안식을 잠시 제공하였으나 그녀에게는 평생을 지고 가야 하는 비밀의 짐이 된다. 집? 그녀에게 집이란 고통의 시작이며 끝이다. 집을 저주하는 딸.

공통점이 없는 이 세 사람, '왕따' 당한 아버지, 관계를 맺을 줄 모르는 아들, 집을 저주하는 딸은 각자 다른 이유로 가족 관계를 유지하지 못하고 혼자 살게 되는, 이 시대 이 곳의 늙은 남자와 젊은 남자, 그리고 젊은 여자들의 공포 영화 버전의 모형이다.

「8월의 크리스마스」

혼자 남겨진 늙은 아버지

사회적 지위를 상실하고 집에 틀어박히게 된 '아버지'란 이름의 늙은 남자가 혼자 남겨진 집을 무서워하는 것은 공포 영화가 아니더라도 한국 영화에서 심심찮게 볼 수 있었던 모습이다. 「8월의 크리스마스」(1998)의 아버지는 그 공포가 어디에서 연유하는지를 단적으로 보여 준다. 아들인 사진사 정원은 죽음을 앞두고 있다. 거부할 수 없는 운명에 대한 격정을 거쳐 차분하게 자신의 죽음을 준비하게 된 정원은 혼자 남아 살아야 하는 아버지의 남은 생이 안타깝다. 정원은 아버지에게 "네가 해 주면 되잖아"라며 비디오의 조작법을 배우지 않으려는 아버지에게 기어이 화를 낸다. 비디오뿐만 아니라 혼자 남을 아버지가 처리해야 할 일은 수없이 많다. 아버지와 아들을 잇는 남성 계보의 뒤치다꺼리를 맡았던 여성이 부재하는 가정에서 아들은 아버지의 뒤치다꺼리를 할 수 없고 아버지는 뒤치다꺼리 없이 살 수 없다. 갑갑한 이 관계에서 아들은 아버지를 연민하지만 사실은 집을 떠나고 싶은 마음이 간절한 것이 아닐까? 그런 마음이 미필적 고의로 죽음을 설정하게 한 것은 아닐까? 아버지의 모습에서 자신의 미래를 투영할 수밖에 없는 아들은 세상의 변화에 적응할 수 없는 상징적 죽음 상태의 아버지를 떠나고 싶어서 앞날이 창창한 자신이 죽는 것으로 설정한 것이 아닐까?

아들은 집이 싫어도 떠나지 못한다

아버지는 (실제적으로든 심리적으로든) '나 홀로 집에'가 두렵고 아들은 집에 묶이는 것이 두렵다. 그런데 아들은 집이 싫어도 떠나지 못한다. 「반칙왕」

「반칙왕」

(2000)의 아들은 직장에서는 상사에게 헤드락을 당하고 집(여기서도 여성이 부재한, 아버지와 아들만의 집이다)에 와서는 아버지에게 늘 호통을 듣고, 레슬링 체육관에서는 당찬 여자 앞에서 주눅 든다. 아들은 은행원인데, 자고로 은행원이란 안정적이고 번듯한 직업이다. 어떤 직업을 가졌느냐가 그 남성의 사회적 가치를 판단하는 막강한 지표라고 할 때, 그 아들은 훌륭한 신랑감 후보가 되어 뭇 여성들 사이를 꼿꼿이 누비는 아들을 아버지는 자랑스러워할 법하다. 그러나 그런 묘사는 시대착오적이다.

「플란다스의 개」(2000)에서 직장 경력 11년차 아내의 피부양자 신세로 전락한 고학력 실업자 윤주가 "어렸을 때는 교수 되려면 그냥 좍 공부만 하면 되는 줄 알았"는데 "박사 대가리나 국졸 대가리나 전철에 부닥치면 뽀개지긴 마찬가지"더라는 시대적인 전략의 깨달음을 경유하면서도, 기어이 아내의 퇴직금을 뇌물로 전임 강사 자리를 얻은 뒤 강단에서 지어 보이는 표정처럼, 시대착오적이지만 아들에게는 자기 모순의 굴레다. '자고로'로 시작하는 죽은 조상들의 말씀을 굳게 믿고 따랐을 아들은 한 집안의 명예를 책임질 기둥이 아니라 가훈이 무효화된 집안의 구박 덩어리가 되었다.

그런데 기실 이런 아들을 구박하는 아버지도 사회적으로는 무력해졌으면서 집안에서 큰소리치는 버릇만 남았고, 체육관의 실세를 딸에게 넘긴 또 다른 아버지는 지나간 꽃 노래를 부르고 술을 마시면서 과거의 영화로운 시절을 무기력하게 재생하는 레슬링으로 한껏 위축된 아들들을 꼬신다. 레슬링은 1960,70년대 국가 근대화 시기에 국민을 한데로 모여들게 했던 국민 스포츠이며, 철저하게 남을 공격해서 쓰러뜨려야 자신이 살 수 있는 약육강식의 근대적 남성성이 전후좌우로 줄줄 넘치는 스포츠다. 아들은 지나간 꽃 노래 같은 이 스포츠에 매혹된다.

「플란다스의 개」

　　1970년대 소를 팔아서라도 자식을 대학 보내는 것이 집안을 살리는 길이었던 것이, 1990년대 들어서 석박사급 고급 인력의 실업화를 초래한 것처럼 꼿꼿한 '엘리트'를 꿈꾸다 고꾸라진 '실업자'가 된 아들은, 시절의 모순이 억울하다. 병신처럼 죽어 살기에는 억울한 아들은 차라리 자기를 숨기는 마스크를 쓰고 사각 위에서 반칙을 할지언정 기운 센 남자가 되어 보고 싶다.

남자들의 공포, 죽음의 냄새

　　공적 영역의 남성 위계와 사적 영역의 남성 위계는 여전히 아들의 목을 옥죄며 병신이라 욕을 하는데, 집안에서의 성별 위계는 대상이 없(거나 '왕따'의 지름길이)고 집 밖에서의 성별 위계는 약발이 떨어졌다. 자신이 어떻게 하면 늠름한 남자로 살 수 있는지에 대해 교육 받은 것을 그대로 적용하기에 지금의 세상은 참으로 많이 달라진 것이다.

　　마스크를 쓰면 "커져라, 세져라" 힘이 펄펄 나는데 정작 흠모하는 체육관장 딸은 이 가면극을 거들떠보지도 않는다. 힘 자랑하는 남자들의 속성을 뚜루루 꿰고 있는 딸은, 마스크 뒤의 어설픈 얼굴이 뻔히 보이는 것이다. 기운 센 남자로 위장해도 이미 혈연으로 가족 관계를 형성한 아버지는 여전히 자기를 구박하고 새로이 가족 관계를 형성할 가능성이 있는 여자는 여전히 자기를 무시한다. 아들에게, 집에 머무는 것이나 집 밖에 나가는 것은 크게 다르지 않다. 가족과 아버지의 엄호를 받으며 자란 아들은 밖에서 살아갈 용기와 재주가 없다. 집안에서의 관계는 자체로 족쇄이고 죽음이고 공포까지 자아내지만, 밖에도 아들을 지탱해 줄 관계가 전혀 없는 마당에 집을 나가는 것 또한 공포로 귀결되기는 마찬가지다.

「약속」

    그나마 「소름」의 젊은 남자처럼 택시 운전사로 길 위를 떠도는 아들은 집을 박차고 나온 것이 아니라 원래 집이 없는 고아였기에 가능했다. 외형상 코미디인 이 영화 「반칙왕」은 많은 남자들의 심금을 울린 최루 영화였다. 너무 슬퍼서 끝까지 다 보지도 못했다는 남자도 있었다. 머무르지도, 떠나지도 못하고 가면을 쓰고 연극을 해야 하는 아들의 체온에는 죽음의 기운이 느껴진다.

    1990년대 후반의 흥행 영화들(「초록물고기」, 「8월의 크리스마스」, 「약속」, 「편지」)에서 수많은 남자 주인공들이 체면도 없이 철철 울고 수도 없이 죽어 나간 것은 무의식적으로 '죽음'을 감지하는 아들들의 자기 연민이 아닐까? 거할 곳과 지탱할 관계를 찾지 못하는 아들에게서 죽음의 냄새와 공포의 촉감이 물씬 풍긴다고 하면 비약일까? 집안의 삶이나 길 위의 삶은 아들에게 공포스럽긴 마찬가지다. 「소름」의 남자처럼 '천상천하 유아독존'도 「반칙왕」의 비굴한 자아 분열도 슬픔과 공포의 다른 언어다. 앞의 「8월의 크리스마스」 외에도 근대적인 남성성이 무력해졌던 아이엠에프 위기 직후에 쏟아진 멜로 영화들에서 철철 눈물을 흘리며 죽어가던 남자 주인공들은 아버지 세대의 운명을 따라가고 싶진 않으나 변화된 시대에 적응해서 살아갈 방도를 모르는 남성들의 집단적 심리를 보여 주는 것이 아닐까?

어떻게 집을 떠나니?

    멍에가 된 아버지를 슬퍼하지 않고 새로운 관계의 질서에 무의식적으로 위축되지도 않는 조금 다른 유형의 남자는 어떨까? '구리구리' 하지 않고 비교적 상큼한 남자, 절대로 지나간 꽃 노래나 군가 따위 부르지 않고 힘 자랑 따위는 하지 않을 것 같은 남자, 등줄기를 따라 섬세한 감촉을 즐길 줄 아는 이 남자, 「봄날은

「봄날은 간다」

간다」(2001)의 성우도 헤어지자는 은수의 말을 선뜻 받아들이지 못한다. 은수는
이혼한 적이 있는 여자이고 혼자서 생활을 꾸려 갈 능력이 있는 여자다. 결혼이라
는 행사가 혹은 애인이라는 존재가 자신의 삶에 어느 정도의 영향력을 가지고 장
악해 들어오는지를 알고 조절할 수 있는 여자다. 이 여자에게 관계는 감정과 몸의
교류이며 결합이다. 그리고 결혼처럼 절대적이지도 않아야 하고 애인만큼 막무가
내도 아니어야 한다.

　　「봄날은 간다」는 '봄날이 간' 사람들이 좋아하는 영화라는데, 그것은 영원
한 약속과도 같던 사랑이 변할 수 있다는 데 가슴 아파하는, 소년 시대에 있는 남
자의 입장이 아니다. "나는 나이고 당신은 당신이며, 함께 있어서 즐거우면 좋은"
것이라고 발랄하게 말할 수 있는 노박씨처럼, 소녀 시대를 지난 여자의 입장에서
는 봄날이 갔다는 것은 청춘의 쇠락이 아니라 지혜의 획득을 의미한다. 소년에 머
물러 있는 남자와 소녀를 벗어난 여자의 연애는 순탄치 않아 보인다. 살수록 모르
겠고 위축되는 아들과 살수록 똑똑해지고 삶의 전면으로 나서는 딸은 동반자가 되
기 힘들어 보인다. 상우가 은수와 같이 살기를 추진하는 순간부터 둘의 관계는 삐
걱거린다. '집'을 새롭게 만든다는 것이, 관계를 새롭게 형성한다는 것이, 적정한
연령대의 여자와 남자가 적당한 감정의 자극만으로도, '한번 해병은 영원한 해병'
처럼, 영원무궁 깨어지지 않는다고 믿는 것 자체가 절대적 착각이며 막무가내의
억지다.

　　"어떻게 사랑이 변하니?"라고 묻던 상우는 정신을 놓고 자꾸 집 밖을 나서
는 할머니를 업고 집으로 돌아오길 반복한다. 아마도 할머니에게 "어떻게 집을 떠
나나요?"라고 묻는 듯하다. 그러나 봄날의 만남과 사랑과 헤어짐의 과정을 겪은
그 다음 봄날, 연분홍 치마를 곱게 차려 입고 떠나는 할머니의 뒷모습을 보기만 한

「버스, 정류장」

다. 봄날이 간 후 관계의 속성에 설핏 눈을 뜬 남자는 '떠나는 여자들'을 이해하게 되었을까?

"사랑도 섹스도, 허망한 육체도, 모든 것은 지나간다"(김인숙의 소설 『우연』의 광고 문구)는 것을 아는 여자들은 가족 간에 형성되는 낭만적 사랑의 결속도, 육체적 결속도 영원한 것으로 믿지 않는다. 모든 것이 지나가도록 한다는 것은 모든 것에 대책 없이 무책임하고 안정감 없이 두 손 들어야 한다는 것이 아니라, 지나가야 할 것이 지나가지 못하도록 얽어매는 억압적인 힘과 관계의 영향력을 허용하지 않는 것이다. 1990년대 중반 이후 언론과 대중 문화의 호재였던, 이혼율 증가와 독신 가구의 증가라는 통계는 여성들의 성적 방종을 탓하거나 가족 해체를 염려하는 디스토피아식 담론을 만들어 냈는데, 그것은 실은 결혼이나 가족을 비롯한 인간 관계의 여러 종류를 새로운 차원에서 시도하고 모색하는 인구가 증가했기 때문이 아닐까?

독신 남자들 — 세상과의 불화 또는 위태로운 실험

한국 사회에는 결혼 적령기라는 것이 있어서 나이가 얼추 차면 짝을 지어 부모와 살던 집을 떠나 새집을 마련한다. 독신 인구가 증가하는 것 못지않게 시대의 변화를 뚜렷이 보여 주는 통계는 혼인 연령이 높아지는 것이다. 그런데 근래의 한국 영화 속에서 나이가 찰대로 찼으면서 결혼을 하지 않는 남자들은, 세상과 불화하면서 외로움에 울음을 삼키거나, '쿨'한 관계를 시도하다가도 실패한 듯 자괴감에 신경질을 낸다. 둘 다 새로운 관계의 방정식에 서툰 것이다.

「버스, 정류장」(2002)의 보습 학원 강사 재섭은 세상을 바꿀 수 있다는 철

학과 자신감을 가지고 살았던 시절을 건너와서 지금은 그 시절의 친구들과도 소통을 끊어 버리고 작은 보습 학원에서 시끄러운 고등학생들을 상대하며 살고 있는, 자기가 살아온 역사와 지금 살아가야 할 세상에 긍정하지 못하는 사회 부적응자다. (386 세대라고 불리던 많은 학생 운동권들은 사회 진출에 진통의 과정을 겪었는데, 후일담 소설이 풍미하던 1990년대 중반 무렵 이들이 가장 많이 종사한 분야는 보습 학원과 입시 학원을 포함한 사교육계이다. 386세대가 제도 정치권으로 '수혈' 되기도 하는 등 다양한 경로와 형태로 사회 진출이 이루어지고 있는 지금까지도 '나더러 어쩌란 말이냐' 는 표정으로 살고 있는 재섭은 적응의 의욕도 적응할 수 있는 자원도 없는 퇴행적인 386 세대의 얼굴을 느끼게 한다.) 아마도 재섭은 혁명적으로 혹은 애국적으로 사회 진출을 하고 동지적 관계로 가정을 이루어 살면서 역사의 수레바퀴를 지탱하는 자신의 모습을 상상했을 것이다. 그러나 혁명의 내용은 전환되어 버렸다.

"나는 무엇을 하고 싶으며 누구와 어떻게 살 것인가"에 대하여 자신을 중심에 놓고 생각해 본 적이 한번도 없을 재섭은, 사회로부터 인간 관계로부터 어떤 성취도 발견하지 못하고 자신을 고립시키는 것이다. 재섭이 독신으로 사는 것은 관계 맺기를 충분히 연습할 수 없었던 세대가 가지는, 관계에 대한 두려움의 결과다 (실제로 1990년대 초반 Y대 모 학과 학회실에는 이런 격문이 붙었다. "사업 중 연애 금지!"). 또한 부모 세대의 유산을 격렬하게 부정해온 이 세대의 표상은 부모도 없고 동반자도 없는 고립무원의 존재로 보인다.

「결혼은 미친 짓이다」(2002)의 대학 강사 준영은 재섭의 후배일 것이다. 준영이 대학을 다니던 시절에는 날마다 이어지는 집회와 가투도 없었을 뿐더러 거기에 참여하지 않는다고 청년으로서 죄의식을 느낄 이유도 없었을 것이다. 세상을

「결혼은 미친 짓이다」

책임지려 하지 않는 대신 자신을 책임지는 방법에 대해서, "나는 무엇을 하고 싶으며 누구와 어떻게 살 것인가"에 골몰하게 되었을 것이다. 포켓볼을 폼 나게 치고 맛있는 맥주를 찾아 마시며 영어 연수를 위해 돈을 모아 외국에서 장기 체류를 하기도 했을 것이다. 부모에게서 독립하는 것은 투쟁이 아니라 자연스러운 일이 되었을 것이다. 1990년대 중후반 유행했던 '쿠키맨'처럼 부드러운 남자가 되어 여자들에게 인기 많은 사람이 되고 싶었을 것이다.

준영은 재섭처럼 관계를 거부하는 독신이 아니라 관계의 가능성을 탐색하기 위한 독신을 선택한다. 소개팅으로 만난 첫날부터 내숭 떨지 않고 섹스를 하면서 시작된 연희와의 관계는 이런 탐색의 하나이며, 그 시작과 진행은 이전과 전혀 다른 방식이다. 나이가 찰 대로 찬 남자와 여자 사이에 결혼 바깥에 다른 관계가 가능한지 실험한다.

그런데 준영은 남들 다 하는 결혼의 구속에 매이기 싫다는 과거 부정적인 논리만 가지고 있었을 뿐 미래 지향적인 새로운 관계의 논리나 감수성은 갖추지 못했기 때문에 줄곧 연희의 페이스에 끌려 다니기만 한다. 가족 제도와 결혼 풍속을 떡 주무르듯 갖고 노는 연희는 신혼집으로 준영을 데리고 가고, 침대 위에서 머뭇거리는 것은 준영이다. 연희가 계획한 신혼여행 외전(즉 준영과의 비공식 신혼여행)에 준영은 줄레줄레 따라가서 사진을 실컷 찍히고 온다.

연희가 마련한 돈으로 방을 얻은 준영은 연희가 실행하는 '도전, 연애의 현장' 프로그램에 진행자가 아니라 방청객으로 서성이다가 급기야 폭발한다. '들키지 않을 자신' 있기 때문에 결혼 안팎의 평균대를 도도하게 오가는 연희에게 "네가 돌아가고 나면 내 기분이 얼마나 더러운지 알아?" 하고 소리 지르는 것이다. 들키지 않을 자신이 있거나 들키더라도 자신을 변호할 자신이 있는 연희에 비해 새

로운 관계의 실험이 어떤 결과로 돌아올지 근심하고, 일부일처제의 안정적인 관계가 새삼 그리워지는 준영은 위태로워 보인다. 준영은, 좀 더 자신감을 갖지 못하면, 좀 놀아봤다는 기억을 안고 결혼에 안착하게 될지도 모르겠다.

다시 잠깐 「소름」으로 돌아가자. 이 영화에 등장하는 여러 사람들은 '아이'와 관련된 공통점이 있다. 고아(어떤 연유에서든 부모와의 연이 끊어진 아이)이거나 아이를 잃어버렸거나 아이들과 헤어졌거나 아이를 버리고 도망갔거나 아이를 구하지 못하고 불타 죽었다. (이 영화에서는, 공포 영화 대부분에서 그러하듯, 죽음으로 연결되는데) 여러 종류의 '상실'을 유발하는 아이의 존재는 가족 관계를, 특히 부부 관계를 이어 주는 가교의 상실을 의미한다. 현실에서 아이는 가족 관계를 유지하는 끈끈이 풀 같은 역할을 하기도 한다. (결혼한 내 친구들이 이런 말을 하는 것을 가끔 듣는다. "아이만 없으면 이 남자랑 더 안 산다.") 세대의 불화와 성별의 불화가 아이의 존재에 의해 위태롭게 유지되는 것이다. 그런데 가족 관계가 흐트러져 가는 사람들에게 아이의 존재마저도 장력(張力)을 상실한 상황은 관계의 복구가 불가능하다는 것을 의미한다. 내 피를 이어받고 대를 이어받을 아이, 천륜으로 이어져 있다고 굳게 믿었던 아이의 존재조차 없어진 관계는 이제 참고 견뎌야 하는 운명이 아니라 근원적인 질문으로 돌파해야 할 관계인 것이다.

버스를 타고 떠난 이니드는 어디로 갔을까? - 길 위의 여자들

남자들이 집에 매여 있기 쉬운 반면 여자들은 집을 떠난다. 딸들은 맨몸으로 내쫓기든, 사고를 치고 밤 도망을 하든, 막다른 골목에서 여행 가방을 싸든, 선언을 하고 눈앞에서 휑하니 뒤로 돌든, 자꾸 떠난다. 여가와 휴식을 위해 떠나는

「박봉곤 가출 사건」

여행은 물론 아니다. 돌아오지 않을 '떠남'의 이유는, 간단히, '살기 위해서'다. 서슴없이 큰 가방을 들고 어디로 가는지도 모르는 버스를 타고, 마치 판타지의 신세계로 가듯, 그러나 어딘지 알 수 없는 '거기'의 불안함을 감추고, 「고스트 월드」(2002, 국내 번역 제목 '판타스틱 소녀 백서')의 이니드처럼 길을 떠난다.

영화에서 여자들이 떠나는 장면은 수도 없이 보아 왔다. 「앨리스는 더 이상 여기에 살지 않는다」(1974)의 앨리스, 「델마와 루이스」(1991)의 델마와 루이스, 「보이즈 온 더 사이드」(1995)의 홀리, 제인, 로빈은 길을 떠나 모험을 한다. 길을 떠난 후 여태 발견하지 못했던 생의 다른 면모를 찾게 된다. 「내 책상 위의 천사」(1991)의 재닛은 자기를 궁지로 몰아 넣기만 하고 자기 말에 귀 기울이지 않는 주변 사람들 틈에서 자폐적인 세계로 도피하다가 급기야는 8년 동안 정신 병원에 갇혀서 전기 충격을 받기도 했다. 그 후 집을 떠난 재닛은 비로소 글을 쓰고 자기를 발견하고 세상을 보고 삶을 살아간다. 재닛에게 '떠남'은 정신 병원에서 죽지 않기 위한 필수 불가결의 선택이었다.

박봉곤 씨, 그가 가출한 사건은 이미 오래 전에 일어났다(「박봉곤 가출 사건」). 다 큰 가시내가 창피한 줄도 모르고 노래 자랑의 마이크를 잡았다고 아버지에게 머리채를 잡혀 끌려 내려오던 박봉곤 씨는 한 인간의 꿈을 무시하는 부모를 떠나 결혼을 했다. 그러나 엄마랑 사는 게 너무 지겨워서 결혼을 했다는 어느 아줌마의 말처럼 "시궁창 피하려다 똥통에 빠져"(여성주의 웹진 「언니네」, '대담한 대담' 중 '결혼' 편, 이숙경의 말 중에서) 버린 셈이었다. 박봉곤 씨는 아내를 밥하고 빨래하는 사람으로 취급하면서 그 일을 전혀 존중하지 않는, 식탁에서 침을 캑 뱉기나 하는 미욱스런 남편으로부터 급기야 또 탈출을 감행해야 했다. 결혼을 통해 새로 만든 가정 또한 박봉곤에게는 선택의 여지를 주지 않는 황무지였던 것이다.

어쩌면... 마지막일지도 모를 사랑 「정사」

「해피 엔드」

밀리듯 떠나는 여자들

박봉곤 씨가 가수의 꿈을 이루기 위한 길을 떠났다면, 90년대 후반에는 성과 사랑에서 자기 결정권을 추구하며 길을 떠나는 호정(「처녀들의 저녁 식사」)과 서현(「정사」)이 있다. 그에 비하면 보라(「해피 엔드」)는 자진해서 떠나지 못하고 죽음으로써 쫓겨나는 '언해피'한 사례이다. 세 사례는 여성이 처한 각각 다른 처지를 보여 준다. 호정은 능력 있는 커리어 우먼이고, 결혼하지 않았고, 사랑한다고 매달리는 유부남도 우습고, 결혼하자고 소리치는 남자친구도 우습고, 결혼이 자기 생을 바꿔줄 거라고 믿는 여자 친구도 안타깝다. 간통죄로 고소당한 후 "개인의 아랫도리까지 관리하려 드는" 땅을 미련 없이 버리고 '정치적 망명'을 한다. 미성년자와 결혼 안한 자는 뭘 모르는 자로 살아야 하는 이 땅의 고루한 정치성은 호정과 같은 여자에겐 치명적 감옥이다.

서현은 정갈하고 넓은 집을 장식하는 식물처럼 단아하게 잘살고 있는 가정주부였다. 돈 꽤 버는 능력과 문제를 일으키지 않는 사려를 갖춘 남편과 늘 쓸고 닦고 정돈해야 하는 거실과 부엌이 있다는 것이 자신의 행복의 충분조건이 아니라는 것, 그리고 참아서 잃을 것과 참지 않아서 잃을 것은 계산하는 것이 아니라 이끌려 선택하는 것이라는 것을 어느 날 불현듯 깨달은 서현은, 어항이 깨져 엉망이 된 집에서 고고히 나와 호숫가의 저녁노을이 인상적이라는 남미행 비행기를 탄다. 그런 서현을, 저녁노을은 너의 견고한 아파트에서도 볼 수 있지 않느냐고 설득할 수는 없는 노릇이다. 그 아파트에서 서현은 주인이 아니라 가구이기 때문이다. 남편이 바라볼 노을의 풍경을 안정적인 현실로 만들어 줄 가구이기 때문이다.

보라는 호정처럼 사회적 활동도 왕성하고 서현처럼 결혼 생활도 무난하다.

「꽃섬」

남편 민기가 실직을 하고 추레해지긴 했지만, 꼼꼼하고 감성적이며 집안일에 능숙하고 육아에 적극적인 남편 덕을 보기도 한다. 다시 취직하기 위해 이력서를 쓰는 일보다 아줌마같이 시장을 보고 수다를 떨며 연애 소설 보기를 더 좋아했던 민기는 보라가 대학 시절의 애인인 일범의 오피스텔을 드나든다는 사실을 알게 된 뒤 갑작스레 돌변한다. 아내가 저녁 준비를 할 때 근엄하게 거실에 앉아 기다리고 아내의 섹슈얼리티가 자기 관리 밖에 있다는 것에 분노하며 아내의 육아 마인드가 철저하지 않다는 것을 단죄한다.

좀 씁쓸한 공통점은, 이렇게 여성들을 밀어내는 영화들은 그 캐릭터가 상당히 변모한 성과 사랑의 담론을 반영하고 있다손치더라도, 남성 감독들이 만들었다는 것이다. 독자적인 존재로서 성과 사랑과 가족 관계를 주체적으로 장악하려는 여자들을 서사적으로 처벌하는 영화 「처녀들의 저녁 식사」는 독신모를 꿈꾸는 자연 친화적인 연이를 산에서 조난당하고 유산하고 죽을 뻔한 상황으로 데려간다. 그렇게 밀리듯 떠난 여자들은 어디로 갔을까? 혜나와 옥남, 그리고 유진은 「꽃섬」(2001)에서, 눈밭에 빠지며 히치하이킹하며 항구를 떠돌며 헤매다, 드디어 도착했다. 딸에게 피아노를 사주고 싶어서, 두려움이 흥건한 얼굴로 끙끙대는 할아버지 밑에 깔리기를 서슴지 않았던 삼십대 옥남은, 그녀를 집에 받아들이지 않는 남편 때문에 딸의 얼굴도 보지 못하고 버스를 탄다. 공중 화장실에서 아기를 낳아 버린 십대 혜나는 피범벅이 된 변기 위에 앉아 시커먼 눈물을 흘리다가 날개 달린 자신의 모습을 꿈꾸며 버스를 탄다. 목소리를 잃고 노래를 할 수 없게 된 뮤지컬 배우 이십대 유진은 고요히 삶을 정리한 후 버스를 탄다. 가정이 있는 아내로서 엄마로서 자기 정체성을 이해하는 삼십대 여자와, 가정이 있는지 없는지 모르는, 독립과 자아 실현이 삶의 최대 과제였던 이십대 여자와, 가정이 있어야 하는 나이에 혼자

살던, 부모 세대가 보여 주는 것들을 신뢰하지 않고 자기 살 방도를 스스로 해결해야 하는 십대 여자는 세상이 끝난 듯한 절망을 안고 모두 버스를 탔고 서로 만났고 함께 '꽃섬'으로 향한다. 세상을 순진하게 받아들인 삼십대나 세상을 빨리 알아버린 십대나 세상이 원망스러운 이십대는, 그녀들이 살아온 세월만큼이나 질척거리고 방향을 모르겠고 무서워 죽겠고 더럽게 추운 눈 덮인 산길에서 서로 부축하고 없는 힘을 보태 격려하다가 동행이 된다. 동행이 있다는 것, 그것 자체가 불분명한 목적지에도 불구하고 힘이 된다는 것을, '꽃섬'이 정말 존재하는지 계속 의심하면서도, 깨닫게 된다. 그러나 꽃섬은 상상으로만 가능한 것이었는지… 그녀들이 도착한 섬은 일순간에 치유와 안식을 선사한다. 마치 위약 효과처럼… 떠나는 것도 힘들었지만, 정말 떠나기만 하면, 떠나서 어딘가에 도착하기만 하면 신세계가 펼쳐질까? 인형의 집을 뛰쳐나간 노라는 자유를 얻었거나, 창녀가 되었거나, 아니면 집으로 돌아와야 하는 비참한 신세가 되었을 것이다. 그것을 결정하는 것은 노라 자신에게도 달려 있고 노라가 사는 사회에도 달려 있다.

신세계를 찾아 모험을 떠난 여자들

「버스, 정류장」(2002)에는 성과 사랑의 의미와 어른들이 말하는 가치들을 비웃는, 이 사회에서 어린 여자 아이로 살아가는 데 염증을 느끼는, 그래서 어디론가 떠나고 싶은 소희가 있다. 소희에게 어쩌다 임신을 하게 된 거냐고 묻지 않을 만큼 편협하게 분류해 놓은 세상의 관계에 신물난 재섭과 우체통 옆에 쭈그리고 우는 재섭의 등을 말없이 지켜보아 줄 만큼 세상과 불화하는 국외자의 슬픔과 위로를 이해하는 소희는, 진실 게임과 눈물을 나눈 후, 가을 바람 살랑거릴 것 같은

「고양이를 부탁해」

오솔길을 따라 '뽀샤시' 하게 따사로운 빛을 받으며 달리는 버스에 오른다. 재섭에 겐 끝이 없는 터널이었고 소희에겐 망망한 절벽이었던 갑갑한 세상에 감자를 먹이 듯 뒤통수만 보이며 떠난다.

「고양이를 부탁해」(2002)에서는 가족 사진에서 자기를 도려낸 태희와 조부모를 화재로 잃고 외톨이가 되어 버린 지영은 '자, 볼래?' 하듯 앞모습을 당당하게 보이며 떠난다. 피자 가게에 가서도 자신의 입맛에 따라 고르기보다는 남들이 가장 많이 시키는 것을 고르는 것이 가장 안전하다고 주장하는 군사 문화적 사고 방식의 아버지와, 여상을 졸업하고 집안일을 돕고 있는 누나에게 "너는 아무 일도 안하잖아"라고 홀대하면서 온갖 심부름을 시키는 수험생 남동생. 태희는 더 이상 이들과 한 가족이고 싶지 않다. 커다란 자기 독사진을 머리 위에 걸어 놓은 채 두 눈 똑바로 뜨고 사회의 고부가 가치 인간이 되고자 라식 수술을 하는 혜주는 늘상 싸움만 하다가 이혼한 부모는 안중에도 없고 자기를 따라다니는 남자 아이가 가소롭다. 부모 없이, 늙고 가난한 조부모와 살면서 가족 사진이든 독사진이든 걸어 놓을 벽조차 갖지 못했던 지영이는, 정상 가족 모델을 벗어난 환경의 십대 소녀는 훈육과 교화 혹은 보호라는 명목 아래 가두어진다는 사실에 사회를 향한 언어를 거두어들인다.

한국 사회의 주변을 서성이는 스무 살 안팎의 여자 아이들은 속칭 원조 교제를 하다가 임신을 하는 소희처럼 오염된 섹슈얼리티에 혐오를 느낀다. 그리고 태희와 혜주와 지영이처럼, 또래 남자 아이들과의 모험스런 관계를 탐색하기보다는 가족 관계를 어떻게 할 것인가와 사회가 나를 어떻게 받아들일 것인가를 고민한다. 혐오하던 소희도 떠나고 태희와 지영이도 떠난다. 조숙하고 음울한 소희처럼 뒤통수만 보이면서 초연해지든지 탐험가의 기질이 다분한 태희와 지영이처럼

두 눈으로 응시하며 도발하든지. 행선지? 알 수 없다. 일단, '여기'를 떠나는 것이고 '거기'가 어디일지는 모르겠다. 섣불리 '거기'를 얘기하지 않지만 여성 감독들이 만든 영화에서 '떠남'은 쫓기듯 밀려나는 것이 아니라 신세계를 찾아가는 모험이고 버림으로써 새로 얻을 자의 기쁨이다.

길 떠난 여자들은 어떻게 되었을까

자의식을 달가워하지 않는 사회에서 밀리고 찢기고 고통스럽고 상처 있는 여자들이라고 다 떠날 수 있는 것은 아니다. 「고스트 월드」의 이니드는 그 버스가 어디로 가는지 알고 탄 것이 아니고 이니드가 좋아한 레베카와 시모어도 이니드가 어디로 갔는지 알지 못한다. 레베카는 이니드와 고등학교에서 단짝 친구였다. 둘은 세상의 권위와 가치에 냉소적이고, 기타와 공만 있으면 광분하는 남자들이 따분하고, 뭔가 새롭고 자극적인 것을 찾아 골몰하는데 손발이 척척 맞는다. 그러나 레베카와 함께 산다며 집에서 독립하지만 이니드는 거기 짐을 풀지 않는다. 레베카는 이니드에게, 세상은 '꼴리지만' 수용해야 할 것이 많은 곳이라고 냉소적으로 가르치기 때문이다. 어리석은 것아, 세상이, 산다는 것이, 너의 모든 것을 다 허용해줄 것 같니? 포기함으로써 적응할 수 있다는 레베카의 현실적인 방식 말고 이니드는 다른 삶의 방식이 있을 것 같다.

그러나 떠난 후 그녀들은 어떻게 되었을까? 「고양이를 부탁해」에서 떠나지 않은 혜주가 고부가 가치 인간을 꿈꾸면서 어떻게 계단의 법칙에 끊임없이 부딪치며 살아갈지, 「고스트 월드」의 독설과 경멸이 점점 더 가득 차게 될 레베카가 어떻게 하층민으로 살아갈지, 남은 자들의 이후 스토리는 쉽게 찾아볼 수 있다. 호정이

「내 책상위의 천사」

정치적 망명에 성공했는지, 서현이 호숫가의 노을에 젖어 들었는지, 태희와 지영이 조각배를 타고 부드러운 물살을 느끼며 자유를 찾았을지, 그들이 어떻게 되었을지는 이야기하지 않는다. 「내 책상 위의 천사」의 재닛이 길 떠난 후 찬란히 열리는 삶의 여정을 보여 주었지만, 길 떠난 여자들의 '이후'를 보여 주는 이야기는 매우 드물다. 길 위를 떠다니는 여자들, 스토리가 궁금하다.

날아다니는 것이 무서워 - 신공포 타개기(新恐怖打開記)

정말이지 길 위에서 혼자 날아다니는 것은, 상상처럼 달콤한 것만은 아니다. 나혜석이 객사하던 시대도 아닌데, 일 년에 단 한번 명절 때도 부모를 만나지 않고 입이 근질한 밤에 전화기를 뚫어져라 쳐다보기만 하는 사람은, 목욕탕에서 미끄러져 머리가 깨지면 어쩌나, 주민등록증을 가지고 다녀야 할까 진지하게 생각해 본 사람은, 아무도 나를 기억하지 않고 돌보지 않는 객사의 공포가 길바닥에 뒹굴고 있음을 알게 된다. 그 공포를 타개하기 위하여 또다시, 관계가, 공동체가 필요하다는 것을 절감한다. 핏줄로 형성된 가족 관계를 떠난 것이지, 모든 관계를 떠난 것은 아니다. 피는 물보다 진하다는 말이 끔찍한 사람들은 피와 물의 농도와 점도를 측정하는 기준을 무효화하고 싶은 거다. 얼마나 농밀한지, 얼마나 끈끈한지를 다른 기준으로 보고 싶은 거다. 그것은 조화 가능한 독립성과 의존성, 일치할 필요 없는 가족과 공동체, 그리고 외로움과 결핍에 대한 퇴행과 성숙의 구분에 관한 새로운 이야기다.

사실 '가족'이나 '결혼'이라는 말은 생각보다 가벼울 수 있다. 진저리를 치며 소름을 돋우거나 비장하게 가방을 둘러매지 않아도 좋을 거라는 말이다. 결혼

「안토니아스 라인」

이란 따로 살던 사람들이 같이 살게 되는 계기이고, 가족이란 그렇게 같이 살게 된 사람들을 말한다면 말이다. 그렇다면 결혼이나 가족이란 말을 굳이 쓰지 않아도 좋겠다. 그 말에는 이미 너무 많은 함유물이 들어 있어서, 마음에 들지 않는 것을 깡그리 골라내고 마음에 드는 구석만 남겨서 쓰자고 언어에 미련을 둘 바에야 그 냥 쓰지 않는 게 더 낫겠다. 그냥 누구랑 살까, 어떻게 살까, 언제 어디서 왜 살까, 그렇게 단순하게 생각하는 게 더 낫겠다. 태어난 가족은 피에 의해서 결정되었지만, 격렬한 과정을 겪고 나서 냉정하게 떠나든 적당한 거리를 유지하며 담백하게 지내든, 피를 나누지 않은 사람들끼리 함께 살고 싶다고 생각하게 되는 경우를 다 가족이라는 말로 통합하지는 않아도 좋겠다는 말이다.

새로운 가족, 공동체

　　결혼이나 가족에 대한 세간의 개념과는 완전히 무관한 방식으로 '창문 안 쪽의 노란 불빛'을 만드는 사람들이 많이 보인다. 가족 영화의 범주에 결코 낄 수 없는 영화, 그러나 가족을 고민하다 보면 자꾸 찾아보게 되는 영화. 거기서 그들 은 동성 커플로 살거나 다양한 조합의 공동체를 이루고 있다. 영화 「안토니아스 라인」(1996)처럼 모계 공동체(여기에는 잃을 것이 없도록 자기 것을 다 버리고 들 어온 남성들이 포함된다)는 이미 고전적인 이야기가 되었고 수많은 영화들에서 게이, 장애인, 여성들은 이런 공동체를 이루는 것을 아주 적극적으로 고민하고 시 도한다.

　　「내 어머니의 모든 것」(1999)에서 마누엘라는 아들을 잃고 아들의 장기마 저 기증한 후 단 하나 남은 핏줄에 대한 미련을 모두 없애고 난 뒤에야, 여장 남자

「내 어머니의 모든 것」

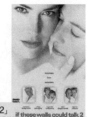
「더 월 2」

가 되어 떠난 전남편, 전남편의 아기를 가진 수녀, 성전환 수술을 한 수다스런 창녀 친구, 레즈비언 연극 배우 등을 다 감싸 안을 포용력이 생긴다. 새로운 종류의 친밀한 관계는 '핏줄'에 대한 미련을 버린 뒤에 만들어질 수 있다.

친밀한 관계로서 살을 맞대고 마음을 기대고 밥그릇과 변기를 공유하는 관계가, 피를 나누었다는 관계의 횡포에 속수무책이어서는 안 된다.「더 월 2」 (2000, 원제는 If these walls could talk 2)의 옴니버스 이야기 하나(1961년 편) 를 보면서 분노하는 사람에게 이런 다짐이 생겨난다. 애비와 이디스는 레즈비언 커플로 꽃다운 젊은 시절부터 호호 할머니가 될 때까지 행복하게 함께 살고 있었다. 그들이 처음 만나 사랑을 느끼고 키우고 때론 두려워하지만 지구상에 단 하나 둘만의 공간은 제도적으로 인정받는 그 어떤 가정에서 만들어지는 것보다 찬란하고 따뜻했다.

그런데 애비가 새장에서 떨어진 작은 새를 새장으로 다시 넣어 주다가 사다리에서 떨어져 죽은 후 그 세계는 마구 침범당하고 훼손되었다. 가족이 아니라는 이유로 애비의 죽음의 순간조차 지킬 수 없었던 이디스는 애비의 무례한 조카 내외와 그들의 자식들의 침입을 막을 수가 없었다. 애비와 이디스의 오랜 세월의 추억이 밴 장식물과 가구와 사진들을 마구 헤집어 놓고 파괴한다. 심지어는 이디스가 애비와 함께 살아온 집에 대한 권리를 탐내는 게 아닐까 오해까지 하면서 말이다. 둘의 관계에 관해 이디스는 아무것도 주장할 수 없고 아무것도 지킬 수가 없다. 그 무례한 '가족'이 떠난 다음 이디스는 매일 둘이 서로를 보듬던 침대에 곱게 누워 애비의 뒤를 따른다. 정말이지 애비는 피는 물보다 진하지 않으며 게다가 우리 사이는 물이 아니었다고 말하고 싶었을 것이다.

많은 영화들에서 대안적인 가족 형태, 가족 관계를 대체할 만큼 농밀한 친

「넥스트 베스트 씽」

밀성을 가진 공동체를 그리고 있지만 때때로, 아니 매우 자주, 그것은 혈연 관계를 최우선으로 보는 사회의 인식과 제도에 의해 방해받는다. 「넥스트 베스트 씽」 (2000)의 애비는 동거하던 남자 친구와 가슴 아프게 헤어지고 게이 친구 로버트에 게서 위로 받는다. 그리고 애비는 뜻하지 않게 임신한 아이 샘을 로버트와 함께 키 우면서 멋진 공동체를 이루어 산다. 그런데 애비에게 결혼 가능한 상대가 나타나 면서 그 공동체는 위기를 맞는다. 의도하지 않게 법정까지 가게 되고, 흑인이며 여 성인 판사는 로버트가 "훌륭하게 아버지 노릇을 하였다"고 인정하면서도 로버트 가 샘의 생부가 아니므로 샘에게 접근하지 말라고 명한다. 애비와 로버트의 천금 같은 우정이, 애비와 로버트와 샘이 만들어 온 공동체가 지속 가능하지 않다고 말 하는 것은 너무 비관적이고 단순하지 않은가? 피는 물보다 진하지 않다고 말하는 것은 SF나 판타지 영화의 난쟁이 나라에서나 가능한 것은 아니다. '핏줄'에 우선 권을 주는 사회 구조와 제도 때문에 이성애 일부일처제 결혼으로 이루어진 가족 관계 이외의 숱한 관계들이 깨어지고 상처받는 일이 없으려면, 구조와 제도를 무 력하게 만드는 힘을 갖거나 그런 관계들이 죽든 말든 모른 척 살거나… 어떤 것이 현실적으로 가능한 이야기일까? 명백하지 않은가.

후기

여자가 서른쯤 되면 공동체를 고민하게 된다던 아이는, 혼자 살더라도 친 구들과 옆집에, 옆집에, 또 옆집에 모여 살면서 아이도 같이 돌보고 김치전도 같이 부쳐 먹겠다던 아이는, "사랑했던 사람과 친구 하는 방법을 터득하는 중"이라고 실연의 고통에서 관계의 묘미를 익혀 나가던 아이는, "내가 엄마가 되어 줄게"라고 우울한 나를 달래 주던 열여덟의 그 아이는 지금 어떻게 살고 있을까? 길 위에서 떠도는 망명객이 아니라 미개척지로 나아가는 유목민이 되고 싶은 여자들의 '신공포 타개기'는 계속된다. ⓒ

또 하나의 문화 제17호

누구와 함께 살 것인가

초판 발행일
2003년 11월 10일

4쇄 발행일
2011년 3월 15일

편집인
또 하나의 문화 동인들
www.tomoon.org

발행인
유승희

발행처
도서출판 또하나의문화
121-818 서울 마포구 동교동 184-6 대재빌라 302호
전화 02)324-7486 팩스 02)323-2934
tomoon@tomoon.com www.tomoon.com

출판등록번호
1987년 12월 29일 제 9-129호

ⓒ 사단법인 또하나의문화, 2003
ISBN 89-85635-58-1 03330